LOUIS XI

DU MÊME AUTEUR

La découverte de l'Amérique, Bruxelles, Complexe, La mémoire des siècles n° 219, 1991.

1492-1530, la ruée vers l'Amérique : les mirages et les fièvres, Bruxelles, Complexe, La mémoire des siècles n° 222, 1992.

Le clan familial au Moyen Âge : étude sur les structures politiques et sociales des milieux urbains, Paris, PUF, Quadrige n° 147, 1993.

Esclaves et domestiques au Moyen Âge dans le monde méditerranéen, Paris, Hachette Littératures, Pluriel n° 8777, 1996.

Fêtes des fous et carnavals, Paris, Hachette Littératures, Pluriel n° 8828, 1997.

La ville au Moyen Âge en Occident : paysages, pouvoirs et conflits, Paris, Hachette Littératures, Pluriel n° 927, 1998.

La première croisade : libérer Jérusalem, 1095-1107, Paris, Perrin, Coll. tempus n° 12, 2002.

collection tempus

JACQUES HEERS

LOUIS XI

Perrin
www.editions-perrin.fr

© Perrin, 1999 et 2003 pour la présente édition.
ISBN : 2-262-02084-1

tempus est une collection des éditions Perrin.

« Ce qui contribue à donner à l'Histoire de fausses couleurs, ce sont les Mémoires. »

Jacques BAINVILLE

« Lorsque la légende précède le travail des historiens, écrite par les vainqueurs, elle devient vérité révélée et imposée. »

Guy COLLET

« C'est plus grande chose de savoir seigneurer sa volonté que seigneurer le monde de Orient en Occident. »

Louis XI

Introduction

Histoire et Légende

Louis XI n'a régné qu'une vingtaine d'années. Pourtant, avec ses médailles et ses cages de fer, il s'est imposé aux romanciers, aux dramaturges et même à nombre d'historiens, en traits plus vigoureux que son père et son grand-père, Charles VII et Charles VI, qui ont tenu le pouvoir chacun pendant quarante ans. Il ne laissait pas indifférent. Sa façon de paraître et de gouverner, de choisir ses conseillers, hommes de main parfois, déconcertait. On l'accusa d'ourdir de sombres intrigues et de se complaire en de sordides règlements de comptes. On le disait tyrannique, imprévisible, expert dans l'art de feindre et de séduire. Surtout, il fut l'homme par qui le scandale arrive, fauteur de troubles, responsable de querelles dynastiques et de révoltes qui mirent en grave péril l'unité du royaume.

En 1440, dauphin, âgé seulement de dix-sept ans, il s'est allié à plusieurs princes dressés contre son père. Cette fronde, la Praguerie, fut vite mise à raison et il n'eut d'autre issue que d'implorer pardon et réconciliation. Sept ans plus tard, accusé à nouveau de comploter, chassé de la cour, il prit le chemin du Dauphiné comme un proscrit, pour y gérer le pays en souverain indépendant, sourd aux recommandations et mises en garde du roi, s'y marier sans son consentement, et nouer de manière peu discrète ses propres alliances, en Italie et même en France. Dix ans plus tard, à l'annonce de l'avance d'une armée royale dont les capitaines sûrement ne lui voulaient aucun bien, il se sauvait en toute hâte et grand secret, la peur au ventre, pour se réfugier auprès du duc de Bourgogne. Exil doré sans doute, confortable, mais dégradant, lamentable. La révolte du fils fut alors durement ressentie, annonciatrice de sombres lendemains. Les affrontements entre les deux partis, les nœuds d'intrigues, les condamnations de familiers bien en cour et brusquement désignés coupables, ont tenu nombre de vassaux et de communautés dans un grand embarras. A qui obéir ? Comment prévoir l'avenir ? Il y allait de leur fortune et même de leur vie.

Héritier incontesté malgré tout, Louis n'a cessé d'attendre, impatient, la nouvelle de la mort de son père ; il n'assista pas à ses funérailles. Sitôt reconnu roi, habité de la même hâte fébrile et d'un vilain esprit de vengeance, il renvoya, destitua, condamna les officiers qui avaient trop bien servi le roi défunt et n'avaient pas rejoint son camp à temps. L'an 1465, son jeune frère, Charles de Berry, entraîna dans une nouvelle révolte plusieurs princes et grands seigneurs qui clamaient ne songer qu'au bien public et trouvèrent de larges complicités. Fin renard, le roi triompha sans grande gloire de cette ligue mal soudée, mais se montra incapable d'assurer une paix sereine. Son règne fut, pendant de longues années encore, temps des complots et des grands procès contre ceux réputés complices des Bourguignons, ou des Anglais, ou du duc de Bretagne, ou encore du frère Charles, fait duc de Guyenne. Celui-ci mourut de soudaine maladie et l'on ne se priva pas de dire que Louis l'avait fait empoisonner. La légende en a longtemps couru, reprise par maints auteurs, ou du parti adverse, ou du cercle des aigris.

Les deux guerres civiles, Praguerie et Bien public, suscitées par ces querelles au sein de la famille royale, firent beaucoup pour tenir la renommée d'un homme qui ne cherchait pas toujours à plaire. Se dresser contre le roi, son père, au moment où celui-ci œuvrait à reconstruire le pays et reconquérir les provinces perdues, puis, devenu roi, s'acharner à tenir éloigné des affaires un frère qui, lui, savait s'attirer sympathies et fidélités, paraissait impardonnable. Drame et scandale, et la France entière témoin de ces désordres ! Jamais, depuis Hugues Capet, le royaume n'avait connu et souffert de tels conflits. Jusqu'alors, l'aîné des fils, non pas rebelle et envieux mais, au contraire, soumis et respectueux, avait toujours été proclamé héritier de la Couronne, préparé à régner dès les premiers temps de l'adolescence, associé aux décisions. Et jamais, en une si longue histoire, ponctuée de nombreux conflits contre les dynastes voisins, de révoltes urbaines et de graves revers face aux Anglais lors de la dernière guerre, jamais, à aucun moment, nos chroniques n'ont retenu les échos d'une vraie mésentente entre le roi couronné et le roi du lendemain (la destitution du dauphin Charles, en 1420, étant à mettre au compte de la folie de Charles VI). Aucun prince, aucun conseiller ne se serait hasardé à les dresser l'un contre l'autre. Pourquoi maintenant, dans ces années 1440-1460, ces complots et ces révoltes, ces lourdes accusations suivies d'accords mensongers, et ces drames familiaux, en complète rupture avec le passé ?

Bien léger l'historien qui se fie aux Journaux et Mémoires, nombreux en ce temps et quelques-uns fort circonstanciés, prolixes à l'excès et souvent de plume laborieuse. Ce sont tous travaux d'auteurs stipendiés, ou bien logés en cour pour chanter les louanges du maître, ou d'hommes qui, loin du sérail, chantres de l'exil et nourris de rancunes recuites, criaient qu'ils ne voulaient que servir le droit et la justice. La légende noire prit très vite forme et vigueur. Écrivains et poètes satiriques, du parti de Bourgogne surtout, s'y sont employés sans relâche, faisant leurs toutes sortes d'accusations portées par de basses rumeurs. Ces auteurs, plus nombreux semble-t-il que ceux dévoués à la cause royale, en tout cas mieux écoutés par la suite, travaillaient dur et excellaient dans l'art de dresser la triste figure d'un roi cruel, sans honneur, indigne. Ils ne se haussaient pas volontiers à de sérieuses analyses des situations, ne s'attardaient pas à peser le pour et le contre, mais s'en tenaient à des anecdotes recueillies çà et là. De lecture distrayante parfois, ils connurent naturellement de grands succès et, des siècles plus tard, nombre d'écrivains ont encore puisé dans ce répertoire d'aimables sornettes.

Pourtant, l'Histoire ne se fait pas ainsi. Pas en s'inspirant d'aussi près des chroniques ou des histoires du passé. Leur lecture, c'est incontestable, peut séduire. Pour qui veut reconstituer rapidement le fil des événements et assener quelques jugements sans appel, sans trop s'investir en des recherches parfois ardues et y consacrer du temps, ces textes offrent des avantages : rédaction continue, discours circonstanciés, enrichis surtout d'anecdotes et de prises de position, plutôt sommaires certes, d'autant plus faciles à faire admettre. Mais on ne peut leur demander davantage que ce qu'ils peuvent donner. Une chronique n'est pas un « document » authentique ; c'est une élaboration, une « œuvre » au plein sens du mot, à l'égal d'une œuvre d'art par exemple, et les circonstances de sa fabrication comptent avant tout. Elle ne renseigne pas, ne peut pas renseigner honnêtement sur les personnages mis en scène, mais sur l'auteur lui-même et sur ses intentions, sur ce qui lui a été commandé et sur l'air du temps.

Ces « récits » des contemporains ne sont évidemment pas à négliger en bloc. Outre l'humeur de leurs auteurs, leurs engagements aussi et même le pourquoi de ceux-ci, ils donnent presque toujours de bonnes indications sur l'atmosphère de l'époque. Ce qu'ils disent de tel fait particulier, fortuit souvent, de quelques aspects de la vie quotidienne et des activités des hommes, de leurs métiers et de leurs difficultés, peut être retenu comme des témoignages précieux que d'autres textes, plus impersonnels, n'apporteraient pas. Mais non l'interprétation des événements, les mérites ou non, les vertus et les vices des principaux acteurs du jeu politique ; discours lourdement appuyés souvent qui inévitablement comportent, implicites chez les uns, affirmés sans retenue chez d'autres, des jugements de valeur. Les suivre est tomber dans le piège tendu à dessein et se complaire, sans risque, dans une forme d'histoire moralisatrice qui n'est pas de l'histoire. Pensons-nous que, dans cent ou deux cents ans, les historiens curieux des temps d'aujourd'hui se contenteront de chercher toute leur « documentation » dans les Mémoires ou de nos hommes politiques, ou des ambassadeurs, ou des publicistes et des journalistes ?

Cela s'est fait pourtant. Très longtemps, jusqu'à la publication de livres qui n'étaient plus des ouvrages de combat ou de commande, mais de véritables livres d'histoire, les bons auteurs ont présenté du roi Louis XI une image toujours forgée, directement inspirée des Mémoires, histoires ou libelles de son temps, de préférence des plus hostiles, ceux dont les figures plus noires, porteuses d'un parfum de scandale, risquaient de frapper les imaginations et s'imposaient plus aisément dans les mémoires. Cette Histoire, appelée à juger, à effectuer le tri sommaire entre le bon et le mauvais, a fait son chemin. Nous n'en sommes pas vraiment guéris. Loin de là !

Le roi Louis, certes, ne s'était pas fait que des amis et sa renommée, préservée tant bien que mal de son vivant, ne lui survécut pas longtemps. Quelques mois après sa mort, les états généraux réunis à Tours, en 1484, exigèrent que fût aussitôt instruit le procès d'Olivier le Daim, homme à tout faire, âme damnée. L'an 1498, les accusations devinrent plus violentes à l'occasion des démarches entreprises par Louis XII pour obtenir le divorce d'avec Jeanne de France, que Louis XI, usant de terribles menaces, l'avait contraint d'épouser. Plusieurs dizaines de témoins vinrent dire ce que le jeune Louis d'Orléans et sa mère, Marie de Clèves, avaient dû supporter. Valets et serviteurs parlèrent des ordres reçus, des manœuvres du roi, de son acharnement à marier le duc d'Orléans à cette pauvre enfant infirme. D'autres témoins, conseillers et capitaines, évoquèrent les arrestations des familiers d'Orléans, jetés en d'obscurs cachots, condamnés à mort puis graciés à la seule condition d'entrer dans les ordres. D'autres saisirent l'occasion pour affirmer que Louis XI avait, au nom de la raison d'État, fait empoisonner son frère Charles, alors duc de Guyenne. Jean Boutet, auteur des *Annales d'Aquitaine*, se fit le chantre des malheurs de ce jeune frère et, au total, les *Louanges du bon roi de France Louis XII*, ouvrage anonyme publié en 1528, ne sont qu'une longue diatribe contre Louis XI.

Plus tard, au temps des Bourbons, les auteurs n'avaient plus à s'engager de cette façon et la représentation du roi Louis, jusque-là maudit, y gagna. Pierre Matthieu, avocat à Lyon, d'abord appelé par Henri IV pour écrire l'histoire de son règne puis protégé de Louis XIII, fit paraître une *Histoire de Louis XI et des choses mémorables arrivées en Europe pendant son règne* qui, plus sereine, connut un bon succès, fut traduite en anglais et en italien. Antoine Varillas, un temps historiographe de Gaston d'Orléans, suivit la même ligne de pensée, sans mauvais parti pris, dans deux ouvrages eux aussi fort remarqués en leur temps : l'*Histoire de France* et la *Pratique de l'éducation des princes* (1689). Dès lors, la figure du roi Louis XI a passionné nombre d'écrivains, moralistes, dramaturges, hommes d'Église tels Bossuet et Fénelon qui, tous, s'appliquaient davantage à parler du roi et de la France que des travers de l'homme.

D'autres se sont employés à des recherches plus précises, allant examiner et publier des séries de documents laissés jusque-là complètement dans l'ombre, ou seulement cités de façon imparfaite. Ces travaux d'érudits, apparus très tôt, ne sont pas du tout négligeables, au contraire. Dès 1696, le père Gabriel Daniel, jésuite, faisant paraître son *Histoire de France depuis l'établissement de la Monarchie française dans les Gaules* qui, tout au contraire d'un ouvrage de fantaisie, proposait quelques mises au point intéressantes. En 1706, Denis Godefroy publiait à Bruxelles un *Recueil de pièces servant de preuves et d'illustration aux Mémoires de Philippe de Commynes* où figuraient, en particulier, le texte des traités de Conflans et de Saint-Maur qui mirent fin à la guerre du Bien public (1465) et celui du traité de Péronne (1468) qui, à lui seul, compte plus de vingt-six grandes colonnes. L'abbé Le Grand, oratorien, rassembla une admirable série de documents sur l'ensemble du règne de Louis XI dont s'est directement inspiré Charles Duclos pour son *Histoire de Louis XI* (1745), ouvrage qui aurait dû faire longtemps autorité et inspirer nos grands romanciers et historiens.

Ce ne fut pas le cas. Voltaire ranima la querelle ou plutôt la passion de noircir. Son *Essai sur les mœurs et l'esprit des nations et sur les principaux faits de l'histoire depuis Charlemagne jusqu'à Louis XIII* (1756) reprend, très sévère, avec de plus une indicible naïveté, toutes les légendes glanées ici et là, et en invente même quelques autres. Bien plus tard, les écrivains « romantiques » n'eurent d'autre mal que de puiser dans ces recueils d'historiettes et s'y employèrent sans nul discernement. Dans ce registre d'écriture, manière si particulière d'évoquer le passé et de faire partager quelques frissons d'horreur ou d'indignation, tout a commencé avec le *Quentin Durward* de Walter Scott (1823), auteur prolixe dont on sait l'étonnante fortune. Après ses premiers romans « gothiques », tous situés en Ecosse ou en Angleterre (*Wawerley*, 1814, *Lord des Îles*, 1815, *Les puritains d'Ecosse*, 1816, *La fiancée de*

Lammermoor, 1819, *Ivanhoe*, 1819), il s'est aventuré, à la suite de la garde écossaise du roi de France, jusque dans les pays de la Loire, et a monté de toutes pièces une de ces intrigues dont il avait expérimenté le succès. Son récit exploitait, une fois de plus, une ténébreuse histoire d'amour et de sang dépourvue, bien sûr, du moindre semblant de vérité, mais assurée de plaire.

Expert dans l'art de conter de sombres aventures et d'assaisonner ses récits de clins d'œil à un public gagné d'avance, Scott voulait pourtant parler en historien et en juge. Il s'appliqua à démontrer que Louis XI incarnait, face à Charles le Téméraire, homme violent, irréfléchi et « chevaleresque », un esprit nouveau, « moderne », pour qui ne comptaient que l'intérêt personnel et la raison d'État. Ce roi, il le faisait cruel, rusé, capable de s'entourer de serviteurs sans honneur (Olivier le Daim, Tristan l'Hermite le « prévôt », Guillaume de La Marck le « Sanglier des Ardennes »). Tout y est : les scandales, les sombres cachots et les cages de fer, les manigances et la diplomatie secrète, les enlèvements et les mariages forcés ; surtout la tragédie de Péronne, les habitants de Liège trahis et sacrifiés, leurs maisons livrées aux flammes, l'assassinat de l'évêque. À la suite de *Quentin Durward*, le genre « historique » s'est, dans la même veine, affirmé, apprécié de nombreux lecteurs, plus attachés au pittoresque « moyenâgeux » qu'à une saine évocation du passé. Tant d'auteurs ont, sans vergogne, copié ou démarqué Walter Scott que Louis XI ne fut pas souvent oublié. Un an seulement après ce *Quentin Durward*, en 1824, Prosper de Barante, amant de Mme de Staël, préfet sous Napoléon, pair de France et ambassadeur sous Louis-Philippe, qui se faisait connaître d'opinion « libérale et doctrinaire » et se piquait d'écrire autre chose que de petites feuilles, fit paraître l'*Histoire des ducs de Bourgogne*. L'on y retrouve très exactement, avec encore plus de naïveté et beaucoup de souffle, toutes les vieilles rengaines. Casimir Delavigne, dramaturge et auteur de livrets pour Auber et Meyerbeer, montrait sans doute, huit ans plus tard, moins d'ambition mais s'inscrivait toujours dans le même registre, résolument « romantique ». De livre en livre, il semble ne s'être intéressé qu'aux méfaits ou turpitudes des tyrans. Après *La muette de Portici* (1828), *Marino Faliero* (1829) et *Robert le Diable* (1830), sa grande tragédie, intitulée *Louis XI*, jouée le 11 février 1832, s'attarde longuement sur les derniers jours du roi. Dans la principale et interminable scène consacrée à sa confession faite à François de Paule, le roi s'accuse d'avoir provoqué la mort de son père Charles VII (« L'effroi qu'il conçut du dauphin [le dauphin c'était moi !] / Fit mourir le feu roi de langueur et de faim »), puis de son frère Charles (« Les intérêts de l'État sont des raisons si hautes ! ») ; et enfin d'avoir fait torturer et mourir à petit feu ses prisonniers (« L'onde fut mon bourreau, la terre mon geôlier. / Des captifs que ces tours couvrent de leurs murailles / Gémissent oubliés au fond de leurs entrailles »). Captifs que, même à l'approche de la mort, il refuse de libérer.

Le ton était donné et il suffisait de broder sur un schéma. Tous les livres écrits sur Louis XI et sur son règne, pris alors pour des livres d'histoire, ont bénéficié d'un tel succès que nous gardions leurs images et leurs jugements en mémoire, comme des vérités avérées. C'est oublier qu'aucun de ces écrivains, surtout pas les plus célèbres d'entre eux, n'avait le souci de traduire une quelconque vérité historique. L'important était de plaire, de répondre aux attentes. Tous œuvraient en romanciers, en artistes du verbe, créateurs précisément d'images et d'atmosphères, sacrifiant volontiers, non sans art souvent, au désir de forcer des traits, de s'attarder sur tout ce qui pouvait faire « gothique », moyenâgeux, ténébreux. Inlassablement, tous reprenaient les mêmes histoires de prisons et de tortures, histoires dont les héros se retrouvaient, pour de sombres conciliabules, en de basses salles de châteaux à demi ruinés.

Victor Hugo (*Notre-Dame de Paris*, 1831) fit beaucoup lui aussi, servi par une imagination jamais en défaut, pour imposer une image très particulière du « Moyen Age » : Paris mystérieux et quelque peu effrayant, une cathédrale, monde ténébreux et secret, un roi sans gloire ni honneur, servi par de vrais forbans. Evocations toutes remarquables (la cour des miracles, la place de Grève, la cour de justice du palais), où le personnage de Louis XI s'insérait à merveille. Mais au prix d'un véritable escamotage du passé, démarche systématique reprise par plusieurs grands historiens par la suite.

Enfin, cette légende noire, bien assise, connut peu après une dernière mise en forme, élaborée par les fabricants de livres de classe. La figure proposée, tout aussi artificielle et accentuée en certains aspects, apparaît dès lors plus contrastée. Louis XI demeure un tyran cruel, rusé, sanguinaire. Et aussi un bigot ridicule, confit en dévotions étonnantes, acharné à faire venir des reliques. Mais, comme nombre de chrétiens d'alors et, en tout cas, comme tous les princes et nombre d'évêques de ce temps, un homme pétri d'hypocrisie qui ne croyait pas vraiment. Un jour que l'on récitait en sa présence une oraison afin de demander pour lui la santé du corps et celle de l'âme, il n'avait pas hésité à interrompre les clercs : « C'est assez de celle du corps, dit-il, il ne faut pas importuner les saints en les priant pour trop de choses à la fois. » Et « il commit toutes sortes de crimes en invoquant la

Vierge Marie [*][1] ». Toutes ses dévotions, toutes ses visites aux sanctuaires et les remises d'offrandes n'étaient, bien sûr, qu'attitudes,
vraies simagrées.

Autre affirmation péremptoire, reprise sans le moindre examen
jusqu'à aujourd'hui : le roi affame le peuple ; il écrase les pauvres
paysans de taxes qu'ils ne peuvent payer. Le pays sombre dans la
misère. Chacun tremble d'effroi en songeant aux exigences des
sergents du roi et voit la ruine à sa porte. « Dans certains endroits,
pour remplacer les animaux que les collecteurs avaient impi-
toyablement saisis, le laboureur attelait à la charrue ses fils ou sa
femme. On en voyait qui n'osaient cultiver leurs terres que la nuit
de peur d'être aperçus et taxés plus durement [2]. » Visiblement, ce
roi-là ne valait pas mieux que tous les rois, princes et seigneurs de
l'Ancien Régime dont, à l'évidence, le principal souci était de ruiner le pays pour mieux faire la fête. L'idée, reprise cent et mille
fois, sur tous les registres, enseignée partout sous toutes les
formes, s'est imposée. Nous y croyons encore... Sans penser un
instant qu'il fallait tout de même un bel aplomb aux hommes qui,
à la fin du XIXe siècle, s'appliquaient à mettre sur pied un système
fiscal d'une rare intransigeance pour oser parler des temps passés.
Et plus d'aplomb encore, de fourberie, aux maîtres d'aujourd'hui
pour nous inviter à plaindre les pauvres paysans d'autrefois,
« écrasés » d'impôts, alors que, par leurs soins, les taxes, impôts et
contributions diverses se font, d'année en année, de plus en plus
lourds, tels que le pays, à aucun moment de son histoire, n'a rien
connu de semblable.

L'école de Jules Ferry prêtait tout de même au roi Louis
quelques vertus... et son image en fut un peu plus faussée. Aucun
de nos livres ne manquait de dire qu'il n'aimait pas les nobles. Il
fuyait tout grand cérémonial, s'habillait de noir et de peu, allait
dîner et même loger chez le marchand, au coin de la rue à Tours,
parlait avec lui, en toute simplicité, des affaires du royaume,
l'écoutait attentivement, toujours poli avec la dame. En somme,
un « roi bourgeois », précurseur de nos grands réformateurs, pour
un peu adversaire de tous les privilèges, ami déjà du tiers état.
Comme toujours, les hommes de plume ont suivi. Michelet voyait
en Louis XI le « sage du XVe siècle » (!), ardent novateur, vrai
révolutionnaire. Honoré de Balzac, il est vrai sur le ton de l'irrévé-
rence, comme pour se moquer des grands drames et des doctes
travaux, ne disait pas autre chose et, lui aussi, montrait un roi
détesté des nobles et des puissants : « Il ne donnoit point dans les
clinquans et profusions mais mettoyt la main sur du solide et, de
ce que, aullcuns mangeurs de peuple tous l'ont honny [3]. »

* Les notes de référence se trouvent à la fin de l'ouvrage.

En tout cas, son plus grand mérite, pour cette même école de pensée, peu suspecte de sympathies pour les rois-tyrans ou pour la nuit du Moyen Age, est d'avoir, artisan obstiné dans l'accomplissement d'un bel ouvrage, rassemblé les terres de France qui, tenues en main par des princes apanagés, échappaient encore à la Couronne. On fit alors de Louis XI une grande figure « nationale », champion d'un centralisme sans faille, « jacobin » avant la lettre. L'homme capable d'abattre ainsi les séquelles de la « féodalité » méritait quelques honneurs. Les manuels ne parlent pas vraiment de frontières naturelles, mais l'idée y était, en filigrane : les villes de la Somme, l'Artois, la Bourgogne, la Franche-Comté ! Pour cela, il lui fut beaucoup pardonné et, sur ce point, les auteurs, républicains, l'ont approuvé ; aucun ne marquant ni la moindre excuse ni la moindre indulgence pour les ducs de Bourgogne, qui s'obstinaient à défendre une cause perdue, mauvaise cause bien sûr. Les écoliers de France devaient, quelques frissons d'horreur vite surmontés, se réjouir de la mort du Téméraire, prince extravagant ; et voir en son cadavre abandonné, nu dans la neige sous les murs de Nancy, à demi dévoré par les loups, le symbole du succès pour un roi, héros, lui, d'un juste combat. En cela, rien d'exceptionnel : le triomphe de Louis XI s'inscrivait tout naturellement, avec Bouvines, Rocroi, Austerlitz et tant d'autres noms de grandes victoires, dans un florilège exaltant, merveilleux.

Mais tant insister sur les entreprises contre le duc de Bourgogne donne du roi, de sa politique, de la place de la France même dans le concert des nations, une image bien trop modeste ; comme si, chef d'Etat, il s'en était tenu à vider une querelle à l'intérieur du pré carré. Nous n'avons pas été du tout conviés à le voir maître d'un grand jeu, sur un théâtre bien plus vaste. Ces guerres de Bourgogne, prenant tant de place dans nos livres, font oublier les grandes offensives armées vers la Catalogne, et l'occupation, décisive sous son règne, du Roussillon. Négligés aussi les multiples et incessantes interventions, les missions et tractations sans fin et l'envoi de troupes, pour assurer la présence française dans Avignon et le Comtat. Enfin et surtout, c'était méconnaître qu'il n'a cessé de négocier, de mener quantité d'intrigues et d'entrer dans les conflits de cent façons en Italie. Il s'est opposé au pape et au roi de Naples ; il a fondé et dirigé, sans jamais y paraître, une ligue puissante, rassemblant plusieurs princes et villes. La simple lecture de sa correspondance dit clairement que l'Italie fut toujours au cœur de ses préoccupations, objet parfois de ses ambitions et de ses rêves. Dans ses lettres au duc et à la duchesse de Savoie, aux Sforza comme aux Médicis, à la Seigneurie de Venise, il apaisait les craintes ou éveillait des soupçons, dictait ses conseils, jamais avare de promesses. On lui prête d'avoir décidé du choix de favoris ou de conseillers, et d'avoir précipité la disgrâce de ceux qui l'avaient trop longtemps ignoré ou trompé. En fin de compte, il s'est montré le maître et l'arbitre, seul capable d'imposer la paix, sa paix.

Cela donne du personnage une autre figure, d'un plus haut relief que celle du petit homme qui, seulement appliqué à venger l'humiliation de Péronne, ne pensait pas au-delà. Cette manière, toute « nationale », d'enseigner, qui mit si longtemps l'accent sur la conquête des frontières acceptables, paraît ici vraiment très réductrice. De plus, ce choix pour Louis XI et l'Italie répondait à un autre schéma, à savoir que les guerres d'Italie et, d'une façon plus générale, la politique italienne des rois de France ne se concevaient que dans le cadre de la « Renaissance ». Au Moyen Age, les Français n'auraient rien connu de l'Italie, de ses marchands et de ses artistes, et leurs rois n'avaient rien à y faire. Nos manuels ne disent pas qu'une dynastie capétienne a régné à Naples pendant plus d'un siècle (de 1266 à 1382) et ne s'appliquent pas davantage à suivre Louis XI, maître du destin politique de la péninsule, grand ordonnateur de complots et d'alliances, plus actif sans nul doute que l'empereur.

De cette littérature, ou romantique ou engagée, celle-ci résolument « républicaine » voire « jacobine », Louis XI ne sortait pas indemne. Ces hommes de plume, en quelque genre que ce soit, du grand roman (Alexandre Dumas, *Charles le Téméraire*, 1860) au simple libelle et au livre qui se voulait d'histoire, ont tous repris les mêmes slogans, sans vraiment chercher la nuance. La figure du roi était en place, bien dessinée, et les lecteurs aimaient la reconnaître telle. Les auteurs à succès se coulaient dans le même moule et ont délibérément ignoré les travaux conduits, bien avant eux ou de leur temps, par des érudits soucieux de rechercher d'autres textes que les chroniques et Mémoires, et de les analyser. De telle sorte que toutes les publications furent alors marquées par une totale rupture entre les ouvrages offerts au public, manuels d'enseignement y compris, et la science historique. L'on ne voulait connaître que des textes aisément faciles d'accès, édités depuis fort longtemps, écrits riches d'anecdotes qu'il suffisait de reprendre d'une autre manière. Nul besoin d'aller jusqu'aux documents d'archives dont la lecture, souvent difficile, demande un certain apprentissage et beaucoup de patience.

Pourtant, à partir des années 1880, une véritable école historique s'était affranchie de ces facilités par le recours aux textes fondamentaux et l'étude attentive des faits, sans charger les discours ni de légendes ni surtout d'appréciations sur les caractères supposés des personnages. Ces ouvrages de grande qualité étaient le plus souvent de savantes monographies limitées à une région ou à une cité, à tel ou tel conseiller, à un seul aspect des relations avec un pays voisin. Tels, entre autres, les livres de Bernard de Mandrot (1888 à 1890), de Charles Samaran (1927) et de Joseph Calmette (1930). Pierre Champion s'inscrit dans cette même veine avec ses deux volumes, l'un sur le dauphin, l'autre sur le roi (1928-1935). Plus récemment le livre de René Gandilhon, *La politique économique de Louis XI* (1941), pas vraiment apprécié comme il le méritait, victime d'une sorte de cabale de la part de l'Ecole des Annales, demeure un modèle du genre, précis, documenté. Sur les ducs de Bourgogne et leur politique, Robert Vaugham (1970 et 1973) puis Walter Paravicini (1976) ont renouvelé une certaine optique. En 1975, le bon livre de Pierre-René Gaussin, tout aussi solide, ne présentait pas vraiment une « Vie » de Louis XI ni une analyse de sa politique, mais une étude sur la France de ce temps, sur les institutions, les formes de gouvernement, les assemblées et conseils.

Les auteurs de grandes biographies avaient de quoi renouveler complètement leur documentation. L'ont-ils fait, ou ont-ils choisi un autre parti ? L'ouvrage de Paul Murray Kendall (*Louis XI*), publié en 1971 et traduit de l'américain en France en 1974, en ce sens, s'inscrit dans la longue tradition. L'auteur y montre une étonnante maîtrise des événements, si complexe pourtant, et, tout au long des pages, il les suit pas à pas, démêlant, ce qui n'est pas mince mérite, l'écheveau des intrigues et des conflits.

On ne peut dire que ce livre de Kendall, qui date donc de vingt-cinq ans, soit vieilli. Mais qu'il s'inscrit dans une certaine façon de concevoir et de conduire l'étude du roi et du règne. L'auteur ne faisait nul mystère de s'être avant tout, exclusivement même en plus d'un développement, inspiré des sources narratives, celles que l'on avait longtemps considérées comme essentielles. Ce qui conduit à reprendre des vérités établies, sans toujours nuancer l'image, et à laisser dans l'ombre plusieurs aspects non négligeables de la vie et de la personnalité du roi. Il a lu et largement utilisé les chroniques et les « histoires », plus encore les dépêches des ambassadeurs milanais, mais a volontairement négligé tant les quelque deux mille lettres dictées aux secrétaires, publiées depuis longtemps en dix volumes parfaitement annotés, que les Ordonnances royales (quatre gros livres in-folio), que les registres de la comptabilité, ceux de l'Hôtel notamment, certes non édités, pas vraiment de lecture aisée, mais évidemment riches d'indications qu'aucune chronique ne peut donner.

Renouveler ce travail par l'étude des autres sources semblait digne d'intérêt. C'est pourquoi ce livre-ci se réfère aussi, et pour une très large part, aux lettres, édits, ordonnances, aux comptes des clercs trésoriers, qui permettent une autre approche, plus directe, sans l'écran tendu par des tiers qui, presque tous, servaient un maître ou une cause de leur plume, comme d'autres l'épée à la main.

Suivre d'abord, en une première partie, Louis dauphin puis roi en ses travaux politiques, diplomatiques ou guerriers, n'est pas sacrifier à une mode. Aucune étude historique ne peut se concevoir sans s'appuyer sur un rappel circonstancié des événements. Mais il convenait ensuite de montrer le roi exercer son métier. L'observer mener les affaires et la guerre, choisir ses agents et en disposer. Tenter enfin de voir ce que pouvait alors représenter la raison d'Etat et observer, en ses directives et en ses œuvres, l'homme qui, affronté à tant de résistances, l'invoquait sans cesse.

Première partie

Le fil, la trame et la toile

I

Le dauphin

1. Dans l'ombre du père (1423-1446)

Louis est né à Bourges le 3 juillet 1423. Son père, Charles VII, avait tout juste vingt ans et n'était roi que depuis une année. Ses ennemis acharnés à sa perte, les Anglais, les Bourguignons de Bourgogne et de Paris, ne le voulaient considérer que « roi de Bourges », petit roi malingre au triste destin, pauvre, retranché dans une sorte de réduit. Ils criaient à tous les échos que leur parti aurait bientôt raison de lui et pourrait alors imposer, dans tout le royaume, le roi anglais, le tout jeune enfant Henri VI, fils d'Henri V que Charles VI vieillissant et malade avait désigné pour héritier. Pourtant, ce roi de Bourges, très vite, bien avant l'arrivée de Jeanne d'Arc, la délivrance d'Orléans et le sacre de Reims, fit preuve d'une rare énergie et réussit de beaux coups d'éclat. La naissance d'un fils prenait figure de symbole et fit beaucoup pour affirmer sa position.

Ce fils, le dauphin, fut baptisé dans la cathédrale Saint-Etienne de Bourges. On lui donna pour parrains Jean duc d'Alençon et Martin de Gouge, évêque de Clermont, chancelier de France ; pour marraine, Catherine de l'Isle-Bouchard[1]. L'enfant mâle fut donc porté sur les fonts baptismaux, comme il convenait à l'héritier légitime, par de grands personnages, fidèles, hautement considérés. Choix non dénué d'intentions cependant : Catherine, belle femme et femme de tête, politique avisée dit-on, était alors épouse de Pierre de Giac, homme fort du royaume que ses détracteurs affirmaient être outrageusement protégé par le roi, favori du moment, en tout cas écouté du Conseil, sollicité par ceux qui briguaient charges et offices. Veuve en 1427, elle devint, avant Agnès Sorel, maîtresse ou, pour le moins, conseillère intime du roi Charles ; elle épousa Georges de La Trémoille, chef d'un clan bien

en cour, maître pendant des années, notamment au temps de
Jeanne d'Arc, du jeu politique et des alliances, délibéré partisan
du duc de Bourgogne.

Au château de Loches, « sinistre séjour », Louis fut confié aux
seuls soins de cette Catherine, femme à tout entreprendre du parti
bourguignon. Ce n'est qu'en 1433 que La Trémoille, surpris en
pleine nuit au château de Chinon par un fort parti d'hommes
armés, fut écarté du Conseil, alors que triomphait son adversaire
de toujours, le connétable Arthur de Richemont, notoirement pro-
angevin[2]. Dur et dramatique renversement des alliances et des
clientèles qui obligea le roi à conduire le dauphin à Amboise puis
à Tours, près de sa mère Marie d'Anjou, elle aussi très engagée
dans les conflits entre partis et les luttes d'influence. Les Angevins
l'emportaient. C'est ainsi que le fils du roi, enjeu et gage d'ambitions et de rivalités entre les clans qui se disputaient les faveurs
de Charles VII, ne connut vraiment sa mère et sa famille qu'à
l'âge de dix ans. Certains n'ont pas manqué d'écrire qu'il en garda
quelque ressentiment.

Il fut vite marié par raison d'Etat, simple pion sur l'échiquier
des alliances nouées ou maintenues pour assurer la reconquête des
pays encore aux mains des Anglais. En septembre 1435, le roi,
que les Bourguignons accusaient d'avoir commandité ou permis
l'assassinat du duc Jean sans Peur au pont de Montereau, en 1419,
avait obtenu à Arras, au prix de lourdes concessions territoriales
et de non moins graves humiliations, le pardon des offenses. Cette
paix d'Arras lui garantissait une nouvelle liberté d'agir. Restait à
mobiliser ses forces et rassembler ses alliés contre les Anglais. Il
manda une ambassade en Ecosse demander la main de la princesse Marguerite pour le dauphin. Elle fut amenée en France par
une flotte magnifique, de quelques dizaines de navires, avec plus
d'un millier d'hommes d'armes pour renforcer la garde écossaise
déjà en service auprès du roi. Cette belle escadre jeta l'ancre au
large des côtes le 15 avril 1436. Après une longue attente, dont on
voit mal le pourquoi (tempête ? préparatifs ? négociations au sujet
de la dot ?), elle se présenta le 5 mai dans le port de La Rochelle.
Par Niort et Poitiers, Marguerite gagna Tours où le mariage des
deux enfants (elle avait onze ans et le dauphin treize) fut célébré
le 25 juin. L'histoire malveillante, une première légende noire
déjà, veut que ce fut prompte et fort discrète cérémonie, sans faste
aucun : le roi s'y serait à peine montré, mal vêtu et crotté au retour
de la chasse, pressé de s'en retourner, près de ses chevaux et de
ses chiens[3].

Pourtant, dès ce moment, Louis entrait en scène. Préparé à son
métier de roi et associé en son premier âge tant au gouvernement

du royaume qu'aux campagnes militaires, il fut très tôt chargé de responsabilités, maître d'œuvres qui toutes n'étaient pas des parties de plaisir ou de simple représentation.

Tandis que le connétable de Richemont prenait Paris, courbant sous le joug le parti hostile enfin dompté, le roi et son fils étaient ensemble à Clermont, devant les états de Basse-Auvergne, puis à Lyon, accueillis par de grandes fêtes, enfin à Vienne en Dauphiné, où Louis dauphin, qui n'a que quatorze ans, se fait recevoir en maître et prêter des serments de fidélité, reconnaissance de sa propre dignité. Ce premier contact montrait qu'il savait prendre des assurances et préparer l'avenir. D'aucuns, malveillants, dirent, mais bien plus tard évidemment, qu'il tissait déjà sa toile. Toujours est-il que ces entrevues et assemblées portèrent des fruits. Les états de Dauphiné lui accordèrent dix mille florins en don de joyeux avènement. Ce qui lui permit d'acheter aussitôt de beaux coursiers et d'enrichir sa chapelle domestique : un calice et deux burettes d'argent doré, un missel enluminé, trois nappes d'autel, aube et chasuble. Plus quelques bonnes offrandes aux églises et, surtout, de substantiels cadeaux à ses compagnons de voyage. Il savait de quelles armes user pour, déjà, se forger une clientèle de fidèles.

D'Auvergne, le roi et le dauphin, toujours ensemble et associés aux honneurs comme aux responsabilités, allèrent en Languedoc : Uzès, Nîmes et Montpellier, pour un séjour de deux bons mois, de fin février aux premiers jours de mai 1437. Temps de concertations et de reprise en main administrative : assemblées, réunion des Etats, aménagement de la fiscalité, instructions aux sénéchaux. Surtout, faute de troupes royales suffisantes, organisation de milices communales pour tenter de mettre un terme aux ravages des compagnies de routiers, hommes d'armes débandés, bandits de grands chemins. Par la suite, chargé de mener seul, sans le roi qui le quitta à Saint-Flour pour gagner la Touraine, la reconquête des places fortes encore tenues par les Anglais dans le Velay, Louis y conduisit plusieurs dizaines de « lances », semant la terreur partout où il passait. Un peu plus tard, remontant vers le nord, il s'emparait, après un siège d'une semaine, de Château-Landon. Ce réduit anglais, ou proanglais, en tout cas tomba, pacifié de dure main. Les chroniques disent que le dauphin se montra ensuite moins sévère, en particulier au lendemain de la prise de Montereau où seuls les plus compromis furent exécutés, après quelques jugements sommaires. Il s'est visiblement contenté d'accorder une apparence de justice à des règlements de comptes.

Le grand moment de l'année, nous sommes toujours en 1437, fut, aux côtés du roi, l'entrée solennelle et triomphale dans Paris, traitée en ville conquise et repentante. Charles VII et Louis y demeurèrent trois semaines, le temps de s'affirmer quelque peu, mais se montrant chichement, peu soucieux d'y établir une résidence d'apparat, en un mot pas du tout disposés à en faire la seule capitale politique du royaume. Le souvenir des émeutes sanglantes, au temps des grandes révoltes de mai 1418 notamment, était encore trop vif. Le roi se voulait garder de tels risques et son fils retint la leçon. Paris retrouva son Parlement, hormis quelques fortes têtes trop en vedette, mais la Chambre des Comptes et, surtout, la cour, l'Hôtel, le Conseil seraient ailleurs.

Le 3 décembre 1437, la suite royale, le gouvernement devrait-on dire, ambulant et quasi nomade, reprenait la route et le dauphin, après un court voyage en Berry, accompagna fidèlement son père aux états du Limousin, à Limoges, à ceux d'Auvergne à Riom, à ceux du Languedoc enfin au Puy. La vraie vie lui sourit tout de même lorsque le roi, qui s'en retournait vers Lyon, le fit, en mai 1439, son lieutenant général en Languedoc, lui confiant tous pouvoirs pour administrer le pays, veiller au choix des officiers, recueillir de bons subsides en traitant pied à pied avec les communautés. Il pouvait enfin donner sa mesure et affirmer ses prétentions. Il choisit lui-même ses propres conseillers : Jean Bachelin, Jean Bochetel, Guillaume Goyet. Il se fait recevoir, à grands déploiements d'honneurs, dans chaque cité, lors d'entrées solennelles au cérémonial soigneusement réglé. Il n'a que seize ans mais arrache sans trop de mal de fortes rétributions aux états du Languedoc, à Castres. Le voici nommant de son propre chef ses capitaines d'armes, pris pour la plupart dans les grandes familles du Midi : le comte de Foix, le sire d'Albret, le vicomte de Lomagne.

Une brillante réussite ? Pas vraiment, pas sur tous les tableaux. S'il met quelque frein aux méfaits de simples malfaiteurs, larrons de bas étage, il semble avoir échoué lors d'une campagne contre les terribles compagnies de routiers. De plus, cette lieutenance du Languedoc, qui pouvait être l'amorce d'une belle carrière et aurait certainement comblé ses vœux, ou apaisé d'autres ambitions, ne lui est laissée que de mai à novembre 1439. Charles VII le voulait plus près de lui, occupé à de moindres travaux. En décembre, il le fit lieutenant au pays du Poitou, cette fois sans véritable pouvoir de décision, prenant soin de désigner les conseillers qui « iraient en compagnie » du dauphin : Jehan de Montmorin, maître des requêtes de l'Hôtel royal, Jean Colas, conseiller en la cour du Parlement, et surtout Henri Blandin, « aimé et féal clerc », notaire et secrétaire du roi, qui seul avait charge de recevoir « deniers et finances » des amendes et confiscations. Pour Louis c'était, sans que même soient sauvegardées quelques apparences, une mise en tutelle. On ne lui laissait que de basses besognes.

En février 1440, au lendemain d'une entrevue avec Jean d'Alençon, le dauphin rejoignait la fronde des mécontents menée par le duc de Bourbon. Cette rébellion, la Praguerie, fruit des tractations tenues secrètes, rassemblait Alençon, Dunois bâtard d'Orléans, le maréchal de La Fayette et quelques capitaines ou officiers peu satisfaits de leurs offices, tel, là encore au premier plan, Georges de La Trémoille.

Louis, fils indigne, ingrat, par nature ourdisseur obstiné de vilaines intrigues ? Ou simplement prince ambitieux, trop impatient, ennemi alors d'un père qui, parcimonieux, suspicieux plus que de raison, ne lui accordait que des bribes de pouvoir, le laissait dans l'ombre, veillé par des hommes appliqués à tout rapporter, alors qu'il aurait voulu gouverner seul une vaste province, seul et maître ? Ennemi d'un père qui ne lâchait pas les cordons de sa bourse et, décidément, ne prenait pas en compte ses services et ses mérites insignes ? Faut-il, par ailleurs, sur la foi de textes épars et manifestement partisans, songer plutôt à une foncière incompatibilité d'humeur entretenue, attisée, par de mauvais conseillers ? Ambitions politiques, ou querelle domestique ?

Quelques-uns ont évoqué le déplaisir du dauphin de voir Agnès Sorel, dame favorite, user de tant d'influence auprès du roi. De plus en plus proche de sa mère, il aurait mal supporté de la voir tenue à l'écart. Est-ce pure invention ? Sans doute pas : les bruits d'altercations et d'affrontements couraient le pays, passaient les monts. Les *Commentaires* du pape Pie II s'en font l'écho et, sur la foi du rapport d'un nonce ou de complaisants diseurs d'anecdotes scandaleuses, montrent le dauphin poursuivant la maîtresse du roi l'épée à la main, pour venger l'injure faite à sa mère [4].

Tout cela sent plus ou moins le ragot. Mieux vaut évoquer les circonstances qui dictaient au roi sa conduite. Charles VII ne songeait en aucune façon à répudier Louis ; il n'avait alors, en 1440, que ce seul fils. A contrecœur peut-être, profondément attaché au respect de la loi dynastique, il l'a toujours reconnu, sans jamais engager la plus discrète démarche contraire. Ce n'était pas là querelle de succession. Le conflit se situait sur un autre registre, celui du partage des pouvoirs, des formes d'association, et dans le danger que pouvait faire courir au royaume l'existence d'une grande principauté confiée à l'un des membres de la famille royale. Le roi ne pouvait l'admettre. Trop de mauvais exemples, tous proches, le lui disaient assez : les affrontements entre princes du sang à la mort de Charles V, les assassinats de Louis d'Orléans et de Jean sans Peur, la sale guerre entre Armagnacs et Bourguignons, les alliances ou compromissions avec l'ennemi anglais, le pouvoir royal menacé par des ambitieux habiles à corrompre et à soulever les foules. Ces désordres, il en tenait responsable l'institution de grands apanages en faveur des fils cadets, inaugurée par Louis VIII (testament de 1225 : Artois, Anjou, Poitou, Auvergne). Institution désastreuse reprise, on ne voit pas vraiment pourquoi et certains disaient que c'était politique inconsidérée, par Jean le Bon (Anjou, Berry, Bourgogne). Ces apanages, considérables, si généreusement distribués et devenus héréditaires, finirent par s'affirmer comme des principautés quasi indépendantes avec leurs cours de justice, leur appareil fiscal, leurs états provinciaux. Au temps où le jeune dauphin Louis revendiquait d'autres pouvoirs et avantages, Bourgogne et Anjou se trouvaient toujours hors du domaine royal direct, solidement tenus en main par des princes assurés d'une belle renommée et de la fidélité de leurs sujets, qui ne rêvaient certainement pas d'un prompt rattachement à la Couronne. Par ailleurs, de grands vassaux n'entendaient pas, eux non plus, se soumettre à toutes les directives et interventions royales, tels les ducs d'Orléans, de Bourbon, le duc de Bretagne surtout et le comte d'Armagnac.

Comment le roi Charles VII, qui avait consacré tant d'énergie à reconstruire son royaume affaibli par les guerres et intrigues entre les princes, princes du sang les tout premiers, aurait-il accepté de céder à son fils un grand gouvernement de province ? En 1439, au terme de cette expérience du Languedoc, il avait mesuré le péril. Ses souvenirs et la prudence, vertu des rois « sages », lui disaient que son fils ne devait disposer ni d'importantes rentrées d'argent, susceptibles de lui valoir une forte clientèle, ni d'un parti assis sur une région, se réclamant d'un certain particularisme. Résistance opiniâtre, méfiance, obsession du complot peut-être d'une part, exigences et déconvenues de l'autre, l'affrontement était inévitable.

Lors de la Praguerie, Louis ne fit pas que prêter son nom ; il s'est délibérément engagé. Les frondeurs s'appuyaient sur de forts mécontentements, sur les cris et murmures que provoquaient les levées des impôts royaux, lourds et irréguliers souvent, mal supportés. Ils parlaient haut, prétendaient défendre le peuple contre les abus et les exactions ; ils s'efforçaient, non sans un certain succès ici ou là, de travailler l'opinion, dénonçaient les dépenses de la cour, accusaient le roi, tout à l'oisiveté et au luxe, de laisser l'Etat courir à sa perte, complètement déchu, abandonné aux ennemis du dehors et du dedans. Tandis que le dauphin, jeune et vaillant, pourrait en peu de temps, « par sa vigilance et son habileté... rendre au pays l'honneur, la dignité, la gloire et la richesse d'autrefois ».

L'affaire, pourtant, fut vite réglée. Si nombreux et de si haut lignage, les révoltés ne formaient pas une véritable coalition. Charles VII fit donner ses compagnies d'ordonnance qui, sous

Arthur de Richemont, le maréchal de Lohéac, l'amiral Olivier de Coëtivy et Pierre de Brézé, remportèrent de faciles victoires. Le roi lui-même, avec le sire de Gaucourt et Poton de Xaintrailles, conduisit l'offensive en Poitou, prit Saint-Maixent, y fit couper des têtes en nombre notable, et alla menacer Niort. Louis s'enfuit en Auvergne, protégé par les hommes du duc d'Alençon ; il convoqua les états, lança plusieurs adresses en Languedoc et Dauphiné, réclamant allégeances et subsides. En vain : l'armée royale assiégeait Saint-Pourçain-sur-Sioule et le dauphin fut contraint de faire sa soumission, à Cusset. Mais il exigeait, pour, disait-il, travailler désormais à la paix, de fortes garanties et toutes sortes d'avantages. Il lui fallait, outre le Dauphiné, d'autres revenus et, surtout, participer au gouvernement « pour décharger le pauvre peuple et éviter la division présente, si dangereuse ». Il voulait aussi que les litiges entre le roi et lui soient soumis aux états généraux du royaume auxquels tous ceux de son parti étaient prêts à obéir.

Charles VII le reçut par d'aimables paroles : les portes sont ouvertes et « si elles ne sont assés grandes, je vous en feray abatre seize ou vint toises du mur pour passer au mieulx vous semblera » et « soiés le bien venu car vous avés longuement demouré ». Il accorda son pardon au dauphin, qui, toutefois, « viendra devers luy en humilité qu'il doit », promit de le bien traiter comme son fils et de pourvoir à son état « en manière qu'il devra estre content ». Quelques jours plus tard, il lui confia l'administration du Dauphiné. Mais, pour le reste, refusa tout en bloc, en particulier de donner, d'avance et sans enquête, l'absolution à ses partisans, La Trémoille entre autres[5].

Ce fut ensuite un bref séjour, seul, à Paris où il ne demeura que le temps d'imposer une forte taille. Il y fut d'autant plus mal reçu que dans l'hiver, en février 1441, un parti anglais attaquait Mantes et se montrait jusqu'aux approches de Paris, repoussé seulement par une sortie des milices urbaines. La campagne pour dégager la ville fut ensuite rudement menée, inscrite dans une longue série d'assauts contre les places restées aux mains d'une garnison anglaise, administrées par des notables qui, malgré la paix d'Arras, se voulaient encore probourguignons, pas du tout hostiles aux Anglais de Rouen ; Montereau, Montargis et Meaux n'étaient tombés qu'en 1437-1438. En mai-juin 1441, le roi et le dauphin étaient au siège de Creil, avec Charles du Maine, le connétable de Richemont et le comte de la Marche. La garnison se rendit à discrétion mais, ensuite, l'armée royale, d'abord campée à l'abbaye de Maubuisson, dut liver une longue et dure bataille, du 5 juin au 19 septembre, devant Pontoise, contre les Anglais qui, à plusieurs reprises, reçurent d'importants renforts. Louis s'y illustra, menant l'assaut qui finalement eut raison de la résistance ennemie, et ce haut fait d'armes affirma sa renommée de vaillant chef de guerre, qualité que l'Histoire ne retient pas volontiers, trop fidèle à certains clichés (le roi malingre, sans vigueur ni panache...) mais que les hommes de son temps ne mettaient absolument pas en question. Deux ans plus tard, il vint au secours des Dieppois, assiégés par les Anglais du capitaine Talbot qui avaient, début 1442, fait construire, à la façon de celles qui naguère bloquaient le ravitaillement d'Orléans, une grande bastille sur la « montagne » du Pollet. Louis rameuta des compagnies d'armes tout au long d'une route qui, par un long détour, le mena par Compiègne, Corbie et Abbeville, jusque dans les faubourgs de la ville. La bastide du Pollet enlevée le 14 août 1443, il entra triomphant dans la ville et fit célébrer sa victoire par de grandes fêtes [6].

Le péril anglais écarté et Paris libre désormais, la reconquête de la Normandie fut remise à plus tard, sans doute faute de grandes finances. Charles VII s'employa alors à combattre quelques grands féodaux peu enclins à se soumettre. Il voulait déjouer leurs complots, briser leurs alliances et, plus que tout, les déloger de leurs forteresses. De cette politique, elle aussi menée avec une belle énergie, sans compromissions et, au total, couronnée de beaux succès, le dauphin fut certainement l'agent le plus actif, comblé par le sort des armes.

Le comte d'Armagnac, Jean IV, fils du connétable Bernard d'Armagnac, s'était constamment appliqué à maintenir sa principauté libre de tout contrôle royal. Il s'était aussi résolument opposé à Rome, refusant de reconnaître le pape Martin V, désigné par le concile de Constance qui, en 1415, avait mis fin au Grand Schisme d'Occident. Armagnac tenait alors pour Benoît XIII, Aragonais, pape en Avignon, déclaré antipape, réfugié ensuite, presque solitaire, dans la forteresse de Peñiscola dans le Levant espagnol. A la mort de Benoît XIII, Jean IV ne s'était pas davantage résigné ; il s'était fait l'artisan de l'élection de Giles Munoz, nouveau pape schismatique sous le nom de Clément VIII. Puis, ce dernier disparu, il suscita ou favorisa une autre élection, celle de Bernard Garnier, de Rodez, pape Benoît XIV, choisi par un Sacré Collège réduit à la seule personne de Jean Carrier, archidiacre d'Antonin. Déclaré schismatique et hérétique par le pape de Rome, en 1429, Jean IV d'Armagnac fut contraint, pour faire lever l'excommunication et l'interdit, d'abjurer solennellement. Contre Charles VII, il ne cessait de nouer des alliances rebelles. Il fit accord avec Rodrigo de Villandrando, l'un des chefs routiers les plus redoutés du temps, qui s'empressa de marquer sa bonne volonté en faisant prisonniers deux agents du roi. Il refusait obstinément de percevoir sur ses sujets des aides pour la guerre royale et, tant pour l'Armagnac que pour ses autres possessions, le comté de Rodez notamment, se disait « comte par la grâce de Dieu » ; il en appela même, sur ce point, au Parlement, en mars 1442.

Louis se mit en campagne à la fin de l'an 1443, prenant pour prétexte la nécessité d'anéantir les compagnies de brigands. De Toulouse, il porta la guerre en plein pays du comte et occupa les places fortes de Comminges. Jean IV, assiégé dans le château de l'Isle-Jourdain, capitula, laissant au dauphin et à ses gens un énorme butin ; prisonnier, on le conduisit avec sa femme, son fils et ses deux filles à Carcassonne. Il y demeura captif pendant trois ans. Aidé de Bernard d'Armagnac, frère du comte, Louis remonta vers le nord, acheta la soumission de Jean de Salazar, principal capitaine armagnac, pour cinq mille écus, prit Rodez, força l'autre capitaine, Jean de Lescun, qui s'était enfermé dans Séverac, à se rendre et revint en maître dans Rodez, en avril 1444. Il y nomma aussitôt le sénéchal de Lyon, Théaulde de Valpergue, gouverneur des terres d'Armagnac[7]. Ce n'était pas vraiment réunir la principauté au domaine royal, mais la placer sous tutelle. Deux simples campagnes, de chacune seulement quelques semaines, avaient suffi.

En 1366, le connétable Du Guesclin avait, sur l'ordre du roi Charles V, conduit les « Grandes Compagnies », bandes de pillards, rançonneurs et tueurs, combattre en Espagne. Le royaume s'en était trouvé débarrassé, tant bien que mal, au prix tout de même de lourds sacrifices d'argent. Charles VII renouvela, à bien peu près, l'opération en confiant au dauphin le soin de mener d'autres « brigands », que les hommes d'alors appelaient communément les écorcheurs, faire la guerre aux Suisses. Ces écorcheurs, hommes d'armes laissés sans solde, ne vivaient que de crimes et de rapines. Ils se rassemblaient, pour le meilleur et pour le pire, en compagnies, en « routes », sous la bannière de chefs qui s'étaient vite acquis de sinistres renommées, capitaines d'aventure, cadets ou bâtards de grandes familles, officiers royaux, même, en rupture de ban et en mal d'hasardeuses fortunes, soupçonnés souvent d'avoir trahi. Ainsi Rodrigo de Villandrando, les deux bâtards de Bourbon, Guy et Alexandre, le bâtard d'Armagnac, Antoine de Chabannes et un certain nombre de capitaines bretons.

Le premier dur noyau était formé de garnisons royales de Champagne, licenciées au lendemain de la paix d'Arras (1435). Ces hommes, à qui l'on ne demandait plus rien, allèrent guerroyer en Bourgogne et leur plus bel exploit fut d'infliger tant de dommages et d'humiliations à la seigneurie de Scay-sur-Saône qu'ils en obtinrent, à la fin, un rachat de dix mille écus d'or. Au temps de Noël 1437, des routiers du bâtard de Bourbon, six à huit cents dit-on, qui dévastaient tout sur leur passage, obligeant les paysans à s'enfermer dans des refuges de hasard, ne furent arrêtés qu'aux portes de Dijon. Un peu plus tard, le duc Philippe le Bon se plaignait amèrement des « gens de guerre français » et de leurs terribles capitaines, Xaintrailles, Chabannes et les bâtards de Bourbon, d'Harcourt, de Vertus, de Culan et de Sorbier. De fait, pendant plus de six années, de 1438 à 1444, « il y eut, pour ainsi dire, une occupation permanente des pays du Charolais, du Mâconnais et de l'Autunois, par les écorcheurs[8] ».

Les chroniqueurs stipendiés ne disent pas volontiers que le roi et, plus souvent, le dauphin recrutaient ordinairement ces chefs avec leurs bandes, et que chacune des campagnes de l'armée royale se soldait, au lendemain des combats, par une véritable débandade qui jetait à nouveau ces hommes dans l'aventure, sans moyens de survivre que piller et rançonner. Déjà, en 1435, après la reconquête de Dieppe, Chabannes et Rochefort avaient laissé leurs hommes d'armes, trois à quatre mille sans doute, ravager les campagnes d'alentour ; à tel point que les paysans désespérés, accablés par tant de crimes, se soulevèrent contre les officiers du roi. Ces brigands-là passèrent la Somme, mirent en coupe réglée le Ponthieu puis le Hainaut ; Jean de Croÿ, bailli du Hainaut, les affronta près du Quesnoy et leur infligea une lourde défaite.

Huit ans plus tard, au soir même de la délivrance de Dieppe que les Anglais tentaient de reprendre, le dauphin répartit ses hommes de guerre, qui n'étaient pas des compagnies d'ordonnance, en deux groupes. Les meilleurs eurent deux mois de solde, pas davantage. Les autres, en fait les moins bien équipés, pauvres hères, se virent signifier l'ordre de « vuider » sur-le-champ le royaume de France. Louis s'en justifia sans honte et, par lettre au prévôt de Paris, fit savoir que son seul souci, ce faisant, était que chacun des sujets du roi puisse « demourer seurement en son hostel et de pourveoir à ses affaires, labeurs et marchandises[9] ». Dès lors, plusieurs capitaines brigands prirent la route pour aller, hors du domaine royal, piller et ravager la Picardie. Mis en déroute par une armée bourguignonne dans le Laonnois, ils se regroupèrent sous la conduite de deux nouveaux chefs, Pierre Aubert et le bâtard de Beaujeu, et réussirent, au soir d'une escalade hardie, à prendre Clamecy, ville du comte de Nevers. Ils ne la quittèrent que contre une forte rançon et l'engagement du comte de ne rien entreprendre pour les poursuivre et les rechercher[10]. De même, au printemps de 1444, le roi donnait mission à plusieurs de ses officiers de débarrasser le pays d'Auvergne des écorcheurs en les faisant passer ailleurs, à savoir sur les terres du comte d'Arma-

gnac, dans le comté de Rodez. A l'un d'eux furent versées cent
livres tournois pour le défrayer des dépenses faites « oudit pays
d'Auvergne pour faire vuider les gens d'armes qui y estoient et
les faire tirer en Rouergue après Monseigneur le dauphin [11] ».

Cela devenait procédé tout ordinaire et force est d'admettre
qu'en plus d'une occasion Charles VII et son fils ont réussi, soit
du fait d'accords tacites, soit par la menace, à repousser hors du
royaume les compagnies tombées en brigandage. Le plus souvent,
ce fut vers l'est, dans les Etats du duc de Bourgogne et, plus loin,
en Lorraine et en Alsace. Des écorcheurs, chassés, en janvier et
février 1441, de la région de Bar-sur-Aube et de Langres, se sont
enfuis en Alsace, rejoints par nombre d'hommes d'armes de l'armée royale, ou déserteurs ou laissés sans solde. Ils allèrent jusqu'aux approches de Strasbourg, si dangereux, si menaçants que
les magistrats de la cité, pris d'une vraie panique, appelèrent au
secours les comtes palatins du Rhin, Louis et Othon, le comte de
Wurtemberg, le margrave de Bade, les villes de Bâle et de Berne
et plusieurs autres cités, plus éloignées même. Ces brigands, ils les
nommaient communément les Armagnacs, gens du roi disaient-ils,
et voyaient en eux les héritiers de ce parti Orléans-Armagnac qui
avait si longtemps combattu les Bourguignons. Leur venue, même
la simple nouvelle ou rumeur de leur avance, suscitait nombre de
délibérations d'assemblées, de renforcement des murailles et
levées de taxes pour assurer de meilleures défenses. Tous les journaux et chroniques se font alors l'écho de ces grandes peurs, et de
même les procès-verbaux des conseils, les lettres des édiles, toutes
porteuses d'alarmes, certaines malgré tout précises, bien docu-
mentées : « Les Armagnacs n'ont pas plus de cinq mille hommes
dont trois mille bien montés ; le reste n'est qu'un ramassis au
milieu duquel il y a trois cents femmes à cheval... La nuit venue,
ils se couchent près les uns des autres, mangent mal, se contentent
souvent de noix et de pain, mais nourrissent bien leurs chevaux [12]. »

Or, l'année 1444, ces malheureux pays virent déferler chez eux
une forte et terrible armée de ces « Armagnacs », non pas livrés à
eux-mêmes, en marge des lois, mais au contraire enrégimentés,
reconnus corps de troupe du dauphin Louis. Les habitants de Lorraine et d'Alsace, victimes, y ont-ils trouvé quelque différence
avec les écorcheurs de naguère ? Sans doute pas, sinon en pire.

Pour Charles VII ce fut, une fois encore, le moyen d'épargner
le royaume et, aussi, d'éloigner de la cour et du Conseil un fils
dont il n'avait cessé de se méfier, de se garder même. Il fit simplement savoir que ces brigands, sous les bannières royales, ne
devaient en aucun cas s'écarter de la route tracée. L'expédition,
curieuse entreprise au demeurant, s'inscrivait, de plus, dans un

autre registre et donnait occasion d'intervenir dans les affaires d'Allemagne. L'empereur Frédéric III, en guerre contre les ligues helvétiques qui menaçaient la ville de Zurich, son alliée, ne pouvant plus, à ce moment-là, compter sur le duc de Bourgogne, s'était tourné vers le roi de France. Une ambassade impériale, menée par l'évêque d'Augsbourg, rejoignit le dauphin et fit presser les préparatifs. Le but était, pour libérer Zurich, d'attaquer Bâle et maintenir les Suisses sur la défensive. Les écorcheurs aidant.

Louis rassembla à Langres, fin juillet 1444, une immense armée constituée manifestement de deux corps distincts. D'une part, ses compagnies royales avec à leur tête un grand nombre de capitaines (on en comptait plus de cent !) dont Pierre de Beaujeu, fils du duc de Bourbon, Antoine de Chabannes de nouveau fidèle au roi, le maréchal de France Philippe de Culant, Charles de Culan chambellan et grand maître de l'Hôtel, et le comte de Clermont. D'autre part, les routiers, hommes de sac et de corde, conduits par des chefs déjà trop célèbres : Pierre Aubert, Pierre et Gautier Bruzac, l'Espinasse et « quantité de bâtards de maisons nobles, tels les bâtards de Beaujeu, de La Haye et de Tillant ». On y trouvait aussi un grand nombre de compagnies d'« étrangers », Bretons, Gascons, Castillans avec Jean de Salazar, Anglais et surtout Ecossais qui, dans cette cohue, formaient comme un corps d'élite sous le commandement de Jean de Montgomery et de Robin Petit. Au total, environ trente mille hommes dont à peine la moitié de bons combattants, « de bonne estoffe et conduicte ». Le dauphin disposait de quelques pièces d'artillerie : deux grands canons « de fer » lançant des pierres de soixante livres, six canons « de campagne » (pierres de dix livres) et huit couleuvrines. Toute sa maison était avec lui : Jean de Bueil, Amaury d'Estissac son premier chambellan, six autres chambellans et son maître d'hôtel Aymar de Puisieux, dit Capdorat.

L'affaire semblait fort délicate, tant ces foules de guerriers que l'on imaginait, que l'on savait plutôt, mal tenus, faisaient peur par avance. Où et comment conduire ces gens ? Par quelles routes ? Les ambassadeurs de plusieurs princes allemands se pressaient à Langres, et proposaient de fortes sommes d'argent contre la promesse de faire passer les écorcheurs ailleurs. Philippe le Bon fit, lui, livrer quinze « queues » du meilleur vin de Bourgogne. Un peu plus tard, Philippe de Ternant, chambellan du duc, vint lui-même donner dix mille écus d'or, priant que l'on veille de plus près sur ces brigands ; trois mille cinq cents écus, toujours bourguignons, furent, de plus, distribués « à aucuns grans seigneurs estant en la compagnie » du dauphin ; Jean de Bueil en eut douze cents à lui seul.

Rien n'y fit. L'armée, partie de Langres le 5 août 1444, dévastait tout sur son passage. Louis vint menacer Montbéliard et obtint d'occuper la ville en promettant de l'évacuer un an après. Le 24 août, les troupes d'écorcheurs, parties en avant, se trouvaient aux environs de Bâle ; le 26, dans la plaine de Pratteln, en amont de la cité, ces « Armagnacs » repoussèrent les assauts de quelque trois ou quatre mille Suisses, combattants d'élite pourtant, les forcèrent à se retrancher dans la maladrerie de Saint-Jacques et finirent par les exterminer. Si bien que, déconcertés, à court d'effectifs, les confédérés levèrent le siège de Zurich et du château de Farnsbourg, tenu par un parti impérial. Quant aux Bâlois, il leur fallut renforcer davantage leurs murailles, en toute hâte, et surtout se résoudre à négocier avec le dauphin.

Louis, dès lors, n'agissait pas seulement au nom du roi de France, et pas seulement comme allié de l'empereur. A Bâle se tenait le concile qui, rassemblant quelques évêques et un grand nombre de théologiens et de maîtres des universités, avait déposé le pape de Rome et élu un autre pape, naguère duc de Savoie, l'antipape Félix V. De plus, il affirmait la primauté des conciles sur le pape. De ces querelles, le dauphin ne pouvait rien ignorer : au moment où il se préparait à lancer cette expédition, le pape l'avait fait gonfalonier, défenseur de l'Eglise de Rome, avec une pension de quinze mille ducats. Ce pape de Rome, Eugène IV, souhaitait sans doute qu'il s'empare de Bâle et mette fin au concile ; ses interventions eurent pour effet de geler les pourparlers pour un long temps. Le jeu diplomatique finit par l'emporter car le concile ne restait pas inactif, bien au contraire. Deux cardinaux et plusieurs prélats, accompagnés de l'évêque de Bâle, du bourgmestre et de quelques bourgeois notables, vinrent à Altkirch rencontrer le dauphin. Celui-ci exigea d'abord une reddition pure et simple, mais finit par consentir à une trêve de vingt jours, signée par les confédérés de Berne, de Soleure, et par leurs alliés. Par le traité d'Ensischen, fut enfin proclamée, le 28 octobre 1444, une paix que tous les « capitaines » promirent de respecter. Chaque parti affirmait s'en trouver satisfait. Eugène IV même fit bonne figure : quelque temps plus tard, par une bulle du 26 mai 1445, il nommait Louis « protecteur » du comtat Venaissin. L'empereur, d'abord hostile, allant jusqu'à priver les Français de vivres, finit par approuver le traité de paix et se déclara toujours allié de Charles VII. Il se dit prêt à épouser sa fille, Radegonde. Cela ne se fit pas car elle mourut à Tours en mars de l'an suivant, mais cette grande aventure, qui fit tant crier, se soldait malgré tout par un franc succès et militaire et diplomatique, tout à l'actif du dauphin [13].

Pendant ce temps, il s'affirmait également homme de gouvernement, prenait par la force des choses davantage d'importance et, surtout, se montrait capable de rassembler autour de lui, sinon un véritable parti du moins une nombreuse et distinguée clientèle de fidèles conseillers. Il savait s'imposer, rendre service et s'attirer des complaisances. Contrairement à ce qu'il ne cessait de dire et à ce que ses amis puis quelques historiens ont complaisamment rapporté, il ne manquait pas d'argent. Dès juillet 1437, le roi faisait verser à Simon de Verjus, maître de la chambre aux deniers du dauphin, 21 000 livres pour sa dépense « ordinaire » en deux ans [14], et Bernard d'Armagnac, « lequel roy avoit ordonné estre et luy tenir autour la personne », recevait, la même année en un seul paiement, 6 000 livres [15]. L'essentiel des rentrées d'argent furent, chaque année, les forts subsides accordés par les états du Dauphiné : 30 000 florins en 1434, 10 000 en 1437, 30 000 encore en 1441 et 20 000 deux ans plus tard [16]. Louis maîtrisait parfaitement l'art de réclamer et se faire payer ses services. Des états du bas pays d'Auvergne, il obtint, en septembre 1444, 9 000 livres « pour nous aidier à soustenir nostre estat et supporter la grant despense que chascun jour nous convient faire [17] ». Cette grande dépense était, dit-il, et l'on ne devait en douter, la « conduicte de sa guerre », en l'occurrence la campagne contre le comte d'Armagnac maître de Rodez et, plus encore, la conduite des brigands hors du pays. Peu après, il fit très exactement valoir le même service auprès des magistrats de la ville de Senlis, auxquels il demandait de substantielles contributions ; l'an passé, rappelait-il, « avons fait widier et mettre hors de ce royaume en grant dangier de nostre personne tous les cappitaines, routiers et autres gens de guerre espandus en icellui à la folle et totale destruction des pays... et iceulx menez et fait vivre par longue saison en païs delemaigne [18] ». Je vous ai débarrassés, payez-moi ! Cette lettre pour Senlis est la seule qui nous soit restée. Qui serait assez naïf pour ne pas penser que d'autres aient été, toutes pareilles ou presque, envoyées ailleurs, plus d'une fois ?

Sans se tenir dans l'ombre du roi et sans rendre compte aux officiers des finances, le dauphin pouvait, par toutes sortes de dons généreux et de gratifications, s'attacher des fidèles, serviteurs ou amis, toujours dévoués, parfois complices. Il prit soin de s'attirer l'appui des religieux, allant seul prier en divers lieux de pèlerinage et distribuant de larges aumônes. Jean Majoris, son confesseur, reçut une somme de deux mille écus d'or « pour icelle convertir et employer à faire certains pèlerinaiges et veuz fais par mondit seigneur tant à S. Jacques en Galice comme ailleurs » ; puis encore trois cents écus à distribuer entre trois abbayes de France [19]. C'était assez pour se faire apprécier et nouer de bonnes relations, sans que son père y paraisse. S'affirmant de plus en plus héritier du trône et cultivant cette image de prince libéré de tout contrôle, il n'hésitait pas à intervenir dans les affaires de l'Eglise de France. Il tentait de placer ses hommes, sans même en référer au roi. Le 12 octobre 1445, il écrivit à l'évêque d'Autun pour le prier de faire enregistrer et confirmer, sans plus attendre, l'élection de Jean Gonault, son conseiller et protégé, comme abbé du Mont-Saint-Michel. Il en fut pour ses frais, car le pape avait donné l'abbaye au cardinal d'Estouteville [20]. Mais, au mois d'août suivant, de Chinon, il adressait une longue missive, tant prière que mise en demeure, au prieur de Saint-Pierre-de-Corbie pour que lui et ses moines cessent de faire obstacle à l'édification d'un couvent de religieuses clarisses, de la nouvelle observance qui se recommandait de « la dévote sœur Colette ». Il leur reprochait d'avoir obtenu un arrêt du Parlement de Paris pour faire arrêter les travaux en cours, et de rester sourds aux requêtes d'Isabelle, duchesse de Bourgogne. Ces manœuvres malveillantes et injustifiées doivent cesser ; le roi et lui-même y tiennent beaucoup [21]. Invoquer l'autorité du père n'était sans doute que de pure forme ; en tout cas, Louis, dauphin, ne manquait pas de s'en faire l'interprète et d'insister pour son propre compte. Il se sentait assez sûr de lui pour hausser le ton.

Au lendemain de la Praguerie, en 1440, Louis ne s'était incliné que de mauvaise grâce, contraint et forcé. Sans doute donnait-il des gages et semblait-il vouloir se réconcilier avec les gens bien en cour, notamment avec Agnès Sorel ; de retour de la campagne d'Armagnac, chargé des riches dépouilles du comte, il lui fit don d'une magnifique suite de six pièces de tapisserie : l'*Histoire de la chaste Suzanne* [22]. Mais il ne se consolait pas d'avoir si peu obtenu pour prix de sa soumission et ne cessait de soutenir princes ou seigneurs encore rebelles, de les rencontrer, de parler de projets et de son désir de régner bientôt. Le roi, bien entendu, en était averti et la crainte du complot, chez les conseillers, était telle que la moindre démarche plus ou moins secrète, le moindre échange de messagers, suscitait des bruits alarmants. On parlait de trahison, de tentatives d'empoisonnement, d'individus propres à tout, achetés pour quelques centaines d'écus. Ce n'étaient que fables ou rumeurs, mais qui disaient la lourdeur d'un mauvais climat.

Ce fut effectivement, à en croire les historiens du temps, la découverte d'un complot qui provoqua la crise, décisive celle-ci. Le dauphin fut accusé d'avoir voulu, on ne dit pas comment, faire assassiner Pierre de Brézé, favori d'alors, qu'il ne pouvait supporter de voir si bien en place, chargé de grands offices et, en tout, de la confiance du roi. En 1446, il fut chassé de la cour et s'enfuit vers son Dauphiné.

La rupture, certes brutale, ne pouvait pourtant surprendre. Cha-

cun, à observer les démarches et entendre les bruits, s'y était préparé. L'on imaginait bien qu'entre le père et le fils la paix de 1440
avait laissé trop de sujets d'amertume. Deux événements, tous
deux liés au destin de la famille royale, furent certainement pour
beaucoup, chez l'un et chez l'autre, dans le désir de rompre.
Marguerite d'Ecosse, la dauphine, mourut, en 1445, âgée juste de
vingt ans. Elle n'avait pas eu d'enfants. Louis, toujours au loin, ne
fut pas souvent avec elle et ne semblait pas lui être attaché. Cette
très jeune femme, gaie et spirituelle, amie des lettres et des arts,
lui paraissait sans doute trop différente. Le roi, qui avait fait son
mariage, la protégeait, lui portait attention et veillait à soutenir
ses finances. En 1444, il lui avait fait délivrer, à Nancy, par les
mains de Jacques Cœur, argentier de l'Hôtel, deux mille livres,
« pour avoir des draps de soie et martres pour faire robes »... Peut-
être aussi le dauphin souffrait-il de la place que tenaient dans l'armée et dans l'entourage de Charles VII ces Ecossais si nombreux,
partout présents. Plus tard, quelques auteurs appliqués à lui nuire
dirent qu'il avait commis, pour espionner Marguerite, un de ses
familiers, Jamet de Tilly, petit seigneur breton, son conseiller et
chambellan. Ce Jamet, sinistre figure, sans l'accuser vraiment de
mauvaises actions, fit sur elle de vilains rapports. Elle en fut terriblement affectée jusqu'à se laisser mourir. Elle avait pris froid, ou
lors d'un pèlerinage avec le dauphin à Notre-Dame de l'Epine, ou
dans les grandes salles du palais épiscopal de Châlons, et, gravement malade, ne voulut ni voir personne ni prendre de nourriture ;
jusqu'à son dernier souffle, pressée pourtant de toutes parts, elle
refusa de pardonner à cet abominable Tilly. La triste fin de cette
malheureuse, prostrée, agonisante, frissonnante en plein mois
d'août dans le cloître de la cathédrale, fut par toute la cour et par
le roi ressentie comme un drame. Certains accusèrent le dauphin
d'avoir soutenu cette persécution. Il s'en défendit et, dès octobre
1446, fit en sorte que le Conseil royal ordonne une enquête. Mais,
l'année suivante, pour des raisons demeurées obscures, toute instruction fut définitivement abandonnée [23].

En tout état de cause, il se trouvait libre et songeait à s'assurer
une descendance. Son mariage, en 1436, l'avait placé dans la
dépendance de son père. Désormais maître de nouer une alliance
qui ne servirait que ses propres intérêts, il lui fallait s'affranchir
de recommandations et de conseils trop pesants, forcément
contraignants. Rompre avec le roi ne pouvait que l'aider.

Autre événement d'importance qui sans nul doute précipita
cette rupture : le 28 décembre 1446, la reine Marie d'Anjou donnait naissance à un second fils, Charles. Désormais Charles VII,
assuré d'un autre héritier, pouvait se montrer plus ferme et ne se
mit pas trop en peine pour rappeler près de lui le dauphin.

2. Premier exil : le Dauphiné (1447-1456)

Le 7 janvier 1447, Louis était à Lyon ; le 15, il entrait dans le Dauphiné par Saint-Symphorien-d'Ozon, sur la route de Vienne. Une suite nombreuse l'accompagnait et la prise de possession, illustrée dès les tout premiers temps par quelques grandes cérémonies et serments d'allégeance, marquait une volonté de s'imposer en maître, comme aucun, avant lui, ne l'avait fait. Le premier dauphin, Charles fils de Jean le Bon, avait certes pris à cœur de bien gouverner le pays, s'efforçant de respecter les usages ou franchises et créant de toutes pièces, en 1357, les états du Dauphiné. Mais il ne s'y établit jamais, tout appliqué, au lendemain de la défaite de Poitiers, à faire face dans Paris aux contestations et rébellions. Les fils de Charles VI, Charles (mort en 1401), Louis de Guyenne (mort en 1415) et Jean de Touraine (mort en 1417), ne furent dauphins que de nom sans se montrer. Charles VII lui-même, dernier de ces fils et dauphin à la mort de Jean, eut certainement trop à faire pour d'abord assurer sa légitimité et reconquérir une part du royaume. Pour tous ces princes, le Dauphiné n'avait vraiment rien représenté d'important. Ils ne s'en étaient pas servi, en aucune façon, pour nouer des alliances avec les pays voisins, hors du royaume, pour s'introduire dans le concert européen et se garder, face au pouvoir royal, une grande liberté d'allure.

Louis, manifestement, voulait s'y installer et s'y réserver de considérables moyens d'action. Il avait préparé le terrain depuis longtemps et manifesté personnellement, en dehors et sans en référer au roi, beaucoup d'intérêt pour les affaires de ce pays qu'il considérait comme une principauté relevant de sa seule autorité. Le 3 août 1440, trois semaines seulement après sa soumission au roi, autorisé enfin à prendre directement en main l'administration du Dauphiné, il y envoyait comme gouverneur Gabriel de Bernes, l'un de ses proches familiers. Lui-même n'a, dès lors, cessé d'intervenir par quantité de lettres, de mandements, d'ordonnances édictés parfois de fort loin, en pleine campagne, à la tête des troupes : de Pontoise en 1441, de l'Isle-Jourdain en 1443 et de Langres l'année suivante. Il légiférait en toutes sortes de domaines et constamment affirmait œuvrer pour le bien commun, vouloir remettre de l'ordre dans une situation que les officiers naguère désignés par le roi (Raoul de Gaucourt notamment, en 1428) n'avaient pas su maîtriser. En 1444, il avait autorisé la tenue de deux foires par an à Montélimar et installé un grenier à sel. Une autre foire fut instituée à Gap. Les habitants, habilités à élire leurs officiers de justice, bénéficièrent d'importants avantages fiscaux. Les taxes perçues sur les juifs à Valence, à Bourgoin et à l'île

Crémieu furent, malgré l'opposition des assemblées municipales, notablement réduites. De Nancy, en mars 1445, il confiait à deux maîtres des monnaies, Ravon le Danois, qui fut associé de Jacques Cœur à Bourges, et Jean Gencien, le soin d'aller inspecter les ateliers de Romans, Crémieu, Grenoble et Montélimar ; il exigea qu'y soient désormais frappées des pièces d'or, ducats et florins, à ses armes. Quelques mois plus tard, de Chinon, il présidait, pour ce Dauphiné dont il se trouvait toujours éloigné mais que, semaine après semaine, il ne perdait jamais de vue, à la mise en place d'institutions financières parfaitement stables, centralisées et cohérentes. Afin de pourvoir à un véritable « gouvernement » de ces finances et pour « mieux cognoistre la recepte et despense d'icelles et garder que nos faits ne chéent [tombent] ne viennent en inconvenient par faute de bon ordre ainsi qu'ils ont fait le temps passé », il fit de l'un de ses fidèles, maître Nicolas, le trésorier et receveur général de toutes les finances ordinaires et extraordinaires du pays. Cela aux gages de cinq cents livres par an et soixante sous « pour chacun jour qu'il voiagera et vaquera... hors du lieu où il tient son mesnage et domicile »[24].

Ainsi, plusieurs années même avant de s'y installer, Louis usait dans la principauté d'une forte autorité et entendait le faire savoir à tous, y compris au Conseil royal et au Parlement de Paris. Le 7 septembre 1443, puis encore une semaine plus tard, le 15, il enjoignait au Parlement d'entériner des lettres de rémission en faveur de son conseiller Milet Blondelet. Cet homme, maître des monnaies à Crémieu, coupable, en 1442, d'avoir fait frapper des pièces d'or et d'argent de trop faible poids, avait pris la fuite ; mais, condamné à une amende de onze cents écus d'or, il s'en était acquitté. Jean Dauvet, président du Parlement, et Jean Jouvenel, avocat du roi, qui refusèrent d'abord d'enregistrer la rémission, arguant qu'il s'agissait bien d'un crime de lèse-majesté, furent contraints de céder. Les lettres publiées, Milet prit de nouveau à ferme la monnaie de Crémieu[25].

Pendant toutes ces années de prise en main, Louis arrêtait ses décisions « avec les gens de son Grand Conseil », sans autre concertation et sans, non plus, en référer à quiconque ; l'éloignement ne fut jamais un obstacle. Qui garderait encore en tête l'idée d'une administration, aux temps du « Moyen Age », réduite à de pauvres moyens, incapable de maîtriser l'information du fait de la lenteur des communications, demeurerait confondu à considérer le soin mis par ce jeune prince à tout régler, sans jamais paraître. Toujours étranger au pays, et ne pensant sans doute pas venir y résider dans un prochain temps, il s'est appliqué à dénoncer bien haut les erreurs, à les redresser, à réformer, pallier les insuffisances, tout marquer de son vouloir. Il y excella, tenu au fait des événements et des mécontentements, servi par un dense et subtil réseau d'agents. C'était déjà apprendre le métier.

Il ne semble pas que le roi ait été réellement consulté, en 1446, sur l'échange de territoires avec le duc de Savoie. Alors que les négociations étaient depuis longtemps engagées, Louis s'est contenté d'en informer les gens du Conseil et des Comptes du Dauphiné. Il cédait la suzeraineté sur la baronnie de Faucigny contre les comtés de Valentinois et de Diois, et le duc s'engageait à lui verser une compensation de cinquante-quatre mille écus d'or, somme considérable. Charles VII ne fut appelé à ratifier ce traité que deux semaines après la signature et c'est Gabriel de Bernes, conseiller, maître de l'Hôtel du dauphin et gouverneur du Dauphiné, personne « de discrétion, loyauté, preudommie et bonne diligence », que Louis chargea de veiller à l'application. L'échange était de bonne politique[26]. Il y gagnait d'étendre sa principauté vers le sud, aux confins du comté de Provence et du comtat Venaissin, territoire pontifical.

En janvier 1447, il n'arrivait pas en inconnu, fugitif demandant asile, mais en prince qui avait, longuement et avec réel bonheur, donné des preuves de son savoir-faire. Il ne fit que poursuivre une œuvre déjà plus qu'esquissée et se voulait souverain, se forgeant d'abord les moyens de s'affirmer, face au roi et aux voisins. Il mit aussitôt sur pied cinq compagnies de gens d'armes d'ordonnance et, dans les villes, des sociétés de « chevaliers du noble jeu de l'arbalète » ; plusieurs auteurs ont même prétendu qu'il avait débauché, en leur offrant de meilleures soldes, des mercenaires au service de son père. Il assura la formation d'un personnel juridique et le recrutement du clergé pris dans les familles de la province, en créant une université à Valence. Il ne cessait d'intervenir dans les querelles entre nobles, ou entre chapitres et évêques ; et plus encore entre les conseils des villes et les seigneurs voisins, favorisant généralement les bourgeois.

Il contraignit l'archevêque de Vienne et les évêques de Valence, Die et Grenoble à reconnaître sa suzeraineté et abandonner même une part de leurs juridictions. A Vienne, précisément, il fit élire archevêque Antoine de Poisieu contre l'avis de Charles VII (le 22 janvier 1454). Ce prélat, qui lui fut toujours fidèle jusqu'aux plus sombres moments, s'empressa, quelques jours plus tard, en février, de ratifier l'accord préparé par son prédécesseur, Jean de Poitiers, qui cédait la moitié des juridictions sur la ville et le comté de Viennois[27].

Thomas Basin qui, plus tard, n'écrivait que pour donner du roi Louis XI une image détestable, dit que, dauphin, il avait littéralement pillé le pays, levé des taxes inconsidérées, porté les droits de justice à un niveau insupportable et usé de cent et cent procédés malhonnêtes[28]. C'était parler en homme mal intentionné et pas vraiment bien renseigné. Mais le fait est que ce dauphin, jeune encore, savait parfaitement où trouver l'argent. De passage à Lyon, lors de sa fuite en 1447, il s'était fait tout bonnement nourrir, lui et les siens, fort nombreux, par la Commune : entre autres, vingt écus d'or pour deux « queues » de vin et dix écus pour du poisson[29]. Les états du Dauphiné continuèrent de lui voter et verser régulièrement des subsides, plusieurs dizaines de milliers de florins chaque année. Pour faire monter la somme et présenter les requêtes sous le meilleur jour, il ne manquait pas de gagner et payer les services d'hommes bien placés, susceptibles de peser sur les décisions. Les états, réunis en février 1448 à Romans, dans le couvent des frères mineurs, sont allés jusqu'à quarante-cinq mille florins, somme encore jamais atteinte ; l'on dit que c'était pour son joyeux avènement et l'on fit savoir qu'ils en avaient décidé ainsi « par pur et libéral don de leur pure volonté et sans infraction de leurs libertés »[30]. Certes... Mais, aussitôt après, Louis distribua au total trois mille florins entre onze personnes, des nobles, des officiers, l'abbé de Saint-Antoine-de-Viennois, « tant pour les défrayer de la despense facte par eux à l'assemblée... que pour reconnoistre les bons services qu'ils lui avoient fait en l'octroi de l'aide à lui fait par ladicte assemblée[31] ». La même année, son trésorier receveur avait, de plus, encaissé trois mille livres des états du Languedoc, trois mille cinq cents de l'archevêque d'Aix, et plusieurs contributions pas du tout négligeables. Cela ne faisait pas misérable.

Demeuré veuf, Louis avait, en Dauphiné, d'abord eu pour amie Guyette Durand, fille d'un notaire de Grenoble, qu'il maria plus tard à l'un de ses secrétaires, Charles de Seillers, puis à Grâce d'Aschelles, écuyer. Il eut ensuite deux filles de Felice Reynaud, veuve d'un autre de ses écuyers. Puis il épousa Charlotte de Savoie. Il avait rencontré son père, le duc Louis, à Briançon, le 2 août 1449. Là, ils se lièrent par une mutuelle promesse de s'aider l'un l'autre pour, si besoin venait, lutter contre les mauvais serviteurs du roi, « ennemis » du dauphin. Ils parlèrent aussi du mariage de la jeune Charlotte, alors âgée de onze ans, et pour la dot il fut question de quatre cent mille écus. Dans un premier temps, Louis prit quelques précautions et fit figure d'informer le roi de ce projet. Il lui envoya deux de ses grands officiers, membres de son Conseil, qui lui parlèrent de Charlotte et, plus encore, lui dirent le mauvais état des finances de son fils qui, outre le Dauphiné, réclamait pour lui une autre grande « seigneurie », à savoir la Guyenne. Charles VII refusa le tout, tout net. Pour marier son fils, il songeait ou à Eléonore de Portugal ou à la sœur du roi de Hongrie, et le voir allié au duc de Savoie, prince ambitieux, ne pouvait que lui déplaire.

Passant outre, le contrat de mariage fut signé à Genève, chez les franciscains, le 14 février 1451 : dot de deux cent mille écus (ce n'était pas si mal !) dont douze mille comptant, plus, pour la princesse, de son père, une pension de cinq mille écus. Le mariage fut d'abord célébré par procuration à Chambéry, puis à Grenoble, le 2 avril. Mis au fait, mais un peu tard, le roi avait diligemment envoyé son roi d'armes, « Normandie », avec mission de s'y opposer. On le fit attendre quelque peu, jusqu'au matin suivant, où il apprit que c'était chose faite [32].

L'argent de la dot n'arriva pas comme prévu et le dauphin fut contraint, à plusieurs reprises, de mander son trésorier ou l'un de ses officiers pour le réclamer. Par ailleurs, les communautés du Dauphiné furent allégrement mises à contribution. Villes, « pays » et « terres », tous donnèrent de belles sommes, tant en monnaies d'or ou d'argent qu'en marcs d'argent et lingots « pour le joyeux avènement de la Dauphine en cestuy présent pays de Dauphiné » : six cents écus pour les manants et habitants de la cité de Vienne, neuf cents pour Grenoble, six cents pour le Briançonnais et autant pour la cité d'Embrun, pour l'Embrunnais, pour Romans [33]...

Au moment même du mariage, fut scellée entre Louis de France et Louis de Savoie une alliance exclusive. Le duc promettait solennellement de soutenir et défendre l'époux de Charlotte contre quiconque et même contre le roi « se le roy estoit mal content desdictes espousailles et qu'il vouloit faire aucun dommage à mondit seigneur le dauphin, je lui aideroy à toute puissance... ainsi qu'il lui plaira moy commande ». Il s'engageait de plus à ne pas « aller devers le roy en quelque manière que ce soit sans congé et licence « du dauphin » [34].

Louis, sur le plan diplomatique, n'avait pas que ce seul fer au feu. Pour faire pièce au roi ou, du moins, contrebalancer son influence, il envoya à Rome, en 1448, l'évêque d'Embrun en ambassade. Gonfalonier de l'Eglise et « protecteur » du comtat Venaissin, il ne cessa d'intervenir, fort, pensait-il, de l'appui du pape, dans les élections épiscopales et de soutenir ses évêques dans leurs actions, parfois intempestives, agressives, contre les provinces ecclésiastiques voisines. Pour tout dire, il se rendait proprement insupportable. Quant au jeu politique et aux relations avec Charles VII, il se trouva vite au cœur d'un réseau d'intrigues, turbulent et souvent imprévisible, écrivant sans désemparer, mandant partout ses agents, toujours heureux à conduire double jeu. Il noua des relations secrètes, en tout cas à l'insu du roi, avec René

d'Anjou et le duc de Bretagne. Son héros d'armes, « Grenoble »,
eut mission d'aller à Vannes prendre avis et solliciter une aide. En
Italie, qui déjà le fascinait car il y voyait tant d'occasions d'agir,
personne ne savait dire, tant ses hommes de confiance s'aventu-
raient de maintes façons, de quel côté il se voulait placer, ou de
Florence et de Venise soutenues alors par Charles VII, ou des
Sforza de Milan.

Quoi qu'il en soit, il se faisait reconnaître et l'on venait le voir.
Les comptes de son Hôtel, pour la seule année 1448, font état
de la visite d'au moins cinq ambassadeurs : ceux des Suisses, de
l'archevêque de Reims (« étant en la ville de Nice »), du duc de
Savoie, le roi des hérauts d'armes d'Angleterre et les gens du
prince de Navarre. Qui tous furent bien traités, reçurent chacun
cent écus d'or ; et les Navarrais six tasses d'argent [35]. Le roi ne
faisait ni mieux ni plus et toute cette agitation, ces consultations,
ces échanges de promesses et ces recherches d'aides en dehors
du royaume, l'inquiétaient. D'autant plus qu'en France même le
dauphin ne restait pas inactif, revendiquait encore plus d'argent,
plus de pouvoirs, et s'appliquait à gagner des complices, ne négli-
geant aucune occasion de se placer, alors que rien ne lui était
demandé, sur le devant de la scène. Il n'avait en nulle façon parti-
cipé, en 1449-1450, à la reconquête de la Normandie. Le roi
Charles était entré en grand cortège dans Rouen, accompagné de
ses principaux officiers et chefs de guerre, mais sans son fils qui,
resté à l'écart dans son Dauphiné, n'avait envoyé ni hommes ni
deniers. Et qui, pourtant, ne se priva pas d'intriguer pour avoir sa
part des honneurs, revendiquant la charge de gouverneur de la
province, écrivant un peu partout, aux états de Normandie notamment et au duc Jean II d'Alençon. Thomas Basin, évêque de
Lisieux, dit avoir reçu plusieurs de ces lettres, fort insistantes,
mais, déjà appelé au Conseil du roi, il les lui fit porter [36].

C'était jouer mauvais jeu et ce dauphin, très occupé à renforcer
sa propre administration sur ses terres et traiter avec les villes ou
seigneurs d'Italie, dans le royaume aussi, faisait trop parler de lui.

Charles VII, exaspéré, rassembla des forces considérables pour
marcher vers Lyon, le Dauphiné et la Savoie. Au château de
Cleppé, vinrent cependant lui rendre visite le duc de Savoie et le
cardinal d'Estouteville qui, pour le dauphin, fit office de médiateur, garant de ses bonnes intentions et de son désir de bien servir
son père. Le fait est que, sitôt connue la nouvelle du débarquement de l'armée anglaise de Talbot à Bordeaux (le 21 octobre
1452), Louis fit savoir sa volonté d'aller combattre en Guyenne
(lettre de Valence, du 25 octobre). Mais le roi, qui ne pouvait
oublier que son fils avait, à deux reprises au moins, sollicité le

gouvernement de ce pays, refusa, consentant seulement à rappeler ses troupes et à donner en mariage sa fille Yolande au prince de Piémont, Amédée, fils de Louis II de Savoie [37].

Ce n'était, bien sûr, qu'une trêve, chacun s'engageant davantage dans la querelle, le père pour arracher le Dauphiné à un prince devenu dangereux, arrogant, le fils pour s'introduire de plus en plus souvent dans les affaires du royaume. Surtout, en écrivant à plusieurs conseillers ou corps constitués, Louis menait une violente campagne de libelles calomnieux, diffamatoires, contre le roi lui-même, l'accusant de « mœurs vulgaires et dissolues ». Il lui reprochait ses dépenses scandaleuses, ses favoris et ses favorites, gens de petit rang et de pauvre vertu, qui, tout-puissants, formaient autour du maître une « sorte de sérail digne de ceux des potentats d'Orient ». Il s'en prenait à Antoinette de Maignelais, maîtresse du roi après la mort de sa cousine, Agnès Sorel. La chute brutale et la condamnation de Jacques Cœur, par un tribunal composé de commissaires, montrait clairement qu'un nouveau parti, groupe d'alliés derrière André de Villequier, époux d'Antoinette, et Antoine de Chabannes, avait triomphé et faisait la loi. Or l'on s'accordait à dire que le dauphin avait entretenu d'excellents rapports avec l'argentier Jacques Cœur et s'était offusqué de sa disgrâce.

S'il jouait encore le rôle du fils respectueux, ce n'était que pour gagner du temps. D'avril à juin 1456, il n'envoya pas moins de six ambassades, l'une après l'autre, pour se justifier. Les hommes ne présentèrent que de vagues protestations de fidélité et se gardaient de parler de son désir de venir rencontrer le roi, dans le royaume. Si bien que Charles VII, cette fois, décida d'en finir et se montra résolu à lui arracher le Dauphiné par la force. Il fit lever une forte armée, en confia le commandement à Antoine de Chabannes avec ordre de marcher contre le dauphin et de le faire prisonnier. Deux de ses proches conseillers, Lohéac et Jean de Bueil, furent envoyés à Lyon pour dire aux édiles et aux bourgeois de la ville les griefs et les intentions du roi [38]. Les troupes s'avancèrent jusqu'à Saint-Priest et Saint-Symphorien-d'Ozon, à la frontière même du Dauphiné, tandis que Charles VII s'installait avec son chambellan et quelques proches à Saint-Pourçain-sur-Sioule. Louis avait certes, aux premiers soupçons, tenté de réagir ; il fit remparer et renforcer les défenses de ses places fortes et envoya des missions de tous côtés, pressant d'abord son beau-père, le duc de Savoie, de lui donner des hommes d'armes. Sur ce point, il échoua : le roi avait mandé à Genève Richemont et Dunois pour régler quelques litiges et, surtout, mettre le duc en garde. Aussi le dauphin, isolé, bien informé des forces lancées contre lui et conscient de l'impossibilité de l'emporter, fut-il pris d'une grande

panique, une « peur sauvage ». Il était persuadé que son père ne
voulait que sa mort et « le faire expédier en un sac à l'eau ». Le
30 août 1456, il s'enfuit à la faveur d'une partie de chasse soigneusement préparée, se rendit d'abord, avec son fidèle Jean de
Lescun, en Franche-Comté en pèlerinage à Saint-Claude puis, un
peu plus au nord, à Nozeroy, possession du prince d'Orange, et de
là, en une course effrénée, croyant les émissaires du roi acharnés à
le suivre, en territoire bourguignon où il se trouva enfin à l'abri,
dans Louvain [39].

Fugitif et honteux, prince détrôné, il cherchait pourtant à donner encore le change et se garder une issue pour un accord. A
Saint-Claude, pressé par le temps et apeuré, il trouva loisir d'écrire
deux lettres pour justifier sa présence chez le duc de Bourgogne.
Ce n'était pas, disait-il, trahison, pas même recherche d'une
alliance ou d'un refuge, mais pour participer à la croisade en
Orient, expédition que le duc préparait depuis plus d'un an. Au
roi, il demandait l'autorisation d'aller, en tant que gonfalonier de
l'Eglise, combattre les Turcs aux côtés de Philippe le Bon dont on
savait les projets et le dévouement au Saint-Sépulcre. A un
évêque, membre du Conseil royal, il disait qu'il ne s'était rendu
en Franche-Comté que pour voir ce qu'il convenait de faire pour
préparer le passage en Terre sainte, comment rassembler des
fonds et organiser les prédications. Que l'évêque, dans son diocèse, fasse prier « afin que Dieu nous veuille aider à conduire
nostre bonne intention [40] ».

Charles VII ne se faisait aucune illusion. A Vienne puis à Grenoble, il réunit les gens du dauphin, officiers et serviteurs, pour
leur donner ses instructions ; il s'engageait à les maintenir presque
tous dans leurs charges [41]. Deux des conseillers de Louis l'en infor-
mèrent par une longue missive de ton tout à fait serein, affirmant
que tout allait pour le mieux : Madame la dauphine va bien, tous
vos gens et plusieurs gentilshommes du pays vous demeurent
fidèles et « n'y a nul qui n'aye très grand vouloir de faire ce que
vous mandés ». Votre père a solennellement déclaré qu'il ne veut
« vous lever le pays », ni contraindre quiconque, ni serviteurs ni
autres, à faire quoi que ce soit contre l'honneur. Soyez assuré qu'il
fera plus, pour vos gens, qu'il n'en fait pour ceux du royaume.
Tous, ici, savent bien que le plus grand déplaisir qu'il ait jamais
eu fut « quant il a sceu vostre despartement, vous cuydant avoir
perdu [42] ».

Belles paroles ! Lohéac et Bueil prirent en main l'administration
de la province. Pour Louis, c'était non seulement l'éloignement
mais un véritable exil, sans autres ressources que celles que lui
offraient les Bourguignons. Charles VII s'était expliqué auprès de
tous et avait mené contre son fils de grandes offensives diploma-

tiques. Louis, duc de Savoie, alla par deux fois le rencontrer, au Boulet près de Saint-Pourçain et Saint-Symphorien d'Ozon[43]. Toutes les villes de France reçurent une lettre circulaire, écrite dès le 14 septembre, qui, longuement et fermement, exposait les raisons du roi : son fils, très mal conseillé, n'avait jamais voulu prendre ses avis et, surtout, avait maintes fois refusé de se rendre auprès de lui, « ce qui est chose bien estrange à considérer de père à fils » ; il « s'est soudainement party et absenté du pays de Dauphiné où il estoit, dont nous avons esté bien émerveillez et desplaisants »[44].

Ces lettres royales, largement diffusées, suivies parfois d'ambassadeurs chargés de faire connaître les torts de Louis, entêté dans l'erreur, ne pouvaient, sur le moment, lui nuire. Il s'était trouvé un bon refuge. A Louvain puis au château de Bruxelles, il fut, en l'absence du duc Philippe qui guerroyait en Flandre, bien reçu par son fils, Charles, comte de Charolais (plus tard, le Téméraire), par la duchesse Isabelle alors très écoutée à la cour et au Conseil, par Antoine, le « grand bâtard de Bourgogne », par l'évêque de Cambrai et par deux des grands officiers du duché, Jean de Croÿ et Adolphe de Ravenstein. Tous lui firent fête. A Bruxelles, le 15 octobre 1456, Philippe le Bon, d'abord quelque peu réticent, peu soucieux d'ouvrir un vrai conflit avec Charles VII, finit par franchir le pas et, à son tour, rendit au dauphin de grands honneurs, dus au fils du roi, au prochain roi. Il s'agenouilla devant lui, le suivit dans le cortège tête nue, lui fit don, pour tout son séjour, du château de Genappe, dans le Brabant, et d'une pension de trente-six mille francs. Louis trouva vite des partisans à la cour de Bourgogne, se fit des complices même, gagna l'amitié d'Antoine et de Jean de Croÿ qu'il servit fidèlement dans leur querelle avec le comte de Charolais. Conforté, bien entouré, disposant de quelques ressources et toujours maître ourdisseur d'intrigues, il pouvait parler fort, sans crainte. Et, une fois encore, se justifier et rejeter les torts de la rupture sur le parti des mauvais conseillers du roi. De Bruxelles, le 26 octobre, il informait son père de son arrivée auprès du duc de Bourgogne qui, disait-il, m'a bien accueilli, et « m'a fait et fait chascun jour très bonne chère ». Le duc a voulu qu'il en soit ainsi « pour l'onneur de vous, [ce dont] je vous remercie tant que je puis ». Tout va sur ce ton et tout serait à encadrer : « j'ai, au duc, déclaré mon fait bien au long » ; j'ai appris que Lohéac et Bueil agissent en votre nom dans le Dauphiné, pour s'assurer que, des gens de ce pays, ni vous ni votre royaume n'ayez à souffrir dommages. Ce dont « ay esté et suis bien esmerveillé ». Comment penser que, de ce pays, puisse vous venir le moindre tort, « ne que je voulusse fayre chose qui ne fust bien faicte » ? Mon bel oncle Philippe en est aussi tout étonné et a donné charge à ses ambassadeurs de vous en parler[45].

Effectivement, peu de temps après, il prenait encore la plume pour dire les noms de ces chargés de mission bourguignons et faire connaître leurs qualités : Jean de Croÿ, chambellan, capitaine général du duché, bailli de Hainaut, et le chevalier Simon de Lalain, lui aussi chambellan, bailli d'Amiens[46]. Il le fit savoir aussi aux gens du Grand Conseil royal, de la sorte tenus au fait des initiatives diplomatiques d'un prince exilé que certains considéraient comme proscrit, ennemi de la paix du royaume[47]. La réception des ambassadeurs eut lieu à Saint-Symphorien-d'Ozon. Charles VII exigea d'abord du duc qu'il refuse désormais tout secours à son fils et donna ordre de maintenir de fortes garnisons dans les villes proches de la frontière de Bourgogne. Mais, trop engagé à ce moment-là dans les affaires d'Angleterre et fâcheusement impressionné par l'alliance maintenue entre Philippe le Bon et Edouard IV d'York, il finit par se résigner et supporter qu'un rebelle soit hébergé et protégé par le plus puissant de ses voisins, libre d'entreprendre ce qui lui plaisait.

3. Chez les Bourguignons (1457-1461)

A Genappe, aux plus sombres années même, Louis ne s'est jamais départi de cette attitude de fils dévoué, respectueux, conscient de la dignité de la fonction royale, injustement accusé ou soupçonné de vilaines actions par des envieux, gens sans aveu qui avaient su gagner la confiance de son père. Expert dans cet art du double jeu, il prit soin, bien sûr, d'annoncer au roi la naissance de son premier enfant. Charlotte qui, au dire de Commynes, « n'estoit point de celles où on devoit prendre tant de plaisir »[48], était demeurée, loin derrière lui, en Dauphiné et cela lui valut, époux négligent trop préoccupé par ailleurs, les remontrances de la cour de Savoie. On lui représentait qu'il était temps qu'il ait la jeune femme auprès de lui, « car elle était en âge convenable ». Finalement, il s'était décidé à la faire venir et le mariage fut consommé, à Namur, en janvier 1458. Un « beau fils », Joachim, leur naquit à Genappe, le 15 juillet 1459, et le roi apprit que l'enfant eut, le 5 août, pour parrains le duc lui-même qui fit compter mille pièces d'or, et Jean de Croÿ, ami ; et pour marraine l'épouse d'Adolphe de Clèves[49]. Joachim mourut le 29 novembre. Manifestement, Louis voulait un héritier et tenait à le faire savoir. Peu après, il prit soin d'écrire à son père pour l'avertir d'une deuxième grossesse de Charlotte : « pour ce qu'on a peut cognoistre, la chose est seure, car elle a ja senti par plusieurs fois bouger son enfant [50] ». Cet enfant fut une fille, Louise, née en 1460, morte elle aussi en bas âge. Une autre fille, Anne, naquit l'année suivante, en 1461.

Ces lettres à Charles VII, chef de famille et chef d'Etat, ne peuvent faire illusion, commandées non par une piété filiale sincère mais par le souci de ne pas se laisser rejeter dans l'ombre. Pour la naissance de Joachim, il avait lancé, le même jour et de la même façon qu'au roi, bien d'autres missives : à son jeune frère Charles, duc de Berry, âgé de treize ans, aux bourgeois de Lyon, à l'évêque de Paris, aux présidents et conseillers du Parlement et aux « prévost des marchands, eschevins, bourgeois, manans et habitans de la ville et cité de Paris [51] ». Ces lettres, à n'en pas douter, mirent les édiles et les magistrats des bonnes villes dans l'embarras ; ils ne savaient comment répondre et s'ils devaient se réjouir de ces bonnes nouvelles. Dès le 9 août, aussitôt reçues celles annonçant la naissance de Joachim, les habitants de Bourges s'empressèrent d'informer le roi et de les lui transmettre. Ils ne pouvaient prendre le risque de lui déplaire et, déconcertés, maîtrisant mal la situation, demandaient que faire : « et pour ce que ceste chose nous est nouvelle, faites nous savoir ce que nous devons faire [52] ».

A vrai dire, les princes, les officiers tant du roi que du dauphin, et les manants des bonnes villes avaient conscience d'une totale rupture. Les conflits naissaient, à chaque moment, de démarches et d'entreprises que les conseillers de Charles VII jugeaient mal venues. Les rumeurs de complots, de manœuvres préparées dans l'ombre, de messagers interceptés porteurs de missives codées, s'enflaient. La cour de Louis, à Genappe, et celle du duc de Bourgogne, étaient sans cesse citées comme des nids d'intrigues, des foyers de conspiration. En décembre 1456 déjà, furent arrêtés sept hommes de main qui avouèrent avoir été payés pour s'emparer du roi au château de Saint-Priest, « et le devoient emmener à leur plaisir et à force où bon leur sembleroit ». Un des conspirateurs, Jean Chenart dit Grésille, qui venait de quitter le service du dauphin, les avait dénoncés. Il dit que plus de quatre cents hommes d'armes étaient prêts à intervenir. L'affaire demeura mystérieuse et, malgré de longues enquêtes, ne fut jamais élucidée [53].

En si dur exil pourtant, le fils du roi se comportait toujours en prince indépendant. Il avait certes bel et bien perdu le Dauphiné, où Charles VII avait installé des hommes de confiance et s'était assuré la fidélité de tous ceux qui tenaient des offices. Mais il ne renonçait pas ; le 24 janvier 1458, étant à Bruges dans la compagnie de Philippe le Bon, il désigna comme gouverneur du Dauphiné l'un de ses familiers, Jean, bâtard d'Armagnac [54]. Ce n'était que bravade, suivie de nul effet. Il ne pouvait que sévir contre ceux qui s'étaient ralliés au roi et l'avaient trahi. Aussitôt établi chez les Bourguignons, il avait fait confisquer les biens de Gabriel de Bernes, serviteur et compagnon de longue date, qui, « pour plusieurs crimes, délits et forfaitures », en fait pour ne pas l'avoir suivi en exil à Genappe, fut déclaré coupable de félonie et de crime de lèse-majesté.

L'argent ne manquait pas mais se faisait rare. Hors la pension versée par le duc de Bourgogne, seule la dot de Charlotte de Savoie lui assurait des rentrées appréciables. Non sans mal ! La perception des sommes dues nécessita quantité de démarches, d'échanges de lettres et rappels, protestations même, envois de chargés de mission. En août 1457, Louis mandait son maître d'hôtel, Perrot Faulquier, auprès de la duchesse de Savoie, Anne de Chypre, pour réclamer ce qui lui restait à recevoir de cette merveilleuse dot de deux cent mille écus[55]. De plus, les sommes déjà payées ne l'avaient pas toutes été en pièces d'or, loin de là, mais plutôt en recettes ou rentes à prendre sur divers domaines ou seigneuries : taxes, impositions, péages... Si bien qu'il fallait, de Genappe mettre sur pied une administration financière particulière. Un compte de ces recettes liées à la dot, pour un peu plus d'un an (1459-1461), fait mention de vingt-huit postes différents et de sommes variées remises par toute une suite de châtelains, vicaires, receveurs, clavaires de Savoie, du Piémont et du Bugey. Le trésorier de Verceil y est, à lui seul, inscrit pour 2 500 écus et le « gabelleur » de Nice pour 3 500 écus. Soit, au total, exactement 17 256 écus, monnaie de Savoie, desquels le responsable de ce compte fut contraint de distraire 800 livres pour la note de frais du receveur, Barthélemy Cailles, « pour les peines, salaires et despens qu'il a eues et soustenues... à faire venir les deniers dudit mariage ainsi reçeuz », et aussi « pour estre allé pour ladicte cause plusieurs fois par devers ledit seigneur [le dauphin] en pays de Flandre et de Brabant ». Cet argent, qu'il fallait chercher si loin et arracher aux officiers et percepteurs du duc de Savoie, pas souvent prompts à rendre des comptes exacts, était finalement payé fort cher. La charge de percevoir une part au moins des recettes avait été confiée à Hector Josselin, vicomte de Genève... au salaire de 1 000 livres par an. Des 17 256 écus, l'exilé de Genappe n'en a gardé, « en ses mains pour faire ses plaisirs et voulenté », que 3 000. Ses receveurs disposèrent eux-mêmes du reste, s'appliquant à parer au plus pressé et rattraper des retards : en tout premier lieu, 7 200 livres à François Royer, écuyer, conseiller et chambellan du dauphin, pour six ans de pension non payée ; puis les gages du secrétaire, de quelques hommes d'armes ou archers, de deux chevaucheurs ; enfin et surtout, de plusieurs chevaux aussitôt donnés aux grands officiers, à ceux de l'Hôtel principalement tels Jean de Montauban, Jean bâtard d'Armagnac, Louis de Crussol[56]...

Qu'il se soit souvent trouvé à court de trésorerie et forcé d'emprunter à des familiers ou à des changeurs, banquiers, hommes de finances et spéculateurs, ne fait aucun doute. Son secrétaire, Charles Astars, lui prêta 4 000 livres qui ne furent jamais remboursées. Louis s'en acquitta cinq ans plus tard, devenu roi, en lui cédant la terre de Pierrelatte et le faisant bailli du Vivarais et du Valentinois [57]. C'était, tout porte à le croire, procédé ordinaire que de tabler sur sa fortune à venir en s'engageant à combler plus tard, de faveurs et de revenus, le prêteur complaisant. En juin 1461, alors que chacun savait Charles VII très affaibli, atteint par la maladie qui, cette fois, devait l'emporter, le dauphin, mieux à son aise certainement pour promettre, empruntait sans mal à un changeur 18 000 florins du Rhin, remboursables six mois après son avènement [58].

Seigneur ou plutôt locataire d'un seul château, entouré certes d'une suite de fidèles mais tout de même besogneux, Louis voulait, malgré tout, se montrer généreux et se placer ainsi dans le camp bourguignon. Il fit plusieurs dons aux églises du duché et du comté : cent écus de Savoie à celle de Saint-Claude (sans doute en souvenir de sa fuite en 1456) et deux cents écus « pour certains pèlerinages du pays de Brabant [59] ».

Pour autant, il ne cessait d'agir en France, de s'imposer à tout propos, cherchant à rassembler des sympathies et surtout à placer ses protégés, hommes de conseil ou hommes d'Eglise qui l'avaient servi. Nombre de recommandations, de suppliques, partaient de Genappe, adressées aux évêques, aux abbés ou aux chapitres, pour les inciter à bien voter lors d'une élection. Ses choix allaient contre ceux de son père et même contre ceux du pape. Il écrivit à un cardinal à Rome pour le prier, en termes quasi impérieux, arguments politiques à l'appui, de tout faire pour que soit nommé à la commanderie de Flandre des hospitaliers le frère Benoît de Montferrand et, en aucun cas, l'un de ceux « pour qui tient la main le cardinal d'Avignon, qui en toutes choses et mesmement en ceste cy se monstre si fort nostre ennemy ; ces hommes nous, feroient trop de mal [60] ». Or, ce cardinal d'évêque d'Avignon était alors Alain de Coëtivy, protégé par le roi, agent principal de la lutte qui, pour le contrôle du Comtat, l'opposait depuis des années à la papauté. Louis n'eut pas gain de cause : le pape Pie II nomma Benoît de Montferrand non en Flandre mais abbé de Saint-Antonin-de-Viennois.

Ces interventions se firent évidemment de plus en plus nombreuses et plus pressantes alors que les nouvelles de la maladie du roi faisaient craindre aux uns et espérer aux autres une fin prochaine. Juin 1461 : lettre au chapitre de Saint-Martin de Tours

pour que la première prébende à vaquer soit attribuée à Henri
Cœur, fils de Jacques l'argentier et frère de Jean l'archevêque de
Bourges ; cela « pour les mérites, vertus et grand dévotion que
l'on dit estre en sa personne [61] ». Le prince exilé s'appliquait à
soutenir les héritiers de l'homme tombé en disgrâce, jugé et
condamné dix ans plus tôt.

Il savait convaincre par de belles promesses qui, en réalité, prenaient figure de menaces : Jean d'Etampes, évêque de Nevers, se
vit fermement prié d'accorder lui aussi une prébende à Arthur de
Bourbon, protonotaire apostolique certes, mais surtout conseiller
et maître des requêtes de son Hôtel. Louis insiste et se fait
comprendre : « ce faisant, vous nous ferez très singulier et
aggréable plaisir dont nous aurons bien mémoire et souvenance
pour le recongnoistre cy après quant d'aucune chose nous requer-
rez pour vous ou vostredicte église [62] ». Les évêques devaient
savoir qui, déjà, était le maître dans le royaume. Louis d'Albret,
évêque d'Aire jusqu'en 1460 puis cardinal à Rome, fut sommé de
s'entremettre pour que le pape accorde une dispense autorisant le
mariage entre Jehanet de Châteauvoir et Marguerite du Lau, cousins au deuxième degré. Ce Jehanet tenait les offices de conseiller
et de chambellan du dauphin qui l'avait « toujours à cœur », lui et
son père, « pour les grans services qu'ilz nous ont faiz et chascun
jour nous font continuellement aucuns de leurs parenz et amis,
lesquels sont de noz plus especiaulx serviteurs »... Ces gens-là ne
devaient être oubliés. Une autre lettre, au même cardinal, le priait,
aussi net, de veiller et « tenir la main » à ce que l'une des filles de
Châteauvoir soit mariée à Jean de Metz [63].

Louis pensait-il, comme d'autres héritiers alors, que l'attente lui
était devenue insupportable ? Disait-il, lui aussi, à ses proches,
qu'il se rongeait le sang, qu'il y avait bien trop longtemps que son
père était roi et « qu'il estoit bien temps qu'il le fust » ? Et « qu'il
aymeroit mieulx avoir gecté son père la teste devant dedans ung
puis et de s'entre gecté après » que de rester ainsi [64] ?

Cependant, le roi est malade et cela se sait. Le dauphin n'hésite
plus à établir les gens de son Conseil par tout le royaume, usant
d'une autorité de moins en moins contestée. C'est, véritablement,
la conquête du pouvoir. Chaque jour qui passe, chaque nouvelle
de la cour, renforcent sa position et l'accréditent davantage près
des grands officiers assez clairvoyants pour songer à un avenir
maintenant tout proche.

Près des princes aussi car, là non plus, il ne restait pas inactif mais
cherchait des soutiens, négociait des alliances et prenait résolument
parti dans les querelles, principalement en Italie dans les conflits
entre seigneuries, et en Angleterre dans la guerre des Deux-Roses,

entre les maisons d'York et de Lancastre. Au printemps 1460, le roi prit ombrage de ce que le duc de Milan avait reçu l'ambassadeur du dauphin, son écuyer Gaston de Lion, pour parler d'un accord entre eux. Sforza s'en défendit, usa de faux-fuyants, invoquant de simples coïncidences. Il s'affirmait de bonne foi, étranger à toute manière d'intrigue : « nous n'avons aucune affaire particulière (*pratica*) ni avec le dauphin ni avec le duc de Bourgogne ». Gaston de Lion est bien venu à Milan, mais c'était pour courir et rompre des lances au tournoi que, chaque année, nous organisons pour la fête du 26 février ; pour cause de trop mauvais temps, les joutes furent reportées jusqu'à quinze jours après Pâques ; aussi est-il revenu pour cette date et resté quelque temps. Cependant, l'accord fut bien signé, ratifié en décembre, fixant très précisément les contributions de chacun : trois mille cavaliers et mille hommes de pied pour Sforza, trois mille cavaliers et deux mille archers pour le dauphin [65]. Louis ne pouvait certainement pas, en 1460, rassembler de tels contingents ; il ne disposait que d'une garde domestique, réduite. Il s'engageait donc pour l'avenir, comme roi, et le duc de Milan le tenait pour tel, effectivement, comme allié. Dans l'été, un de ses agents prit soin de l'informer que « des astrologues ont fait savoir au duc de Bourgogne que le roi était en grand péril de mort ; il ne peut échapper que par miracle et sa vie ne saurait se prolonger au-delà du mois d'août [66] ». Quelque temps plus tard, il lui fit connaître les circonstances de la révolte des Génois, de l'échec des interventions de René d'Anjou et de Jean de Calabre, du massacre de leurs hommes d'armes, rébellions, désordres et malheureux combats qui, pour cette fois, mettaient un terme à la domination française [67].

Quant à l'Angleterre et à la guerre des Deux-Roses, Thomas Basin affirme que, lors de la bataille de Towton (le 29 mars 1461), victoire des York sur les Lancastre qui avaient l'appui de Charles VII, quelques cavaliers portant la bannière du dauphin combattaient dans une compagnie fournie par le duc de Bourgogne pour soutenir Edouard d'York. Il aurait même, lui, le dauphin, exhorté Edouard à débarquer en France [68]. Que Basin, médisant, hostile, ne soit pas très honnête dans ses propos, n'est pas pour surprendre. Demeure le fait que, tant pour les ligues en Italie que pour le conflit dynastique en Angleterre, le dauphin toujours en exil ne tenait aucun compte des intentions et engagements du roi, et même se rangeait dans le camp contraire.

Malgré tout, il rongeait son frein et l'attente, les derniers mois, lui était insupportable. Il n'a cessé de se renseigner sur les maladies du roi, sur ce que l'on pouvait en savoir et prévoir. Plusieurs conseillers de Charles VII l'informaient par lettres qui devaient demeurer secrètes. Parfois ce n'étaient que rumeurs et certains, pressés de

répondre, avouaient ne rien savoir. Tel le comte de Saint-Pol qui
accusa certes réception des lettres du dauphin (« par lesquelles vous
me mandiez que je vous fissa savoir des nouvelles ») mais, mal
informé par ses gens, dit qu'il n'a rien su « que seurement eusse pu
escrire ». L'informatrice la mieux au fait était certainement Antoinette de Villequier avec qui Louis s'était réconcilié. Elle lui écrivait,
flattait ses espoirs et calmait son impatience. Il l'en remerciait et
promettait de ne pas l'oublier (« une fois je vous le rendrait »).
Qu'elle continue ainsi et prenne soin de jeter ses lettres, à lui, au feu.
Le 17 juillet, quatorze conseillers du roi l'informaient, à leur tour,
de la maladie de leur maître qui a commencé « par la douleur d'une
dent et lui a fait la joue et une partie du visage fort changée ». Les
médecins se disent, bien sûr, confiants mais ces malaises persistent
et le roi s'affaiblit beaucoup et, disent-ils, « comme vous désirons
servir et obéir, avons délibéré de vous écrire... afin de sur tout avoir
tel avis que votre bon plaisir sera [69] ».

Louis se voit bientôt roi. Il s'y prépare, tient les hommes de sa
suite en état d'alerte, songe sérieusement à son retour en France,
jusqu'à Reims et Paris. C'est alors qu'il ordonne à ses fidèles de
venir le rejoindre sitôt connue la mort de son père : « que incontinent vous montez à cheval et vous en venez vous et tous vos gens
en leur abillement par devers nous vers les marches de Reims où
vous nous trouverez se Dieu Plaist [70] ».

La mort du roi Charles, à Mehun-sur-Yèvre le 22 juillet 1461,
fit courir de mauvais bruits. On parla, et pas seulement à mots
couverts, d'empoisonnement et les soupçons se portèrent sur le
dauphin qui aurait payé les médecins et les valets. Devenu roi,
Louis XI fit vite libérer et combler d'honneurs Adam Fumée,
médecin, emprisonné à Bourges. Il rappela et gratifia d'un bon
office le chirurgien qui avait fui à Valenciennes. Thomas Basin,
toujours aussi mauvaise langue, y voit la preuve d'une complicité.
Mais c'est pure invention : Charles VII était malade, gravement,
depuis longtemps et Louis a simplement voulu réconforter des
innocents, accusés d'un crime abominable. Et marquer peut-être
une manière d'indifférence, de détachement. Il en donna, à en
croire d'autres auteurs, moins hostiles, d'autres signes. Le messager apportant la nouvelle de la mort fut largement récompensé
tandis que les visiteurs, conseillers et officiers du défunt, qui se
présentèrent en habits de deuil, virent les portes closes. Il ne fit
dire des messes de requiem qu'en un seul jour, à Avesne-le-
Comte, dans le Hainaut, et partit aussitôt à la chasse, « en courte
tunique rouge et blanche [71] ». Aux funérailles, à Notre-Dame de
Paris puis en la basilique de Saint-Denis (les 6 et 7 août), il n'était
ni présent ni représenté d'une façon exemplaire.

II

Le roi

1. LA PRISE DE POUVOIR (1461-1464)

Le nouveau roi n'eut aucun mal à se faire reconnaître et rassembler autour de lui les princes, les grands vassaux, tous les corps constitués. Nulle manière d'opposition ne s'est manifestée, en aucun cercle. Le fils rebelle, indigne pour certains, instigateur de maints complots, commanditaire même de tentatives d'empoisonnement, succédait à ce père qu'il avait si souvent et si longtemps défié et même trahi, sans apparence de difficulté. Ceux qui l'avaient ignoré et avaient servi fidèlement Charles VII, ostensiblement, firent profession de se rallier, anxieux de garder leurs offices. Seuls les plus compromis, qui se savaient mal aimés, prirent la fuite : Pierre de Brézé hors du royaume, Antoine de Chabannes qui, lui, risquait gros, en Normandie pour s'y tenir caché, errant de refuge en refuge, traqué par les agents royaux qui cherchaient de tous côtés et promettaient récompense à ceux qui le livreraient, supplice à ceux qui le cacheraient.

Trois semaines seulement après la mort du roi Charles, avant même de se montrer dans Paris ou dans l'une des bonnes villes du royaume, Louis fut sacré à Reims par l'archevêque Jean Juvénal des Ursins, « moult noblement accompagné par la plupart des seigneurs de nom de son royaume en moult grant et notable nombre [72] ». Après le sacre, logé au monastère bénédictin de Saint-Thierry-au-Mont-d'Or, il reçut les hommes de sa fidélité, distribuant déjà quelques charges et faveurs. Il se rendit ensuite à Saint-Denis, sur la tombe de son père. C'est là que, à en croire Thomas Basin certainement mieux informé sur ce point que sur d'autres, le légat du pape Pie II, Francesco Coppini, évêque de Terni, présenta sur la sépulture du défunt roi un acte d'absolution, qui laissait entendre que celui-ci avait été condamné par l'Eglise. Cet acte

évoquait la Pragmatique Sanction qui, édictée solennellement à
Bourges en 1438, affirmait, face à Rome, les droits du roi et les
libertés de l'Eglise de France. Louis, présent sinon complice,
aurait laissé faire.

Il prit quelques jours pour chasser dans les bois, aux environs
de Saint-Denis, le temps que ses maîtres de l'Hôtel préparent son
entrée dans Paris qu'il voulait triomphale, en grand cortège, semblable à celles du début du siècle (Charles VI en 1410, Henri VI
d'Angleterre en 1431, Charles VII en 1437). Le 30 août, il fit son
entrée : « Toutes les rues furent tendues de tapisseries, et parmi
Paris furent fais plusieurs et en plusieurs lieus grans jeux de per-
sonnaiges et démontrées plusieurs histoires anciennes très belles[73]. » La fête attira de si grandes foules que l'on ne savait où
loger tous ces gens, qui, souvent, n'avaient nulle part où aller. On
vit les curieux se presser jusque sur les gouttières et sur les toits.
Des bourgeois louèrent fort cher les fenêtres de leurs maisons[74].
Le lendemain, le roi prêta serment sur le parvis de Notre-Dame,
devant l'évêque Guillaume Chartier et Jacques Cœur, archevêque
de Bourges.

Tous les grands du royaume étaient là : le duc de Bourbon, les
comtes d'Eu, de Nevers, d'Armagnac, de Vendôme. Le duc de
Bourgogne, Philippe le Bon, et son fils Charles, comte de Charolais, formaient, avec leurs parents, conseillers et familiers, plus de
la moitié du cortège à eux seuls. En tête de leur maison venait
Jean de Croÿ, « pour l'heure grant maistre d'ostel de France » avec
cinq chevaux, et ses enfants « chacun a trois chevaux richement
ornés » ; puis Jean de Lorraine, Antoine et Philippe de Brabant,
Jean de Reuty maître d'hôtel du duc, Jean de Luxembourg,
Antoine le Grand Bâtard de Bourgogne. L'une des relations de
l'entrée les cite tous, un par un avec leurs noms et qualités, insistant sur le luxe des vêtements et sur le nombre de pages et de
chevaux : au total, exactement cinquante-quatre personnes, plus
encore « XXIII autres nobles, escuiers et chevaliers de la même
parure de noir, bleu et blanc... qui seroient trop long à raconter
selon mon povre sens et entendement[75] ». La suite du duc valait
celle du roi : « huit chevaux tous houchiés d'orfèvrerie sy richement qu'on ne les saroit estimer » et huit chevaux aussi pour son
fils Charles. Plus cent et vingt archers, tous armés d'arcs et de
brigandines[76].

En somme, le roi de France, longtemps exilé, ami d'un prince
du sang qui avait, dans un passé pas si lointain, affirmé de si hautes
ambitions et provoqué tant de troubles, se trouvait manifestement
sous sa protection, sous sa surveillance peut-être. Hors Philippe
de Bourgogne, aucun grand du royaume n'avait osé étaler tant de
magnificence, et poussé l'arrogance jusqu'à se faire accompagner

d'une troupe en armes. Et chacun savait maintenant qu'à l'annonce de la mort de Charles VII, Louis « fist ses préparations par les moiens du duc Philippe... avec tous ses nobles barons, chevaliers, escuiers ». Alors seulement il lui fut donné de chevaucher jusqu'à Reims « en grande puissance », à savoir, au dire des chroniqueurs bourguignons, avec une escorte de quatre mille cavaliers qu'il ne renvoya qu'après le sacre, assuré du bon accueil des grands et du peuple[77]. Son tout premier acte d'autorité fut, dès le 2 août, en cours de chemin, à Avesnes dans le Brabant, de signer des lettres de rémission en faveur de Jehan du Bos, bailli de Cassel, en Flandre, condamné pour meurtre par le Parlement de Paris ; il dit clairement le faire tant « de nostre grâce espécial, pleine puissance et autorité royale » qu'à la prière « de nostre très chier et très aimé oncle le duc de Bourgogne ». C'était, en fait, simplement confirmer une première grâce, qu'il avait déjà accordée en novembre 1459. Le roi tenait les promesses du dauphin[78]. Le lendemain du sacre, Philippe l'avait armé chevalier devant une impressionnante assistance de vassaux et de conseillers, pour le plus grand nombre bourguignons.

De plus, précaution qui semblait aller de soi, Louis s'était gardé d'entrer le premier dans Paris. Il n'avait pas voulu s'y montrer sans s'informer d'abord de l'état de la cité et s'était fait précéder par le duc : « Sy plut aussy au roi que son oncle allast voir et ouyr le contennement des Parisiens. » Charles de Charolais puis Philippe le Bon y reçurent les premiers un accueil enthousiaste, deux jours avant le roi : « telles presses par rues et tant de monde aux fenestres, seigneurs, dames et demoiselles, qu'à peine en saroit faire le nombre[79] ». L'université était là, bien représentée, et l'un de ses maîtres harangua longuement le duc Philippe qui, délaissant l'hôtel Saint-Pol que lui avait offert le roi, alla loger, comme naguère son père Jean sans Peur lors des grands émois parisiens, en son hôtel d'Artois près des Halles.

Pour le roi, la réception ne fut pas toujours aussi chaleureuse. Les religieux s'étaient fait dignement représenter : cent soixante-dix dominicains, autant ou à peu près de franciscains, soixante-dix-huit carmes, soixante-neuf augustins... Mais seulement six paroisses avec leurs prêtres et aucun corps de l'Université. Absence remarquée, lourde de sens, « dont il sembla à plusieurs merveilles ». Les maîtres invoquèrent une tradition, à vrai dire fort peu établie, qui voulait qu'ils attendent sur le parvis de Notre-Dame ; certains disaient aussi qu'ils refusaient de se mêler à la foule en délire, effrayés par les cris et les hennissements des chevaux. Mauvaises raisons qui ne trompèrent personne, et certainement pas Louis XI qui, devant la cathédrale, prétextant à son tour les bruits et les acclamations, refusa d'entendre tout au long le discours, sans doute interminable et quelque peu réservé de ton, lu par l'un des docteurs. D'évidence, il pouvait constater que l'Université demeurait fidèle à ses penchants probourguignons.

Cependant, très vite, il s'appliqua à se concilier un parti de Parisiens, notables bourgeois et officiers des grands corps de l'Etat. Il quitta le palais royal de la Cité pour s'installer en l'hôtel des Tournelles, près de la bastille Saint-Antoine, et alla le lendemain souper avec des gentilshommes de sa maison chez Guillaume de Corbie, conseiller en la cour du Parlement qui fut fait, la nuit même, premier président du parlement du Dauphiné. A ce souper, « y furent plusieurs demoiselles et honnestes bourgeoises » et, les jours suivants, le roi « fist de grandes, honnestes et bonnes chières en divers lieux de Paris »[80]. Bon politique, il ne s'attarda pas plus longtemps. Il ne pouvait espérer gagner toute la ville en échange de quelques faveurs et ne s'y sentait pas en sécurité, du moins pas maître incontesté. Paris demeurait incontrôlable, imprévisible et même dangereuse. Le 25 septembre, il alla s'installer à Tours, ville infiniment plus sage, et demeura dans la région jusqu'à la mi-janvier. C'est de Tours et des châteaux ou manoirs des environs, Amboise, Chinon, Loches, qu'il prit réellement possession du pouvoir, tint conseil libre de toute sujétion et conduisit sans désemparer, avec cette obstination que ne lui refuse aucun témoin du temps, une intense campagne diplomatique.

Alors il s'imposa en maître ou en arbitre sur plusieurs scènes, hors du royaume capable de mener le jeu et de remporter d'appréciables succès.

La mort d'Alphonse le Magnanime, roi d'Aragon, en 1458, avait ouvert une grave crise de succession, opposant son frère, Jean II, à Carlos de Viane, fils de ce dernier, assuré de l'appui du roi de France. Carlos, fait prisonnier, mourut dans des circonstances que ses partisans dirent suspectes (septembre 1461) et l'annonce de sa disparition provoqua aussitôt une véritable guerre civile entre les fidèles de Jean II et les gens des villes, ceux de Barcelone en particulier. Louis XI y vit une belle occasion d'intervenir ; il écrivit aux états de Catalogne, se disant « très courroucé et desplaisant » de la mort de Carlos ; il promettait de les « aider, secourir, défendre envers tous et contre tous » ; il envoya en ambassade Henri de Marle, notable parisien. Mais les Catalans refusèrent de reconnaître le roi comme protecteur de leur communauté et ne payèrent son chargé de mission que de belles paroles, peu soucieux de tomber dans une mouvance française qui, en dépit de forts engagements, menaçait leurs libertés. Jean II, sollicité à son tour, ne se fit pas du tout prier. Gaston de Foix, marié à sa fille, négocia un traité d'alliance, confirmé par Louis XI à Sauveterre, le 3 mars

1462. A Bayonne, le 9 mai, Jean II lui céda, contre un secours de sept cents lances et de deux cent mille florins, les revenus des comtés de Roussillon et de Cerdagne, garantis par le droit d'occuper les châteaux de Perpignan, de Collioure et de Bellegarde [81].

En fait, le roi prit purement et simplement possession des deux comtés. Son armée, de dix à douze mille hommes, commandée par Gaston de Foix, força le pas de Sales, dans la nuit du 9 au 10 juillet, et prit d'assaut les places qui contrôlaient les autres accès (Laroque, La Junquera, Rocaberti). Les habitants de Perpignan firent d'abord mine de résister, préférant « se donner au Turc plutôt qu'au roi de France », mais finirent par se soumettre, avec Collioure, Thuir et Elne. Cependant, cette armée royale échoua devant Barcelone (septembre 1462) et se trouva peu après confrontée à une dure révolte des Perpignanais qui s'étendit à une grande partie des deux comtés. Mener une nouvelle offensive, si loin des bases de recrutement en hommes d'armes et du ravitaillement en vivres, ne fut pas une mince entreprise. Les Français reprirent tout de même Perpignan, en janvier 1463, puis l'ensemble du Roussillon au cours du mois de juin [82]. Le roi eut tout loisir de faire revenir ses troupes vers le nord et de nommer gouverneur du Roussillon et de la Cerdagne Jean de Foix, comte de Candale. En fin de comte, la première campagne du règne se soldait par une appréciable réussite, tant sur le plan diplomatique que militaire, et traduisait déjà une volonté de conquête nettement affirmée. Le rêve d'une Catalogne française ne paraissait pas tellement lointain.

Louis XI intervint aussi, à la faveur d'une autre querelle dynastique, avec le même désir d'imposer son arbitrage et peut-être d'y gagner des territoires, dans les affaires de Savoie. Le duc Louis avait abandonné tout pouvoir aux mains de la duchesse, Anne de Chypre (de Lusignan), et de ses conseillers chypriotes, de plus en plus nombreux et arrogants, véritable coterie. Philippe de Bresse, fils du duc et frère de Charlotte reine de France, prit violemment parti contre eux, les accusant de comploter pour préparer l'annexion de la Savoie au royaume de France. Il alla chercher secours dans Genève où couraient des rumeurs d'une intervention française. Le duc Louis vint à Lyon, en octobre 1462, rencontrer le roi et implorer sa protection. Celui-ci proclamait bien haut n'avoir aucun projet d'annexion mais interdit aux marchands français de fréquenter les foires de Genève. Il fit ensuite profession de se réconcilier avec Philippe de Bresse, son beau-frère, lui accorda un sauf-conduit mais, l'année d'après, en 1463, l'attira dans un piège, à Vierzon, où ses agents se saisirent de lui pour l'enfermer au château de Loches où il demeura trois ans prisonnier [83]. Le parti français l'emportait alors à Chambéry, et le duché de Savoie où

Louis, dauphin, avait naguère mandé, en tant d'occasions, ses
chargés de mission, demeurait très proche, comme dans une sorte
de dépendance.

Si le roi se faisait bien entendre hors du royaume, il devait déjà
affronter une grave crise intérieure dont tous les auteurs du temps,
les mieux en cour même, se font l'écho : mécontentements populaires disent les uns et, pour d'autres, refus des princes de se soumettre à l'autorité royale. Quelques années seulement après son
avènement, il fut contraint de combattre, toutes ses troupes engagées, une fronde qui se réclamait du bien public et prétendait vouloir réformer l'Etat, en fait, comme toujours en pareil cas lorsque
l'on parlait de réformes et du sort commun, imposer un contrôle
et décider des nominations aux offices. Cette ligue du Bien public
rappelait, à bien des égards, un quart de siècle plus tard, celle de
la Praguerie. Louis, dauphin et acteur principal de la révolte en
1440, se voyait, devenu roi, opposer, dans des circonstances à peu
près semblables, son jeune frère Charles. Il n'avait pas d'enfant
mâle et l'héritier de la Couronne était ce Charles, fait par
Charles VII duc de Berry. C'est peut-être par crainte d'un coup
de force qui l'aurait proclamé roi que Louis était allé si vite et en
« si grande puissance » se faire couronner à Reims en 1461. Rien
de la sorte ne s'était produit. Charles assista au sacre et à l'entrée
solennelle dans Paris, aux côtés de son frère aîné, dans l'ombre.
Pour lui, ce n'était pas assez ; il réclamait un autre gouvernement
et davantage d'argent. Il fut naturellement très courtisé et sollicité
par les ennemis du roi, les ambitieux et les mécontents qui le
savaient vulnérable, toujours prêt à se lancer dans l'aventure :
« Charles estoit homme qui peu ou rien faisoit de luy, mais en
toutes choses estoit mené et conduit par autres, combien qu'il fust
âgé de vingt-cinq ans et plus [84]. » Trouver des alliés complaisants
lui fut aisé.

Pendant quelques mois, Louis XI resta très proche de la maison
de Bourgogne. A Tours, dans l'hiver 1461-1462, il fit de Charles,
comte de Charolais, son lieutenant en Normandie, avec une belle
pension de trente-six mille francs par an [85]. La rupture vint deux
ans plus tard lorsque le roi voulut reprendre en main les villes de
la Somme, cédées au duc de Bourgogne en 1435, lors du traité
d'Arras. Charles VII avait alors promis de sévir contre les coupables, connus ou à découvrir, du meurtre de Jean sans Peur à
Montereau, laissant même dire qu'il y avait eu une part de respon-
sabilité. Pour effacer ce crime affreux, il avait fait don à Philippe
le Bon de plusieurs villes et territoires, en particulier « toutes les
citez, forteresses, terres et seigneuries appartenant à la Couronne
de France de et sur la rivière de Somme d'un cousté et d'autre,

comme Saint-Quentin, Corbie, Amiens, Abbeville et autres ;
ensemble toute la comté de Ponthieu, deçà et delà cette rivière de
Somme ». Ces terres, cependant, pouvaient être rachetées par le
roi de France contre paiement de quatre cent mille écus « d'or
vielz, de LXIII au marc de Troies, huit onces par marc, et d'alloy
à XXIII karats, ou d'autre monnoie d'or coursable, à la valeur [86] ».
C'est ce que fit Louis XI, le 20 août 1463, pour des raisons éminemment stratégiques, afin de maintenir un peu plus loin de l'Ile-
de-France les possessions du duc de Bourgogne et nombreux
furent ceux qui le ressentaient ainsi, pour effacer la dure humiliation d'Arras et rompre avec un passé si peu glorieux.

L'affaire fit grand bruit car le roi se montra sur le terrain, partout et longtemps présent. Dès novembre, il quitta la Normandie
et s'installa à Abbeville pour une vingtaine de jours, puis, en janvier 1464, à Mareuil près de là et à Doullens. Il alla ensuite jusqu'à
Lille, Tournai et Arras, en Flandre et en Artois, chez le duc de
Bourgogne [87]. Du côté bourguignon, son insistance à faire valoir
ses droits provoqua une grave querelle à la cour et dans les
conseils, puis une véritable levée de boucliers. Philippe le Bon
avait accepté de restituer ces villes de la Somme, intéressé par les
quatre cent mille écus et vivement conseillé en ce sens par deux
de ses grands officiers, les frères de Croÿ, Jean capitaine général
du pays de Hainaut, et Antoine comte de Guise et de Beaumont.
Mais nombre de nobles et de non-nobles se dirent résolument hostiles à la cession, soutenus par Charles, comte de Charolais, adversaire des Croÿ, qui vivait alors hors de la cour, au Quesnoy. De
sombres bruits couraient, prêtant au duc Philippe l'intention de
déshériter son fils. Comme pour l'Aragon et la Savoie, le roi Louis
ne cessait d'attiser les différends. Il se fit insupportable, chicanier.
Deux de ses conseillers, hommes de confiance, le comte d'Eu et
Pierre de Morvillier chancelier de France, vinrent trouver Charles
à Lille, en solennelle ambassade et remontrance ; ils lui firent grief
d'avoir fait arrêter, au large des côtes de Hollande, sur un navire
parti de Dieppe, le bâtard de Rubempré, neveu des Croÿ et lors
familier du roi, sous le fallacieux prétexte que celui-ci était venu
soit pour l'enlever soit pour l'empoisonner. Les ambassadeurs clamaient justice et exigeaient que le chevalier bourguignon responsable de la capture, Olivier de la Marche, leur soit livré [88].
Finalement, Charles l'emporta ; les Croÿ furent écartés et, lors des
états tenus à Bruxelles, le 25 avril 1465, le père et le fils se récoci-
lièrent, Charles prenant alors la tête d'une forte armée bourguignonne, principale force de frappe de la ligue du Bien public [89].

2. La fronde des princes. Le Bien public (1465-1467)

A Lille, Morvillier avait, de plus, accusé les Bourguignons de préparer une alliance avec les Bretons. Ce n'était pas pure fiction. François II, duc de Bretagne, n'avait assisté ni au sacre ni à l'entrée dans Paris. Il exigeait que l'évêque de Nantes lui prête serment, alors que ce dernier ne le voulait faire qu'au roi. Il ne cessait de chercher noise et fit jurer fidélité à nombre de seigneurs et de communautés urbaines de son duché [90]. Le roi lui manda ambassade sur ambassade, notamment Dunois qui, se sachant menacé s'il ne parvenait pas à convaincre, partit en emportant ses biens meubles et ses monnaies ; il y demeura plusieurs mois, jusqu'en janvier 1465. Peu après, Odet d'Aydie, béarnais, officier de Charles VII démis de sa charge en 1461 et qui avait réussi à trouver refuge en Bretagne, y conduisit Charles de France. Cette fuite prenait forcément allure de trahison. Louis XI accusa Dunois d'y avoir prêté la main, confisqua sa terre de Beaugency, mais lui confia pourtant une nouvelle mission en Bretagne... et ne le vit pas revenir [91].

Bourgogne et Bretagne entraînèrent avec eux d'autres grands vassaux, entre autres le duc de Bourbon et le comte d'Armagnac. La ligue du Bien public projetait d'aller, en force, chapitrer le roi et lui inspirer de nouvelles ordonnances pour reconstruire l'Etat. Les princes dénonçaient le gaspillage, parlaient de la misère des pauvres, de la lourdeur insupportable des impôts et, sur ce point, rencontraient de forts échos, tant le nouveau roi s'était appliqué à faire rentrer l'argent, arme première du jeu politique. Les Normands, qui étaient venus nombreux à Paris pour l'acclamer, le suppliant de réduire les taxes, furent vite déçus et criaient leurs plaintes contre les abus, « concussions et violences » des officiers du fisc ; les vins qui descendaient la Seine devaient alors, à Pont-de-l'Arche, payer un nouvel impôt, si lourd qu'il dépassait le prix du vin même. A Reims, une révolte populaire mit les receveurs des taxes royales en fuite ; révolte sévèrement réprimée par une troupe envoyée tout exprès. Les coupables, gens du petit commun pour la plupart, furent décapités, ou pendus ou amputés des deux mains. La pression fiscale s'accentua encore lorsqu'il fallut réunir les quatre cent mille écus pour les villes de la Somme. Le roi fit une brève apparition à Paris, un peu plus d'une semaine, juste le temps d'exiger des évêques, des abbés puis des bourgeois, des prêts de mille ou deux mille écus, et mettre sans vergogne la main sur les dépôts en pièces d'or, réunis depuis des années, « à l'intention des veuves, des orphelins et des pauvres plaideurs [92] ». Par ailleurs, il donna ordre à toutes les églises et collégiales, aux marguilliers et trésoriers des fabriques, aux chapelains des hôpitaux et des léproseries, de fournir, sous peine de confiscations, un exact dénombrement de leurs propriétés : descriptions des terres, confrons, origine du droit de propriété, nature des revenus[93]. Sans attendre les effets d'un tel recensement, qui mettait les biens de l'Eglise sous la menace d'immédiates exigences fiscales, il avait déjà privé nombre de privilégiés de leurs franchises : l'Université, plusieurs officiers royaux, les arbalétriers et archers de Paris. Plus encore, il prit le contre-pied de la politique de son père et supprima la Pragmatique Sanction, ce dont les gens d'Eglise du royaume « furent courroucés et desplaisans, parce que leurs prérogatives furent en ce fait fort déprimées et que les finances du royaulme, par ce moien alloient à Rome[94] ».

Les princes, champions du Bien public, se disaient naturellement opposés à ces ponctions, à ces enquêtes minutieuses qui en annonçaient d'autres, plus dures. Ils rencontraient partout des sympathies et pouvaient s'appuyer tant sur le refus de l'impôt que sur certaines formes de nationalisme, de régionalisme plutôt. Les agents du roi avaient fort mauvaise presse et, pour l'opinion publique, toute intrusion du pouvoir central impliquait davantage de taxes. Aussi la fronde connut-elle de grands succès ; ses armées occupèrent de vastes territoires, au cœur même du royaume, sans se heurter d'abord à de vives résistances.

Jean II duc de Bourbon, Louis bâtard de Bourbon et Pierre de Beaujeu tenaient Bourges et les places fortes du Berry ; les frondeurs recevaient des renforts de toutes parts : des Bourguignons déjà arrivés jusqu'à Moulins, du duc de Nemours, du comte d'Armagnac et d'Alain sire d'Albret. Mais Louis XI ne manquait pas d'appuis. Lui demeuraient fidèles nombre de grands vassaux et de capitaines : Charles comte du Maine, Charles d'Artois comte d'Eu, les comtes de Nevers, de Laval, de Vendôme, Angoulême, du Perche, et Gaston de Foix. Il lança une vaste offensive et lui-même prit le commandement de ses troupes. Une avant-garde forte de deux cents lances s'empara de plusieurs villes fortifiées du Berry. Bourges résistait mais le roi ne s'y attarda pas et alla attaquer Moulins qui se rendit très vite. Dès lors « tous les chevaliers et escuyers du pays s'en allèrent en leurs maisons ». Nemours, Armagnac et Albret, puis Jean II et tous les Bourbons vinrent faire soumission et jurèrent solennellement de servir leur souverain qui, aussitôt, courut secourir Paris menacé par les Bretons et par les Bourguignons[95].

Charles, comte de Charolais, avait levé de fortes compagnies d'hommes d'armes ; des chefs prestigieux l'accompagnaient, vassaux, alliés ou grands officiers de son père ; le comte de Saint-Pol principal capitaine de l'armée, Antoine le Grand Bâtard de

Bourgogne, Adolphe de Clèves, Jean de Luxembourg, Philippe de Lalain. Il disposait d'une impressionnante artillerie. Les Bourguignons s'approchèrent de Paris, livrant quelques engagements près de Saint-Denis contre les troupes du maréchal de France, Joachim Rouault, et de Charles de Melun, gouverneur de Paris. Ils affrontèrent l'armée royale, le 16 juillet 1465, à Montlhéry en une bataille sanglante, tumultueuse et confuse, que chacun prétendit avoir emportée, mais où chacun compta plus d'un millier de morts. Charles y fut blessé à la gorge et perdit plusieurs bons capitaines. Au soir, le roi se retira à Corbeil puis alla s'enfermer dans Paris, soumis à un siège de plus en plus sévère.

Les Bourguignons dressèrent d'abord leurs camps à Saint-Mathurin-de-Larchamp, tandis que le duc de Bretagne et Charles de Berry installaient les leurs près de Nemours. Mais ils tinrent conseil et décidèrent d'établir leurs cantonnements plus près, à Beauté-sur-Marne, Conflans, Saint-Denis et même au pont de Charenton, livrant sans cesse combat aux convois de ravitaillement (sur trente « chevaux de marée », ils en prenaient régulièrement plus de vingt). Cependant, Louis XI organisait la défense ; il fit murer plusieurs portes et poternes de l'enceinte, vers le nord et vers l'est, il ordonna que chacun s'arme selon son état et que soit mis sur pied « un grand guet à cheval qui alloit toutes les nuits sur les murs, ouquel guet estoient ordinairement de huit vingts [= 160] à deux cents chevaux [96] ». Il alla recruter des troupes en Normandie, jusqu'à Rouen, ramena ces renforts mais, de ce fait, perdit la province.

A Paris, le roi « qui moult estoit subtil en ses affaires » tentait de diviser et lasser ses adversaires. Incapable de forcer le blocus, il lui fallait chercher la paix et prolonger les trêves. Les négociations s'enlisaient en d'interminables pourparlers. Les princes rebelles tenaient chaque jour conseil à Beauté tandis que Louis XI avait établi, sous la conduite de Charles du Maine, un « parlement » près de Conflans, en la « grange aux meuniers », où Charles de Berry et ses alliés envoyaient régulièrement leurs délégués. Ces trêves, à vrai dire, n'étaient pas toujours mal supportées (« nous allions à Paris faire grand chère, pour nostre argent... où nous estions les tresbien venus »). Un moment, il fut question de marier Charles comte de Charolais, devenu veuf, avec Anne de France, fille du roi. Il alla souper avec lui, à la bastille Saint-Antoine, puis le reçut, en grand apparat, en son camp, parmi tous ses hommes d'armes (« nous amenasmes du trésor du duc, trois sommiers chargés d'or, où il pouvoit avoir quatre vingt mille écus [97] ».) Cela ne se fit pas.

Finalement, le roi, « plus sage à conduire tels traitez que nul autre prince qui ait esté de son temps », obtint une paix quasi inespérée. L'accord d'abord conclu, d'une part par ses représentants, le comte du Maine, Jean Dauvet président du parlement de Toulouse, le seigneur de Précigny président de la Chambre des Comptes et, de l'autre, par Jean de Calabre fils du roi René d'Anjou et le comte de Saint-Pol, fut scellé par les traités de Conflans (le 5 octobre 1465 avec Charles comte de Charolais) et de Saint-Maur-les-Fossés (le 29 octobre avec les autres ligueurs). Il n'était nullement question de la moindre réforme des organes de l'Etat. Louis XI n'avait rien cédé et simplement consenti à ce que son frère Charles eût le gouvernement de la Normandie [98]. Celui-ci ne le garda pas longtemps. Il prêta serment à Pontoise devant Jean Juvénal des Ursins mais fut, à plusieurs longs moments, retardé sur sa route par d'interminables négociations avec le duc de Bretagne qui voulait maintenir ses garnisons en plusieurs villes et décider du choix des officiers. En fait, il se heurta sans cesse au mauvais vouloir des Bretons qui ne lui laissaient pas le champ libre. Incapable de s'imposer en maître dans Rouen et craignant une révolte populaire, c'est au monastère de Sainte-Catherine qu'il reçut l'hommage des notables. Il fallut que les Rouennais lui envoient Jean d'Harcourt et une compagnie de cent lances pour qu'il puisse enfin faire une entrée fort discrète dans la cité, le 25 novembre. Réduit à de si petits moyens et pas du tout assuré du lendemain, il envoya coup sur coup plusieurs ambassades aux Bourguignons pour leur demander de l'aide. Mais leur armée était engagée dans une campagne contre les Liégeois.

Déjà le roi passait à l'attaque contre ce frère qu'il avait lui-même installé en Normandie. Ses capitaines et conseillers, Jean II de Bourbon, Guillaume Juvénal des Ursins, Charles de Melun, Louis bâtard de Bourbon et Guillaume Cousinot, bailli de Rouen sous Charles VII, furent chaleureusement accueillis dans Evreux ; Charles de Normandie les attendait à Louviers mais, averti d'un mauvais piège, il prit la fuite vers Pont-de-l'Arche. L'armée de Bourbon, après Evreux, prit Lisieux, Verneuil, Falaise, Sées et, finalement, occupa les places fortes de basse Normandie, notamment Argentan et Caen. Et c'est ainsi que « par la division des ducs, le Roy reprit entre ses mains ce qu'il avoit baillé à son frère ». Lequel frère, qui avait d'abord pensé aller en Flandre, s'embarqua à Honfleur, « pauvre et défait, abandonné de tous ses chevaliers », pour la Bretagne, réconcilié par force avec le duc qui lui donna pour résidence le château de l'Hermine, à Vannes, en février 1466 [99].

Rien n'était joué car les deux traités, de Conflans et de Saint-Maur-les-Fossés, n'instituaient, tous les conseillers le pensaient, qu'une paix précaire et les princes, pris à un moment de lassitude et opposés alors les uns aux autres, nourrissaient malgré tout de fortes ambitions et n'étaient en rien enclins à se soumettre. La reprise en main de la Normandie par le roi et l'exil, tout de même honteux, du jeune Charles, ne pouvaient que les inciter à ourdir intrigues et complots, entre eux et avec les Anglais. Louis XI prit les devants et obtint d'Edouard IV, chef de la maison d'York triomphante des Lancastre, la ratification d'un accord. Mais Edouard signait aussi, dans le même temps ou presque, un traité d'amitié avec le comte de Charolais. A la suite de quoi ambassades française et bourguignonne se trouvèrent ensemble à Londres, engagées en un jeu de belles promesses et de surenchères. Les Français l'emportèrent grâce à l'appui de Richard Warwick, comte de Neville, que la renommée disait « faiseur de roi » et qui avait délibérément tenu, lors du Bien public et de la campagne royale en Normandie, le parti du roi de France. Le 7 juin 1467, Warwick, accompagné des ambassadeurs français, débarquait à Boville, en Normandie. Louis XI mit tout en œuvre pour le recevoir comme un prince. Il avait écrit aux habitants de Honfleur de préparer, de « faire armer et avitailler un certain nombre de navires pour le passage du comte », en particulier d'armer une nef, soit la *Magdeleine*, soit la *Chandelière*, pour aller à sa rencontre [100]. A Rouen, il le couvrit d'honneurs, vint lui avec la reine, ses deux filles et une suite de deux cents personnes. Il distribua généreusement pièces de beaux draps, vaisselle d'or et d'argent aux nobles et conseillers anglais, et rendit chaque jour visite au comte (du 8 au 18 juin). L'accord, pour une longue trêve entre les deux couronnes, prévoyait un versement annuel de plus de douze mille écus à l'Angleterre. On parla aussi du mariage de Marguerite d'York, sœur du roi Edouard, avec un prince du sang royal et, par ailleurs, de privilèges et avantages fiscaux pour les marchands français à Londres.

Edouard IV ne ratifia pas l'accord. Tout au contraire : alors même que Warwick se trouvait encore en France ou sur le chemin du retour, il avait destitué son frère George, son chancelier, et préparé le mariage de Marguerite avec Charles, duc de Bourgogne après la mort de son père, Philippe le Bon, le 15 juin 1467. Une ambassade française, soigneusement choisie pourtant, avec l'archevêque de Narbonne et le bâtard de Bourbon, amiral de France, envoyée en toute hâte, débarqua à Sandwich mais s'en revint de Londres très vite, sans avoir rien pu faire.

Louis XI se savait berné. Avant la fin de l'année, en octobre 1467, Charles le Téméraire formait à nouveau une ligue des princes contre lui avec Charles de France, Jean II d'Alençon, et le duc de Bretagne François II qui gardait près de lui et comblait de faveurs tous les officiers royaux transfuges, chassés ou déçus. Ce fut l'un des moments les plus difficiles du règne, car la menace d'une nouvelle guerre civile pesait de plus en plus. Le moment pourtant où, en quelques semaines, le roi fit montre de son extraordinaire talent de diplomate, de sa maîtrise dans l'art de débaucher des adversaires et désamorcer de mauvaises actions. Alors que l'amiral Louis de Bourbon expulsait les Bretons des places de Normandie qu'ils occupaient encore, il réussit, à force de pourparlers plus ou moins secrets, servi par des chargés de mission qui savaient convaincre et ne partaient pas sans leur bourse pleine, à négocier et conclure trêves ou promesses de trêves tant avec le duc de Bretagne qu'avec Charles de Bourgogne, lequel consentit à une rencontre, prévue pour avril 1468 à Cambrai. Le 20 février de cette même année, il lançait de toute urgence une convocation des états généraux et ne leur laissait qu'un mois de délai pour venir à Tours. Il lui fallait l'appui des forces vives du royaume et cette grande assemblée, la seule de son règne, le lui apportait : outre la noblesse, le clergé et le Parlement, soixante à soixante-dix bonnes villes y étaient représentées. Les états, appelés à se prononcer sur la réunion définitive de la Normandie à la Couronne et le refus de la constituer en apanage, acquiescèrent sans faute. La reprise en main de la province, principale pomme de discorde et grief des nouveaux ligueurs, se trouvait réglée. Non par un coup de force royal, mais par le bon et sage vouloir des représentants des corps constitués.

Les états dirent aussi que le duc de Bretagne devait, sauf félonie, renoncer à faire entrer les Anglais en France. Ils mandèrent leurs propres délégués, soigneusement choisis, à Cambrai où fut confirmée la trêve déjà négociée, la Normandie n'étant pas même objet de discussion et le duc de Bourgogne contraint de consentir[101]. Charles de France, de plus en plus isolé, moins épaulé par le duc de Bretagne, renonça à ses prétentions sur ce duché de Normandie que, tout bien compté, il n'avait jamais vraiment gouverné. Par le traité d'Ancenis, le 10 septembre 1468, Charles et François II de Bretagne firent la paix avec le roi et promirent de rompre toutes relations avec les Bourguignons. Deux arbitres, Bretagne lui-même et le comte de Saint-Pol, devaient se concerter pour qu'un apanage « convenable » soit offert au frère du roi qui, jusqu'à cela, recevrait une pension de soixante mille livres.

3. PÉRONNE. LIÈGE. LES TRÊVES (1468-1472)

Sans alliés, plusieurs de ses proches conseillers ou officiers déjà gagnés au roi par de belles promesses, Charles le Téméraire proposa, pour sceller une solennelle réconciliation et conclure une paix durable, une entrevue. Elle eut lieu dans son château de Péronne, sur ses terres, alors que ses hommes d'armes s'y trouvaient nombreux. Louis XI s'y rendit et personne ne savait dire pourquoi car c'était courir un risque, certains affirmant même que c'était tomber dans un piège, en tout cas se placer dans une situation d'infériorité, très inconfortable. Etait-il inconscient, trop préoccupé par ailleurs ? ou trop confiant dans son pouvoir de séduction, sa maîtrise des embrouilles ? trop assuré du prestige que lui conférait la dignité royale ? Quelques auteurs ont affirmé qu'il voulait se montrer chez les Bourguignons et prendre langue avec certains grands vassaux du duc. Il vint à Péronne accompagné par plusieurs officiers de sa maison domestique, Olivier le Daim le premier, et par une suite de grands seigneurs dont le comte de Saint-Pol et le duc de Bourbon, tous deux très en cour à ce moment. Bien accueilli, il se vit pourtant, dès le premier jour, entouré d'hommes qui ne lui voulaient pas tous du bien. La chronique rapporte que, de ses fenêtres, il pouvait voir parader ceux qu'il avait naguère condamnés et qui n'avaient dû leur salut qu'à la fuite chez les Bourguignons. Toujours est-il que l'entrevue ne s'annonçait pas sous les meilleurs auspices. Chacun tergiversait, ne cédant, pas à pas, que peu de chose, lorsque parvint la terrible nouvelle qui mit le duc dans une affreuse colère : les Liégeois s'étaient révoltés contre lui, avaient massacré leur gouverneur et leur évêque, et l'on savait que deux commissaires royaux se trouvaient parmi les insurgés. Louis, en grand péril d'être emprisonné avec quelques-uns de ses fidèles, fut contraint, pour sauver sa liberté, sinon sa couronne ou sa vie, de conclure en toute hâte une paix, vraiment déshonorante. Et, plus encore, d'aller de concert avec le duc châtier les Liégeois. Il assista, prudent malgré tout et circonspect, à la première attaque contre les murailles de la ville. Journée sans gloire, qui vit ses hommes se mêler aux Bourguignons, lui-même entrer par l'une des portes de l'enceinte en arborant la croix bourguignonne de Saint-André, et consentir à ce que Liège entière soit livrée aux flammes (le 30 octobre 1468). Il réussit tout de même, sans donner de trop fortes garanties, à convaincre le duc de le laisser partir. Le 2 novembre, il levait son camp, laissant derrière lui la ville à demi détruite.

Cependant, cette rencontre de Péronne, au demeurant fort courte (du 9 au 14 octobre), accident dramatique dans un règne marqué de tant d'ombres, n'avait rien réglé. La paix, humiliante pour le roi, lui avait été imposée de force et il ne songeait pas à la respecter. Il avait formellement promis au duc de donner la Champagne en apanage à Charles de France mais c'était beaucoup trop car il voulait, à tout prix, tenir son frère éloigné de Paris et du cœur du royaume. La Champagne était trop près de l'Ile-de-

France et de la Bourgogne. Aussi refusa-t-il de s'exécuter et, en avril 1469, Charles dut accepter la Guyenne, pays reconquis depuis seulement une quinzaine d'années et, du fait des querelles entre clans ou partis, fort difficile à tenir en main. C'était, en tout cas, le mettre face à de grandes difficultés. Mais il se fit violence et finit, quelques mois plus tard, par abandonner ses prétentions. Louis XI fit grand cas de la manière dont son frère vint à soumission à Port-Brand sur la Sèvre Niortaise, puis à Niort, les 7 et 8 septembre 1469. Il fit aussitôt porter des lettres pour en informer son chancelier et ses bonnes villes, rappeler que Charles avait effectivement reçu « pour son partage et apanage » le duché de Guyenne, « dont il avait été bien content », et comment il était venu à sa rencontre le supplier humblement de lui pardonner et oublier « toutes choses passées » ; comment il avait promis de se conduire « ainsy que bon frère doibt faire envers son roy et souverain seigneur ». Réconciliation bénie de Dieu : la marée la plus forte de l'année s'est trouvée, par un vrai miracle, « la moindre de beaucoup que on ne vist de mémoire d'homme, et si s'est retraicte quatre heures plus tost qu'on ne cuidoit [102] ».

Respecter ou dénoncer Péronne ? Louis voulut du moins sauver quelque apparence et ne pas mettre tout de suite tous les torts de son côté. Il s'employa d'abord à renforcer ses alliances. En Angleterre, la lutte entre les deux Roses connaissait alors un dramatique bouleversement dans le rapport des forces par une première défaite d'Edouard IV. Si bien que Warwick déjà moins écouté, sa famille supplantée au Conseil par une autre faction et, surtout, mécontent d'avoir été si brutalement désavoué alors qu'il avait tant travaillé à une entente avec la France, se déclara rebelle à son roi. Il s'enfuit en Normandie, offrit ses services à Louis XI et, dans l'attente d'une rencontre, lança ses navires, armés à la manière des pirates, à l'attaque des bâtiments marchands bourguignons : procédé fort ordinaire pour accroître le trésor de guerre. Le roi prit soin de ne pas s'y associer. Il s'empressa d'indemniser les Bourguignons spoliés et donna ordre à ses officiers de ne pas laisser les vaisseaux de Warwick faire halte à Honfleur, où leur présence ne passerait pas inaperçue. Qu'ils aillent à Barfleur, ou Granville, ou Cherbourg, « ou ailleurs au bas pays, en manière que les Bourguignons ne puissent savoir ce qu'ilz sont devenus ». Et faites dire au duc de Bourgogne que tout sera mis en place pour que ses hommes, marchands ou autres, ne soient pas victimes... et au comte de Warwick qu'il n'est pas possible de l'aider mieux sans que les émissaires bourguignons en soient aussitôt informés et fassent leur rapport à leur maître [103]. Les agents royaux, bien chapitrés, menèrent quelque temps ce double jeu et, somme toute, avec bonheur malgré de graves provocations : Warwick, devenu tout bonnement chef corsaire, attaquait les navires hollandais dans la basse Seine, et leurs négociants, que le roi avait promis d'indemniser, furent très maltraités à Rouen, insultés, soumis à d'affreux outrages, certains emprisonnés, d'autres massacrés. De telle sorte que le Téméraire fit armer une grosse flotte, de quarante à cinquante bâtiments, pour protéger les siens et faire la course aux Français [104].

L'entreprise anglaise eut cependant de bons effets. Louis XI rencontra Warwick à Amboise (le 8 juin 1470) et obtint de Marguerite d'Anjou, épouse d'Henri VI d'Angleterre, chef des Lancastre, qu'elle se réconcilie avec lui (cérémonie solennelle dans la cathédrale d'Angers, le 24 juillet) ; le 13 décembre, à Amboise, fut célébré le mariage d'Anne de Neville, fille de Warwick, et d'Edouard, prince de Galles, fils d'Henri VI et de Marguerite. Le « faiseur de roi » reprit la mer pour l'Angleterre à la tête d'une petite armée et les Lancastre l'emportèrent : Henri VI, délivré de sa prison de Londres, fut proclamé roi tandis qu'Edouard IV quittait l'île en toute hâte. Le Téméraire qui, en juillet 1468, avait épousé sa sœur, Marguerite d'York, le reçut généreusement alors que les partisans des York, exilés, proscrits et misérables, s'établissaient en Flandre, souvent réduits à de pauvres ressources ; certains, tel le duc d'Exeter, beau-frère d'Edouard IV, devaient mendier leur pain de maison en maison [105].

Louis XI n'avait plus rien à craindre d'une intervention anglaise, ni même d'une entente anglo-bourguignonne, redoutée pendant si longtemps. Les mains libres, il disposait de toutes ses forces pour attaquer, vers le nord ou vers l'est, les terres de Bourgogne, assuré d'une forte position, renforcée encore par la naissance, tant attendue, d'un fils, Charles (le 30 juin 1470). Dénonçant délibérément la paix de Péronne, il avait lancé l'armée d'Antoine de Chabannes contre les villes de la Somme. Amiens fut prise presque sans coup férir, puis Saint-Quentin et plusieurs places qui contrôlaient les passages sur le fleuve. Il vint lui-même, au château de Ham, diriger la campagne et préparer ses compagnies au choc d'une puissante attaque des Bourguignons. Il l'emporta sans mal : le Téméraire échoua devant Amiens et fit retraite. Mais Louis, qui aurait pu poursuivre l'offensive et sans doute anéantir une bonne part des troupes ennemies trop aventurées, préféra négocier et conclure une trêve.

C'est que messagers et chevaucheurs qui ne cessaient, souvent jour après jour, de le tenir informé, lui apportaient de mauvaises nouvelles. Son frère, Charles de Guyenne, cherchait à nouveau l'alliance avec les Bourguignons. En Angleterre, les Lancastre venaient de subir deux lourdes défaites : à Barnet (avril 1471) où le comte de Warwick fut tué, puis à Tewkesbury (le 5 mai). Edouard, fils d'Henri VI, fut massacré alors qu'il s'enfuyait et Henri VI mis à mort peu après à Londres[106]. Par ce nouvel avatar du destin dans la guerre des Deux-Roses, Charles le Téméraire triomphait et pouvait, à son tour, prendre l'initiative d'une rupture. En novembre 1471, il supprima, pour ses sujets, les appels en France ; désormais le Parlement de Paris n'eut plus à connaître les procès bourguignons qui, tous, devaient aller devant le Conseil de Dijon, tribunal souverain. La même année, il réorganisait, à l'instar de ce qu'avait fait Charles VII, ses compagnies d'ordonnance[107]. Le roi eut fort à faire ailleurs. Début mars 1472, ses agents lui firent savoir que son frère était au plus mal. Il fit aussitôt marcher ses troupes vers la Guyenne et lui-même prit la route de Bordeaux, menant un tel train d'enfer que sa maison avait peine à le suivre et que les ambassadeurs milanais, lancés à sa poursuite, ne savaient où le trouver. Il apprit la mort de Charles (le 24 mai 1472) en chemin, à Saintes. C'est là qu'il obtint le ralliement de plusieurs grands capitaines et conseillers du défunt et, aussitôt, sans combattre, par simple déploiement de ses forces, assura le rattachement de ce duché de Guyenne à la Couronne[108].

Les princes, rebelles lors de la guerre du Bien public, perdaient en Charles un allié toujours prêt à susciter de nouveaux troubles et former une autre ligue contre le roi. Aussi sa mort, pourtant fort naturelle, suite à une maladie qui ne pouvait tromper personne, fut-elle déclarée suspecte. François II de Bretagne accusa ouvertement Louis XI de l'avoir fait empoisonner ; il fit arrêter certains officiers du duc Charles, notamment son confesseur et son cuisinier, puis lança son armée vers les pays de la Loire. Le Téméraire clama très haut, lui aussi, que le roi avait fait mourir le jeune Charles par poisons ou maléfices ; à la tête d'une redoutable armée, il envahit la Picardie, début juin 1472, entra de force, profitant d'une trêve, dans la petite ville de Nesle où il fit massacrer la garnison, s'empara de Roye et mit le siège devant Beauvais (le 27 juin). Mais il se heurta à la détermination et à l'opiniâtreté des habitants, des femmes surtout (Jeanne Hachette) qui ravitaillaient les hommes d'armes en munitions et combattaient elles-mêmes sur les remparts. Les troupes de Bourgogne échouèrent dans tous leurs assauts et, le 22 juillet, privées de vivres, après un siège demeuré dans la mémoire collective comme l'un des plus hauts faits d'armes de ces guerres, elles quittèrent la place. Le duc les conduisit alors en Normandie, pour piller, brûler, ruiner le pays[109].

Finalement Louis XI l'emportait sur cette nouvelle ligue. A vingt jours d'intervalle, les 3 et 23 novembre 1472, il imposa des trêves à Bourgogne et à Bretagne. Succès confirmé, et cela parais-

sait alors tout ordinaire, par l'engagement de deux au moins
des grands serviteurs, conseillers influents des princes ennemis.
Philippe de Commynes avait, de nuit, abandonné l'armée bourguignonne en Normandie pour rejoindre le roi, et Odet d'Aydie, sire
de Lescun, si bien en cour en Bretagne pourtant pendant de
longues années, fit de même.

La guerre et les assauts diplomatiques contre Charles le Téméraire ne mobilisaient pas toutes les ressources, en hommes et en
argent, du royaume. Loin de là. Ces luttes qui, en plus d'une occasion, prirent un tel tour dramatique, l'obstination du roi à faire
tomber un ennemi autrefois allié, font oublier que d'autres entreprises le portaient ailleurs, infatigable. Et c'est à tort que, de ces
années certes cruciales, les dix dernières du règne, nous ne retenons volontiers que les événements de Péronne et de Liège, les
batailles dans les cantons suisses et le siège de Nancy. Le roi s'employait alors, et ses chargés de mission ou capitaines avec lui, de
tous côtés. Il ne cessait de s'intéresser à l'Italie, d'y nouer ou
consolider des alliances, d'y soutenir ses protégés, tels le duc de
Milan et les Médicis de Florence. Surtout, les trêves sur le front
bourguignon lui permettaient de poursuivre, très loin de Paris,
l'offensive contre le roi d'Aragon. Il n'est pas extravagant de dire
que, pendant de longs mois, de 1473 à 1475 environ, les affaires
du Roussillon le sollicitèrent davantage, lui, ses chefs de troupes
et ses conseillers, que celles de Bourgogne.

Jean II d'Aragon avait mis à profit les conflits dans la péninsule
même pour tenter de reconquérir la ville de Perpignan et le comté
de Roussillon. Une première tentative, le 24 janvier 1473, échoua :
il réussit à s'introduire dans la cité, alla jusqu'au couvent de
Sainte-Claire où le rejoignirent un certain nombre de nobles et
de bourgeois, mais, faute d'un soutien populaire spontané, se vit
contraint d'abandonner. Il revint, cette fois acclamé, à la faveur
d'une insurrection suscitée et prise en main par ses partisans, et la
garnison française n'eut d'autre issue que de se réfugier dans la
citadelle (le 1er février 1473). Louis XI ne perdit pas de temps ; il
envoya Philippe de Savoie, comte de Bresse, qu'il avait depuis peu
pris sous sa protection, à la tête d'un fort contingent d'hommes
d'armes recrutés en Allemagne, en Savoie et en Suisse. Peu après,
trois cents lances et deux cents francs-archers furent amenés, à
vives marches, des confins de Bourgogne. Ils allèrent d'abord à
Narbonne puis mirent le siège devant Perpignan, rejoints par les
troupes levées en Armagnac et celles des sénéchaux de Toulouse
et de Beaucaire. En vain : les Perpignanais commençaient à manquer de vivres et en étaient réduits à tenter d'aventureuses sorties
pour capturer grains et bétail, lorsqu'une armée de secours, for-

mée sous Barcelone et menée par Ferdinand, fils de Jean II, vint les délivrer. Les Français levèrent le siège, le 24 juin, et, par le traité signé à Perpignan le 17 septembre, Louis XI cédait tout ce qu'il avait occupé au nord des Pyrénées.

4. LES GUERRES DE CONQUÊTE (1473-1476)

Dès l'année suivante, il reniait sa parole et envoya de nouveau une armée avec Boffile de Juge, capitaine commis à reprendre les places fortes et châtier les responsables des rébellions. Ce ne fut pas simple promenade : Elne ne se rendit que le 5 décembre et Perpignan seulement trois mois plus tard, le 10 mars 1475[110]. A quelques mois d'intervalle, deux campagnes militaires et un intense déploiement d'actions diplomatiques disent assez la détermination du roi, obstiné à conquérir un pays qui n'avait jamais relevé de la Couronne. Le Roussillon resta français jusqu'en 1493.

Pour mieux disposer de ses forces et mener à bien cette entreprise lointaine, aventureuse tout de même, Louis avait su, dans le même temps, obliger le duc de Bourgogne à s'engager en des démarches hasardeuses et à faire face à d'autres ennemis. Cela par une suite de manœuvres que tous les mémorialistes du temps ne se lassaient pas d'admirer. Son premier succès fut de contrecarrer les grands projets de Charles le Téméraire qui avait, depuis des mois, engagé de longues négociations avec l'empereur Frédéric III, lui offrant, pour son fils Maximilien, la main de sa fille Marie. En échange, le Téméraire recevrait la couronne impériale à la mort de Frédéric, Maximilien ne venant qu'ensuite. C'était beaucoup demander, beaucoup trop. L'empereur accepta de le recevoir à Trèves, le 30 septembre 1473. Les Bourguignons s'y présentèrent dans un extraordinaire déploiement de luxe, le duc accompagné d'une suite somptueuse de pages, de serviteurs et, surtout, de chevaliers de la Toison d'or. Plus une troupe, dit-on, de plusieurs milliers de cavaliers et d'une bonne dizaine de bombardes. Rabattant de ses prétentions, il ne parlait plus que de voir son duché et ses autres possessions érigés en royaume. Frédéric fit savoir qu'il y consentait et la cérémonie du couronnement devait avoir lieu le 25 novembre lorsque, sans en avertir son hôte, l'empereur quitta Trèves en grand secret, dans la nuit du 24. Ce revirement n'était ni le fruit du hasard ou de circonstances fortuites, ni l'effet d'une mûre réflexion. Louis XI n'avait cessé de s'informer et d'agir, d'envoyer des hommes de confiance pour attiser les craintes des princes allemands et éveiller celles de Frédéric. On le savait non étranger à ce dénouement si brutal, déconcertant

seulement pour qui n'aurait rien connu de ses démarches et missives.

Charles de Bourgogne demeurait simplement « grand duc d'Occident », titre qui, en somme, ne voulait rien dire. Chez ses conseillers et chez ses alliés encore fidèles, cet échec fut durement
ressenti. La solennelle assemblée des nobles à Dijon, où il vint se
montrer en grand apparat et chercher un appui pour une nouvelle
entreprise, ne put faire oublier l'affront. Et pas davantage le traité
d'alliance signé à Londres avec le roi Edouard IV, et les menaces
de débarquement des Anglais sur les côtes du royaume de France.
De plus, le duc de Bourgogne épuisait ses forces en des campagnes
qui se soldaient par des demi-échecs, des abandons en tout cas, et
ces déboires ne faisaient que renforcer les coalitions dressées
contre lui. Sans vraiment s'engager ni promettre une quelconque
alliance, le roi portait aide aux villes d'Alsace, aux cantons suisses,
à René II de Lorraine et même au duc d'Autriche Sigismond, tous
décidés à attaquer rudement les Bourguignons. Les troupes suisses
envahirent la Franche-Comté et leur infligèrent une dure défaite.
Pour mettre à raison Cologne, Charles vint assiéger non loin de la
cité rebelle, la petite ville de Neuss, à la tête d'une formidable
armée de plus de vingt mille hommes. Il fit dresser un camp
impressionnant, véritable ville de tentes avec ses quartiers, ses
rues, ses marchés, ses ateliers de toutes sortes et ses lieux de plaisir. Il disposait d'un grand nombre de bombardes, balustres et
autres machines de siège. Tout cela en vain. Les défenseurs, régulièrement ravitaillés par des secours amenés de Cologne, redres-
saient la nuit les courtines abattues le jour. Arrivé fin juillet 1474,
le Téméraire abandonna, après onze mois de combats inutiles qui
ne firent rien pour sa gloire, et cet abandon fut, chez ses ennemis,
célébré comme le premier vrai signe du déclin de la puissance
bourguignonne.

Louis tissait toujours sa toile, plus serrée, plus solide. Au traité
anglo-bourguignon de Londres, il répondit, trois mois plus tard,
pour prendre Bourgogne à revers et lui créer d'autres ennuis, par
une alliance, véritable et formelle cette fois, avec les cantons
suisses (le 28 octobre 1474) et, fin décembre, par l'accord d'Andernach avec l'empereur Frédéric. Au printemps suivant, il mena lui-
même, contre les troupes anglaises qui avaient débarqué, campagne en Picardie et en Normandie, avec plus de sept cents lances,
de fortes compagnies d'archers et sa garde écossaise, soit, au total,
vingt ou trente mille hommes. De telle sorte qu'Edouard IV
n'était en rien assuré du succès. Ses forces, certes considérables,
se trouvaient aventurées en pays hostiles, menacées de divers
côtés, ses ravitaillements attaqués sur mer par les corsaires et les
pirates. Il vint parler au roi de France, à Picquigny (le 29 août

1475), non loin d'Amiens, sur un pont jeté sur la Somme. L'entrevue, annoncée comme à l'ordinaire par de grandes parades et distributions de présents, s'entoura pourtant d'un extraordinaire luxe de précautions. Les hommes se voyaient et se parlaient à travers les barreaux d'une sorte de cage ; ils pouvaient à peine y passer la main et certainement pas une arme. Finalement, au déplaisir de ses capitaines qui entendaient poursuivre l'invasion et faire plus de butin, l'Anglais accepta, contre une pension de quarante ou cinquante mille écus, de se retirer et laisser seul l'allié bourguignon. L'argent fit là bien plus que les armes. Le roi savait en user.

Entre-temps, ou juste après, ses troupes envahissaient le duché de Bourgogne. Une armée attaquait l'Auxerrois, prenait Bar-sur-Seine et menaçait Dijon. Une autre, partie de Nevers, dévastait les pays de Château-Chinon et d'Autun. Si bien que le Téméraire finit par signer avec le roi, venu tout exprès au camp de Soleuvre, dans le comté de Luxembourg, accompagné de Commynes et du sire du Bouchage, grand amiral de France, une trêve de neuf ans (le 13 septembre 1475). Et, deux semaines plus tard, le duc de Bretagne faisait, lui, sa soumission.

5. La fin du Téméraire. Les guerres de Bourgogne (1476-1482)

A Soleuvre, Louis avait obtenu que le duc de Bourgogne lui livre, s'il pouvait mettre la main dessus, le comte de Saint-Pol, Louis de Luxembourg, réputé maître es trahison. Ce qui fut fait, non sans quelques réticences et retards. Par ailleurs, la trêve n'engageait à rien et ne marquait qu'un répit. Le Téméraire y voyait surtout l'avantage de ne plus combattre sur deux fronts et d'avoir toutes ses troupes disponibles pour mettre enfin les Suisses à raison. Il rassembla ses hommes en Lorraine, puis à Besançon et leur fit franchir à grand-peine, en plein hiver et par un temps épouvantable, les montagnes du Jura au col de Jougne. La campagne, déjà compromise par de lourdes pertes ou désertions, fut longue et s'acheva par deux désastres, à Grandson (le 2 mars 1476) puis à Morat (le 20 juin). Charles y laissa un grand nombre de tués, hommes d'armes et capitaines, et une bonne part de son armement et de son trésor (en particulier ses tentes et tapisseries). Sa réputation de mauvais chef de guerre s'alourdit[111].

Sans doute chercha-t-il alors à frapper quelque coup d'éclat et rompre le cercle de ses ennemis, tous alliés du roi. Sa première démarche, dans une suite d'entreprises plutôt désordonnée, fut de tenter d'arracher à la duchesse de Savoie, Yolande, sœur de Louis XI, la tutelle de son fils, le jeune duc Philibert. Elle refusa.

Mais, alors qu'elle venait de quitter la ville de Gex, accompagnée de ses enfants et d'une petite suite de serviteurs, il la fit arrêter en chemin par une troupe commandée par Olivier de la Marche et quelques capitaines italiens. Yolande, conduite d'abord à Saint-Claude puis au château de Rouvre, près de Dijon, réussit à s'échapper et à gagner Langres (le 2 octobre 1476) ; l'affaire fit grand bruit et souleva de vives protestations, notamment à Genève [112].

Au même moment, le 6 octobre exactement, René II de Lorraine enlevait la ville de Nancy aux Bourguignons. Le Téméraire vint aussitôt y mettre le siège (le 22 octobre) malgré les avis de ses conseillers qui l'en dissuadaient, lui faisant valoir que la ville était bien défendue, bien ravitaillée, alors que ses troupes rassemblées à la hâte et trop peu nombreuses devaient supporter les rigueurs d'un dur hiver. René vint l'attaquer avec une forte armée formée de Suisses et d'Allemands recrutés grâce aux larges subsides du roi de France. Le 5 janvier 1477, il mit aisément les Bourguignons en fuite. Deux jours plus tard, Charles fut trouvé gisant nu dans la neige, la tête fracassée, le corps percé de piques. Il fallut, pour l'identifier, appeler ses serviteurs et ses chirurgiens. Le roi en fut informé, très peu de temps après la macabre découverte, demeura interdit, comme pris d'une trop grande joie, et alla rendre grâces. Les Bourguignons ne pleuraient pas seulement leur duc. Ils perdaient aussi un grand nombre de bons capitaines, faits prisonniers sur le champ de bataille lors de la déroute de leurs troupes : Olivier de la Marche grand chambellan du duc, Josse de Lalain, Antoine Grand Bâtard de Bourgogne, les comtes de Rothelin, de Chimay, de Nassau. Menés à Foug, près de Toul, ils ne furent libérés, à moins de passer aussitôt au service du roi, que contre de fortes rançons (quatre mille écus pour Olivier de la Marche) [113].

En Bourgogne, la nouvelle de la mort du duc souleva de grandes perplexités, chacun se demandant quel parti prendre. Pendant plus de deux semaines, on n'y voulut croire (« encore sommes en espoir et crédence »). Le service funèbre, à Gand, le 25 janvier, devant une toute petite assistance, ne fit pas taire rumeurs et légendes qui voulaient que le duc soit toujours vivant, miraculeusement échappé aux massacres et réfugié en ermite au plus profond d'une forêt, en Souabe, près de Bruchsaal. On espérait son retour, on en parlait comme autrefois de Frédéric Barberousse et toutes sortes de mystifications troublaient les esprits.

La succession s'avérait difficile : Charles ne laissait qu'une fille, Marie, née en 1457, âgée donc de vingt ans. Aussitôt connu le drame de Nancy, plusieurs villes qui gardaient mauvais souvenirs du duc, de ses mesures autoritaires et de ses exigences fiscales, se révoltèrent, ou du moins refusèrent l'impôt, plaçant la jeune régente face à de forts courants de mécontentement. Le 26 janvier, la réunion d'états généraux à Gand, où les députés flamands tenaient la vedette, fut l'occasion d'une grande agitation, véritable fronde populaire : conciliabules et complots, libelles et chansons par les rues ; Marie, obligée de capituler, confirma en bloc leurs « anciens privilèges ». Peu après, les révoltes contre les « Bourguignons » naguère mis en place par le Téméraire gagnèrent Bruges, Ypres, Bruxelles, Louvain... échauffourées, règlements de comptes, exécutions sommaires « sans nul ordre de justice », reconstitutions de sociétés d'armes telle celle des chaperons rouges à Bruges, autrefois dissoute par Philippe le Bon. S'instaurait en Flandre et dans le Brabant un climat de contestation et de grands désordres.

Louis XI n'attendit pas plus de quelques jours. Très vite, il exigea le rattachement de toutes les possessions bourguignonnes, sans exception, à la Couronne, constatant l'« extinction de la race » et le « droit d'apanage ». Mais, sur ce point, il se heurta à une vive opposition : la coutume de Bourgogne, contraire à la loi salique du royaume, donnait aux filles le droit d'hériter. Un mémoire de Jean du Fay, conseiller au parlement de Malines, lourd de cent quarante-cinq articles, démontrait que, pour aucun des fiefs du duc, jamais échu en succession, l'on n'avait exclu les femmes. C'est pour avoir épousé Marguerite, fille du comte Louis de Male, que Philippe le Hardi, duc de Bourgogne, était devenu comte de Flandre, en 1364.

Il fallait marier Marie. L'histoire des projets de mariage de l'héritière de Bourgogne, depuis sa naissance ou à peu près, des négociations et tractations menées, laborieusement, pour leur donner chance d'aboutir, emplirait tout un volume [114]. Rarement princesse fut autant convoitée, enjeu de tant de rivalités. Dès 1462, alors qu'elle n'avait que cinq ans, Jean II d'Aragon l'avait demandée pour son fils Ferdinand. Le duc Philippe le Bon, son grand-père, avait pensé à Charles, frère de Louis XI : c'était le moyen d'affaiblir le roi. Devenu duc de Guyenne, Charles reprit le projet à son compte et amorça quelques pourparlers avec la cour de Bourgogne. Louis XI s'y opposa, naturellement ; il mit d'abord, de manière bien curieuse, son jeune frère en garde : « ces filles de Bourgogne sont toutes atteintes du mal chaud et Marie en est affligée et toute gonflée ». Il prétendit ensuite faire épouser à cette Marie devenue présentable, âgée maintenant de quatorze ans, son propre fils, le dauphin Charles qui n'avait que six mois. Le père, lui, le Téméraire, ne songeait qu'à se gagner des alliés. D'abord favorable, dans l'été 1472, à Nicolas de Calabre qui venait de rompre ses fiançailles avec Anne, fille du roi, il fit du mariage de Marie avec Maximilien, fils de l'empereur, l'un des enjeux des négociations de Trèves, en novembre 1473. Le départ inopiné de l'empereur Frédéric mit un terme aux pourparlers mais le projet ne fut pas pour autant abandonné : trois ans plus tard, en novembre 1476, on en parlait encore, on échangeait lettres et portraits, et l'on se mit d'accord pour préparer la cérémonie, qui devait avoir lieu à Cologne ou à Aix.

La mort du duc Charles remit tout en question et le dauphin de France se trouva de nouveau sur les rangs. Le roi ne manquait pas de rappeler que Marie était sa filleule. Les états de Gand, favorables à cette union, mandèrent une ambassade à Arras, mais le roi exigea, avant toute discussion, de tenir aussitôt l'Artois en gage. De plus, Marie s'y refusait obstinément. Ses conseillers mettaient en avant plusieurs prétendants : Jean, fils du duc de Clèves, et son oncle Philippe de Clèves ; le duc de Clarence, frère du roi d'Angleterre Edouard IV, « ivrogne invétéré » qui, peu après, condamné à mort pour avoir, par pratiques magiques, voulu faire mourir le roi, choisit d'être noyé dans un tonneau de malvoisie ; ou encore Anthony de Woodville, frère d'Elisabeth reine d'Angleterre. Les notables au pouvoir à Gand, les « mouveurs », militaient pour un de leurs amis et partisans, Adolphe de Gueldre, qui avait été enfermé pendant six ans par le Téméraire et délivré par les Gantois. C'était « un de ces héros mal famés qui fascinaient les foules... le ahornement de ses cheveux passans les espaules, doulx comme soie, blonds et luisans comme or de Chypre [115] ». Mais Marie voulait Maximilien. Marguerite d'York, veuve de Charles le Téméraire, et les nobles étaient pour. Une ambassade impériale vint à Bruges, le 18 avril 1477, et, contre l'avis des états, la jeune héritière se déclara, déterminée à brusquer les choses ; le mariage fut célébré, par procuration, seulement trois jours plus tard, le 21 avril. La petite histoire dit que Maximilien se montra peu pressé. Le fait est que, aussitôt informé bien sûr, il ne quitta Vienne que le 20 mai et mit six semaines pour atteindre Cologne. Louis XI trouva le temps de tenter une ultime tentative auprès de quelques officiers de la cour de Bourgogne. Il alla jusqu'à envoyer un de ses hommes de confiance, Robert Gaguin, général de l'ordre des Trinitaires, natif de l'Artois, à Cologne, auprès de Maximilien et des princes allemands qui tous refusèrent de le recevoir. Vains efforts, qui ne firent qu'indisposer...

Maximilien quitta enfin Cologne où il séjournait depuis près d'un mois, et épousa Marie le 18 août 1477, à Gand. Louis XI n'eut plus d'autre issue que de négocier et intriguer avec les villes flamandes, cherchant leur alliance, espérant y susciter des troubles ; dans le même temps, il lançait ses armées à la conquête des terres de Bourgogne. La trêve de Soleuvre disait certes que la paix

devait s'étendre aux « hoirs et successeurs » des deux parties et
donc à Marie. Pour justifier la saisie des fiefs, il fit instruire par le
Parlement de Paris, contre le Téméraire, accusé de félonie et de
trahison. Il donna ordre au sire de Craon, Georges de la Trémoille, d'occuper le duché de Bourgogne et la Franche-Comté,
tandis que l'amiral de Bourbon envahissait la Picardie. Il vint lui-
même prendre le commandement de l'armée du Nord, se saisit
d'Abbeville, s'empara des châteaux de Ham et de Bohain, puis de
la ville de Saint-Quentin. Il trouva dans Arras un partisan, sans
doute gagné depuis déjà quelque temps, Philippe de Crèvecœur,
gouverneur d'Artois et de Picardie, chevalier de la Toison d'or,
qui « se tira hors de la ville et en fit saillir les gens de guerre estans
avec luy, et s'en alla chascun à son plaisir, et prenant tel parti qu'il
lui plaisoit [116] ».

La Trémoille occupa les principales villes et la majeure partie
du duché de Bourgogne. Le roi avait pris soin d'adresser des
lettres aux édiles des cités, leur signifiant que, désormais, ils
étaient « de la couronne et du royaume » et les mettant sévèrement en garde contre toute autre allégeance ou rébellion : « vous
advisons que a nulle main... ne vous mectés fors en la nostre ». Il
désigna trois commissaires, chargés de tout régler et gouverner en
son nom : Georges de la Trémoille, Jean de Chalon prince
d'Orange et Charles d'Amboise, aîné des dix-sept enfants de
Pierre d'Amboise, frère de Georges le cardinal-archevêque de
Rouen. Ces hommes, munis des pleins pouvoirs, entrèrent dans
Dijon dès le 25 janvier 1477, menant avec eux six mille hommes ;
ils réunirent les états du duché qui firent soumission. Jean Jouard,
chef du Conseil ducal, président des parlements de Bourgogne,
prêta serment et les états de Bourgogne proclamèrent solennellement le rattachement à la France. Le roi fit publier une amnistie
générale, combla les nobles ralliés de cadeaux et tous les officiers
bourguignons furent maintenus dans leurs charges.

Ce n'étaient pourtant que succès de façade. Exaspération d'un
certain nationalisme bourguignon ou mécontentement populaire
provoqué par les exactions des hommes d'armes et la levée de
nouvelles taxes, ou plutôt tout à la fois, la Comté puis le duché se
soulevèrent contre cette occupation appuyée sur un fort déploiement de forces et contre l'apparition d'officiers nouveaux, étrangers au pays. Jean de Chalon prit le parti de Marie, alla attaquer
la Trémoille et le mit en déroute sous les murs de Vesoul ; les
garnisons françaises furent contraintes d'évacuer plusieurs villes
et s'enfermèrent dans Gray. Une grave émeute mit Dole en émoi,
puis ce fut Auxonne et Dijon où le soulèvement, conforté par les
nouvelles des combats et des succès de Jean de Chalon, prit un
tour dramatique. L'agitation, la « mutemaque », d'abord limitée

aux faubourgs populaires, gagna bientôt toute la ville. Les chefs du parti bourguignon l'entretenaient de l'extérieur par nombre d'émissaires, vignerons, valets, charretiers surtout. Les meneurs faisaient crier contre le roi et forger des piques. Le 26 juin 1477, la foule, conduite par Chrétiennet Vyon, riche épicier, et par un héraut de Marie de Bourgogne, s'empara de l'« artillerie » de la ville et envahit, pilla, incendia les maisons des notables partisans du roi. Jean Jouard fut tué d'un coup de poignard et les insurgés proclamèrent le gouvernement de Marie seul légitime.

La reconquête prit un certain temps, et ne fut qu'un demi-succès. La Trémoille envoya trois compagnies d'hommes d'armes à Dijon. Avec l'aide de bourgeois appelés à se défendre contre les gens « de petit estats », furent mis en place, dans chaque paroisse, des comités de surveillance ; ils réussirent à réprimer l'émeute et imposèrent une impitoyable répression [117]. Cinq « mutemaqueurs » furent exécutés. Le roi, cependant, ne paraissait pas en mesure de poursuivre ses offensives davantage. Maximilien avait amené avec lui, ou vite recruté, d'importants contingents d'Allemands et de Suisses. L'un et l'autre ne pensaient qu'à gagner du temps et signèrent une trêve, le 11 juillet 1478. C'était pour un an. Le délai à peine écoulé, Louis XI fit reprendre l'attaque contre la Comté. Il retira le gouvernement de la Bourgogne et le commandement de sa principale armée à la Trémoille (« qui estoit homme fort gras ; et assez contant de s'en aller en sa maison, où il estoit bien appoin-té ») pour le donner à Charles d'Angoulême [118]. Celui-ci ne fit d'abord rien d'autre que de négocier avec les Suisses pour qu'ils retirent leurs troupes engagées aux côtés des révoltés et cela coûta fort cher au trésor royal : vingt mille francs l'an aux quatre villes de Berne, Lucerne, Zurich et Fribourg associées ; et vingt mille autres francs, au total, à divers « particuliers ». Début mai 1479, son armée reprit pourtant plusieurs villes qui s'étaient ralliées au prince d'Orange, dans le duché d'abord (Beaune, Semur...) puis dans la Comté : Dole notamment, qui fut en grande partie détruite, puis Auxonne (« ville très forte, mais il avait bonne intel-ligence dedans »). Le 7 août 1479, les Français firent en grand arroi leur entrée dans Besançon, bien reçus par les notables et les nobles, et par l'archevêque, Charles de Neufchâteau.

Cependant, l'occupation des places fortes par les hommes d'armes du roi se heurtait à une vive opposition, particulièrement dans les milieux populaires, parmi les gens de métier. L'accueil, dans Besançon, ne fut pas unanime, loin de là, et des mots d'ordre hostiles couraient dans les rues. L'archevêque, profrançais, ne se risquait pas à venir résider dans la ville ; il reçut en commende l'évêché de Bayeux.

Louis XI, en fin de compte, réussit ou à séduire ou à vaincre, multipliant les gestes de bienveillance, tels réductions d'impôts et privilèges juridiques, imposant surtout une forte présence armée et une complète « francisation », réorganisation des organes administratifs. Il fit construire ou remparer nombre de forteresses dans le duché, à Dijon, Beaune et Auxonne d'abord, et leva, à cet effet, un impôt par feu. Le 30 juillet 1479, il alla résider dans Dijon, logeant dans l'hôtel de René de Masilles, inspecteur général des fortifications de Bourgogne, hôtel adossé aux remparts ; il reçut, à Saint-Bénigne, les serments des échevins qui lui offrirent vingt « queues » des meilleurs vins. Sur les bâtiments publics, en particulier sur le Logis du Roi, les armes de Bourgogne furent recouvertes de chaux, les vitres où elles étaient gravées furent toutes enlevées, et l'on vit partout les armes du roi et du dauphin Charles. Seule eut cours la monnaie de Paris, et un fidèle du roi Louis, Jean de Cambrai, fut nommé grand maître des monnaies de Bourgogne. Louis d'Amboise, évêque d'Albi, chargé de mettre en place le parlement de Bourgogne, l'installa, en dépit des vives protestations des gens de Beaune, à Dijon pour le duché et le comté d'Auxonne, à Salins pour la Comté. Jean d'Amboise, évêque de Maillezais, frère de Louis, présida la première séance à Dijon, le 11 novembre 1480.

Enfin, en février 1481, le roi accordait aux Bisontins le même droit qu'aux Parisiens, à savoir de ne pas comparaître en justice hors de leur ville. Il les autorisa à tenir deux foires franches chaque année [119]. L'université fut transférée de Dole à Besançon [120].

Maximilien qui avait, en Bourgogne, laissé les partisans de Marie lutter seuls contre les armées du roi, poussait son offensive en Artois et en Flandre. Le 7 août 1479, à Guinegatte, près d'Aire-sur-la-Lys, ses fantassins et piquiers flamands infligèrent une lourde défaite aux cavaliers de Philippe de Crèvecœur. Louis XI fit attaquer le plat pays, brûler les récoltes et incendier les villages ; il lançait aussi ses corsaires, un « capitaine » Colomb entre autres, de sinistre renommée, à l'attaque des navires de ravitaillement flamands ou hollandais. Mais il voyait mal comment l'emporter. Edouard IV le pressait de mettre fin à la guerre contre les Bourguignons et, bientôt, ne se contenta plus de belles paroles ; au mois d'août 1480, il signa un traité d'alliance avec Marie et Maximilien, qui leur consentait un large prêt d'argent et leur promettait un fort contingent de mille cinq cents archers. Déjà gravement malade, très affaibli au point d'hésiter à se montrer, Louis XI finit par se résoudre et parler de paix. Marie de Bourgogne mourut le 27 mars 1482, victime d'une chute de cheval ; elle laissait deux enfants : Philippe (Philippe le Beau) né le 22 juin 1478, et Marguerite née en février 1480. Edouard IV désirait marier sa fille, Anne, à Philippe. Le roi, lui, négociait le mariage de son

fils, le dauphin Charles, âgé de dix ans, avec Marguerite, bébé de
quelques mois. Finalement, la paix, longtemps compromise par
des exigences de toutes sortes, fut signée le 22 décembre 1482. Le
traité stipulait que Marguerite serait élevée en France et fiancée
au dauphin. C'est ainsi que, le 2 juin 1483, le maire et les échevins
de Dijon se virent prier d'envoyer deux de leurs notables assister
au mariage, d'abord prévu à Paris mais qui, « obstant les grans
chaleurs et dangiers de mortalité qui sont de présent », aurait lieu
à Amboise. Ils désignèrent, effectivement, deux échevins[121]. Il
n'était fait mention ni de l'Artois ni de la Bourgogne, dont l'annexion à la Couronne se trouvait ainsi implicitement reconnue.
Seule la Flandre échappait[122].

6. LES BONHEURS DE LA FIN DU RÈGNE (1480-1483)

Dans le même temps, Louis gagnait l'Anjou et la Provence. En
quelques années, le malheur s'était acharné sur cette maison d'Anjou, privant le roi René de plusieurs héritiers. Son fils Jean de
Calabre et son gendre Ferry de Lorraine, comte de Vaudémont,
époux de Yolande d'Anjou, étaient morts la même année, en
1470 ; et son frère, Charles du Maine, en 1472. L'année suivante,
Nicolas de Calabre, fils de Jean, que Charles le Téméraire pensait
marier à sa fille Marie de Bourgogne, fut pris, au sortir de la
messe, de terribles maux d'entrailles et rendit l'âme, le 27 juillet
1473. Ces disparitions, la dernière surtout, firent murmurer. On
parla d'empoisonnement ; un suspect fut arrêté, interrogé, emprisonné, mais bientôt l'on n'eut plus aucune nouvelle de l'enquête.

René voulait assurer son héritage et préserver ses principautés
d'un rattachement à la Couronne. Le 22 juillet 1474, par son troisième et dernier testament, il légua Anjou et Provence à son
neveu, Charles III du Maine (fils de Charles décédé en 1472) et le
duché de Bar à son petit-fils René II de Lorraine, fils de Yolande.
Louis XI ne le pouvait supporter. Pris d'une grande colère, il prétendit que, faute d'héritier direct, ces apanages devaient lui revenir. En fait, il avait déjà pris les devants en nommant plusieurs de
ses officiers en Anjou, terre où il saisissait toute occasion d'intervenir. Quelques jours après avoir eu pleine connaissance du testament, à la fin février 1475, il octroya une municipalité à la ville
d'Angers, par une charte solennelle qui, à dessein, énumérait longuement les pouvoirs et les privilèges du maire et des échevins,
tous choisis par lui et recommandés aux votes du conseil. Il proclama la saisie de l'Anjou et du Barrois, ses agents la rendirent
effective dans les derniers mois de 1475.

René, qui pensait avoir toutes raisons d'être mieux traité, car il était resté fidèle lors de la crise du Bien public et avait rendu de grands services lors des négociations de l'été 1465, tenta de résister et alla chercher l'appui du Téméraire. C'était assez pour le désigner coupable de complot. Sur ordre du roi, commissaires et conseillers se donnèrent bien du mal pour rassembler tout ce qui pouvait être retenu contre lui ; ils firent sortir de prison un nommé Jean Bressin qui, naguère secrétaire dans le duché de Bar, était venu, trois ans auparavant, dénoncer le roi René de préparer l'enlèvement du roi. Personne alors ne l'avait cru ; on y voyait, à juste titre, quelque sordide règlement de compte et nul ne prêta l'oreille à ces vilains propos. Sans vraiment instruire l'affaire, on le jeta dans un cachot où il resta trente-neuf mois sans jamais être davantage entendu. Mais, début avril 1476, on en fit le principal témoin de l'accusation [123].

Le 6 avril, le Parlement de Paris rendit un arrêt, affirmant « qu'il y a trop grand et suffisant matière, selon termes de justice, de procéder contre le roi de Sicile par la prise de corps ». Eu égard à son âge, les juges se contentèrent de le citer à comparaître. Certains y voyaient abus de pouvoir et, à nouveau, l'on murmura. Louis XI, cependant, eut la sagesse de ne rien brusquer et préférer l'accommodement. Le Téméraire, vaincu en Suisse, n'était plus dangereux et les risques d'un complot, si tant est qu'ils aient jamais été pris au sérieux, s'estompaient. Le roi envoya à René des ambassadeurs, Guy de Puisieu archevêque de Vienne, Jean de Blanchefort maire de Bordeaux et Garcia Faure président au parlement de Toulouse, chargés de l'informer de ses conditions. René prêta serment : il ne chercherait à nuire au roi en aucune façon et se comporterait « en bon oncle ». Après lui, s'engagèrent les principales villes de Provence et les premiers personnages de sa cour (Jean Cossa, Arnaud de Villeneuve...). Mais il refusa de reconnaître les saisies du roi et publia une protestation écrite contre les « novations » en Anjou et Barrois.

Tout se régla lors des conférences de Lyon où, du 4 mai au 9 juin 1476, Louis XI le reçut chaleureusement, « le festoya avec les dames et le fit festoyer en toutes choses selon sa nature, le plus près qu'il pût et furent bons amis ». La saisie de l'Anjou fut levée mais la garnison du château d'Angers demeura sous le commandement d'un capitaine royal et les franchises communales, gages d'une sorte d'alliance avec la Couronne, furent maintenues. René s'en retourna avec la promesse d'une pension de dix mille livres par an ; par conventions tacites non explicitées, l'Anjou reviendrait au roi après sa mort et la Provence à Charles du Maine, dont Louis serait l'héritier.

Entre-temps, le roi avait fait libérer Marguerite, fille de René, épouse d'Henri VI d'Angleterre, qu'Edouard IV, après sa victoire de Tewkesbury et la mort d'Henri, tenait prisonnière dans une tour de Londres. Cela lui coûta cinquante mille écus d'or. Un premier accord fut signé en octobre 1475 et Marguerite remise à Rouen, aux officiers royaux, le 29 janvier 1476. Elle renonça à ses droits sur l'héritage angevin, fit un testament en faveur du roi, et finit sa vie isolée, réduite à de pauvres ressources, au manoir de Reculée et dans le château de Dampierre près de Saumur [124].

Pourtant, Louis XI se vit opposer de puissants compétiteurs. Le roi d'Aragon craignait fort de voir les Français s'établir en Provence, tout près de l'Italie, et pensait que René avait aussi cédé ses droits sur le royaume de Naples. En janvier 1478, il lui manda une ambassade, offrant de les lui racheter contre une « montagne d'or ». René refusa, en informa Venise, ennemie des Aragonais, et le roi Louis. Peu après, René II de Lorraine, le vainqueur de Nancy, déjà maître du Barrois, se fit de plus en plus pressant en Provence, où il pouvait compter de nombreux partisans à la cour. Il alla lui-même y séjourner en juillet 1479. Le roi s'en inquiétait ; il envoya Charles du Maine défendre ses droits et s'assura, à son tour, de solides alliés parmi les familiers de René, tel Palamède Forbin. Surtout, il manda le sire de Rochefort « devers le roy de Sicile pour practiquer avec luy » et chargea François de Genas, général des finances en Languedoc, de verser au plus tôt à René les quinze mille livres d'arriérés de sa pension. C'est alors que René de Lorraine, se sentant menacé, se tourna vers Venise qui, certes, le paya de belles paroles, lui reconnaissant des droits sur la Provence, mais ne fit rien pour lui. Dépité, limité à ses seules forces, il lança tout de même des troupes en Provence, contre Charles du Maine, mais cette armée fut, dès le premier engagement, sévèrement défaite. A la mort de René, le 10 juillet 1480, Charles du Maine devint comte de Provence. Il mourut dix-huit mois plus tard, le 11 décembre 1481. Anjou et Provence revenaient au roi [125].

En 1478, aux approches de l'hiver, ses proches trouvèrent le roi bien vieilli et fatigué. Il eut une première attaque, une hémorragie cérébrale sans doute, en février 1481, puis une autre en septembre qui l'obligea à garder la chambre, « fort malade », pendant plusieurs semaines, sans pouvoir vaquer aux affaires comme il l'aurait voulu. Il ne se montrait pas volontiers en public. Il alla pourtant en pèlerinage à Saint-Claude, en avril 1483. Au début de l'été, il s'installa au Plessis où une nouvelle attaque, le 25 du mois d'août, le laissa plus diminué encore, et il mourut cinq jours plus tard, le samedi 30 août 1483, dans la soirée. Il fut enseveli, ainsi qu'il l'avait prescrit, à Notre-Dame de Cléry. Charlotte de Savoie le suivit trois mois après, le 1er décembre.

Deuxième partie

L'image du roi

I

Apparence et apparat. Le faste royal

1. Avare et ridicule ? Une légende

Les hommes de son temps, puis les historiens « romantiques »,
se recopiant souvent les uns les autres, ont beaucoup écrit sur la
modestie du roi, son apparence ordinaire, peu digne de son rang.
L'image s'impose encore, dans nos manuels et nos livres, sans discernement ni nuances. Nous le voyons toujours ennemi du luxe et
des fêtes, avare de son argent, ne songeant qu'à économiser ou
grappiller, refusant les belles cérémonies et tout étalage de
majesté. Nous avons appris à l'imaginer mal habillé, de petits vêtements et d'horribles couvre-chefs, de bons draps sans doute mais
de couleurs sombres, tristes, inévitables ; sans soieries ni belles
fourrures, sans ornements et bijoux sauf, bien sûr, les médailles de
Notre-Dame et des saints ou les gourmettes quelque peu ridicules.
Evidemment, aucune sorte d'extravagance, aucune concession aux
modes, exotiques surtout. La figure du roi s'inscrit ainsi à l'opposé
de celles de la cour du temps de Charles VI (le bal des Ardents)
et même de celles des grands repas et des fêtes que décrivent les
chroniqueurs bourguignons en son temps (le vœu du Faisan, les
noces de Charles le Téméraire) [1]. Une rupture en somme décisive,
une volonté clairement affirmée de prendre le contre-pied de
toute manière d'apparat.

Ce devait être une attitude naturelle chez ce roi décidément
porté par goût à mener une vie simple, entouré seulement de
quelques familiers, peu enclin à se donner en spectacle et s'affubler de costumes dispendieux ; chez un homme, peut-on remarquer, qui, très jeune alors, n'avait jamais approuvé Marguerite
d'Ecosse, sa première épouse, amie, elle, des belles robes fourrées
d'hermine et des fêtes de cour. Les mêmes auteurs, et d'autres
plus nombreux, disaient aussi que c'était là choix politique, déli-

béré, pour faire savoir que le roi, qui se voulait bon comptable des deniers publics et fort exigeant sur le chapitre des taxes, n'entendait rien en retenir pour lui, outre le nécessaire. Ainsi pouvait-il répondre aux souhaits et mises en garde de plusieurs notables conseillers qui n'auraient pas manqué de dénoncer le luxe scandaleux de la cour royale. Jean Juvénal des Ursins, archevêque de Reims, n'avait-il pas sévèrement condamné les toilettes des dames de la cour de Charles VII, leurs « grans queues forrées... trop déplaisans à Dieu et au monde, et non sans cause » ; et ces bijoux, ces colliers d'or surtout qui pouvaient valoir chacun « le poids d'un comté ou d'un duché » ? Lui et quelques-uns avec lui invoquaient, amers, le temps des rigueurs et des épargnes où la reine faisait tisser les robes de ses femmes d'honneur de la laine de ses moutons élevés à Saint-Ouen, où les comptables de la maison royale notaient de petites « mises » pour réparer ces mêmes robes et « les mectre à point quant elles estoient despessées »[2]. Les moralistes ne cessaient de plaider pour un roi et une cour qui ne se montrent pas prodigues et n'offensent pas les pauvres en des temps si durs. Que Louis XI y ait été sensible, soucieux de se bâtir une autre renommée que celle de son père, ne peut surprendre.

Sans nul doute, il savait compter. Il n'était et ne voulait paraître « magnificent », généreux et inconscient, alors que d'autres assuraient leur prestige sur leur manière de dépenser largement. Le gaspillage lui faisait horreur et il ne pouvait supporter d'être berné, exploité. Dans l'hiver 1478-1479, le seigneur de Taillebourg se vit confier le soin de faire exactement évaluer, « par un homme bien entendu et en ce connaissant », le prix des réparations de Sainte-Eutrope de Saintes. Le devis adressé au roi par le prieur de l'église ne lui convenait pas et il n'était certainement pas disposé à l'accepter tel : « Et pour ce que je ne sçay s'il l'a mis loyaument, et s'il veut me tromper, ou s'il y est trompé lui mesmes, car il l'a fait diviser par les maistres maçons qui sont audit lieu, et comme vous le sçavez, les ouvriers le devisent à leur advantage pour y gaigner le plus qu'ilz peuvent, especialement quant ils ont à faire à gens qu'ilz cuident qui ayent bonne bourse comme moy[3]. » Les lettres royales donnent maints exemples de cette crainte quasi obsessionnelle de se voir trompé.

Cependant, cette prudence n'était en rien signe d'avarice coupable et ne prêtait pas à ce point aux railleries. La réputation de médiocrité fut, bien évidemment, lancée par des hommes qui le détestaient, malhonnêtes et venimeux. Tout leur était bon pour le présenter sous des dehors méprisables, malséants pour le souverain d'un si riche royaume, alors que les princes, dont précisément les mémorialistes et poètes satiriques se recommandaient, savaient si bien se montrer en grand apparat, étalant à tous moments étoffes de grand prix et fourrures de qualité. Il faut dire aussi que ces auteurs se référaient souvent, comme les peintres de cour, à des images de pure imagination ou de fantaisie, ou se faisaient les interprètes de quelques courtisans appliqués à briller et se faire remarquer, sans parler des fournisseurs, des « marchands suivant la cour », merciers et drapiers, faiseurs de modes nouvelles, désireux de les imposer.

Comme toutes celles imposées par une longue tradition, cette image, un peu à l'emporte-pièce, d'un roi de petit goût et de pauvre apparence, demande à être au moins nuancée, sinon en bien des aspects rectifiée. Cela d'autant plus que, forgée du vivant de Louis XI, elle fut, bien plus tard, reprise et accentuée en traits plus sombres encore par nombre d'auteurs qui, au XIXe siècle, mettaient leur plume au service d'une cause politique bien définie. Il s'agissait de faire du roi le champion de la lutte contre les privilèges. Cette façon de voir et d'analyser l'Histoire, imposée et véhiculée dans les livres d'enseignement, exaltait les vertus d'une société raisonnable, pour tout dire « bourgeoise », opposée à la légèreté irresponsable, quasi criminelle et d'un ridicule achevé, des nobles de l'Ancien Régime qui ne savaient que faire la fête et dilapider l'argent. Le roi Louis XI apparaît alors comme un homme qui voulait donner de lui une autre figure et se serait, avant tout, appliqué à bien gouverner, sans perdre ni temps ni deniers en des frivolités ; homme pondéré, calculateur et non inconscient, vêtu à la façon des bons marchands et des maîtres artisans, forces vives du pays, emblèmes du progrès.

Conclure si vite est ignorer trop d'éléments et faire plier l'enquête à l'hypothèse établie de parti pris. La façon de s'habiller, pour l'homme de pouvoir, le choix des formes, des matières et des couleurs, l'intérêt porté aux ornements et aux bijoux, n'était pas vraiment alors (et n'a sans doute jamais été) le reflet de goûts personnels ou de caprices. Le vêtement d'apparat suivait la mode et s'inscrivait dans un contexte, dans un climat temporel plus ou moins éphémère, changeant par force. De l'évolution de ces modes, impératives souvent, du renversement des tendances, nous voyons mal les raisons ou les origines et ne pouvons en suivre les avatars, notamment pour une période relativement ancienne. Mais elle s'est manifestée de tout temps. La ville ne s'habillait pas de la même façon que la cour, sauf à vouloir l'imiter de manière servile. Ce qui plaisait cesse un jour de plaire. Vers les années 1400, la gamme des rouges, longtemps en faveur, céda le pas, sans que personne puisse dire pourquoi ni comment, à celle des bleus [4]. A la même époque, celle de Charles VI, hommes et femmes, rompant du tout au tout avec les habitudes du passé, portèrent à la cour des vêtements beaucoup plus courts, vivement colorés, à mi-partie souvent, et se chaussèrent de poulaines[5]. Cela n'a pas duré très longtemps, moins d'un demi-siècle en tout cas, et le bon goût, le goût du jour, chez les princes et les courtisans, s'est imposé tout différent. Au temps de Louis XI, il n'est plus autant question d'extravagances. L'homme ne porte plus volontiers des couleurs vives ni de riches bijoux. Ce qui permet de penser que le roi, en somme, s'habillait comme les princes et les rois de son temps.

De plus, sommes-nous autorisés à tirer de seulement quelques images d'absolues conclusions ? N'y a-t-il pas, sur le plan documentaire, quelque légèreté à comparer le portrait d'un souverain, portrait de commande proposé à l'admiration des sujets et fixé pour la postérité, aux figures de fantaisies, de scènes anecdotiques où les personnages sont saisis en des circonstances toutes différentes ? Pensons-nous vraiment que les enlumineurs qui illustraient les travaux et plaisirs des mois, ou des scènes de chasse, ou de grands banquets et des jeux princiers, aient scrupuleusement cherché, tel le photographe d'aujourd'hui, la réalité ? Ces scènes, auxquelles nous nous référons volontiers (faute de mieux ?), ces scènes peintes, ne sont pas, comme on voudrait parfois le faire croire, des « documents » mais bien des « œuvres », fruits d'une création artistique. Le portrait royal ou princier, pas plus que le gisant d'ailleurs, ne peut évidemment leur être opposé. Or Louis XI peint par Fouquet, en grosse robe aux larges manches, robe confortable visiblement, pas du tout ordinaire ni de coupe ni d'allure, ne semble pas plus misérable que Charles le Téméraire peint, dans la même attitude et sous les mêmes habits, par Roger Van der Weyden ; et pas plus simple ni plus modeste que beaucoup d'autres, eux aussi en leurs portraits : Philippe le Bon, le roi René et les deux rois anglais de la guerre des Deux-Roses, Henri VI et Edouard IV.

Louis XI modeste d'allure, peu exigeant pour lui-même ? Les textes disent tout autrement ! Dauphin, il réclamait toujours davantage pour son Hôtel et celui de la dauphine, et pas seulement pour la conduite de la guerre, et pas seulement non plus pour les cadeaux et étrennes distribués à ses partisans. En fait, il menait grand train. Réclamant à son père de plus grandes libéralités, il ne parlait que de l'entretien de sa maison et du désir de tenir son rang de fils de roi. Rien ne dit qu'il ait péché par trop de discrétion et peu de princes devaient alors cultiver l'art de paraître aussi bien que lui. Lors de son voyage et séjour en Languedoc, à Albi et Toulouse surtout, on ne le vit ni pauvre d'allure ni chiche d'ornements mais, tout au contraire, entouré d'un riche cérémonial : fleurs de lys à profusion, fourrures et beaux atours, magnifiques harnais pour les chevaux. Il se fit recevoir en grande

pompe festive, à grand déploiement d'honneurs, lors d'« entrées »
solennelles soigneusement réglées. Quelques comptes épars et qui
ne donnent, comme toujours, que des indications fort incomplètes,
montrent tout de même une ferme volonté d'éblouir les foules.
En juillet 1439, il fit verser sept cent sept livres tournois — belle
somme ! — à un marchand florentin établi en Languedoc pour
peaux de martres et de zibelines employées à faire trois manteaux
et fourrer deux robes de drap d'or ; il commanda encore deux
autres robes, l'une de velours cramoisi, l'autre de velours noir[6].
Le fils du roi ne pouvait se montrer autrement.

Dauphin encore mais alors en Dauphiné, loin de la cour et du
Conseil royal, l'argent ne lui manquait pas vraiment. En tout cas,
il en eut assez pour mener sa maison d'une manière digne d'un
prince souverain. L'état des gages payés par son chambellan aux
officiers de son Hôtel cite exactement cent onze personnes, dont
quarante écuyers (simples écuyers, ou échansons, ou tranchants),
onze familiers attachés à sa personne entre armuriers, trompettes,
huissiers d'armes, guide pour le léopard, cinquante-deux archers,
arbalétriers et canonniers, huit fauconniers[7]. Sans compter ceux
de la suite de Charlotte de Savoie en 1451, ses officiers et serviteurs de tous rangs, confesseur, chapelain, maître d'hôtel... garde
des joyaux, valets de chambre, le palefrenier « qui a mené sa
haquenée de parement » et la « gouverneresse », qui, au total, ont
alors reçu près de quatre mille écus en bijoux, diamants achetés à
Genève ou au Puy et beaux chevaux. La mère de la dauphine
reçut un riche bracelet d'or et son frère Philippe une haquenée de
prix[8].

Par la suite, Louis devenu roi, les livres de l'Argenterie, de l'Hôtel, de la Chambre et de l'Ecurie ne laissent aucun doute sur les
dépenses de la cour, pour les habits, la vaisselle de table, les menus
meubles et les chevaux. Pour tenir registre des « mises » de l'Hôtel, étaient gagés neuf maîtres des comptes, deux conseillers cor-
recteurs, deux clercs ordinaires et changeurs, deux greffiers et pas
moins de dix-huit petits clercs des comptes[9]. La liste des officiers
de cet Hôtel aligne, pour des pensions allant de cent soixante-
cinq à quatre cent quarante livres par an, une dizaine de fonctions
différentes : écuyers, écuyers tranchants, écuyers d'écurie, valets
de chambre, chambellans, sommeliers, fourriers, trompettes, huissiers d'armes, huissiers de salle et huissiers d'écurie, écuyers de
cuisine ; et aussi veneurs, fauconniers, gardes des prés, gardes des
chiens, des oiseaux, les concierges et les tapissiers[10]. Ces gens
n'étaient pas gagés à ne rien faire ; ils géraient les domaines, préparaient les logis, fournissaient la cour en toutes sortes de produits. Savoir si, somme toute, Louis XI dépensait moins pour son
train de maison que Charles V le Sage ou Charles VI frivole, et

moins que nos rois de la Renaissance, relèverait de calculs acrobatiques, forcément approximatifs ou erronés. Rien ne se peut comparer, tant les registres arrivés jusqu'à nous demeurent incomplets, tant ces finances et ces comptes étaient, d'un règne à l'autre, structurés de façons différentes. Mais demeure une certitude : le personnel affecté aux achats ne le cédait en rien à celui d'autres temps, et le roi Louis ne se résignait certainement pas à vivre en bourgeois. Outre ces dizaines d'écuyers et de valets occupés à entretenir sa maison, ses maîtres de l'Hôtel tenaient à gages des hommes de métier qui n'œuvraient que pour lui : tailleurs du roi, fourreurs, selliers, pelletiers, brodeurs, plumassiers, « esperonniers ». De plus, les clercs mentionnent souvent et en bon nombre des « marchands suivant la cour », fournisseurs privilégiés sur qui ne pesaient ni les contraintes des associations de métiers, ni les taxes municipales ou royales.

Certes, la boutique de l'Argenterie royale n'était plus ce qu'elle était au temps de Charles VII et de Jacques Cœur. Il n'est nulle part fait mention, ni à Bourges ni à Tours, d'un grand magasin ou entrepôt où s'entasseraient des centaines de pièces de drap de laine, de soieries et de fourrures. Aucun des grands personnages du temps ne se targuait du titre de grand argentier et n'amassait une fortune considérable en vendant (... et trichant beaucoup) au roi et aux princes. Aucun, enrichi par ces trafics protégés, n'a eu les moyens et l'audace de se faire bâtir un palais somptueux. Est-ce à dire que ces achats restaient plus modestes ? Sûrement pas : ils s'effectuaient d'autres façons, plus diversifiées.

Le roi faisait passer commande aux marchands de Tours, ou d'Amboise, ou de Chinon, et plus encore, directement, à ceux qui, attachés à la cour, bénéficiaient de réels avantages et devaient emporter sans mal une grande part de ces ordres. En 1464, Macé Roubeyre, « pelletier suivant la cour », livrait dix manteaux d'agneau blanc pour les jacquettes des trompettes[11] ; Jehan Petitfait, une douzaine de couteaux « pour servir aux seigneurs qui souvent dinent et soupent à la table du roy[12] » et trois bouteilles de cuir « pour servir à mectre le vin aigre servant en la chambre[13] » ; Guillaume Clerc, lui aussi « suivant la cour », se faisait payer deux toques blanches et un bonnet d'écarlate « fait à six fils, pour servir au roy à mectre par dessus l'une des toques[14] ». Jean de Beaune, naguère à Montpellier facteur ou commis de Jacques Cœur, maintenant protégé par Simon de Varye, financier et homme de confiance du roi, ne manquait jamais de s'affirmer comme marchand « suivant la cour » ; il fut certainement, pour les belles pièces d'étoffes, le principal fournisseur de l'Hôtel. En quelques jours seulement, mois de décembre 1468, il se fit payer vingt aunes de velours noir pour faire deux robes longues, six aunes de velours cramoisi, vingt-deux boutons garnis de fils d'or et d'argent pour une « manteline », et une aune de velours bleu pour une « orfraye » (un orfroi), large bande ornée de soixante-six fleurs de lys brodées de fil d'or ; et encore trois livres de soie rouge, blanche et verte, et quarante-neuf aunes de taffetas de mêmes couleurs, pour faire un « pavillon carré »[15].

Ni le roi ni les officiers de son Hôtel ne se comportaient comme l'aurait fait un simple bon bourgeois. Louis dépensait beaucoup et ne s'habillait pas de façon ordinaire, de draps communs. Pour moins d'une année, de novembre 1466 à septembre 1467, le registre d'Alexandre Sextre, clerc comptable de l'Argenterie, réserve plusieurs feuillets aux « chapeaux de feutre », à un nombre considérable d'achats de bonnets, noirs ou écarlates, de chapeaux de laine et de chapeaux de bièvre (castor). D'autres chapitres, consacrés aux robes et manteaux, notaient d'importantes « mises » pour des pièces de velours et autres étoffes de soie, de fourrures, de toiles fines, de « chausseteries » et encore de chapeaux ; plus les salaires de tailleurs, pour façon de « robes et habillements » et autres vêtements de soie[16]. Ce clerc payait soixante-six livres à maître Thomas, « tailleur de robes », pour « une robe longue descarlate avec la fourrure d'icelle de menu vair » faite « au plaisir » du roi[17]. Macé Roubeyre qui, de pelletier, est devenu « fourreur des robes du roy », se fait verser vingt-cinq livres pour être allé, en l'absence du fourreur ordinaire, d'Amboise à Dieppe, « pour voir s'il trouveroit des martres sibelines, pour ce que on avoit dit et rapporté qu'il en avoit esté prinses en grandes quantités sur mer par les gens de l'Admiral[18] ».

Tous ces postes comptables évoquent sans conteste un goût du confort et même du luxe, peut-être aussi du désir de paraître, en tout point comparable à ce qui nous a été dit sur les cours de Charles VI, de Louis d'Orléans ou de Jean de Berry. La gamme des couleurs y était aussi variée, les fleurs de lys brodées plus nombreuses et les riches fourrures recherchées et utilisées de la même façon.

Un artiste ayant reçu commande de montrer le roi Louis accueillant à sa table les grands seigneurs du royaume aurait peint une scène tout aussi brillante que celle, si célèbre, commandée aux frères Limbourg par le duc de Berry. Cette table était, comme celles de tous les princes de ce temps, richement dressée, ornée de pièces d'orfèvrerie d'argent et de vermeil. Pierre Baston, orfèvre, fut très occupé, en 1468, à rebrunir, à refaire l'émail ou à réparer toutes sortes d'objets en or et en argent : cuillers et tasses en grand nombre, salières, une petite nef de table, une grande aiguière d'argent pour la chambre du roi, et la « touche de la licorne » (qui servait à déceler le poison)[19].

Les appartements royaux, notamment au Plessis, à Amboise ou à Chinon, n'étaient certainement pas ceux d'un homme résigné à se plaire dans un cadre médiocre. Tout un chapitre des comptes était communément consacré aux tapisseries[20] et celles-ci, les principales du moins, devaient l'accompagner partout. Robin Bachelot, « sommelier de materas et tendeur de la tapisserie du roy », se fait payer une vingtaine de livres pour avoir conduit en charrois la tapisserie « dont il [le roi] se sert ordinairement es lieux où il a esté », de février à juillet 1469, et aussi pour six milliers « de clous à crochetez tant gros que menus »[21]. Dix ans plus tard, en septembre 1479, le clerc des « menus plaisirs de la chambre » notait encore une « mise » pour deux charretiers qui avaient mené ces tapisseries en un chariot tiré par cinq chevaux[22].

Cette chambre du roi était-elle dénuée de tout ornement ? Un menuisier fit faire deux tableaux « esquels sont collés et assis les protraictures de deux demoiselles faites sur papier au plaisir du roy » et une brodeuse prépara et orna deux rideaux de taffetas rouge « à mectre et tendre devant lesdits tableaux »[23]. A vrai dire, force est d'admettre que, faute peut-être de documentation explicite et, en tout cas, d'études précises sur le sujet, nous savons fort peu de chose sur ces résidences royales qui n'ont pas, à beaucoup près, suscité le même intérêt que les grands palais de Paris, de Bourges ou de Dijon. Les manoirs de Louis XI, le Plessis, Bonaventure et les Forges près de Chinon, moins importants, conçus pour un autre genre de vie, moins ostentatoire, moins de représentation, forçaient moins l'admiration des contemporains et, de plus, n'étaient ordinairement ouverts qu'à une petite suite de familiers. Ils ne pouvaient être le cadre de grandes fêtes ou parades, ni le siège d'un fort appareil administratif ; pas même d'une vie de cour largement déployée. La plupart des « gens du roi », des conseillers, des grands officiers, logeaient ailleurs, dans la ville proche et dans les environs, prêts à répondre aux appels. Le roi, lui, s'y plaisait et ne négligeait rien pour y vivre à l'aise. Ses goûts ne le portaient pas à exiger plusieurs appartements, ni une solennelle « chambre de parement » avec grande cheminée et tribune pour les musiciens. Il n'a rien fait construire de comparable au Louvre ou à l'hôtel Saint-Paul de Charles V, pas même au palais de Jacques Cœur à Bourges.

En fait, contrairement à ce que laissent entendre quelques auteurs, ce désir de se tenir davantage à l'écart, preuve aussi de sagesse politique, ne paraissait à l'époque en aucune façon original, exceptionnel, mais s'inscrivait dans une tradition affirmée depuis plusieurs dizaines d'années. L'élan en fut, pour le royaume de France, donné au temps où le dauphin Charles, qui avait, en 1418, fui Paris en proie à de violentes émeutes, s'établit dans les pays de la Loire. Devenu roi à la mort de son père, en 1422, Charles VII ne se rendit maître de la ville qu'en 1436-1437, n'y fit alors qu'un court séjour, et se garda bien, par la suite, d'y installer sa résidence.

L'abandon de Paris, des palais royaux dans cette ville et des demeures des environs, puis le développement, à Bourges et à Tours, d'une cour fastueuse, curieuse des modes et protectrice des artistes, suscitèrent tout naturellement un remarquable mouvement de créations artistiques de haute qualité, nulle part ailleurs égalées. En ce sens, la belle époque des « châteaux de la Loire » que, par habitude, nous situons ordinairement au xvie siècle, n'est que l'héritière, un simple prolongement, de celle des manoirs et châteaux du Berry et de quelques cantons de Touraine, des vals de l'Indre, du Cher et de la Vienne, sous ce règne. Sur le plan socio-politique, le processus ne fait pas de doute : la cour fixée à Bourges ou dans les châteaux non loin de là, pour certains hérités de Jean de Berry (Mehun-sur-Yèvre), tous ceux qui servaient le roi, nourrissaient de grandes ambitions et voulaient garder l'oreille du maître ou de ses conseillers et favoris s'établirent au plus près. De la même façon que, du temps de Charles V, les princes et les grands seigneurs firent construire des hôtels près du Louvre, les officiers de Charles VII, tant que durait leur crédit, achetèrent et firent, à l'image du prince, bâtir de belles demeures dans le voisinage. Jacques Cœur le premier qui, outre son magnifique, et certainement trop en vedette, palais de Bourges, possédait le château de Mennetou-Salon et avança, à fonds perdus vraisemblablement, dix mille livres pour la restauration de celui de Bois-sire-Aimé, où le roi résida quelque temps avec Agnès Sorel... Sa plus belle acquisition fut, sans nul doute, le beau domaine d'Ainay-le-Vieil acheté en 1445 ; et, quelques semaines avant sa disgrâce, en juin 1451, il se rendit encore acquéreur des terres et maisons fortes de Marmagne et de Maubranche.

Les biens de l'argentier du roi furent tous confisqués mais plusieurs de ses commis, originaires de Bourges ou du Berry, passé les temps d'exil, se sont eux aussi appliqués à acheter et construire. Dès son retour aux affaires, en 1464, dès lors protégé du roi Louis XI, Guillaume de Varye acheta pour quarante mille écus d'or la seigneurie de l'Isle-Savary et y fit bâtir une grande et belle demeure.

Voisins du roi, les princes (Orléans, Anjou, Bretagne), leurs grands vassaux et leurs officiers, firent également construire ou aménager, reprendre de neuf, nombre de manoirs, de maisons fortes et de châteaux. René, duc d'Anjou, se plaisait à La Ménitré, à Rivettes, à Langeais ; en 1465, il acquit le domaine d'Epluchard

situé à l'entrée d'Angers, sur le chemin des Ponts-de-Cé, et y fit,
à grands frais, élargir le logis en 1476. Son sénéchal, Bertrand de
Beauvau, marié à sa fille naturelle Blanche d'Anjou, s'est ruiné
en embellissements et décors somptueux pour le château de Pim-
péan. Le sire de La Vignolle, longtemps au service de Marguerite
sœur de René, la recueillit, veuve du roi d'Angleterre Henri VI,
dans sa maison de Saumur et en son château de La Vignolle, sur le
chemin de Montsoreau. Les ducs de Bretagne ne résidaient qu'une
partie du temps dans Nantes et dans Vannes ; ils se faisaient
héberger par leurs vassaux, notamment au Plessis-de-Ressac près
de Redon, à Plaisance et près de Nantes, à Lestrenic, manoir
construit par l'évêque de Nantes, Jean de Malestroit qui, pour ce
faire, reçut une aide substantielle du trésor ducal, « à ce que le
duc y peust aller à l'ébat ». Autour de la forteresse de Sucinio,
dans la presqu'île de Rhuys, s'étaient installés en leurs manoirs,
certains très proches, plus de dix seigneurs ; pour leur part, les
ducs avaient aménagé, toujours dans les environs, au moins trois
« maisons », demeures de plaisance (Bernon, Bénestier, Bois-lès-
Sucinio) [24].

Dès l'année de son avènement, en 1463, Louis XI achetait à son
chambellan, Hardouin de Maillé, la terre et les bâtiments du Plessis pour la somme de cinq mille cinq cents écus d'or. Les travaux
commencèrent en 1469 et, poursuivis en 1473 pour les murs d'enceinte puis en 1478-1479 pour la chapelle, firent du Plessis une
belle résidence agrémentée de grands jardins et protégée dès lors
par deux enceintes, fossés et murs. Ce n'était en rien une petite
maison, une sorte d'ermitage pour un homme voué à la solitude
ou habité de peurs insurmontables. La première cour comptait,
outre les logements pour les officiers de petit rang et les valets,
les écuries et la fauconnerie. Les bâtiments de la cour seigneuriale,
aux murs de brique très soignés, ne se voulaient ni médiocres ni
même trop simples, d'allure très rustique : deux étages sur des
grandes caves voûtées, beaux escaliers, fronton à l'antique, galerie
de bois et belles cheminées pour le logis royal aligné sur près de
cinquante mètres. Très près de la ville, le Plessis-lès-Tours était
d'accès commode, les voies pavées bien entretenues, et pas du
tout isolé mais, au contraire, hors les murs, entouré de maisons de
paysans et de jardiniers [25].

Le roi y résidait, dans les dernières années de sa vie surtout,
bien plus souvent que dans les châteaux de Chinon et d'Amboise.
Il se plaisait aussi à passer quelques jours en des demeures, certainement plus modestes, pour préparer ses parties de chasse ou simplement se tenir à l'écart : aux Forges près de Chinon et de la
forêt, à la Motte d'Egry dans l'Orléanais, à la Cure dans le Gâtinais ou encore à Cussé-sur-Loire. C'était le temps où l'un de ses

conseillers favoris, Ymbert de Batarnay, faisait refaire et élargir les bâtiments d'habitation des châteaux de Montrésor et du Bridoré.

Deux des maisons ou manoirs du roi, le « Bel Ebat », près d'Orléans et « Bonne Aventure », près de Chinon, par leurs noms choisis à dessein, témoignaient sans doute du plaisir qu'il prenait à cette vie loin des villes, mais disaient aussi qu'il n'y voulait certainement pas s'y mortifier. Ces noms étaient-ils inspirés par ceux d'autres résidences princières telles celle du duc de Bretagne à Sucinio (= « Souci n'y ost ») ou les « delizie » des Este de Ferrare, « Belvedere », « Belfiore » ou « Belrigardo », toutes éloignées de la ville, toutes entourées de parcs et de jardins, de pavillons et de bains, de pêcheries et de terrains de chasse[26] ?

2. Plaisirs et ébats

Délaisser si volontiers les grands palais de Paris n'est donc, en aucune manière, signe d'une quête de totale solitude ou de vie très simple. En ses maisons des champs, le roi ne jouait pas au berger et n'allait pas tenir les manches d'une charrue. Il ne manifestait aucun penchant pour l'ordinaire. Ses achats montrent au contraire un vif souci de s'entourer, pour « son plaisir » ou « son ébat », des objets ou des matériaux les plus chers, réservés aux grands de ce monde : l'argent et l'or fin, les plus beaux cuirs et tissus. Ce qui, sans doute, pouvait surprendre certains, est qu'il n'appliquait pas ce goût du luxe à organiser des joutes ou pas d'armes, encore moins des fêtes galantes, mais à ce qui lui tenait le plus à cœur : ses oiseaux et ses volières, ses chevaux et la chasse.

L'Histoire le dit entiché d'oiseaux parleurs auxquels il apprenait à dire quelques bribes d'un parler fort vulgaire : image d'un homme plutôt méprisable et qui ne prenait intérêt qu'à des jeux innocents, puérils, malsonnants. Image faussée, comme tant d'autres, car il ne semble pas qu'il ait jamais manifesté tant de curiosité pour ces pies et ménates. Ce qui ressort, non de la plume d'un auteur malveillant mais de textes authentiques, est, tout au contraire, celle d'un prince qui aimait et recherchait le beau, voire l'insolite, le rare, et n'hésitait pas à beaucoup dépenser pour l'avoir. Ses valets ne se préoccupaient pas de nourrir des pies, mais des paons, des serins et autres chanteurs[27]. Gabriel Bernard, écuyer d'écurie, s'est fait largement défrayer pour avoir ramené au Plessis, « du pays d'outremer », un « oiseau tunisien » et deux tortues blanches[28]. Et les clercs du roi René d'Anjou versèrent quatorze ducats d'or à Jehan Chapelain, « qui gouverne les oiseaulx... pour son voyage devers le roy de France », lui portant deux tourterelles blanches, et pour le salaire des hommes « qui les portaient au col en caiges couvertes après luy »[29]. Chacun savait que le roi Louis aimait avoir ses volières partout où il allait. Il fit venir huit « cages à mectre petits oiseaulx » de Montargis et de Nemours à la Motte d'Egry[30]. Au Plessis, on lui livra six douzaines d'anneaux en laiton, doré d'or fin, « pour mectre es logiz de ses oiseaulx » et un grand nombre de sonnettes, elles aussi dorées d'or fin[31].

Ecuyers et valets prêtaient la même attention aux chevaux, harnais et selles ; sur ce chapitre, les acquisitions dépassaient largement le strict nécessaire, et ne donnent en aucune façon l'idée d'un maître, ou particulièrement pingre, ou peu soucieux de paraître. Dans l'année 1463-1464, il acheta cinq beaux chevaux, dont deux « grands bayards » acquis l'un du sénéchal de Guyenne, l'autre du duc de Bourgogne ; et l'on fit faire aussitôt cinq harnais « larges de cuir blanc bordé de cuir rouge, chargés dessus de cuir rouge » et chacun de 425 clous d'or fin, soit 2 125 clous en tout. Le maître sellier faisait alors rappel de plusieurs autres sommes à régler pour « avoir assis » sur les arçons de la selle de la mule du roi, « devant et derrière ainsi comme icelui seigneur a désiré et donné à son plaisir », 300 petits clous dorés. Tous les autres harnais, pour les bêtes de somme même, étaient de cuir blanc ou rouge, couverts de velours noir, et celui de la haquenée du roi, appelée Esterline, avait trois pendants de cuir blanc. Jacotin Peschart, « lormier et esperonnier du roy », versait près de trois cents livres à Jehan du Boys, marchand demeurant à Tournai, prix de huit livres de fil d'or de Venise, Gênes et Florence, pour « les housses et boutons de deux harnais et les bordures des selles et des housses » ; puis encore, quelques jours plus tard, à Jacquet Thys, lui aussi de Tournai, cent quatre-vingt-dix-huit livres parisis pour du fil d'or de Gênes et de Chypre, « à faire franges, houppes et boutons des deux mêmes harnais »[32].

Exilé chez le duc de Bourgogne, à peine installé dans le château de Genappe, le dauphin fit écrire au roi d'Aragon, le priant de lui envoyer, par son maître palefrenier mandé tout exprès, deux sacres, faucons pèlerins, « pour ce que ce sont les oyseaulx en quoy je prends plus grant plaisir », et, plusieurs années plus tard, toujours en exil et dauphin, il fit verser, pour arriérés de gages, cinq cents écus de Savoie à son fauconnier en titre, « le vénicien des sacres » ! Le duc de Milan lui fit don d'un beau gerfaut et reçut, en remerciements, trois faucons de Flandre[33].

Que le roi ait préféré la chasse aux bals et aux parades, tous en tombaient d'accord, et les mémorialistes comme les chargés d'ambassade ne manquaient pas de parler des jours entiers passés, toutes affaires cessantes, à courir les bois et les garennes : « Le lendemain, sa Majesté vint à quatre lieues d'Orléans et, ayant appris qu'on avait vu dans la campagne un grand sanglier, elle retourna sur ses pas jusqu'à Pluviers, à neuf lieues d'ici, où elle demeura quatre jours [34]. » Lui-même n'en faisait aucun mystère : « Je m'en retourne prendre et tuer des sangliers, affin que je n'en perde la saison, en attendant l'autre pour prendre et tuer des Anglois [35]. » Pour ses chiens, ses lévriers ou ses oiseaux de proie, il ne lésinait jamais ; en un seul jour, furent achetés et payés une douzaine de colliers de cuir pour lévriers et un autre collier à sept grands clous « dorés de fin or soudez d'argent [36] ». Les comptes de l'Hôtel alignent, mois après mois, de considérables mises pour achats de bêtes, lévriers et gerfauts d'une part, lièvres et sangliers de l'autre [37]. Ce n'étaient pas caprices de peu : les chasses royales tenaient sans cesse sur le qui-vive de nombreux valets, éleveurs, gardiens et sergents de garenne, hommes chargés des achats en toutes sortes de lieux et charretiers responsables des transports de ces bêtes ; en 1480, neuf sangliers furent conduits à grands frais de l'Isle-Bouchard au manoir du Plessis par neuf serviteurs. D'autres amenèrent des lièvres vifs, donnés à chasser à ses chiens, des renards, et « six pourceaulx sangliers » eux aussi « donnés à chasser ». Un sergent est allé en Flandre chercher un faucon [38], et un chevaucheur de l'écurie en a ramené un autre, de Montpellier à Amboise [39]. L'an 1469, un marchand de Tours reçut, en un seul versement, deux cent vingt-cinq écus d'or pour « vingt-cinq pièces d'oiseaulx, tant sacres que autres, que le roy a fait mectre en sa fauconnerie, pour son plaisir et esbat [40] ».

Cet intérêt, une véritable passion plutôt, ne l'a jamais quitté. A la fin de sa vie encore, malade et souvent fatigué, il se souciait de faire acheter des bêtes, d'en réclamer, d'en échanger avec les princes amis et alliés. Au duc de Ferrare, en décembre 1481 : « je vous envoye un lévrier, s'il est à vostre gré et vous y prenés plaisir, mandez le moy et je vous envoyerai tant que vous vouidriez ». Mais on me dit que vous avez « des lepars qui prengnent bien des lièvres... je vous prie que m'en envoiez ung et qu'il soit masle et m'envoiez ung de vos gens qui saiche bien le priver » [41]. Héritier de Marguerite d'Anjou, il charge son écuyer de ramener à lui tous ses chiens : « ce sera tout le meuble que j'en aurai, aussi c'est celui que j'aime le mieulx [42] ». Le fait d'appeler régulièrement, en ses manoirs, des « médecins » ou des « chirurgiens » pour visiter ses chiens ne pouvait étonner, même s'ils soignaient aussi ses invités. Ce qui était souvent le cas. Antoine Champeaux, apothicaire du roi, se fit, dans l'hiver 1469-1470, payer plusieurs « parties d'apothicaireries » livrées tant pour le roi que pour les chiens et lévriers de sa chambre, et un des valets de fourrière fut, lui, remboursé de quelques sous « pour avoir fait eslargir ung chaslit, habillé une couchete, reclore ung ban pour couchier les lévriers de la chambre »[43].

« Des chiens, dit Commynes, [il] en envoyoit quérir partout ; en Espagne, des allans ; en Bretagne, de petites levrettes, lévriers, espaigneux et les achetoit cher et en Valence, les petits chiens velus qu'il faisoit acheter plus cher que les gens ne les vouldoient vendre... A Naples, des chevaux et bestes estranges de tous costez ; comme en Barbarie, une espèce de petits lions qui ne sont point plus grands que de petits renards, et les appeloit "adits". Au pays de Danemarc et de Suède, envoya quérir de deux sortes de bestes ; les unes s'appeloient "helles" et sont de corsage de cerfs, grandes comme buffles, les cornes courtes et grasses. Les autres s'appellent "rengiers", qui sont de corsage couleur de daims, sauf qu'elles ont les cornes beaucoup plus longues car j'ai veu rengiers porter cinquante quatre cors pour avoir six cornes. De chacune de ces bestes, donna aux marchands cinq cent florins d'Allemaigne. »

Sa sollicitude se marquait de bien d'autres façons plus étranges aux yeux d'aujourd'hui. Il fit acheter douze livres de cire pour faire « un chien de cire » offert et présenté « à sa dévocion devant monseigneur saint Martin de Tours »[44]. A Notre-Dame de Cléry il fit don, en 1469, de « deux vœux d'argent en forme d'oiseaulx » et, l'année d'après, d'un autre faucon en argent, portant un écusson aux armes de France[45]. Un orfèvre de Tours se fit payer, outre la façon, l'argent employé à réaliser trois oiseaux, « en façon de sacre », portant chacun le même écusson[46] et, dans la ville de Noyon, « en aucun lieu à sa dévocion », fut présenté et assis un oiseau de cire[47].

Ses ennemis, Thomas Basin le premier puis Chastellain et Jacques du Clercq, disaient que le roi Louis avait, aussitôt son avènement, interdit aux nobles de chasser de quelque façon que ce soit. Il aurait, « dompteur et porte-fouet de tous les grands de son royaume », fait couper l'oreille à un noble normand coupable d'avoir pris un lièvre sur ses propres terres[48] ; il fit, dit encore Basin, brûler « les rets ou lacs de chasse » chez le seigneur de Montmorency, en un grand bûcher dressé sur la place publique, interdisant même aux paroissiens de garder une seule corde pour sonner la cloche de leur église[49]. Certains y voyaient une des raisons qui avaient conduit plusieurs nobles à rejoindre la ligue du Bien public. De fait, si l'interdiction ne fut vraiment signifiée qu'aux roturiers et si les agents n'eurent commission que de confisquer « tous les oyseaulx, chiens et autres engins à prendre toutes manières de bestes et oyseaulx de toutes personnes non nobles ni privilégiées qui, de jour en jour, en usent sans autre congié[50] », les nobles furent tout de même soumis à divers contrôles et leurs droits de chasse sévèrement réglementés[51].

C'est que la chasse royale n'était pas simple divertissement ni délassement d'un homme accablé par tant de travaux, et exercice pratiqué en solitaire. Elle prenait, au contraire, un sens social et politique, occasion d'étaler un luxe particulier, de s'affirmer face aux vassaux et voisins. Les maîtres de l'Hôtel ont, début septembre 1479, payé dix-huit nautonniers qui « ont mené la galiote du roi » en deux voyages, de Tours au port Saint-Cosme pour aller chasser, puis vingt-quatre autres engagés sur le « grand bateau » pour passer et repasser le roi « et les gens de sa compagnie » ; et encore deux autres équipes, de quatorze et trente-six hommes qui « ont passé les chiens, les chevaux et les haquenées tout le long du jour »[52]. De même, à la fin du mois[53]. Une vingtaine de bateliers et leurs aides avaient conduit trois des bateaux du roi de Tours à une île près de Rochecarbon pour y chasser les renards[54]. Ces parties de chasse, étalées sur des dizaines de jours parfois, ne passaient certainement pas inaperçues : huit charretiers ont œuvré pendant soixante-dix jours entiers pour mener, d'octobre à mars 1469-1470, « toilles, filés et harnais de chasse par tous les lieux où ledit seigneur a esté », et ses veneurs remboursèrent à un villageois son cheval, qu'ils avaient tué « pour apaster les loups estans dedans le parc de la forest d'Amboise »[55]. Au soir de l'une de ces battues, trois femmes du bourg de Saint-Martin sont venues quérir la table où le roi avait dîné ; il leur donne à chacune un écu d'or[56].

Louis se voulait grand chasseur et désirait que cela se sache. A Pierre Doriole, anobli par ses soins, chancelier de France, il donna pour armes trois vols d'oiseaux ; à Jean du Fou, deux éperviers affrontés et, à Tristan l'Hermite, une tête de cerf. Olivier, fils d'un valet de Flandre du nom de Necker, devint, au service du roi, Olivier le Daim[57]. Les *Dits* de Jacques de Brézé, alors grand sénéchal de Normandie, court poème de cinquante vers, furent écrits tout à la gloire de Souillard, le « beau chien courant » de Louis XI et de Gaston de Lyon, sénéchal de Saintonge. Du même auteur, les *Louanges de Madame de France* (Anne de Beaujeu, fille du roi) disent, tout au long, comme la princesse savait maîtriser l'art de la vénerie et gouverner ses veneurs ; un art que Brézé, luimême expert, expose dans ses moindres détails dans la *Chasse*, poème de cinquante-cinq strophes de dix vers chacune[58].

3. Majesté et mise en scène

Recherchait-il plus volontiers la compagnie des bourgeois que celle des grands ? Nombre de témoins l'affirmèrent et, à leur suite,

les historiens. Un ambassadeur de Milan rapporte qu'il l'a vu, à
Tours, aller après la messe s'attabler dans une simple taverne de
la place du marché, à l'enseigne de Saint-Martin[59]. C'était,
croit-on, tant par goût, parce qu'il s'y sentait plus à l'aise, que par
calcul politique, pour se faire bien considérer et gagner des partisans, non certes chez le peuple, mais parmi les notables, les
prud'hommes, hommes de négoce ou hommes de loi, maîtres
absolus dans leurs villes de l'administration et des finances, seuls
capables d'imposer de nouvelles taxes. Aussi allait-il loger chez
eux, dans un hôtel particulier, plutôt que dans un château ou un
palais. Là, il recevait les édiles, tous des marchands, il les écoutait,
s'intéressait à leur sort et les assurait, invariablement, de sa bonne
volonté. En leur compagnie, il faisait « bonne chère » et, pour leur
faire honneur, invitait leurs épouses à un bal.

Ces hôtes d'un soir n'étaient certainement pas, ni à Paris ni à
Tours, des gens de peu, tenant une petite échoppe, mais des
maîtres de métier juré, assurés de fortes clientèles et surtout de
charges administratives, bien en cour souvent. Chez eux, il ne
négligeait pas tout cérémonial et voulait se faire reconnaître pour
le roi de France. En 1465, année sombre du Bien public où il lui
fallait séduire les Parisiens, il offrit aux « bourgeois » de la cité,
dans l'hôtel d'Armenonville, un grand banquet puis un bal où il
vint lui-même, « le plus honnestement habillé qu'on ne l'avoit
point veu devant, car il estoit vestu d'une robe de pourpre des-
seinte et toute fourrée d'ermines qui lui seoit beaucoup mieulx
que ne faisoient les cours habits qu'il avait portez paravant ». De
fait les « hôtels », maisons de ville, où il allait festoyer ou passer la
nuit, appartenaient plus souvent à des officiers royaux, conseillers,
présidents au Parlement, officiers de l'Hôtel, qu'à de simples
négociants, complètement étrangers au gouvernement et au
monde de la cour. Le 4 septembre 1467, à l'occasion du mariage
de Nicolas Balue, frère de l'évêque, avec la fille de Jean Bureau,
l'on donna de grandes fêtes dans l'hôtel des ducs de Bourbon. Le
roi et la reine y assistaient « et depuis... firent de grans chers en
plusieurs des hostels de leurs serviteurs et officiers de ladicte
ville ». Un mois plus tard, début octobre, de retour de Saint-Denis,
logé dans son hôtel des Tournelles, Louis XI alla souper chez
Denis Hesselin, son panetier et « élu » de Paris, percepteur des
aides. Ce n'était pas une modeste demeure : « et audit hostel, le
Roy fit grande chière et y trouva trois beaulx baings honnestement
et richement attintelez, cuidant que le Roy deust illec prendre son
plaisir et se baigner ; ce qu'il ne fist point, tant pour ce qu'il estoit
enrumé, que aussi pour ce que le temps estoit moult dangereux et
maladif »[60].

Les livres de ce temps et ceux d'aujourd'hui oublient trop souvent de rappeler qu'il savait aussi, lorsqu'il le pensait utile, se montrer en prince souverain, entouré d'un grand apparat. L'art de s'imposer par les cérémonies et les décors, de faire respecter des rites et marquer des différences, des hiérarchies même, ne lui faisait certainement pas défaut. Il s'y appliquait en maître, régulièrement, parfaitement conscient de la nécessité d'agir ainsi pour qui voulait vraiment plaire et gouverner. Contrairement à ce que nous croyons volontiers, les fêtes, les représentations ostentatoires et l'étalage du luxe n'offensaient pas le peuple. Les fêtes réservées à un cercle étroit de privilégiés pouvaient certes faire parler, susciter de forts mécontentements chez ceux, notables et aspirants aux honneurs, qui n'y étaient pas conviés. Mais, exclusives, elles n'étaient pas très nombreuses et souvent s'accompagnaient de spectacles offerts aux foules dans les rues ou sur les places publiques. L'important, pour qui veut saisir cet aspect non négligeable de l'art de gouverner, est de considérer que la fête publique était, et cela depuis fort longtemps, depuis pour le moins le temps des Romains, des jeux du cirque et des triomphes, une véritable obligation pour le maître de l'heure, une occasion de se faire voir et de s'imposer. Tous en avaient, au cours des siècles, usé très largement : les consuls puis les empereurs de Rome, les princes de notre Moyen Age, les tyrans et seigneurs des villes d'Italie et, bien que cela ne soit pas généralement mis en fort relief, les chefs du patricien urbain, au Moyen Age toujours, dans les villes de Flandre et d'ailleurs. Nos auteurs moralisateurs ont tort de ne voir là que gaspillage, expression gratuite d'une magnificence déraisonnable ou, pire, marque d'orgueil, de suffisance et mépris pour les humbles. Ils se trompent du tout au tout à parler seulement de recherche effrénée du luxe ou de turpitudes, et se demander, offusqués et fort désireux de faire partager leur indignation, ce que cela pouvait coûter. Cela coûtait cher, mais de telles dépenses s'inscrivaient évidemment dans un dessein politique ; elles répondaient aux attentes, assuraient la renommée et donc le pouvoir. L'homme ordonnateur, dispensateur et vedette, se faisait acclamer généreux et, du même coup, rassurait ses sujets sur l'état de sa cassette. Qui n'offrait pas de beaux cortèges et spectacles ne recueillait que de pauvres audiences et faisait murmurer.

Un auteur demeuré anonyme s'attarde longuement à décrire la grande salle du palais et les tables dressées pour le repas donné lors de l'entrée dans Paris en 1461 : les hautes voûtes couvertes de toiles de Reims, les murs de draps d'or ou d'argent et de tapisseries, trois crédences portant « toutes manières de travaux d'orfèvrerie ». Pour celle près de la table du roi : 64 grands plats d'argent doré, 100 grands flacons, 24 bassins dont deux, très grands, en or massif, 24 petits plats en or et une infinité d'autres en argent doré, des dizaines de tasses en or. Pour éclairer cette immense salle, l'on avait disposé 74 candélabres en or placés très haut, plus 18 grosses torches devant la table du roi et 400 autres torches tout autour, près des murs. Pour chaque table, douze maîtres d'hôtel veillaient au service, aidés chacun par vingt-cinq écuyers, tous vêtus de livrées de velours d'Alexandrie, brodées de fil d'argent, enrichies de perles. Ils présentèrent aux convives douze entremets « à surprises » et douze « manières de viandes précieuses »[61]. Que ce témoin se soit, comme tant d'autres, laissé emporter par un bel élan d'enthousiasme peut certes se concevoir. Le suivre en tout et se fier aux chiffres serait entrer dans son jeu. Mais il est clair que cette fête fut l'occasion d'exposer des richesses, d'éblouir et de souligner le prestige du maître. La tradition d'un grand banquet, de ses décors somptueux, de ses buffets lourds d'argenterie et de ses entremets-spectacles, ne s'était pas perdue. Celui de Paris n'avait sans doute rien à envier à ceux des ducs de Bourgogne, si longuement décrits par leurs chroniqueurs.

Quelques années plus tard, Louis XI était à Tours pour présider les états généraux. Il s'y montra, par les rues de la cité, non de façon discrète, cherchant à ne donner de lui que l'image d'un homme préoccupé de travail et d'économies, mais « en grant triomphe et magnificence, tous les chevaux des hommes de sa garde bien harnachés, et accompagnié d'un très grand nombre de princes et seigneurs qui estoient grandement et richement habillés ». Il alla coucher au château, non chez un bourgeois. Les réunions se tenaient dans la salle du palais de l'archevêché « qui est bien grande et bien notable et tendue de tapisserie » ; la chaire du roi étant couverte d'un ciel à fleurs de lys, dressée en « un hault estage où l'on montoit à cinq ou six marches de degrés ». Sur cette estrade, ne prirent place, à sa droite et à sa gauche, que le cardinal évêque d'Evreux et René d'Anjou, roi de Sicile et de Jérusalem. Les pairs d'Eglise siégeaient sur un banc, à deux marches au-dessous et, encore plus bas, les grands officiers royaux, les comtes et les seigneurs, les représentants des villes. De plus, le procès-verbal, rédigé avec un soin minutieux afin de montrer que tout avait été mûrement pesé, dit que sur le haut banc, face aux pairs d'Eglise, « en l'autre costé, n'y avoit nuls des pairs séculiers »[62]. Il ne fallait pas que soient placés trop en vue, trop honorés, des princes soupçonnés de complaisance envers Charles de Guyenne, partisans de lui confier le gouvernement de la Normandie. Reflets d'une intention politique nettement affirmée, ces états furent présidés en majesté, le roi « en très grande puissance », les fidèles à leur place, cérémonial et préséances respectés.

Louis savait mettre chacun à son rang et rendre les honneurs qui étaient dus. Nous ne le voyons vraiment pas champion d'une société et d'une étiquette qui feraient fi des droits du sang et des primogénitures. Le 19 novembre 1467, il fit solennellement savoir que François de Laval devait en tout lieu bénéficier des mêmes prérogatives que les comtes d'Armagnac, de Foix et de Vendôme, et que « en tels honneurs, lieux et prééminences, soit en nostre grand conseil, en nostre parlement, en ambassades », il précède le chancelier de France « et tous les prélats de nostre royaume » ; ainsi « qu'à sa personne appartient, selon le degré de lignage en quoy il nous atteint »[63]. Souvent, il donnait ordre aux habitants de telle ou telle cité de réserver à tel prince ou grand personnage, de passage ou en visite, une réception digne de son état. Marguerite de Savoie, tante de la reine Charlotte, comtesse de Wurtemberg, qui se rendait en pèlerinage à Saint-Jacques-de-Compostelle, fut accueillie dans Amboise, en septembre 1466. Les conseillers municipaux décidèrent de la loger en l'hôtel de Jehan Bourgeois, ses femmes en un autre hôtel, ses gens et les cinquante-six chevaux de sa suite en la rue de la Boucherie. Le compte des dépenses, plusieurs centaines de livres, fut, pour remboursement, certifié par le maître de l'Hôtel du roi[64].

Lui-même, cela ne fait aucun doute, savait se montrer généreux et dépenser sans compter. Nos livres et même nos manuels parlent volontiers des grandes fêtes et réceptions données à la cour de Bourgogne et les opposent à la vie, supposée médiocre, sans lustre aucun, de la cour de France à la même époque. Les mêmes auteurs ne manquent jamais non plus d'évoquer les « fêtes de la Renaissance », et, sur le plan politique, le fameux camp du Drap d'or, dressé en juin 1520, pour la rencontre entre François Ier et Henri VIII d'Angleterre. Cela va de soi et l'image s'impose : nous sommes alors au temps de la Renaissance, temps de brillance. Rien n'est dit, en revanche, de ce roi Louis qui, un demi-siècle plus tôt, en juin 1467, réservait à Rouen, au comte de Warwick, un accueil vraiment fastueux, allant au-devant de lui en grand arroi, accompagné d'une suite nombreuse de nobles, de grands seigneurs et de dames, déployant pour l'occasion, sans lésiner le moins du monde, un tel luxe que tous les témoins en demeurèrent émerveillés. En novembre 1470, Marguerite d'Anjou, femme d'Henri VI d'Angleterre, fit son entrée dans Paris, avec son fils le prince de Galles, suivie « de par le roy » des comtes d'Eu et de Vendôme, de Dunois « et autres plusieurs nobles hommes » ; allèrent au-devant d'elle, du « commandement exprez du Roy », l'évêque de Paris, l'Université, les cours du Parlement, le prévôt de Paris, le prévôt des marchands et les échevins, les marchands, bourgeois, manants et officiers de la ville, « tous moult honorablement et en habits honnestes, et en moult grant et merveilleux nombre ». Elle entra par la porte Saint-Jacques et, par toutes les rues où elle passa, « avoit de mult belles tapisseries et tentes au long desdictes rues... Jusques au palais, ou son logiz fut moult honnorablement appresté »[65].

Ce roi réputé ennemi des honneurs et de toute sorte d'apparat fut le seul, depuis Jean le Bon et l'ordre de l'Etoile, à fonder un ordre de chevalerie, celui de Saint-Michel. C'était en 1469, au retour de Péronne et de Liège, à un moment où il voulait rassembler autour de lui les hommes du royaume chargés de responsabilités, susceptibles de le soutenir. Son frère, Charles de Guyenne et René d'Anjou furent parmi les premiers admis. Le choix du saint patron ne devait rien au hasard : tout le temps de l'occupation anglaise, les Normands étaient allés de plus en plus nombreux en pèlerinage au Mont, affirmant par là leur fidélité au roi de France. Au moment où Charles VII engageait sa campagne de reconquête vers Rouen, en 1449, les foules, dans Paris et dans plusieurs villes du royaume, se rendaient en procession prier saint Michel de lui accorder la victoire.

Louis fit rédiger des statuts qui s'inspiraient beaucoup de ceux de la Toison d'or. Il désigna les quinze premiers chevaliers et décida que le chapitre de l'ordre se réunirait chaque année, le jour de la fête du saint, soit à Amboise dans l'église des Cordeliers, soir au Mont même, soit encore dans la chapelle Saint-Michel du palais royal de Paris qui, en 1476, fut transformée en collégiale pour les chapelains affectés à l'ordre. En fait, il semble que le chapitre n'eut jamais lieu. Une lettre du roi, de cette même année 1476, parle encore d'une décision à prendre, et Olivier de la Marche dit que les chevaliers ne furent convoqués pour aucune sorte de réunion, en quelque endroit que ce fût. Le roi, pourtant, n'a cessé de s'y intéresser. Il donna commande à Jean Fouquet d'illustrer les statuts et, plus d'une fois, fit faire son portrait portant le collier de Saint-Michel. Dès décembre 1469, il avait envoyé Bernard Raoul, son héraut d'armes, en Armagnac, « où que soient l'amiral de France et le sénéchal de Poitou » puis, de là, en Catalogne auprès du gouverneur du Roussillon, leur porter à tous trois le collier d'or de l'ordre. Que, des quinze chevaliers, dix ou douze aient été de ses grands officiers, capitaines d'armes de son ordonnance, montre qu'il entendait en faire un ordre « national », pour récompenser des fidèles. En somme, leur conférer une noblesse particulière, supérieure même, noblesse acquise par le seul service du roi. Mais nul bourgeois n'y fut appelé. Dans l'hiver 1470-1471, il écrivit au prévôt et aux échevins de Paris pour leur faire savoir « que son plaisir, volonté et intention estoit de faire et tenir la feste de son ordre » dans la ville ; et qu'il y amènerait « tous les seigneurs de son sang qui y viendroient et seroient à grant compaignie de gens »[66].

Le roi n'était d'ailleurs pas ennemi des fêtes de chevalerie. Sous son règne, que, trop volontiers, nous voyons sans fastes, sans déploiements d'équipages, furent régulièrement criées et tenues, tant à Paris qu'en diverses cités de France, de grandes joutes qui ne le cédaient en rien à celles de Bourgogne ou d'Anjou.

Faire savoir et savoir-faire

I. Artisans et maîtres d'œuvre de la propagande

Les historiens du roi

Louis XI pensait-il, comme un peu plus tard Alain Bouchart, historiographe des ducs de Bretagne, que la chronique, livre d'histoire, devait être travail de commande, appointé, soumis au contrôle du maître ? Et que ce nom de « chronique » ne pouvait s'appliquer qu'à un ouvrage « composé par celuy qui à ce faire a esté commis, car il n'est pas permis à personne composer cronique s'il n'y a esté ordonné et député »[67] ? Auprès des princes et dans le cercle des conseillers, cette idée d'une prise en main rigoureuse de la présentation des hauts faits du règne semblait naturelle, depuis déjà longtemps. Choisir parmi une foule d'événements, les ordonner, les montrer de façon convenable et, aussi, taire ce qui devait l'être, était trop grave affaire pour laisser des auteurs d'occasion, hommes libres de toute sujétion, ou, pis encore, habités de passions extravagantes et de vilains ressentiments, s'y appliquer sans surveillance.

Pour le roi Louis, rassembler sous son contrôle ce qui pouvait servir à écrire l'Histoire ne pouvait être confié qu'à des hommes, doctes certes, capables, mais avant tout hommes de confiance, honnêtes. Il l'affirmait clairement, insistant volontiers et longuement sur le bien-fondé d'une telle façon de concevoir la collecte des textes, et confirmant, à deux reprises au moins et notamment en 1482, les privilèges du collège des notaires créé par ses prédécesseurs. C'est, disait-il, par les évangélistes que « furent rédigés en escripture approuvée les quatre livres des saints évangiles ». Puis, les saints pères, les papes et les docteurs de l'Eglise, « successeurs des benoists apostres... instituèrent aucuns prothonotaires du

sainct siège apostolique ». Aussi les rois de France, à qui Dieu a
envoyé la sainte onction et « a esleus en telle dignité que sur tous
les autres ils ont héréditairement le nom de très chrétien »,
devaient-ils faire de même pour garder la mémoire de leur temps.
« Voulant conformer leurs œuvres à l'exemple des choses dessusdictes », les rois ont ainsi choisi certaines personnes, notables, de
grande science et renommée, pour qu'elles mettent par écrit
« toutes les choses solennelles et auctentiques qui perpétuelle-
ment, par le temps à venir seroient faictes, commandées et ordonnées, constituées et establies par les Roys de France ». Ces
hommes doivent consulter et compulser les livres et registres, les
édits, lois et ordonnances, les procès-verbaux des délibérations et
concessions et tous autres actes d'administration ou de gouvernement. Clercs, notaires et secrétaires, au nombre de cinquante-neuf
(le roi étant le soixantième), formaient un collège placé sous le
patronage de saint Jean Evangéliste. Rétribués « à bourses et à
gaiges », ils étaient nommés à vie pour que « sans crainte de mutation, ils peussent mieulx et plus courageusement excripre, testifier
et soustenir la vérité des choses que chéent [viennent] en leur
attestation » [68].

Quant aux livres d'histoire proprement dits, récits cohérents et
élaborés, Louis n'a fait qu'encourager ou pratiquer l'art de faire
savoir et de transmettre à la postérité que d'autres avant lui,
depuis le début du siècle, avaient parfaitement maîtrisé. Forger
une belle renommée au prince était devenu, au fil des temps, un
métier, ou mieux un office d'Hôtel et de cour, au même titre que
plusieurs autres, tels ceux du chapelain ou du chambellan, tous
attachés à la maison domestique. Sous Charles VI, Michel Pintoin,
chantre de l'abbaye de Saint-Denis, fut choisi pour écrire une
Histoire de France et une *Histoire du règne de Charles VI*. Il n'eut
pas de gages ni de pension, mais prêta serment et portait livrée de
l'Hôtel. L'œuvre fut connue sous le nom de *Chronique de Saint-
Denis* mais les moines disaient que c'était là simple manière de
parler, afin que personne ne puisse penser que son livre était travail de complaisance et ne puisse dire « qu'ils escripvissent aucune
chose trop ou trop peu en faveur des rois de France [69] ». En fait,
ils affirmaient qu'il s'agissait bien d'une commande du roi.

A peine maître de Paris en 1437, Charles VII confia à Jean
Chartier, lui aussi religieux de Saint-Denis, précepteur et hôtelier
de l'abbaye, le soin de continuer la rédaction de Pintoin. Il en fit
délibérément un office de l'Hôtel : prestation de serment en présence de plusieurs hauts personnages (dont l'évêque de Castres,
Gérard Machet, son confesseur), gages de deux cents livres,
mêmes rations pour lui-même, ses deux valets et ses trois chevaux,
que celles des maîtres de l'Hôtel. Chartier écrivit une *Chronique*

latine et en assura la traduction, en 1445. Saint-Denis, ses dignitaires et ses sages demeuraient maîtres de l'œuvre royale.

Louis XI rompit du tout au tout. Il « prit indignation contre ceux
de Saint-Denis et, par courroux, tira hors des moines l'autorité de
chroniquer ». Tous savaient que son courroux lors, en 1461, se
portait contre les hommes fidèles à son père. Qu'il ait vite écarté
ceux qui avaient écrit du bien de lui, de ses hauts faits, des procès
de ce temps-là même, ne pouvait surprendre. L'« autorité de chroniquer » fut dévolue à Jean Castel, moine de Saint-Martin-des-
Champs, qui devait plaire et avait du répondant. Petit-fils de
Christine de Pisan, il appartenait à une famille d'officiers royaux
et s'était déjà fait connaître par un long poème allégorique, intitulé
Le Pin, qui mettait en scène le cerf et le loup, protagonistes de la
guerre entre les rois de France et d'Angleterre, on lui devait aussi
plusieurs « dits » à la gloire de Notre-Dame. Officier royal, il le
demeura jusqu'à sa mort, en 1476, abbé de Saint-Maur-des-Fossés.

Le roi ne s'est pas empressé de lui trouver un successeur et ne
désigna un nouveau chroniqueur royal, Mathieu Levrieu, moine
de Saint-Denis, que sept ans plus tard, en 1483. L'abbaye rentrait
en grâce, chargée des précieuses chroniques, mais le titulaire, ce
moine Mathieu, ne reçut ni gages ni véritable engagement [70]. L'office était tombé en désuétude. Pourtant, dire que Louis XI ne
portait plus d'intérêt à ces travaux, si utiles à sa renommée, et se
souciait peu de faire apprécier la manière dont il conduisait les
affaires, serait le mal connaître. Il semble plutôt que la nécessité
d'appointer un chroniqueur privilégié et lui garantir une sorte
d'exclusivité ne se faisait plus aussi vive. D'autres auteurs chantaient aussi bien sa gloire, ses mérites, et savaient conter, jusque
dans les moindres détails, ses hauts faits. Sous son règne, se sont
multipliés les récits, le plus souvent anecdotiques certes mais
presque toujours inspirés d'intentions politiques ; travaux
d'hommes soucieux de louanger le maître et dire grand mal de ses
adversaires et des trublions. Quiconque prenait la plume et espérait soit en vivre soit, pour le moins, se faire une certaine renommée, se trouvait engagé dans cette démarche. Quelques-uns, bien
sûr, briguaient un office et s'efforçaient de se faire admettre dans
la familiarité du prince. Plusieurs allèrent jusqu'à revendiquer, à
tort mais fermement, la qualité d'« historien du roi ». Ainsi
Guillaume Danicot, moine de Saint-Julien en Auvergne, qui,
Louis étant dauphin, avait dédié une *Vie de saint Julien* à
Charlotte de Savoie. Il se disait communément « conseiller et ysto-
rien du roi », prétendant avoir la charge de « cueillir et chercher
les ystoires et légendes touchant les faiz de ce royaulme et icelles
mectre par livres ». Ainsi Robert Gaguin qui tenta, par deux fois
mais en vain, d'obtenir la caution royale. Né en Artois, religieux

de l'ordre des Trinitaires, Louis XI le chargea de plusieurs missions, notamment en Allemagne en 1477 peu après la mort du Téméraire, mais ne le voulut pas prendre à son service avec le titre d'historien chargé d'office. Ses deux ouvrages, achevés et publiés plus tard, le *Compendium super Francorum gestis* (1501) et l'*Histoire de France de Pharamond à Charles VIII*, récits et digressions à la gloire des rois, de Louis XI particulièrement, ne traduisent pourtant aucune sorte d'amertume, bien au contraire [71].

A l'inverse, par exemple, des « journaux domestiques » et des « livres de raison » d'Italie, écrits en toute liberté par des marchands et notaires qui prenaient parti pour les uns ou pour les autres, les chroniques françaises de ce temps, aujourd'hui attribuées tant bien que mal ou demeurées anonymes, étaient presque toutes à la gloire du prince. Jean Maupoint, fils d'un sergent à cheval, bourgeois de Paris, religieux à Sainte-Catherine de la Couture, puis, après deux voyages au loin, l'un dans le Hainaut et l'autre à Montpellier, prieur de ce même couvent parisien, ne s'était pas fait apprécier par la rigueur de son administration. Il eut fort à faire pour présenter ses comptes et se défendre face aux agents du roi. Sans doute s'intéressait-il davantage à ce qu'il voyait et entendait dans Paris, aux nouvelles criées aux carrefours et aux rumeurs du moment. Son *Journal*, rédigé à partir de 1460 sur le même cahier que son registre comptable, son « livre manuel », le montre bien informé des allées et venues du roi, des intrigues et des connivences entre les princes, des assemblées de notables et de ce qui s'y disait. Curieux de tout, il voulait tout savoir : sur la guerre du Bien public et la bataille de Montlhéry, plus encore sur les pourparlers et les tractations de paix qui ont suivi, et les intrigues d'une telle complexité, marquées de si nombreux revirements et incidents qu'un homme moins au fait s'y serait perdu. Ce qu'il écrit se lit aisément car, à la différence d'autres moins avertis ou moins intéressés, son discours demeure parfaitement clair, souvent alerte. Mais pas anodin, pas du tout gratuit. C'est celui d'un auteur engagé, résolument partisan d'un roi qu'il ne cesse de montrer sous les habits, flatteurs entre tous, de protecteur du peuple de Paris. L'intention politique est évidente et ses longs comptes rendus jamais critiques à l'égard du maître [72].

Il semble que l'habitude était alors, pour les abbés, religieux ou chanoines, de noter, sur leurs livres de comptes ou sur les registres de délibérations de leurs communautés, ce qui leur paraissait digne d'intérêt, dans leur église, dans leur ville et même dans le royaume. Les laïcs, conseillers ou officiers du prince, eux aussi rassemblaient nombre d'informations et, tout naturellement, utilisaient les lettres, missives, quittances et procès-verbaux venus entre leurs mains. De tous ces journaux ou chroniques, relations de genres évidemment très variés, peu nous sont restés mais en nombre suffisant pour mesurer la véritable passion que les hommes, en ce temps, portaient non seulement à leur vie domestique, à celle de leur cercle paroissial ou social, mais à celle du royaume, aux conflits, aux mouvements des troupes et surtout aux gestes du roi. La bonne volonté de ces écrivains, d'occasion souvent, de le servir, d'en dire du bien et de dresser de lui une image sans tache paraît indéniable. Ces hommes, non « députés » à le faire pourtant, s'appliquaient consciencieusement à parler d'autre chose que des petits riens du jour. La preuve en est, entre autres, leur soin à consacrer de très longues relations à tel ou tel moment de la vie de leur ville, alors que les foules assemblées criaient leur fidélité au roi. Les entrées royales ne nous sont pas seulement connues par les chroniques officielles ou par les registres comptables municipaux et par les procès-verbaux des délibérations des conseils et des échevins. Mais, bien mieux, de façon plus directe et immédiate, par des récits de particuliers, hommes du cru, pour nous, aujourd'hui, anonymes. Trois, au moins, composés sur le coup, pour la venue de Louis XI à Paris, en août 1461, sont intarissables pour décrire la belle ordonnance du cortège, les décors mis en place, l'affluence tant des bourgeois que du petit peuple, de la ville et de la campagne. Le tout, en somme, pour illustrer un long discours à la gloire de la ville, du royaume, du roi. Ces auteurs de petites chroniques, de « relations » écrites sur le moment et limitées à d'étroits horizons, témoignaient tout autant du désir de louanger que les « historiens » qui, quelque temps après l'événement, cherchaient à composer un récit cohérent, appuyé sur une trame chronologique, prenaient quelque recul pour mieux analyser le pourquoi des choses, et mettaient en leur place tous les acteurs du jeu politique et des affrontements.

La guerre des pamphlets

D'autres auteurs, non de chroniques ou d'histoires mais de traités juridiques, de pamphlets et de libelles, ne s'embarrassaient d'aucune sorte de scrupule ni d'aucun semblant et prenaient vigoureusement parti, ouvriers de vastes entreprises de propagande. Sur ce point, le temps de Louis XI héritait d'une forte tradition.

Aux premiers temps de la guerre de Cent Ans, les juristes fidèles aux Valois n'avaient cessé d'alerter et de conduire l'opinion. Le roi d'Angleterre pouvait-il, de bon droit, prétendre au trône de France ? Les Français devaient-ils supporter de voir leur pays envahi par des armées étrangères qui semaient partout ruines et malheurs ? Devait-on accorder le moindre crédit au traité de

Troyes (1420) qui désignait Henri V d'Angleterre comme héritier du royaume de France ? Traité conclu par un roi malade (Charles VI) qui, mal conseillé, avait, alors qu'il n'en n'avait nul pouvoir, privé son fils, le dauphin Charles (Charles VII), de ce même héritage ? Sur tout cela, et en bien d'autres querelles aussi, s'étaient multipliés les dissertations savantes, les appels au droit, les objurgations qui connurent de grands succès en leur temps, et dont les arguments restèrent longtemps en mémoire. Lorsque Louis, dauphin, alla combattre les Anglais à Pontoise et à Dieppe, plusieurs y employèrent de nouveau leur talent et leur verve vengeresse[73].

Plus tard, les connivences ou alliances entre Edouard IV et les ducs de Bretagne ou de Bourgogne firent que l'on écrivit encore pour dénoncer la perfidie, la cruauté de ces Anglais qui « cent ans en ça... aient tué et fait mourir plus de Crestiens que toutes autres nations ont fait » ; pour plaindre cette France « toute deschevelée, dessirée, dissipée, gastée et desrompue, accompaignée de tribulation, affliction, impatience... »[74]. Ne rien oublier ! L'Anglais restait l'ennemi, inconciliable. Tout au long du règne de Louis XI, les traités polémiques des temps de Charles VI et de Charles VII demeuraient bien connus, largement diffusés. Copiés dans le texte ou traduits, pillés par d'autres, ils figuraient en bonne place dans les bibliothèques des princes, des seigneurs, des abbés et chez quelques officiers du roi qui s'en inspiraient lorsque, chargés d'ambassade, ils avaient à défendre sa cause. On en retrouvait de larges extraits dans des ouvrages de compilation ; les historiens y faisaient de fréquents et larges emprunts pour nourrir leurs plaidoyers. Plusieurs écrivains, compilateurs de profession précisément, s'employaient à alléger ces textes souvent très denses, chargés de réminiscences latines ou de figures allégoriques ; à les dépouiller d'un jargon que l'on trouvait « trop prolixe et obscure à gens laiz [laïcs], par espécial à la chevalerie de ce royaume » ; et les rendre accessibles à ceux qui, étant donné « la brieste et fragilité de ceste vie humaine et les grans affaires de quoy ils sont souventes foiz occupez pour le bien de la chose publique », n'auraient pas assez de temps à leur consacrer[75]. Ces versions abrégées, « pour relever le liseur de tant d'escriptures veoir et chercher », mises ainsi à la disposition d'un plus grand nombre, furent alors, sous un roi qui voulait former de bons négociateurs, fort appréciées[76]. En 1470, un auteur, pour nous anonyme, justifiait son désir de présenter de nouveau l'un de ces traités, qu'il intitule donc *Pour vraye cognoissance avoir* ; il sait que ce qu'il va écrire est déjà connu « de plusieurs nobles, écuyers ou clercs », mais il veut rencontrer une large audience et instruire « simples gens, ayant nobles couraiges et vertueux, qui ont vouloir de garder et défendre la noble couronne et le royaume de France, afin de y encliner toujours leurs cueurs et couraiges »[77].

Louis XI, évidemment, encourageait ces ouvrages de combat. Ses conseillers, les secrétaires et les clercs surtout, en voyaient la nécessité. Les affaires du temps, la lutte contre les princes ennemis, ne leur laissaient pas de répit et les travaux de propagande demeuraient toujours aussi utiles, indispensables. L'important était encore de réfuter les thèses anglaises, d'y répondre en affirmant, preuves et arguments à l'appui, le droit du roi. Ce n'était pas chose aisée car, sur ce terrain, les Anglais, passés maîtres en cet art, avaient pris les devants, rassemblé davantage de textes, et leurs clercs savaient parfaitement comment les exploiter. Aux conférences et tractations de paix, ils n'arrivaient jamais que bien pourvus ; ils avaient « livres les plus beaulx et les plus notables qu'ilz peuvent faire de ce qu'ilz demandent en France, lesquelz ilz portent communément avecques eulx quant ilz doivent assembler avec les François pour traicter, et scavent, par especial les grans seigneurs, tout ce qu'ilz cuident qui face pour eulx ». Les Français s'en inquiétaient, « veue la grandeur de ceste matière qui est celle du monde qui plus touche le roy » ; et finirent, eux aussi, par s'employer à rechercher, compiler et solliciter des textes. A la cour et au Conseil, on rappelait que, déjà sous Charles V, Nicolas Oresme fut « l'un des clercs qui lors feussent dont ledit roy Charles se aida plus en excriptures contre les Anglois et Navarrois » ; et que Jean Juvénal des Ursins présenta à Charles VII un de ses traités où, disait-il, « jay mise ma petite ymagination en accumulant ce que jay trouvé es croniquez et histoires anciennes »[78].

La riposte vint en 1464, argumentée et virulente, par l'ouvrage, d'auteur inconnu, intitulé *Pource que pluseurs*..., qui s'efforçait de montrer qu'Edouard III n'avait pu tenir la couronne de France de sa mère Isabelle, puisqu'elle-même n'y avait aucun droit. Et d'évoquer, une fois encore, la loi salique « qui exclut et forclot femmes de tout en tout de pouvoir succéder à la couronne de France, comme icelle loy et decret die absolument que femme nait quelconque portion au royaume ». Ce que l'on a pu dire ou écrire dans l'autre sens s'appuie sur « pont et planche si foibles et pourris qu'ilz ne se peuvent soustenir »[79]. Cette querelle, sur les droits de Philippe VI de Valois et d'Edouard III d'Angleterre, vieille pourtant de près d'un siècle et demi, restait, au temps de Louis XI, aussi vive, suscitait autant de passions et, sur divers registres, autant d'écrits. De plus, manière d'accabler davantage les rois anglais, s'y venaient greffer d'autres arguments et chefs d'accusation, à savoir que ceux-ci, York comme Lancastre, n'étaient l'un et l'autre qu'usurpateurs du trône d'Angleterre. Les deux partis engagés dans la guerre des Deux-Roses se combattaient aussi à coups de pamphlets dont les Français n'eurent aucun mal à s'inspirer. Ils en recevaient des copies. L'auteur du traité *Pource que pluseurs*... affirmait qu'Edouard IV était, en fait, fils bâtard, né des amours illégitimes de Philippe de Clarence ; cela sur la foi d'un libelle écrit par John Fortescue. Et ce même Fortescue fit, en 1468, parvenir à Guillaume Juvénal des Ursins, chancelier de France, un long mémoire fort circonstancié « par lequel... il monstre que ledit roy Edouart ne peult aucune chose réclamer es dites couronnes de France et Dangleterre et qu'il n'y a aucun droit »[80].

Ces traités ne demeuraient pas jeux d'érudits, de juristes obstinés. Ils furent, au contraire, très souvent utilisés au long du règne, recopiés ou imprimés, par les chargés de mission lors des nombreuses et difficiles entreprises diplomatiques où s'engagea le roi de France, pour prévenir une entente entre les maisons d'York et de Bourgogne. Ils ont aussi beaucoup contribué à accréditer puis soutenir l'idée d'une guerre « nationale » et, de ce fait, à forger puis maintenir un vif sentiment de loyauté envers le roi, dans les territoires repris aux Anglais. Louis XI s'appliqua à rallier tant les Normands que les hommes de Guyenne.

La partie ne s'annonçait pas si facile. Certes, au temps de Charles VII, l'opposition à l'occupation anglaise s'était, en Normandie, faite de plus en plus vive, entretenue peut-être par des rumeurs et des encouragements colportés par des agents français, en tout cas par les pèlerinages au Mont-Saint-Michel qui prenait alors figure de symbole, encourageant la résistance[81]. Dans le duché de Guyenne, les Anglais avaient bien « suspeçon que les gens et habitans des pays neussent le cueur au roy de France... disans que toujours avoient ilz la fleur de liz ou ventre[82] ». Mais les officiers du roi et les capitaines d'armes n'ignoraient pas qu'un certain nombre de seigneurs et de bourgeois des villes avaient accepté le fait accompli et, sans vergogne, fait allégeance au roi anglais. D'autres, en 1465, avaient pris parti pour Charles, frère du roi, et même pour le duc de Bretagne. Aussi plusieurs conseillers pensaient-ils encore, dans ces années 1460-1470, que ces deux provinces comptaient sans nul doute des hommes de toutes conditions à qui on ne pouvait se fier, et même des traîtres. Les plus déclarés ou désignés tels, furent durement châtiés. Restait à gagner « autant le grand que le menu ». Dans les toutes premières années de son règne, Louis XI s'assura les services de deux des secrétaires de Charles VII, Noël de Fribois et Robert Blondel qui, tous deux originaires de Normandie et tous deux exilés après la conquête anglaise, furent parmi les plus ardents propagandistes et défenseurs de la cause française. Fribois dédia au roi un *Abrégé des Chroniques de France*, fruit d'un long travail, qui compta au moins cinq éditions différentes. Il y reprenait l'histoire de la succession au trône en 1328 et, de plus, y exposait « une brieve impugnacion et confutation selon droit divin et humain d'une prétendue privacion que feu Henri V [d'Angleterre] fit faire à l'encontre du roi nostre sire [Charles VII] »[83]. Robert Blondel, précepteur de Charles de France, avait composé en latin un violent pamphlet contre le traité de Troyes et l'alliance franco-bourguignonne qui, aussitôt traduit en français et considérablement développé jusqu'à compter deux mille cinq cent seize vers, fut présenté sous le titre de *Complainte des Bons François*. De plus, sa *Reduction Normanniae*, ouvrage plus polémique, plus virulent, long récit des campagnes de 1459 et 1460, chantait la gloire des héros de la reconquête[84].

Mécénat et politique

Le prince mécène, ami des beaux talents et amateur éclairé, attendait des artistes qu'ils servent sa gloire et chantent ses hauts faits, au même titre que tous les chargés d'office. Ils s'y employaient de cent façons, ne répugnant nullement à des travaux modestes, vraiment de second ordre, qui souvent faisaient l'essentiel des commandes. Jean Fouquet, homme de Tours qui avait travaillé pour Charles VII et pour Etienne Chevalier trésorier de France, fut chargé, en 1461, d'établir, pour l'entrée du roi Louis à Tours, un projet de décors pour le dais royal et pour les mystères qui seraient joués ce jour-là. Louis XI ne voulut pas d'une entrée accompagnée de spectacles mais le peintre reçut tout de même cent livres tournois pour prix de sa peine. « Peintre du roi » et pensionné en 1475, bénéficiant certainement alors d'un surcroît de notoriété, il dessinait le dais pour la visite du roi du Portugal. Ces tâches, en quelque sorte domestiques, toutes ordinaires penserait-on, n'étaient pourtant pas considérées comme de peu d'intérêt mais servaient la renommée de l'artiste tout autant que d'autres. En Italie, à la même époque et plus tard encore, des artistes de grande réputation étaient conviés à concevoir, dessiner, peindre ou sculpter les chars des cortèges pour les carnavals, les triomphes des princes, les entrées solennelles des hauts personnages.

C'est en décembre 1470 que Jean Fouquet se fit payer cinquante-cinq livres « pour la façon de certains tableaux que ledit seigneur [le roi] lui a chargez faire pour servir aux chevaliers de l'Ordre de Saint-Michel ». Ses tableaux, dont on ignore et le nombre et la nature, sont aujourd'hui perdus mais nous reste, de sa main, la grande enluminure en pleine page du frontispice des statuts de l'ordre, écrits pour le roi, qui le montre entouré des quinze premiers chevaliers, tous vêtus de longues robes blanches. A leurs pieds, le peintre a placé deux beaux lévriers et, plus bas, deux anges agenouillés tenant d'une main une épée et, de l'autre, largement déployé autour d'un écusson aux armes de France, le collier où alternent les coquilles et les « lacs » (nœuds), symboles de l'ordre. La scène est, à vrai dire, purement imaginaire car les réunions du chapitre de l'ordre, prévues et strictement programmées par les statuts, n'eurent, semble-t-il, jamais lieu. Mais il était bon d'en accréditer l'idée par une image qui ne prêtait à aucune incertitude. C'était donner à cet ordre, enfant du roi, un lustre particulier et lui reconnaître un véritable rôle politique : manière d'interpréter une réalité trop peu brillante ou, plutôt, d'imposer une vérité [85].

Francesco de Laurana, sculpteur que le roi René fit venir de Naples, a, sans doute à la demande de son prince, gravé au moins trois médailles de Louis XI. Elles montrent toutes trois le roi tourné de profil vers la droite, coiffé du même chapeau de feutre ou de fourrure. Le visage n'est en rien celui d'un tyran malveillant et ne traduit aucune mauvaise passion, mais demeure serein, empreint de noblesse, d'une sorte de dignité tranquille. Au revers de l'une des médailles, une figure allégorique de la Concorde, tête nue, assise, tient un sceptre et un rameau ; pour légende : *Concordia Augusta*. Sur une autre : l'écu aux fleurs de lys, entouré du collier de Saint-Michel et de la légende *Sancti Michaelis Ordinis Institutor MCCCCLIX* [86]. Fouquet et Laurana célébraient ainsi l'un et l'autre les vertus du roi, son art de rassembler les bonnes volontés autour de sa personne, de faire régner la concorde, gage de paix et de vrai pouvoir ; tous deux répondaient parfaitement à ce que l'on attendait de leurs services, insistant sur la détermination du maître, fondateur d'un grand ordre de chevalerie, à gouverner en majesté.

Tout autant que les historiens et les juristes du roi, les artistes s'appliquaient à donner de lui, de son pouvoir et de ses entreprises, des images flatteuses, porteuses de belle renommée. Tous participaient à ce grand travail de propagande politique, de faire savoir tout au moins, concert de louanges. Les illustrations des histoires et des chroniques n'étaient pas gratuites, le choix des scènes représentées dû au hasard ou à un simple souci anecdotique. Les épisodes mis en valeur devaient montrer le prince avantageusement, et, tout au long du livre, le placer en maître et seul maître. Fouquet, en plusieurs scènes de l'un des exemplaires des *Grandes Chroniques de France*, s'est visiblement efforcé d'exalter la majesté royale. Ces *Chroniques*, qui connurent un succès considérable (la Bibliothèque nationale de Paris en possède aujourd'hui trente-deux manuscrits différents), prenaient fin avec la mort de Charles V, mais les enluminures, exécutées par Fouquet en 1459, deux ans avant l'avènement de Louis XI, portaient des enseigne-

ments qui valaient bien pour lui. Les huit belles peintures, toutes
en pleine page, qui relatent la visite de l'empereur Charles IV,
frère de Bonne de Luxembourg mère du roi, à Paris en 1377, sont,
sur ce point, de remarquables témoignages de la volonté de l'artiste ou, peut-être, des indications qui lui furent données.

Nous y voyons d'abord trois messagers annonçant cette visite
genou en terre devant Charles V ; puis la réception de la cité de
Cambrai à l'empereur chevauchant un cheval blanc, signe de sa
dignité. A Senlis, il est accueilli par les ducs de Bourgogne et de
Berry, et a pris place dans une litière que le roi lui a fait amener,
litière portée par deux chevaux blancs. Encore un cheval blanc
dans la scène suivante, pour la rencontre avec le prévôt de Paris
Hugues Aubriot, avec le chevalier du guet Jean Cocatrix et les
échevins. Mais ensuite, à la chapelle Saint-Denis, échange de mon-
tures ; l'empereur a un cheval noir envoyé par le roi alors que
celui-ci, aussitôt après, arrive accompagné du dauphin, tous deux
sur de beaux chevaux blancs. La scène de la rencontre, à la porte
Saint-Denis, ne laisse aucun doute sur le désir de marquer une
différence : les chevaux sont, certes, presque entièrement cachés
par de larges couvertures d'azur à fleurs de lys d'or, mais leurs
jambes apparaissent tout de même, près des sabots, blanches pour
le roi, noires pour l'empereur.

Le roi Louis XI prit conscience de l'importance de la leçon et
fit en sorte qu'elle soit retenue. Quelques années plus tard, sous
son règne, la relation de la visite impériale à Charles V dans Paris
fut, à plusieurs reprises, extraite des *Grandes Chroniques* pour en
faire une sorte de cahier à part, de diffusion naturellement plus
aisée. On en peut voir encore deux exemplaires, datant de ce
temps, que des artistes différents avaient pris bien soin d'illustrer
de la même façon [87].

Hors la cour, en des cercles plus étroits, moins prestigieux,
d'autres peintres, demeurés pour la plupart anonymes, travaillaient dans le même sens, commandés par des édiles des bonnes
villes souvent, toujours empressés de montrer leur zèle. Pas moins
de trois enluminures furent exécutées, au temps du dauphin Louis,
pour commenter ses entrées dans Toulouse. Sur celle de 1439, on
le voit seul, sous un dais porté par les huit capitouls, membres du
Conseil. En 1442, il suit le roi et l'artiste s'est appliqué à faire de
bons portraits. Enfin, en 1443, deux scènes montrent deux entrées
successives : celle du roi Charles VII, puis celle du dauphin portant, sur son cheval, en croupe, sa mère Marie d'Anjou. La même
année, l'on fit, à Toulouse, placer sur l'un des murs de la salle
d'audience du parlement un tableau, aujourd'hui disparu, représentant le Christ en croix, la Vierge, saint Jean et, agenouillés,

vêtus à leurs couleurs et portant leurs armes, d'un côté Charles VII et de l'autre le dauphin[88].

2. L'ART DE MENER LES FOULES

Fêtes publiques à la gloire du maître

Louis XI savait s'imposer à l'opinion et donner au peuple des rues des spectacles qui, sous toutes sortes de dehors, célébraient sans faute son pouvoir et ses mérites. Dans chaque grande cité, sa visite, généralement la première du règne, donnait lieu à de grandes solennités, fêtes, cortèges et divertissements offerts aux foules assemblées nombreuses, portées, spontanément ou non, à un haut degré d'enthousiasme. Ces entrées furent aussi brillantes de son temps qu'en d'autres, le peuple, le « petit peuple » surtout de la ville, et les hommes et femmes accourus des campagnes, affirmant par leur présence et leurs acclamations leur fidélité au souverain. C'étaient en somme fêtes de joyeux avènement. Et, comme partout et toujours, aussi loin que l'on remonte dans le passé (*panem et circenses*...), ces réjouissances répondaient à une attente populaire très vive ; elles rompaient de façon heureuse le cours ordinaire des choses, introduisaient dans la vie un moment de liesse, d'exubérance, de plus forte convivialité. Des heures d'enchantement, d'émerveillement aussi : rues jonchées de branchages et de fleurs, maisons tendues de toiles peintes et de tapisseries, pièces d'orfèvrerie exposées aux fenêtres ; et, pour les « ystoires et moralités », les échafauds dressés aux carrefours. Sans parler du vin et de l'hydromel coulant à flots de gros tonneaux ouverts tout exprès ou des bouches des fontaines. La renommée du roi y gagnait à tout coup et son image, lui à cheval en conquérant richement accompagné, demeurait longtemps dans les mémoires.

Après s'être assuré de Paris (le 31 août 1461), il entra ainsi dans Angers en janvier de l'année suivante, à Toulouse le 26 mai 1463, à Brive-la-Gaillarde le 21 juin. Ces entrées, les premières en chacune des cités, ne furent peut-être pas toutes aussi brillantes, pas montées en si grands spectacles de façon aussi édifiante, mais certainement toutes marquées par des cérémonies de bienvenue et des témoignages de soumission[89]. Volontiers, le roi les encourageait, les suscitait même, faisant alors violence à sa modestie naturelle, à ce refus du cérémonial dont nous parlent quelques auteurs de son temps. A Tournai, le 6 février 1464, il fit savoir qu'il était venu pour féliciter la ville de lui avoir prêté (?) vingt mille écus sur les quatre cent mille nécessaires au rachat des villes de la

Somme. Douze ans plus tard, il fit dignement célébrer sa « première entrée » dans Lyon, cité qu'il disait lui être si chère, précieuse car bonne pourvoyeuse de fortes contributions et qu'il avait, jusqu'à ce jour, honorée de nombreuses lettres, toutes écrites avec un soin particulier, toutes chaleureuses.

C'étaient alors des jours de grands déploiements d'apparat et des semaines ou des mois de lourdes dépenses. A Angers, les édiles ont payé trois charretiers pour « nectoyer et curer les boullons [bourbiers] » des rues et carrefours, en particulier le « grand boullon estant au porteau neuf de ladicte ville », et les porter hors les murs ; dure besogne : l'un fit, pour tout déblayer et en venir à bout, « neuf vingt et trois », 183 tours, l'autre 147 et le troisième 134[90]. A cela s'ajoutaient les salaires des charpentiers, des menuisiers, des tapissiers et des peintres qui ornaient les échafauds ; des marchands de cire et des « ciriers » pour les torches et les flambeaux ; des chantres et des enfants de chœur pour les messes et les processions, des costumiers pour les jeux mimés. Les responsables veillaient à ce que la ville fût pourvue en provisions de bouche en énormes quantités : « que tous les boulenghiers, bouchiers et autres gens s'entremettent de vendre à boire et à mangier, fachent provisions de vivres, chacun selon son endroit, sur en estre pugnis en cas de deffault à la discrétion de messieurs le prévost et jurez » et « qu'il plaise au bailli de commander aux hommes de son bailliage de faire amener en ceste ville, tant par eau que par terre, tous vivres servans à gens et à chevaulx, pour secourir à la venue dudit seigneur et de ses gens ». Les magistrats surveillaient les prix, interdisaient les abus, les spéculations ; ils exigeaient que les hôteliers se pourvoient de foin, d'avoine « et d'autres choses appartenantes à ostelerie », et ne prennent pas plus de trois « gros » par cheval et par nuit. Avant tout, assurer l'hébergement : quatre hommes visiteront les maisons, feront le compte des logements et les distribueront aux fourriers du roi ou des seigneurs ; que « chacun ordonne sa maison pour logier les personnes et chevaulx, et obéissent pleinement à ce qui leur sera ordonné, sans reffus ou deffaulte, sur estre pugnis comme rebelle et contraint par voie rigoureuse à le faire et accomplir »[91]. On manquait souvent de place et les sergents du roi cherchaient par tous les moyens à loger leurs gens. Ils y mettaient tant d'insistance que l'un des témoins s'en émerveillait : « les plus grants abbayes et prieurez de Paris furent pris pour y logier les princes et seigneurs qui n'y avoient point de hostels[92] ».

Ces princes et grands seigneurs témoignaient, par leur soin mis à briller, de leur allégeance. A Toulouse, en mai 1463, accompagnaient le roi, en bel arroi, son frère Charles alors duc de Berry, René d'Alençon comte du Perche, Jean de Foix, Jean d'Armagnac en ce temps maréchal de France, le sénéchal des Landes et de Guyenne, Antoine de Lau, et le prévôt des maréchaux de France, Tristan l'Hermite [93]. Les magistrats municipaux, les capitouls, les reçurent à l'une des grandes portes de la cité, première étape et premier acte d'un spectacle qui devait se prolonger tout au long d'un parcours triomphal. Ici, comme partout ailleurs en telle occasion, les discours achevés, ils remirent au roi, en grande pompe, les clés de leur ville et des cadeaux qui, à eux seuls, représentaient ordinairement une grande part, toujours plus de la moitié, des dépenses inscrites aux rôles : soieries, étoffes, pièces d'orfèvrerie, boissons et provisions de qualité. A Tournai, on lui fit don de huit « queues de vin de divers pais, les meilleurs que on a recouvrés », vins de Beaune surtout, et d'« un joiel d'argent doré de la valeur de mille francs ou environ ». Les gens de Brive, effrayés par tout ce qu'ils avaient dû engager pour préparer l'entrée, n'offrirent que deux douzaines de torches, deux douzaines d'oies, six douzaines de poulets, dix muids de vin (pas du meilleur semble-t-il) et cinquante setiers d'avoine ; le jeune duc de Berry n'eut que deux saumons. Mais le roi savait parler : « mes amis, je vous en remercie de tout cœur » [94]. Ces présents, marques d'amitié et de soumission, réminiscence peut-être du droit de gîte, montraient clairement le souci d'aider le roi dans son entreprise. On en espérait quelque retour, le plus souvent une diminution des taxes... ou, du moins, la promesse de le faire. Louis XI prêta serment, à Toulouse, de « respecter et faire maintenir les privilèges, franchises, libertés, usages, statuts, coutumes de la ville et du comté [95] ». Les consuls de Tournai firent noter, attendant la venue du roi, au premier poste de leurs délibérations, leur espoir de voir celui-ci refuser les grâces de ceux qu'ils avaient bannis « pour séditions et pour autres villains cas » ; autrement, ce serait mettre en péril la paix et la tranquillité de la cité [96].

A vrai dire, ces entrées ne furent jamais laissées à une quelconque improvisation. Le grand souci des autorités, certainement encouragées par les officiers royaux, fut partout de s'assurer que leurs administrés témoignent de leur enthousiasme par de grands cris d'allégresse, sans réticence ni fausse note. Les consuls et les « notables bourgeois et citoyens » se voyaient priés de s'habiller de drap blanc et de venir à la recontre du roi à une ou deux lieues de la cité, à cheval, « le mieulx montez que faire pourront », les « anciens et maladieulx », qui ne pouvaient chevaucher, devaient se tenir à la porte de la ville « mis en ordonnance telle que le roy les y puisse apercheveoir et veoir ». Les édiles, souvent, s'appliquaient à mettre en place un véritable spectacle de bienvenue : « il sera commandé que les habitants, en desmontrant exhaltation de joye, fachent feux parmy le ville et austres esbattements de joye et de liesse, le plus grant qu'ilz pourront, pour l'onneur et révérence du roy, leur prince naturel ». La nuit, ils feront « falos et flambeaulx par les rues » et auront en leurs maisons « lanternes et autres clartez pendus à leurs huis et fenestres ». Que, sur le parcours du cortège, les maisons soient tendues de tapisseries, « linges et autres aournements riches et notables », et les rues jonchées d'herbes et de branches [97].

Ce luxe de recommandations témoigne de l'importance, sur le plan du contrôle ou du maniement de l'opinion, de ces fêtes publiques. Offrir de beaux spectacles, des occasions d'admirer et de se divertir, faire couler le vin en abondance, étaient déjà manières de gagner la faveur populaire. Encore fallait-il, pour que ces entrées prennent tout leur sens et portent la leçon attendue, créer et entretenir un climat d'allégresse. Les cités ont mis la main à régler le concert des vivats et des cris de bienvenue : troupes de jeunes enfants habillés de robes candides, chantant en chœur : « et un grand nombre d'enfants, portant sur leurs vêtements des chemises blanches couvertes de fleurs » ; chacun tenait un panonceau aux armes de France, ils formaient la haie des deux côtés du chemin et criaient à haute voix : « Noël ! Noël ! Vive le roy ! » Les cloches de la ville sonnaient tandis que ces enfants marchaient devant le roi (à Brive) [98]. Partout, symboles de la monarchie et de la lignée royale, fleurissaient les fleurs de lys à profusion, sur les tentures, sur le dais qui abritait le roi comme pour une procession de reliques, sur les robes et les manteaux bien sûr, de telle façon que chacun les puisse voir, où qu'il soit. Les consuls, à Tournai, firent payer plus de cent livres aux brodeurs qui, pour ces fleurs de lys, « ont longtemps vacquié et labouré à grant multitude d'ouvriers, à toute diligence et hastivité » : cent quatre-vingts fleurs, tant grandes que petites, toutes faites à fil d'or, plus une très grande « mise et attachée au milieu du ciel » [99].

Les mêmes consuls, ou leurs députés, gardaient un œil sur la confection des « ystoires » et sur leurs contenus. Ils en rendaient responsables les confréries ou les métiers, leurs maîtres et leurs « bannières » ; ces maîtres, responsables, devaient s'y employer vite et bien, « en telle manière que on perchoive leur bonne obéissance et loyaulté », sans faute ni négligence. Etant bien entendu que l'on ne pouvait monter aucune histoire, représentation ou image, sans les avoir soumises à l'approbation des magistrats de la cité. Ces « moralités et histoires », jouées par des acteurs d'occasion, par des mimes souvent, n'étaient pas toutes de simples divertissements, anecdotiques ; pas toutes non plus d'inspiration biblique, évoquant les mystères des Evangiles. Le but, ouvertement avoué, était certes de distraire, d'édifier et de rappeler les enseignements de la religion, mais aussi d'instruire des certitudes politiques, de témoigner des bienfaits du bon gouvernement. A Paris, en 1461, sur huit grandes histoires, deux seulement n'offraient que de simples amusements, peut-être chargés de symboles : une chasse au cerf et, à la fontaine du Ponceau qui versait vin, lait et hypocras, trois sirènes toutes nues, épiées par hommes et femmes sauvages. La Passion était représentée près de l'hôpital de la Trinité. La ville ne s'était pas laissé oublier : à Saint-Lazare, cinq figures allégoriques correspondaient aux cinq lettres de son nom : Paix (pour le P), Amour, Raison, Joie (pour le I) et Sûreté. Mais de ces enseignements destinés aux foules, le roi avait, et de loin, la meilleure part. Au Pont-au-Change, le baptême de Clovis et le miracle de la Sainte Ampoule rappelaient le caractère sacré de la monarchie.

C'était insister sur une démarche essentielle, poursuivie ensuite par Louis XI tout au long de son règne, pour se faire reconnaître « roi très chrétien », le seul en Occident. Sur un autre registre, mais de façon peut-être plus efficace, plus parlante, sur l'échafaud de la Grande Boucherie, à la croisée des traversées de Paris, plusieurs tableaux à personnages et scènes mimées montraient la prise de la bastille anglaise au siège de Dieppe, l'assaut par les hommes d'armes de Louis dauphin, leur victoire et la façon dont ils s'étaient employés à couper la gorge des Anglais [100]. Pour sa première entrée dans cette ville, peu assuré d'un total acquiescement, le roi avait voulu que soit rappelé aux Parisiens l'un de ses premiers hauts faits d'armes, cette bataille de Dieppe qui, après la reconquête de Pontoise, avait écarté la menace anglaise. Il fallait que cette délivrance de Dieppe soit mise en mémoire des foules, de la même façon que naguère, au temps de Jeanne d'Arc, celle d'Orléans. Dans Paris, le parti du roi, ses propres officiers sans doute même, s'étaient appliqués à choisir et promouvoir des thèmes porteurs de gloire.

Il est clair, en tout cas, que cette entrée fut, malgré le peu de temps dont on pouvait disposer, soigneusement mise au point. Les gens du roi, les fourriers, prirent en charge les réquisitions des logements et les attributions, allant en cela contre les habitudes et les désirs des Parisiens : « Toutefois combien que ceux de Paris ne voulsissent point qu'on se logeast par fourriers, le Roy voulut qu'on s'y logeast ». De mémoire d'homme, l'on n'avait vu pareilles exigences ; les fourriers décidaient de tout et rien ne se faisait sans leur accord : « quand on cuidoit estre bien logé, on estoit prestement deslogé par les fourriers » [101].

Glorifier les mérites du roi, sa bienveillance et sa générosité, fut souvent l'occasion de grandes fêtes, débordements de liesse populaire, et processions, actions de grâces. Certaines pouvaient être vraiment spontanées ou, tout au plus, encouragées par les magistrats municipaux. Fin août 1465, quelque temps après la bataille de Montlhéry, alors que les armées des princes campaient tout près de Paris, le roi, « ayant singulier désir de faire des biens à sa ville de Paris et aux habitants d'icelle », fit savoir qu'il avait décidé de supprimer les taxes sur le vin et d'abattre plusieurs autres impositions. Cela fut crié à tous les carrefours « et incontinent, après ledit cry, tout le populaire oyant iceluy, croient de joye et de bon vouloir, Noël ! Noël ! Et en furent faits des feux parmy les rues la dicte ville » [102]. Plus communément, le roi donnait tout net l'ordre de provoquer ces beaux mouvements, d'organiser des processions générales pour fêter les victoires de ses armées. Nul ne devait les ignorer et manquer de se réjouir.

Pour mener la guerre contre des ennemis qui, la plupart du temps, n'étaient pas vraiment des étrangers mais des princes rebelles, très proches, bénéficiant certainement de nombreuses complaisances et même de bonnes renommée et réputation, il lui fallait disposer de toutes les forces vives du pays, en hommes et en armes, en vivres et en deniers ; plus, et cela pesait de plus en plus d'un très grand poids, de l'appui moral, des adhésions et des prières de tous. Il exigeait que ses officiers, où qu'ils soient, œuvrent résolument de concert, attentifs à répondre aux réquisitions, à recruter les francs-archers, assurer le logement et le ravitaillement des troupes et, aussi, connaître puis bien contrôler l'état des esprits. Que tous ses sujets participent à ce qui devait être une entreprise commune, menée au nom de la raison d'Etat et bénie de Dieu, tous assurés de son bon droit et aussitôt informés de ses efforts puis de ses succès.

Cette guerre royale, « nationale », soigneusement préparée jusque dans ses moindres aspects logistiques, conduite dans tous ses cheminements et engagements par une multitude d'instructions, de mises en garde et de comptes-rendus, ne s'entourait pas alors de grands mystères. Elle mettait, sur le plan des émotions et des peurs, chacun à contribution, car chacun se trouvait par force au courant des opérations en cours ou du sort des batailles. Les agents royaux savaient pertinemment que, non seulement les princes et les seigneurs, mais tout autant les notables des villes, témoins malgré eux souvent et, en tout cas, tous intéressés, ne cessaient d'écrire pour prévenir leurs parents ou leurs amis de la présence des troupes, et leur dire qui risquait de l'emporter. Ni la marche des compagnies et leurs effectifs, ni même les intentions des chefs n'échappaient aux observateurs. De plus, dans ces conflits qui prenaient parfois le ton d'une véritable guerre civile, les camps et les partis n'étaient pas toujours bien tranchés, décidément engagés, et se décider, s'opposer ou se rallier, demeurait une hasardeuse aventure. Etre bien au fait des choses pouvait aider. Aussi chaque bataille, chaque assaut contre une place forte, victoire ou reddition, débâcle ou retraite, donnaient-ils occasion d'envoyer en toute hâte des lettres, soit pour simplement informer, soit, démarche alors de pure propagande, pour chanter les mérites du parti et gagner d'autres fidélités.

Tous étaient sollicités et tous tenus de choisir leur camp. Le roi Louis en fut bien conscient et, de cet art de faire que ses sujets, se sentent intéressés puis rassurés, puis triomphants, il usa à la perfection. Dès le premier des grands conflits, la guerre du Bien public, en mai 1465, il s'est appliqué à faire connaître et les torts des princes rebelles, et la manière dont il leur imposait sa loi. En campagne dans le Berry et le Bourbonnais, il dictait de longues réponses aux manifestes des Bourbons et des autres frondeurs. Il voulait qu'elles soient rendues publiques dans chaque cité et ses victoires aussitôt fêtées ; surtout, que ne subsiste aucun doute sur la soumission de ceux qui avaient déposé les armes et imploré, puis obtenu, son pardon. Les présidents et conseillers du Parlement de Paris reçurent alors plusieurs missives, expédiées de toute urgence, pour leur dire ses projets et ses espoirs (« par lesquelles il leur fait savoir qu'il va mectre le siège à Montluçon et a jà prins Charroux ») puis les convier à fêter ses victoires contre les Bourbons [103].

Dès lors, chaque campagne, chaque fait d'armes, furent célébrés sur ordre du roi. Pour fêter la résistance victorieuse des habitants de Beauvais contre la redoutable armée du Téméraire, et plus particulièrement le courage des femmes qui avaient combattu aux remparts, le roi leur fit dire qu'ils devaient chaque année faire une solennelle procession le jour de la Sainte-Agadresme, entendre messes et sermons, « en recordacion et mémoire de la procession faicte en icelle ville [lors du siège] en laquelle le corps et très précieux reliquaire d'icelle saincte fut defféré et exaré singulièrement par les femmes ». Aussi convenait-il « que les femmes et les filles voisent à ce jour devant les hommes, et aussy toutes d'ores en avant puissent porter ermines, sans en estre reprizes et sainture d'or voire qui en aura la puissance » [104].

A Paris, en juin 1477, pour la victoire de Gray, en Franche-Comté, sur les troupes du prince d'Orange mises en déroute ignominieusement, « de ladicte desconfiture furent faictes, par l'ordonnance du Roi, processions générales en l'église Saint-Martin-des-Champs ». Et de même, quelques semaines plus tard, en juillet, lorsque l'on apprit que le duc de Gueldre, qui avait mis le siège devant Tournai à la tête, faisait-on savoir, de quatorze mille Allemands et Flamands, fut tué lors d'une sortie des assiégés : « et de ladicte desconfiture en fut chanté, en l'église de Paris, *Te Deum*

Laudamus et fait faire des feux parmy les rues » [105]. Sur ce point, Louis prit toujours grand soin à ce que ses parents et ses alliés fussent sur-le-champ informés du triomphe de ses armes. Le 10 juillet de cette même année 1477, René d'Anjou fit don d'une belle somme d'argent à « un poursuivant du roi » qui lui apportait la nouvelle de la « déconfiture des Allemands où estoit mort le duc de Gueldre » [106]. Les gens de Tournai, directement concernés et peut-être inquiets car ils avaient pris ouvertement parti pour le roi, recevaient également des lettres qui leur annonçaient ses victoires et leur faisaient expressément savoir comment les fêter : processions et messes d'actions de grâces « devant l'ymaige de Nostre-Dame, pour la regracier et remercier de la grasce qu'elle nous a monstré devant ceste dicte ville et lui prier qu'elle nous soit toujours en ayde en tous nos autres fais et affaires [107] ». Et les habitants de Poitiers, fort éloignés des champs de bataille, furent tout de même instamment priés d'organiser de belles processions « pour les bonnes et agréables nouvelles que premièrement nous ont apportées noz chevaucheurs de nostre escurye [108] ».

Que tout le royaume participe à la « bonne guerre » et communie dans l'allégresse, glorifie le roi victorieux. Les actions de grâces, qui voyaient les prêtres des églises et des collégiales, les religieux des couvents et les chapelains des confréries prendre la tête de longs cortèges, portaient enseignement aux foules et disaient que Dieu était aux côtés du prince, héros d'une bonne guerre, champion du bon droit et de la vertu contre un ennemi pervers et félon. De longs et beaux discours rappelaient les injures faites par ces hommes sans aveu, rebelles et parjures, que le roi Louis avait défiés, combattus et réduits à rien.

Les chansons des rues

Gouverner était faire savoir, ne rien laisser ignorer des hauts faits du règne et de leurs acteurs, familiers, hommes de confiance du roi. Partout, à Paris surtout, des chanteurs allaient dans les rues et sur les places « pour chanter et recorder chançons, dictez et records touchant les bonnes nouvelles et adventures qui nous [le roi] sont parvenues et surviennent chascun jour au bien de nous et de nostre seigneurie ». Croire que le « menu peuple » des villes ne savait rien des événements, batailles et sièges, des rencontres entre les princes et de leurs conciliabules, des procès et des traités de paix, et qu'il n'était pas invité à prendre parti, se réjouir ou s'indigner, serait méconnaître le rôle de ces chanteurs de rues qui savaient l'art d'émouvoir les foules, couvrir de gloire ou jeter l'anathème, en somme faire l'opinion. Tout était occasion à complaintes ou ballades qui, presque toujours négligées par les chroniqueurs et plus encore par les historiens, furent pourtant légion, innombrables, et certainement pas toutes recensées. L'accès à ce répertoire n'est pas aisé. Presque toutes ces chansons étaient ou sont restées anonymes ; elles ne retenaient pas l'attention au même titre que les poèmes d'auteurs qui s'étaient assuré une belle renommée. Certaines se transmettaient oralement, amplifiées, modifiées au gré du jour ou de l'interprète, jamais mises par écrit. Les textes parvenus jusqu'à nous, par pur hasard, retranscrits généralement dans des recueils de « pièces diverses », se lisent difficilement ; les références et allusions ne se déchiffrent qu'après examen. Mais ce sont de précieux témoignages de la façon dont la nouvelle atteignait un large public, et pouvait être mise, aménagée peu ou prou, au service d'une cause.

Ces hommes, faiseurs et colporteurs de chansons, s'informaient sur le moment et sans mal. Les acteurs, guerre ou politique, ne demeuraient pas toujours de simples exécutants ; nombre d'entre eux parlaient, écrivaient beaucoup à leur maître, à leurs parents et amis, pour se justifier, en tout cas pour présenter l'engagement sous un bon jour. En 1465, Louis XI lui-même, remis de ses peines, « ung peu raffreschit audit chateau de Montlhéry », vint à Paris souper en l'hôtel de Charles de Melun, avec « plusieurs seigneurs, demoiselles et bourgeoises », auxquels « Il récita son adventure [en] moult beaulx mots et piteux, de quoy tous et toutes plorèrent bien largement » [109].

Sur le plan politique, les chansons des rues s'inscrivaient dans une tradition, déjà ancienne, de jeux, divertissements, petits poèmes et libelles, tous irrévérencieux et très critiques, qui s'en prenaient aux personnages en vue, brocardés en vers souvent agressifs, sans aucune retenue. Jeux de clercs en particulier : tels ceux du Parlement de Paris, dont le « royaume de la Basoche » avait été reconnu par Philippe le Bel en 1303, et qui, trois fois l'an, défilaient en processions burlesques, pantomimes et mascarades, et présentaient aux carrefours farces, moralités et soties. Jeux aussi, sur un autre registre, des étudiants et des maîtres de l'Université de Paris, très prolixes, auteurs de ballades, de rondeaux et de sanglantes épigrammes contre les mauvais serviteurs du roi, en fait contre tous ceux qui ne leur plaisaient pas. L'Université, en la personne de son recteur Guillaume Fichet, s'était élevée violemment contre la suppression de la Pragmatique Sanction et en rendait responsable Jean Balue, évêque d'Angers, qui avait sur ce point conseillé le roi, emporté la décision, et se serait fait largement payer, par de grosses sommes d'argent et par le chapeau de cardinal donné par le pape Paul II. Arrêté le 23 avril 1469, enfermé à Amboise, puis à Montbazon, puis à Ozain, Balue ne fut plaint que par Basin qui ne manquait pas de parler de son cachot et de sa cage de fer. Mais, contrairement à ce que nous lisons souvent, l'opinion n'était pas pour lui. Le « dit » satirique intitulé *Processus Balue*, long poème de vingt-neuf strophes de huit vers, l'accable sans indulgence et l'auteur n'y montre aucune compassion. Dans ce « dit », composé sans doute par un écolier de l'Université, tout est bon pour l'humilier et le condamner sans rémission. Sont méchamment rappelées ses modestes origines :

> *Ton père estoit receveur*
> *Chastelain d'Anglé près Hernaulx.*
> *Ton premier ce fut pourvoieur*
> *D'avoine et foing pour les chevaulx.*

Exécuteur testamentaire de Jean Juvénal des Ursins, patriarche d'Antioche (mort en 1457), Balue a fait main basse sur son trésor et pillé ses coffres :

> *Le maistre que premier servyz*
> *Trahiz ; ce fut le patriarche.*
> *Son trésor tu prins en son arche*
> *Comme un traistre larron privé.*

Il a trahi Charles de Melun qui l'a présenté au roi et a fait sa fortune :

> *Qui au Roy te fist acongnoistre*
> *Est mort par toy.*

Parler de ses vices et de ses méfaits est alors justifier la sentence et louanger la justice du roi qui ne saurait faillir :

> *Le Roy et son Conseil sans vice*
> *Sont saiges en toute saison*
> *Selon leur procès par justice*
> *De te faire droit et raison...*
> *Trop longtemps tu as attendu*
> *A estre mis en ceste mue.*

Quatre autres ballades, beaucoup plus courtes, prenaient, sur le même ton, références édifiantes à l'appui, elles aussi le parti de fustiger le traître, homme sans foi, entre tous venimeux, dangereux :

> *O prince cardinal à langue infecte*
> *Plus venimeuse que langue de serpent...*

> *O cardinal, traistre faulx et pervers...*

> *Ah Ganelon, Judas abhominable,*

Ta trahison est devant chascun veue...

Par trahison du serpent infernal
Fut mis Adam dehors de paradis.
De trahison est prince et connestable
Le cardinal qu'on appelle Balue.

On ne sait si ces ballades, cinq au total, constituaient pour celui qui les a transcrites une sorte de corpus. Mais, les plaçant, dans un recueil, à côté du traité sur les *Prétentions des rois d'Angleterre à la couronne de France* et de la *Chronique de Normandie et de Bretagne*, il est clair qu'il leur attribuait, dans le combat des idées, une importance égale à celle d'ouvrages plus savants, destinés à un autre public [110]. Selon toute vraisemblance en tout cas, la captivité du cardinal Balue ne suscita pas de vives compassions. Sur le sujet, bien douloureux pourtant et d'exploitation si facile (les cages de fer...), ne nous est parvenue aucune complainte. L'orchestre jouait à l'unisson et le roi se fit bien entendre.

Les chansons faites pour calomnier et discréditer les Bourguignons étaient innombrables. En 1465, les ballades royales sur la bataille de Montlhéry parlaient volontiers de la vaillance des chevaliers lancés à l'assaut par le comte Charles de Charolais mais le disaient, lui, coupable de noirs desseins, prince cruel, usant de procédés indignes d'un noble chef de guerre :

Il a fait sonner sa trompette
Et s'a fait crier un cry :
Que tout homme qui ont prisonnier
Que on les fasce tous morir
Sur la paine de la hart
Que on n'en prendre homme à mercy [111].

Les habiles faiseurs de chansons ne travaillaient pas tous pour le roi. Les bonnes villes passaient elles-mêmes commande à leurs poètes « bourgeois ». Fidèle à Louis XI, Tournai était en butte à d'incessantes attaques des cités voisines soumises au duc de Bourgogne. Les *Dits de Tournai*, composés en 1466 pour rappeler les innombrables méfaits et les cruautés des armées de Bourgogne, remontaient dans le temps jusqu'en 1430 (sac de Compiègne) et 1436 (Dinant) mais ne négligeaient rien de l'actualité et l'auteur se gaussait, en vers irrévérencieux, des projets de croisade de Philippe le Bon, en 1462-1464, et du lamentable échec de l'expédition d'Antoine, bâtard de Bourgogne, qui rentra à Marseille ayant perdu la majeure partie de sa flotte [112].

Fort dépité aussi et bien ridicule en son déplaisir, le Téméraire lorsqu'il vit, en 1470, se réfugier chez lui son beau-frère Edouard d'Angleterre chassé du trône, misérable fugitif :

> *Quand le duc le vit arriver*
> *Et sy povrement haborder*
> *Au pais de Hollande,*
> *De dœul il cuida bien crever*
> *Et de despit ne volt manger*
> *De vin ne de viande* [113].

Au lendemain de la triste mort de Charles le Téméraire devant Nancy, virent le jour quantité de pièces satiriques, pamphlets et chansons, d'une grande dureté de ton. Ses crimes affreux, en particulier les terribles répressions infligées aux villes rebelles et vaincues, inspiraient d'innombrables couplets vengeurs. Composée aussitôt après sa mort, une *Légende bourguignonne*, imprimée non dans le royaume mais à Strasbourg dans les tout premiers jours de 1478, l'accablait sans mesure, rappelant, l'un après l'autre, tous ses forfaits, et surtout la façon dont il avait puni les villes de Liège et de Dinant. En août 1465, leurs habitants, trop prompts à donner crédit à des rumeurs qui disaient que le comte de Charolais avait péri à Montlhéry, se soulevèrent contre ses officiers et firent de lui un grossier et grotesque mannequin qu'ils traînèrent dans les rues. Reprises en main par le comte Charles, les deux villes furent traitées en cités conquises, sauvagement châtiées. Spectacles d'horreur que, vingt ans plus tard, la *Chronique* rimée et chantée met en scène pour frapper encore l'imagination et raviver d'affreux souvenirs :

> *Comme il avait fait à Dinan*
> *Où pas une maison de bourgeois ne resta debout,*
> *Puis il avait pris et brûlé Liège*
> *Rasé les murs, jeté plus de deux cents femmes enceintes*
> *Dans l'eau les transperçant avec des bateaux* [114].

Ballades et complaintes montrent les malheureux habitants en fuite, dépouillés de leurs biens, leurs maisons incendiées. Deux poésies latines, en forme de *Chants historiques*, n'en diffèrent en rien et soutiennent le même parti : chants populaires et exercices de style savants s'accordaient parfaitement [115].

La guerre des pamphlets et des ballades ne pouvait bien sûr, à Paris et dans les villes de France, que tourner à l'avantage du roi. Les *Dits* de Tournai furent, l'on s'en doute, plus souvent chantés dans les rues que les *Réponses* composées dans le clan bourguignon. Le pouvoir royal, conscient évidemment de l'enjeu, s'employait, attentif et sourcilleux, à tout contrôler ; Louis XI lui-même y veillait. Il fit savoir que les diseurs et chanteurs ne seraient autorisés à exercer leur métier que s'ils s'engageaient à ce que leurs récits et contes ne soient en aucune façon « au préjudice de la chose publique et que lesdictes chançons ou recordements ne soient séditieux[116] ». Au mois de juillet 1471, « fort mal content des épitaphes et libelles diffamatoires qui ainsi avoient esté mis et attachez à l'esclandre » de plusieurs de ses grands officiers, notamment du connétable, le roi, « pour sçavoir la vérité de ceulx qui ce avoient faict, fist crier à son de trompe et cry publique par les carrefours d'icelle ville [Paris] que quelque personne qui sçauroit aucune chose desdits épitaphes, ou de ceulx qui les avoient faict, qu'ils le venissent incontinent dire et dénoncer aux commissaires sur ce ordonnez, et on donneroit trois cents escus d'or au denonciateur et qui le sçauroit et ne le viendroit déclairer auroit le col coupé »[117]. Les clercs de la basoche qui avaient trop souvent, par d'acerbes satires, attaqué les maîtres et conseillers du Parlement et nombre de personnages en vue, familiers du roi, furent durement punis. Ils se virent, en mai 1476, interdits de donner des représentations dans la rue et, l'an suivant, le « roi de la basoche » et ses officiers furent fouettés à verges, condamnés au bannissement et à la confiscation de leurs biens.

Fêtes publiques et chants populaires, tout devait concourir à donner du roi une bonne image. Aussi n'est-il nulle question, les colères contre l'impôt exceptées, de mouvements de contestation spontanés ou sollicités par une propagande hostile. Dans le royaume, les chroniqueurs et les auteurs de ballades travaillaient dans le même registre, comme il convenait. Ce n'est certainement pas de leur fait que s'est forgée cette figure de Louis XI, sinistre et ambiguë, que nous connaissons si bien.

3. LA LÉGENDE NOIRE : L'HISTOIRE VUE DE BOURGOGNE

La guerre ne se faisait pas seulement sur les champs de bataille et, dans cette guerre, le roi de France avait affaire à forte partie. Ses voisins et, dans le royaume même, quelques ducs et comtes, non des moindres, étaient passés maîtres dans l'art de se faire connaître sous le meilleur jour, justifier leurs démarches et convaincre leurs sujets du bien-fondé de leur cause. Ils savaient, eux aussi, s'attacher de remarquables mémorialistes, historiens ou « indiciaires », et plus encore polémistes habiles à débattre, commenter l'événement et rapporter contre l'adversaire quelques vilains propos.

Les chroniqueurs appointés par Louis XI, ses juristes et les pamphlétaires engagés dans le même combat se sont vus opposer les travaux, en grand nombre et pas du tout négligeables, des hommes protégés, nourris, bénéficiaires d'offices ou de pensions, au service des ennemis ou rebelles parfois, toujours soupçonnés de l'être. Louis XI, bien sûr, tentait de les gagner et les amener à travailler pour lui. Il accueillit Guillaume Fichet, savoyard, et le chargea d'ambassade à Milan en 1470, puis, en 1472, lui confia le soin de raccompagner le cardinal Bessarion en Italie [118]. Robert du Herlin, longtemps secrétaire du roi René, rejoignit le roi de France au moment où il vit approcher le temps où la Provence serait rattachée au royaume [119]. Maigres résultats : il semblait plus aisé de débaucher les conseillers ou les capitaines d'armes que ces gens de plume qui, pour la plupart, restèrent fidèles à leurs maîtres.

Regnaud Le Queux, né à Douai, d'abord pensionné par Charles de Gaucourt maître de l'Hôtel de Charles VII, demeura pendant des années protégé de Marie d'Anjou. Il composa, en 1463, l'*Exclamation de la mort de Marie d'Anjou* où cette mort était présentée comme une apothéose. Par la suite, il fut très lié à plusieurs officiers de Charles de Guyenne, à son premier chambellan, à son trésorier et à un sergent de sa garde ; il leur lisait ses œuvres et prenait leurs avis. Ce n'est qu'après la réconciliation du roi Louis et de Charles — qu'il célébra par sa *Doléance Mégère* où il montrait Mégère, instigatrice des zizanies et des basses intrigues, se lamenter de n'avoir plus prise sur les deux frères — qu'il servit le roi. Mais sans pour autant lui être très proche, n'obtenant pas cet office d'historiographe qu'il briguait fort et ne méritait sûrement pas, continuant à écrire pour d'autres : pour Marie de Clèves épouse de Charles d'Orléans, pour René d'Anjou, pour le seigneur de la Garde, André Giron, fidèle de Charles de Guyenne. Il se fit assidu, non à la cour du roi mais à celle des Orléans, à Blois [120].

Les plus acharnés à forger une triste figure du roi étaient alors les Bourguignons. Georges Chastellain, sans doute le plus célèbre de tous en son temps, avait pourtant longtemps séjourné en France et fut même au service de Charles VII, chargé de deux missions en Flandre. Mais, dès 1445, il s'établit près du duc de Bourgogne : écuyer panetier, écuyer tranchant, puis « indiciaire » ou « orateur et historiographe », et enfin conseiller de Philippe le Bon. Charles le Téméraire le fit chevalier de la Toison d'or. Sa *Chronique*, écrite dans sa belle demeure de Valenciennes, ne prétend pas présenter toute l'histoire de Bourgogne ; c'est une œuvre pourrait-on dire d'actualité, de circonstance, qui ne commence qu'en 1419, année du meurtre de Jean sans Peur à Montereau, aux origines du conflit franco-bourguignon. Le ton en est, à l'encontre de bien d'autres, mesuré et contenu. Plusieurs critiques y ont reconnu certaines qualités d'objectivité, une volonté de ne pas se laisser aller au discours partisan et même une application à cultiver la dignité de l'écrivain, hors des passions et petites bassesses. C'est beaucoup et trop bien dire. En tout cas, son élève et ami, Jean Meschinot, lui, ne se contrôlait pas autant et ne mettait aucun frein à ses invectives. Fils de Guillaume Meschinot, seigneur des Mortiers, fief qui relevait de la baronnie de Clisson, Jean fut écuyer des ducs de Bretagne, successivement de François Ier, de Pierre II, Arthur III et François II ; on le sait aussi maître d'hôtel d'Anne de Bretagne. Il servait non comme chargé d'un quelconque office mais les armes à la main, homme de guerre, « gentilhomme de la garde » responsable notamment des montres des troupes recrutées par le duc. Il n'écrivait pas sans savoir ; il avait fréquenté les capitaines d'armes et vu les désolations des bourgs et des champs lors des campagnes du duc de Bretagne ou du roi en Normandie. Il pouvait parler en témoin et s'autorisait à tirer des leçons, à désigner les responsables. Ecrivain, en fait surtout poète mais poète militant, satirique et sévère, il combattait avec sa plume comme avec sa lance.

L'œuvre majeure de Meschinot, les *Lunettes des princes*, lourde de plus de trois mille vers, est une relation autobiographique où il dit les malheurs du temps, soutient les pauvres et les faibles, dénonce la dureté des puissants. Il s'attarde à peindre les scènes de pillages et les mille cruautés des hommes d'armes devenus brigands. Par ailleurs, il fustige les abus des juges et des avocats et, surtout, les mœurs de la cour (« La cour est une mer dont sourt / Vagues d'orgueil, d'envie orages ») ; l'ouvrage connut dix éditions avant l'an 1500, succès égal, à très peu près, à celui des *Testaments* de François Villon.

L'alliance, souvent renouvelée et toujours acceptée comme tacite, entre les ducs de Bretagne et de Bourgogne, se doublait d'une véritable collaboration entre leurs historiographes. Ils s'écrivaient beaucoup et s'envoyaient leurs œuvres. Chastellain adressa son poème les *Princes* à Meschinot et celui-ci prit le premier vers de chacune des vingt-cinq strophes pour, de là, construire vingt-cinq ballades. Ces ballades, de neuf cents vers au total, les *Satires contre Louis XI*, parfois présentées comme un travail fait en commun, ne sont qu'un violent pamphlet où le roi est tout au long mis en cause sans complaisance, présenté comme un tyran parfaitement méprisable, cynique et cruel, « prince inconstant, souillé de divers vices... reprins d'ingratitude ». Ce que nos manuels nous ont appris est là : les fraudes et les ruses, les paroles mielleuses, les tromperies, les pièges et les manœuvres. Ce prince ne sait s'entourer que d'hommes de bas étage, ambitieux, médiocres mais insatiables, valets habiles à le flatter et misérables gibiers de potence : « Innocent feint, tout fourré de malice / farci d'orgueil, rempli de gloire vaine. / A gens meschans estre large donneur / Sans congnoistre ceulx en qui est valeur. » Les *Satires* de Meschinot haussent le ton, incitent à la révolte. Pour certains exégètes, l'une des ballades, la XVIIe, où l'auteur dit convier, le jour de la Saint-Valentin, chevaliers et seigneurs « vaillant à la guerre et désireux de faire chose louable », serait un appel aux princes et seigneurs à rejoindre la ligue du Bien public[121]. Ces poèmes ne sont certainement pas œuvre d'historien ; ils ne reflètent en aucune façon la réalité, et l'erreur serait d'y porter attention en retenant du roi l'image, en forme de caricature, proposée. Mais ils demeurent utiles et précieux comme exemple de ce que pouvait être l'engagement d'un auteur dans les conflits de son temps ; exemple aussi de la manière dont s'exerçait le métier d'écrivain de cour.

A Georges Chastellain, mort en 1475, succéda, comme historiographe du duc de Bourgogne, Jean Molinet. Né à Dèvres, près de Boulogne, en 1435, il étudia à Paris au collège du Cardinal-Lemoine et y vécut longtemps, à la recherche d'un office ou d'un protecteur. Ce fut une quête difficile qui le maintint dans la misérable condition de pauvre clerc, frappant à toutes les portes. Il chercha en vain à se faire accepter par Louis XI comme secrétaire ; puis, sans davantage de succès, par le duc de Bretagne. Un moment, il trouva refuge, gîte et couvert, auprès d'Amédée IX de Savoie, mais celui-ci mourut en 1472 et on le voit parmi les clients et serviteurs de Charles d'Artois comte d'Eu, lieutenant général du royaume, puis tenter fortune près d'Adolphe de Clèves et finalement se faire appointer par Charles le Téméraire pour aider Chastellain à Valenciennes.

Molinet fut homme de parti, passionnément bourguignon et passionnément antifrançais. Il n'a cessé, depuis son premier poème, le *Dit des quatre vins*, composé peu de temps après la bataille de Montlhéry, de peindre les désolations de la guerre et les souffrances du pauvre peuple. Régulièrement, il en rendait le roi coupable. Ses longues évocations des combats, telle une chanson en vers de trente couplets, sur la bataille de Guinegatte, ne parlent que des exactions des troupes royales, de leur façon de tout détruire sur leur passage, de piller, torturer les petites gens, brûler ou détruire les récoltes. Un autre poème décrivait, sur le même ton d'accusation implacable, la campagne de Louis XI dans le Nord, quelques mois après la mort du Téméraire : dix mille « faucheurs », recrutés par les capitaines du roi, mirent le feu aux champs de blés mûrs tout autour de Valenciennes ; « toute espèce de cruauté que les tyrans païens souloient anciennement faire aux chrestiens, les François en passionnoient les Bourguignons ». En revanche, son œuvre exalte la noblesse et la générosité du duc de

Bourgogne ; il l'avait accompagné, ébloui par un tel déploiement de richesse, au siège de Neuss et en donne, fort longue, une narration enthousiaste : la *Magnificence du siège de Neuss*. L'armée de Bourgogne, elle, n'était pas troupe de brigands assoiffés de sang et de rapines, mais la chose la plus admirable du temps, spectacle à nul autre pareil : neuf cents tentes ou pavillons, tous splendides avec salles et cuisines à cheminées de briques, fours, moulins à eau et à vent, jeux de paume, tavernes et hôtelleries, bains et brasseries ; en un seul jour, un apothicaire y amena cinq chariots et y dressa boutique comme à Gand ou à Bruges. Ce poème, « Magnificence », se voulait de toute évidence œuvre de combat, insistant sans retenue sur la générosité du prince et la guerre joyeuse, face au roi cruel et à ses coupe-jarrets [122].

De Molinet aussi, d'autres travaux répondaient aux mêmes intentions : la *Ressource du petit peuple*, le *Temple de Mars*, le *Trosne d'honneur*, éloge de Philippe le Bon, et surtout le *Naufrage de la Pucelle* où cette pucelle, Marie de Bourgogne, prisonnière de monstres démoniaques, est sauvée par saint Georges qui la tire miraculeusement de la gueule de la baleine (Louis XI, bien sûr). La force et la constance de son engagement bourguignon se mesurent à la violence des attaques lancées contre lui par les auteurs du roi, dont il fut l'une des cibles privilégiées, tout particulièrement pour ceux de Tournai, ville que Molinet voyait, car fidèle au roi, comme l'exemple même de l'orgueil et de la déloyauté. Ils le disaient « un grand souffleur, soufflant à Gheule bée » et aussi « un riffleur, gengleur, escorniffleur/ Et boursouffleur, mentant à gheule plaine » ; enfin chroniqueur sans talent, « verbeux, savant, goguenard, obscène, plaisant sans qu'il s'en doute, très souvent ridicule aussi » [123]. De telles manières, contre un homme devenu célèbre, chevalier de la Toison d'or, auteur de nombreux poèmes très appréciés hors de son camp même et de son milieu, disent clairement à quel point ces écrivains participaient de grand cœur à la guerre des princes et, de fait, devaient rendre de grands services.

Ils usaient de toutes sortes d'arguments, parlaient autant de Dieu et du bon droit, des vertus de leur maître que des signes surnaturels et de ce que leur enseignait l'étude des astres. Chastellain lui-même consacra un long développement à la comète visible en 1468, l'année de Péronne et de la répression contre les Liégeois ; il la décrit attentivement et dit combien le prince, ses conseillers et le public en furent frappés : « plusieurs dictoient alors et jugeoient infailliblement ceste comète porter influence sur eulx et non sur aultres [124] ». D'autres parlaient plus clairement et se faisaient aisément entendre en un temps « où la croyance aux influences astrales était suffisamment répandue dans la société politique pour faire de la prévision astrologique un enjeu, voire un moyen de pouvoir [125] ». Si Louis XI demeura, semble-t-il, peu intéressé par les prévisions de Jacques Loste, astrologue, qui lui envoya, en novembre 1463, six mémoires concernant chacune des années à venir, il paraît, en revanche, avéré que Jean de Vésale, médecin et astrologue, ait trouvé, par ses « pronostications » violemment antifrançaises, un fort crédit auprès du duc de Bourgogne et de ses conseillers [126].

Les écrivains des princes, bien évidemment, se soutenaient et se concertaient. Ceux en place veillaient à la fortune des plus jeunes. Chastellain ne cessa d'échanger avec Jean Meschinot lettres et projets. La légende noire certes leur doit beaucoup, mais ils furent bien aidés par des hommes, moins engagés sans doute, non appointés, mais aigris, mécontents de leur sort et acharnés à discréditer le roi qu'ils rendaient responsable de leur infortune. Ils le disaient ingrat, perfide, manquant souvent à la parole donnée et, en bref, le taxaient d'incompétence, fauteur de troubles et de malheurs. Certains avaient mal vécu leur condamnation par les tribunaux et pensaient en demander raison par des flots de vers satiriques, à vrai dire de valeur fort inégale. Maître Henri Baude, nommé par Charles VII « élu en bas pays du Limousin » en 1458, avait suivi le dauphin lorsqu'il avait quitté la cour pour aller gouverner le Dauphiné. Revenu avec le roi en 1461, il fut dénoncé pour malversations par les états provinciaux, emprisonné pendant quatorze mois, finalement reconnu innocent et ses délateurs, faux témoins, condamnés. De nouveau accusé en 1467, il fut tenu de présenter ses registres comptables des six dernières années et, cette fois, frappé d'une amende de huit cents livres, Parisien, il composa un grand nombre de ballades et complaintes, de « Dictz moraulx pour faire tapisserie » (l'on disait aussi : « pour tapiz ou verrières de fenestres »), petites pièces de caractère très populaire qui, truffées de dictons fort communs, s'en prenaient aux gens du Parlement et au roi. Il se voulait ardent défenseur du bon peuple de France, du laboureur « qui paie et ne peut avoir la paix » [127]. Les exilés, bien sûr, ne parlaient pas d'autre langage. Tel, tout premier, Thomas Basin qui, tombé en disgrâce, écrivit chez les Bourguignons, à Louvain et à Utrecht, son *Apologie* puis son *Histoire de Louis XI* (rédigée à partir de 1473) [128].

La fortune de cette image, toute négative ou presque, ne fut possible que par le succès de ces écrits, non pas simples exercices d'érudits, lus par des fidèles déjà gagnés à la cause, mais largement diffusés, recopiés, insérés dans les recueils, repris par des auteurs de ballades ou de chansons. En témoigne le fait que quelques-uns, déjà célèbres ou même encore peu connus, se sont trouvés très vite imprimés ; ainsi le *Temple de Mars* de Molinet en 1476. La *Défense de Monseigneur et de Madame la duchesse d'Autriche et de Bourgogne*, composée dans les derniers mois de 1477, demeurée anonyme, d'abord manuscrite et ornée de plusieurs scènes peintes, est sortie des presses d'un Allemand établi à Bruges au début de l'an suivant. « Défense » qui, rappelant toute la querelle, accusait Louis XI [129].

Les chansons couraient tout autant les rues en Bourgogne ou en Flandre que dans le royaume et accablaient le roi, traître et pervers. Dès 1464, la *Chanson sur la captivité de Philippe de Savoie* (fils du duc Louis Iᵉʳ et comte de Bresse), écrite sans doute par lui-même, dit les malheurs du prince attiré dans un piège, perdu pour avoir cru en la parole du roi Louis :

> *Vollés oyr canchon piteuse*
> *Qui fut faicte de cœur mary.*
> *Prisonnier suy du Roy de France...*
> *Je ne cuidois point sur mon âme*
> *Que sang royal deuist mentir* [130].

L'année suivante, celle du Bien public, d'autres auteurs, ceux-ci anonymes, s'en prenaient aux conseillers du roi, à son avarice, aux impôts trop lourds et aux gaspillages :

> *O Roy qui de Franche se nomme*
> *Vœus tu gaster tout le pays de France ?*
> *Tant y as mis gabelle et tricquerye...* [131].

Plus tard, Thomas Basin ne disait rien d'autre. Cependant ces attaques immédiates qui suivaient de près l'événement seraient sans doute, au fil des temps, tombées dans l'oubli. Accuser le roi de tyrannie, de manquement à la parole donnée, de travers et de ridicules, et d'exploiter le peuple, n'aurait certainement pas suffi à le noircir pour la postérité. Il y fallait bien plus, et le rendre responsable de véritables crimes, de meurtres froidement prémédités et préparés. Tant les mémorialistes du parti bourguignon que les auteurs des ballades ont alors, les uns inventé de toutes pièces, les autres entretenu d'un beau zèle, de sinistres légendes et dit haut et clair, chanté sur tous les tons, que Louis avait fait assassiner les hommes qui se dressaient sur son chemin.

L'affaire du bâtard de Rubempré, accusé en 1464 d'avoir voulu faire tuer ou enlever Charles duc de Charolais, et les aveux de l'un de ses hommes eurent un retentissement considérable. Charles ne voulut rien entendre des ambassadeurs de France et criait qu'on avait voulu le tuer. Les chroniqueurs abondèrent en ce sens. Chastellain le premier et l'une des chansons du temps accusaient nommément Antoine de Croÿ, ennemi de Charles, instigateur pensait-on de l'entreprise :

Onques l'agnel qui paist au pré
Ne fut plus doulx que Charolais
Mais le batard de Rubempré
Le veult desmonter une fois
Et dist que tu lu envoias [132].

Sur les dernières années et la mort de Charles de Guyenne (le 28 mai 1472), Thomas Basin ne pouvait manquer de rapporter les bruits qui couraient ici et là, accusant le roi d'avoir corrompu deux officiers de son frère pour l'empoisonner : son aumônier et maître des requêtes, Jourdain Faure, abbé de Saint-Jean-d'Angély, et son écuyer de cuisine, Henri de la Roche. La rumeur ne reposait sur rien de précis, seulement sur sa hâte à prendre la route de Guyenne et courir la poste, sur son impatience à recevoir des nouvelles et son zèle à informer ses sujets. Mais la légende de l'empoisonnement, colportée d'abord par le comte de Comminges, Odet d'Aydie, et par ses compagnons réfugiés en Bretagne, aussitôt reprise par Bretons et Bourguignons, prit corps d'étonnante façon. Bien plus tard, Brantôme s'en faisait encore l'écho le plus sérieusement du monde, rappelant que ce crime fut connu de tous car le roi lui-même s'en était confessé à haute voix, à Notre-Dame de Cléry (« mais aussi qu'eusse-je sceu faire ? il ne faisoit que troubler mon royaume ! »). Son fou, qui l'accompagnait, l'avait entendu et ne chercha point à garder le secret [133].

Les deux suspects, aussitôt arrêtés, furent menés à Bordeaux et traduits en justice devant l'archevêque et le premier président du parlement, Jean de Chassaignes. Ils passèrent aux aveux. Louis XI clamait sa bonne foi et son amour de la justice : « entre toutes autres choses du monde, je désire que la vérité soit actainte... et que punicion en soit faicte telle qu'il appartient ». Il somma cet archevêque de Bordeaux, Arthur de Montauban, qui prétendait conduire une enquête sur la mort de Charles, d'en donner pleins pouvoirs à l'archevêque de Tours et de livrer tous les documents en sa possession. Il menaça de son courroux Jean de Chassaignes, le chancelier de Bretagne et le comte de Comminges qu'il sentait complices. Surtout, il désigna lui-même, en toute hâte, cinq commissaires de haut rang, l'archevêque de Tours donc, l'évêque de Lambez, les présidents des parlements de Paris, de Toulouse et du Dauphiné, pour « besongner » eux seuls à ce procès des deux hommes « chargez d'avoir fait maléfice en mon frère de Guyenne ».

À l'approche des représentants du roi, le duc de Bretagne fit conduire ses prisonniers à Nantes où, à nouveau interrogés, ils renouvelèrent leurs dires. Jourdain Faure, enfermé dans la grosse tour du château, fut « trouvé un matin roide mort d'un coup de foudre, ayant la face enfflée, le corps et le visage aussi noirs qu'un charbon et la langue hors la bouche d'un demy pied »[134].

Les mauvais bruits ne cessèrent pas pour autant et l'on ne se fit pas faute de rappeler que, trois mois auparavant, l'évêque de Paris, Guillaume Chartier, qui avait, le 1er mai 1472, conduit une procession pour demander à Dieu que le roi se réconcilie avec son frère, mourut brusquement quelques heures plus tard, certainement empoisonné. Des foules de fidèles, frappés de stupeur et murmurants, vinrent lui baiser les mains et les pieds comme à un saint homme, et l'affaire suscita tant d'émotion et de soupçons que le roi fit interdire aux échevins de Paris de lui élever un tombeau[135].

Ces écrivains de France et de Bourgogne, auteurs d'œuvres en prose ou en vers de haute qualité souvent, qui pouvaient aisément rivaliser avec celles d'Italie, s'étaient, hommes de cour ou restés indépendants, mis au service des princes et épousèrent leurs querelles. Ils les soutenaient de leur plume et chantaient leurs louanges sans beaucoup se soucier du vrai. Volontiers, ils accablaient l'adversaire de leurs sarcasmes, le disaient, sans ménagements et sans nuances, coupable de noirs méfaits. Tous participaient à cette guerre des « histoires » ou des « labelles » pour construire une belle image du maître, charger l'autre et gagner les faveurs de l'opinion. Engagés délibérément dans ces vastes entreprises de propagande politique, ces hommes du roi et des princes leur étaient aussi utiles que les tenants d'offices de cour. Leur travail était de forger une vérité, contre celle de l'autre camp. A les lire, chaque action du maître se trouvait inévitablement justifiée par l'obligation morale de faire triompher le bon droit contre ceux qui avaient trahi l'honneur et la foi donnée.

Bien évidemment, les façons de présenter les événements, notamment les hauts faits d'armes ou les négociations pour la paix, ne pouvaient s'accorder. L'un disant communément le contraire de l'autre, appointé pour le faire. Olivier de la Marche, Bourguignon dévoué à son duc et capitaine d'armes, combattit à Montlhéry, armé chevalier le matin même de la bataille. Il se dit assuré de la victoire des Bourguignons mais sait que les autres disent le contraire : Charles, comte de Charolais, est demeuré maître du terrain, « n'en déplaise à Messieurs les historiographes françois qui ont mis la bataille gaignée par le roy de France, car il n'en est pas ainsi ».

Qui croire ? A chacun sa vérité...

En tout cas, pour ce qui est de l'image, des jugements de valeur sur les maîtres du temps, sur leur nature, leurs vertus et leurs vices, certainement ni les uns ni les autres. Puisque tous de parti pris.

Demeure l'interrogation : pourquoi et comment se sont imposées, sans partage ou presque, les plus vilaines figures, proposées par les ennemis du roi Louis, qui ne traduisent certainement pas la réalité ? Louis XI ne fut pas du tout détesté comme un tyran insupportable et les faits disent tout autre chose que les fables, qui ne s'appuient que sur des murmures, rumeurs et inventions. Il a, sans beaucoup de mal, soutenu par une opinion gagnée à sa cause, triomphé de la terrible ligue du Bien public. Ses officiers, gouverneurs, capitaines d'armes, sénéchaux et conseillers lui sont dans l'ensemble restés fidèles tout au long. Peu d'hommes l'ont quitté pour servir ailleurs, alors que l'on ne compte plus ceux qui, de Bretagne et surtout de Bourgogne, sont venus le rejoindre, abandonnant leur maître, trahissant la foi jurée. Etonnant pouvoir de séduction chez un homme présenté ordinairement sous de si vilains dehors, antipathique, pervers, imprévisible, dont chacun aurait dû se méfier !

Pourquoi l'Histoire n'a-t-elle retenu que la légende noire, que les images d'un roi médiocre, pervers, cynique ? Ses gens en présentaient, bien sûr, une autre toute différente, qui n'a pas, à beaucoup près, connu la même fortune et est à peine évoquée dans nos livres. Elle paraîtrait flagornerie et l'on s'en tenait à celles des ennemis, ou plutôt des aigris et des haineux, qui, complaisamment reprises par tant d'auteurs pressés, s'imposent comme vérité.

Ces choix remontent à l'époque même. Déjà, dans les années 1413-1418, Jean sans Peur s'était acquis la faveur des Parisiens, et les Armagnacs furent alors toujours présentés, en quantité d'écrits de tous ordres, comme des tyrans et leurs hommes d'armes comme des brigands, pillards et sanguinaires. Au temps de Louis XI, les historiographes bourguignons, plus nombreux et peut-être de plus haute qualité, l'ont emporté par des mémoires et des récits beaucoup plus riches d'anecdotes, plus parlants et convaincants, faisant toujours appel au concret, aux faits divers rapportés avec un réel talent de glorifier l'un et d'accabler l'autre ; récits souvent enrichis de longues descriptions capables de séduire et rester en mémoire. Longtemps après, les historiens et surtout les romanciers du xixe siècle, séduits à leur tour, les ont, sans beaucoup y changer, recopiés, donnant plus de force encore aux sinistres figures.

TROISIÈME PARTIE

« Il ne voulait que régner »

Rien ne fut négligé pour faire du roi un homme d'Etat accompli.

Son précepteur, Jean Majoris, ne fut pas retenu au hasard ; licencié en droit, théologien, ami très proche de Guillaume Machet confesseur de Charles VII, il reçut dès 1429 de sévères instructions de Jean Gerson lui-même, l'un des plus célèbres docteurs de l'université de Paris. Majoris, certainement épaulé, tenu ferme par de hauts conseillers, ne manquait pas de moyens : en 1453, une quinzaine d'années après qu'il eut quitté son ministère, il cédait, pour cent livres tournois, à la reine Marie d'Anjou six livres de classe enluminés de riches figures et scènes peintes qui lui avaient servi pour apprendre à Louis la lecture et l'histoire ; Marie les voulait pour son second fils, Charles, alors âgé de près de sept ans. Majoris n'a pas démérité. Très attentif, dévoué et fidèle, il fut largement et constamment récompensé pour ses services. Confesseur du dauphin, il devint chanoine de Reims (en 1434) puis de Notre-Dame de Paris, chantre du chapitre de Tours, et nanti de bons revenus : il fit exécuter une suite de tapisseries illustrant la vie de saint Martin et la fit suspendre dans la cathédrale de Tours. Rome même l'a comblé : en 1447, le pape Nicolas V lui concéda le droit de donner l'absolution et d'accorder des dispenses de faire maigre [1].

Le dauphin fut à l'évidence bon élève. Il lisait le latin. Il maîtrisait parfaitement l'art d'écrire ou de dicter, en un français d'une remarquable clarté et d'une redoutable efficacité, débarrassé de tout formalisme et, plus encore, de toute ambiguïté (« car nous n'escripvons point sans savoir comment ») [2]. Art de communiquer ses décisions, art de se faire obéir... Nourri dès son jeune âge de forts conseils et de bonnes lectures, il fut préparé à l'étude et à la pratique de la *Politique*, considérée non plus comme l'exercice d'une vertu ou l'étude du droit romain, mais comme une véritable

science. Ses maîtres lui avaient appris à suivre non les enseignements des franciscains du temps de Saint Louis, auteurs des
Miroirs, traités dogmatiques, mais les auteurs des règnes de
Charles V et de Charles VI qui parlaient davantage du gouvernement des hommes, de la manière de s'adresser aux assemblées,
aux communautés et à la rue. Pour lui, furent surtout cités, étudiés
et analysés comme d'excellents exemples, Nicolas Oresme et ses
disciples qui se gaussaient des juristes englués dans de lourdes
exégèses de codes et de traités, seulement préoccupés de les appliquer, alors que « la politique est à la vie du royaume ce que la
médecine est à la santé du corps ». On lui fit lire aussi Christine
de Pisan, son *Livre des faits et des bonnes mœurs du sage roi
Charles V*, lequel avait déjà servi à l'enseignement de Louis de
Guyenne dans les années 1410, et, plus explicite, plus proche des
nouvelles manières de concevoir l'art de conduire les hommes, son
Livre de corps de Policie, véritable recueil de recettes et de lignes
de conduite. Le futur roi savait que, pour bien gouverner, comptaient avant tout prudence, « sagesse » et expérience[3].

L'apprentissage du métier ne fut pas, et de loin, seulement théo-
rique, inspiré par les meilleurs analystes du jeu. Rarement fils du
roi fut si souvent sur la brèche, associé aux affaires et affronté à
tant de difficultés. Dès son plus jeune âge, il suivit son père aux
armées, dans les bonnes villes du royaume, parfois réticentes, mal
soumises même, en tout cas peu décidées à délier les cordons de
leurs bourses. Agé de neuf ans, il l'accompagna à travers la France
entière en de véritables chevauchées, notamment en plein cœur
de l'Auvergne et dans le Midi languedocien : équipées qui
n'avaient rien de marches triomphales ou de parties de plaisir,
mais hâtives, inconfortables, de château en château ou dans les
camps des troupes. Il siégea à ses côtés lors des assemblées d'états
pour leur arracher des consentements ou des subsides. Ce ne fut
certainement pas une jeunesse dorée et pas même les promesses
d'un avenir sans ombres.

Ce temps d'apprentissage, vite troublé par la méfiance et le
soupçon, n'était en rien l'exploitation toute simple d'un héritage
brillant, mais temps des épreuves pour reprendre le pays en main,
s'imposer face aux partis et aux princes rebelles, affermir une
autorité vacillante, contestée, sortie bien pâle et sans grand ressort
de la guerre civile, des absences et de l'éloignement. Le besoin
impérieux de rétablir des certitudes et des fidélités fut le lot de ces
années d'adolescence où le dauphin ne voulait pas être spectateur,
attentif à prendre leçon, mais acteur sur le devant de la scène,
déjà maître d'œuvre, appliqué à miser et s'engager. Nul doute que
l'ambition, son désir de se tailler une part du pouvoir, l'aient
conduit à mieux apprendre comment se garder des autres, à jouer

le meilleur jeu, à ourdir déjà de belles et subtiles intrigues et, surtout, à s'entourer d'une forte clientèle. En ce sens, la Praguerie de
1440, non la première des révoltes des princes mais la seule où un
fils du roi se soit délibérément impliqué, fut source d'enseignements. Nous savons quel profit il en tira, un quart de siècle plus
tard, lorsqu'il dut, à son tour, faire face à la ligue du Bien public
et réussit à l'emporter, bien plus par l'art de dénouer les alliances
que sur les champs de bataille.

La rupture avec son père l'a mené en Dauphiné qu'il gouverna
seul, en prince quasi souverain. Ce fut, dans des conditions forcément difficiles, voire hasardeuses, à nouveau un dur et sérieux
apprentissage : réorganisation des rouages administratifs, installation de fidèles, démarches et gestes de séduction à l'adresse d'un
« pays » qui restait naturellement attaché à ses traditions et à ses
hommes de pouvoir. Dans une large mesure, il réussit et, certainement, a beaucoup appris au cours de ces années de semi-exil. Plus
tard, à Genappe et cette fois tenu loin des affaires de France
comme un proscrit, il n'a cessé pourtant de s'en préoccuper, d'intervenir en nombre d'occasions, de s'imposer en somme contre les
conseillers du roi. Il pouvait aussi, et ne s'en est pas privé, s'introduire dans les affaires de Bourgogne, cultiver des amitiés, prendre
parti dans la querelle entre Philippe le Bon et son fils Charles.
Aussi l'histoire offre-t-elle, en France du moins, peu d'exemples
d'un homme d'Etat appelé au pouvoir si bien préparé par une
si longue et si diverse pratique. Non par le simple et routinier
apprentissage du fonctionnement des institutions, mais par une
solide expérience de l'art de mener les hommes, de briser les résistances, de séduire et gagner leur consentement.

I

Le roi sur les routes

I. Itinéraires et logis

Les derniers rois capétiens, à partir de Philippe le Bel, et les premiers Valois étaient, hors les temps des campagnes militaires, des hommes plutôt sédentaires, installés dans leurs palais, principalement à Paris, pendant des semaines voire des mois entiers. Près du Louvre, les princes et quelques grands seigneurs avaient fait construire ou acheter des hôtels où ils se logeaient lors de fréquentes visites et où résidaient leurs hommes de confiance, leurs avoués et fondés de pouvoir. Charles V qui, les troubles de 1357 enfin surmontés, tenait Paris fermement en main, aidé par le prévôt Hugues Aubriot, fit de la ville et des châteaux des environs sa résidence préférée. Pendant plusieurs années, été comme hiver, il ne quitta pas la région toute proche ; on le vit séjourner au Louvre, à Saint-Pol, à Vincennes ou à Saint-Germain ; Maubuisson, Pontoise, ou encore Senlis, Compiègne, Melun, parfois jusqu'à Milly ou Fontainebleau, mais jamais plus loin [4].

Charles VII, chassé de Paris en son temps de dauphin et se gardant d'y retourner, avait inauguré une autre façon de gouverner et conduisit sa cour et son Conseil en maints endroits. Le voyage en Languedoc, en 1437, l'avait tenu absent plus de deux mois. Pour Louis XI, cela devint la règle. Il savait qu'il devait être sur place, se montrer, parler de vive voix, s'imposer et prendre vite des décisions. A bonne école au temps de ses premières apparitions publiques comme dauphin, toujours en route, s'imposant semaine après semaine un rythme tendu, il s'est vite gagné une réputation de cavalier et de voyageur inlassable. On le savait capable d'accourir là où il fallait.

Le suivre pas à pas, jour par jour, n'est pas aisé, car « il n'y a pas de prince moins sédentaire que Louis XI ». Les savants érudits qui ont reconstitué ses itinéraires[5], se sont, pour une large part, appliqués à rechercher et noter les lieux d'expédition des lettres royales, heureusement fort nombreuses. Des lacunes subsistent cependant, parfois pour plusieurs mois de suite. De plus, le roi ne se faisait pas toujours suivre de ses secrétaires. Lors de ses parties de chasse notamment, qui pouvaient le mener fort loin, les lettres datées de ces jours-là, écrites selon des instructions données avant de partir et marquées tout de même de son « signet », portaient mention du lieu où était demeuré son « cabinet ».

Quoi qu'il en soit, ces *Itinéraires*, incomplets et parfois incertains, le montrent, de 1461 à 1483, ne rester longuement dans la même ville ou le même château qu'en de rares occasions : à Bordeaux en mars et avril 1462 pour préparer l'entrevue de Bayonne ; à Paris de façon tout à fait exceptionnelle, en janvier, février et mars 1465, mais avec quelques visites au-dehors, à Notre-Dame-de-la-Victoire surtout, près de Senlis ; à Lyon enfin, du 6 mai au 26 juin 1476, pour y rencontrer le roi René et Giuliano della Rovere, neveu du pape. L'hiver, généralement, n'était pas un obstacle. En décembre 1461, ses maîtres de l'Ecurie ont assuré le transport des chariots et aménagé les logis de Tours à Amboise, Montils-lès-Tours, Amboise encore et Tours. En décembre de l'an suivant (1462) : d'Amboise à Tours et Poitiers ; en janvier 1463 : de Poitiers à Notre-Dame-de-Celles (Celles-sur-Belle, Deux-Sèvres aujourd'hui), à Saintes, La Rochelle, Notre-Dame-de-Souliac (Gironde), Castelnau-de-Médoc et Bordeaux. L'hiver suivant (1463), en décembre, le roi logeait à Abbeville, au Crotoy, puis Eu, Abbeville de nouveau, Saint-Riquier, Nouvion-en-Ponthieu, Abbeville et Mareuil près de là. Déjà affaibli, dans l'hiver 1480-1481, il poursuit ses voyages et ses visites : de Bonaventure, maison des bois près de Chinon, il se rend à Saint-Martin-de-Candes, au Plessis, au Puy-Notre-Dame près de Saumur, à Tours, Amboise et au Plessis en décembre ; à Châtellerault, Poitiers et aux Forges près de Chinon en janvier. Ce n'est qu'à la fin de sa vie, très malade et vieilli, qu'il prend vraiment ses quartiers d'hiver sans beaucoup se montrer sans doute : à Thouars de décembre 1481 à janvier 1482, à Tours et au Plessis l'hiver suivant.

Il ne se plaisait pas à demeurer en place pendant de longues semaines et ne gouvernait pas de cette façon. Mises à part les haltes prolongées par les contraintes des négociations diplomatiques ou par l'âge et la maladie, il n'a cessé d'aller et venir sans jamais prendre goût à s'attarder. Ainsi dans l'été 1464 : il quittait Paris pour Senlis le 1er juin, était à Compiègne le 3, à Roye le 5 ; du 6 au 9, il logeait au château de Louhans-en-Santerre près de Péronne, puis à Amiens (du 10 au 18), à Louhans près de Doullens (du 17 au 20), à Doullens même les 21 et 22, à Saint-Paul-sur-

Ternoise le 23, à Hesdin du 24 au 26, à Dampierre enfin jusqu'au dernier jour du mois. En juillet, il se fit héberger à Hesdin, Abbeville, Dieppe, Rouen, Arques et Mauny près de Rouen. (Voir carte n° 1, p. 383.)

Dix ans plus tard, l'an 1475 ne marque aucun signe de fatigue ni de changement dans les habitudes d'un prince que l'on voit toujours aussi souvent et aussi longtemps sur les chemins. Après ce séjour inhabituel à Paris, de janvier à mars, il quitte la ville début avril pour les Hanches près de Maintenon, Vernon, Pont-Sainte-Maxence, Creil, Notre-Dame-de-la-Victoire près de Senlis. Ses officiers de l'Hôtel lui ont, en mai, préparé pas moins de douze logis : à Tronchoy (dans la Somme), Roy, Beuvraignes près de là, Bray-sur-Somme près de Péronne, Corbie, Amiens, Senlis, Notre-Dame-de-la-Victoire, Compiègne, Noyon, Creil et Rouen. Puis Honfleur, Dieppe, le pays de Caux et Ecouis (dans l'Eure) en juin ; le pays de Caux, Senlis et Beauvais en juillet ; Creil, Compiègne, Notre-Dame-de-la-Victoire et Amiens en août. Ainsi jusqu'aux approches du mauvais temps, lorsqu'il se retrouve, le 24 novembre, au Plessis, mais fait tout de même trois voyages avant la fin de l'année, dont un à Saint-Florent près de Saumur. En février, il va à Bourges, en mars au Puy-en-Velay, à Valence, à Saint-Marcellin (dans l'Isère) et à Lyon. Au total, en une pleine année, du début avril 1475 au 31 mars 1476, l'on compte pour le moins, car tous ne sont pas connus, quatre-vingts gîtes différents. (Voir carte n° 2, p. 384.)

L'annonce de la mort de Charles le Téméraire, en janvier 1477, le conduit à de nombreux et lointains déplacements, tant pour rallier les gens d'Artois que pour organiser l'offensive. Il n'établit pas de quartier général où il recevrait les nouvelles et d'où il donnerait ses ordres, mais visite, chaque mois, cinq à neuf endroits différents et ne passe, en tout et pour tout, que trois jours dans Paris. Ce n'étaient pas d'agréables promenades ; il allait vraiment sur le terrain, en toute hâte souvent, répondant au coup par coup, au plus pressé et dans des conditions d'hébergement forcément précaires.

Se montrer prêt à agir, visiter les sujets là où ils l'attendaient, conduire l'armée, prendre toutes sortes de décisions, le roi bien sûr y veillait et, pour cela, s'imposait ces chevauchées. Nul doute pourtant qu'il se donnait d'autres buts, moins immédiats : être souvent et longtemps présent hors du domaine royal, non pour se faire simplement recevoir et, avaricieux, économiser des frais de bouche, mais pour que les princes, les seigneurs et le « populaire » aient bien conscience que le roi était là chez lui. S'il ne s'est pas, hors la malheureuse entrevue de Péronne et les campagnes militaires, beaucoup risqué en Bourgogne, ses longs et fréquents séjours dans le Val de Loire méritent attention et peuvent être interprétés d'autre façon que ne le suggèrent communément la plupart des auteurs du temps et même les historiens par la suite. Il se plaisait certes au Plessis, à Tours, à Loches, ou à Chinon, et nous sommes menés à penser que tous les gîtes des pays de Loire répondaient toujours aux mêmes intentions très ordinaires : se tenir loin de Paris, profiter d'une vie simple, loin des tumultes, sur des terres et dans des cités qu'il aimait entre toutes. C'est oublier d'autres étapes et d'autres demeures, non de pur hasard mais choisies à dessein.

Faire, pour tout le règne, le compte de ses résidences, montre à l'évidence qu'il ne marque aucune préférence pour la Touraine du domaine royal : environ vingt-cinq lieux différents cités en Touraine, contre vingt-cinq aussi dans le duché d'Orléans et un peu moins, une vingtaine, pour l'Anjou. En 1466, venant de Chartres, il arrive à Orléans le 20 février et y reste sans interruption jusqu'au 2 mars. Il part alors pour Jargeau, puis passe les fêtes de Pâques à Orléans (le 6 avril), loge ensuite encore à Jargeau, à Meung-sur-Loire, Orléans, Artenay. Tout le mois de mai, il séjourne à Meung-sur-Loire ou à Beaugency ; en juin et juillet, la plupart du temps, à Montargis ; en août à la Motte d'Egry (Egry, Loiret) pour chasser. Finalement, après de multiples et longs séjours à la Motte, Montargis, Angerville-la-Rivière et surtout Orléans (novembre), il ne quitte les terres du duché d'Orléans, pour aller à Mehun-sur-Yèvre, que le 22 ou le 23 décembre 1466. Il y est resté dix longs mois, sans jamais rejoindre le domaine royal. Visiteur indésirable, ou comblé d'attentions ? En tout cas, visiteur obstiné. (Voir carte n° 3, p. 385.)

En 1468-1469, Alexandre Sestre, argentier, recevait cinq cents livres pour ses gages d'un an et, par ailleurs, sept cents tant pour ses voyages et ses chevaux que « pour advencement d'argent, guidages, pertes de finance et changements de monnaies ». Le chambellan, que le clerc nomme simplement Etienne, touchait, en plus de ses gages réguliers, trois cent soixante-quinze livres « pour ses voyages et chevaux[6] ». D'autres « mises », toutes notables, se rapportaient aux salaires des charretiers, aux achats de « coffres, malles, bahuts et autres choses desdits mestiers » effectués, pour la plupart, par Jehan Valette, « voiturier suivant la cour[7] ». Les clercs comptables de l'Hôtel ne cessaient d'aligner, chaque mois, les dépenses engagées par les valets d'écurie et par les fourriers : pour un chariot de quatre roues « tout neuf ferré et tout prest » réservé à la tapisserie et à la garde-robe du roi[8], pour deux grands bahuts de cuir de vache achetés à Jehan Boissier « faiseur de coffres demeurant à Loches[9] ». Cinq chevaux tiraient le chariot

« où estoient les habits des chambellans et des valets de chambre [10] », cinq autres, menés par deux charretiers, un autre chariot chargé des armures du roi, et cela montait, pour un seul voyage, à une dépense de six cent trente livres [11].

C'étaient de vrais déménagements. Un valet de fourrière dut embaucher, pendant quatre mois, trois hommes et trois chevaux pour conduire, partout « où allait le roi », trois châlits de camp pour son logis [12] ; pour leur part, deux charretiers menèrent un autre chariot, celui « des letz des chambres des valets de chambre du roi », ainsi que la cuve pour le baigner, « et aultres choses nécessaires », de logis en logis pendant deux mois [13]. Enfin, un Martin Guerrier reçut cinquante sous pour avoir, sur son cheval, porté l'horloge pendant dix jours [14].

Les « passages » et séjours donnaient peut-être plus d'emploi encore aux charpentiers, fabricants de bateaux, et aux nautoniers. Ils veillaient, constamment sollicités mais, semble-t-il, bien payés, à entretenir sur la Loire et les rivières de Touraine ou d'Ile-de-France une véritable flotte. Le roi en usait, non seulement pour des parties de plaisir, simples divertissements, ou pour « passer l'eau » avec sa suite lors des grandes parties de chasse, mais aussi pour de véritables voyages, sur de longs parcours. En octobre 1478, un nautonier a, pendant quinze jours, avec vingt-cinq hommes, ramené de Tours à La Ménitré un grand bateau et deux petits « qui estoient pour sonder l'eau devant ledit bateau » ; un autre a conduit, avec douze mariniers, le « bateau de retrait » du roi et deux autres nautoniers furent défrayés pour avoir mené « ung basteau neuf ouquel ledit seigneur avoit fait faire une maison de bois » [15]. Quelques semaines plus tard, le receveur dédommageait un écuyer de cuisine qui s'était entremis pour faire construire une « galeote » destinée à la rivière de Loire, avait acheté les cordages et les avirons, et aménagé « une maison de bois toute chambrillée assise dedans ladicte galeote », maison éclairée par trois belles verrières de chacune trois pieds de large [16]. Le même clerc notait aussitôt après le prix d'une autre maison de bois, celle-ci sur le « chaland » du roi, de deux toises de long et une toise et demie de large, avec cheminée, deux châssis de bois vitrés, une table, des tréteaux et des escabeaux [17].

Au printemps de 1479, Louis est allé, sur l'un de ces bateaux ou « chalands », de Corbeil à Paris et, de là, à Louvres près de Senlis puis, sur un autre, d'Orléans à Clergy et à Beaugency [18]. L'an 1480, il a fait acheter un grand bateau à Rouen qui, mené d'abord à Pont-de-l'Arche, fut ensuite, tiré par six chevaux que l'on changeait de quatre lieues en quatre lieues, conduit à Nogent-le-Roi. Guillaume Pany, sergent du roi à Paris, fut chargé de « faire les commandements aux gens des villaiges » pour qu'ils « habillent » les chemins de halage et « rompent » les ponts et écluses afin que ce bateau, où était le roi, puisse passer. Un autre suivait avec la garde-robe « et autres gens »[19].

Ces déplacements, quasi incessants, ne facilitaient pas la tâche des fournisseurs. Une commande passée dans leur ville, alors que le roi s'y était arrêté quelques jours, devait, le travail fini, être confiée à un voiturier qui s'efforçait de la livrer, suivant en quelque sorte le roi à la trace, jamais assuré de le rejoindre là où on lui avait dit d'aller. Les mises de l'Hôtel, celles de l'Écurie surtout, étaient aggravées par les frais qu'entraînaient ces courses de lourds chariots à la poursuite du client royal. Les valets ou les charretiers en rappelaient les mauvais hasards et ne manquaient pas, pour justifier les salaires, de noter toutes les étapes de ces longs voyages. Jehan Hulot, brodeur, a fait conduire « sur chevaux de sommage » les jaquettes des trompettes du roi de Chartres à Nogent-le-Roi, puis retour à Chartres et, de nouveau, départ pour le pont de Saint-Cloud, où elles furent enfin livrées pour que les hommes puissent les porter lors de l'entrée dans Paris. Guillaume Baudet, plumassier, a fait de même, par voituriers et chevaux, pour mener ses matelas et ses tentures de Tours à Chartres et à Paris, puis Chartres et Saint-Cloud. Jehan Valette, « proviseur de l'escurie du roy », se fait, lui, rembourser les frais d'une autre expédition, contrariée en plus d'un moment : vingt-deux jours pour charrois, coupés d'étapes parfois impromptues, d'incertitudes, de départs précipités, pour porter les draps de parement, les mors, brides, couvertures à chevaux et « autres besongnes de l'écurie » de Paris à Compiègne, Roye, Villers-Bretonneux, Corbie, Amiens, Albert, Saint-Pol, Hesdin, Dieppe puis de nouveau Hesdin, Dampierre, Neuville près d'Arques, Rouen et Dieppe enfin[20].

Le roi, presque toujours, se faisait suivre par d'impressionnants bagages, tapisseries, tentures, draps et châlits. S'y ajoutaient quelques petits meubles, ses livres, une ou deux cages pour les oiseaux, et ses lévriers bien souvent. Et même une horloge : « à Jehan de Paris, horloger, pour une orloge où il y a un cadran et sonne les heures... laquelle ledit seigneur a fait prandre et acheter de luy pour porter avec luy par tous les lieux où il yra »[21].

Ces déplacements, dictés par la volonté d'être toujours au plus près, capable de régler les affaires sur le coup, imposaient de dures servitudes car le roi n'avait pas loisir de choisir, pour chaque étape, de bonnes et accueillantes demeures. L'imaginer allant de château en château, ou de l'hôtel d'un riche notable en un autre, partout dignement reçu, ne manquant de rien et se voyant offrir, pour ces visites soigneusement préparées à l'avance, ce qu'il y avait de mieux serait trahir une réalité sans doute plus prosaïque. Nous le croyons plutôt contraint de se fier au hasard et de profiter de toutes les occasions. En 1475, passant par Valence pour se rendre à Notre-Dame du Puy, il avertit ses fourriers « qu'il avoit dans ceste ville là un bon amy chez qui il vouloit logier et que, s'il n'avoit pas de quoy payer la despense qu'il feroit, cet amy lui en feroit présent et le nourriroit pendant trois jours ». Au vrai, nous le voyons souvent occuper des logis fort modestes, choisis selon l'avance en chemin, sans que rien n'ait été vraiment préparé, et qui n'offraient souvent que des aménagements sommaires. Parti de Thouars le 4 ou le 5 avril 1470, le roi n'est arrivé à Saumur que le 30 du mois, vingt-six jours plus tard, après s'être arrêté en dix-neuf lieux différents. Ses lettres sont alors datées de bourgs et de villages (Celles-en-Poitou, Limon [près de Curçay, Vienne], les Chasteliers, Saint-Antoine-de-la-Lande, Samarcolles, Azay-le-Brûlé) ou d'églises et de monastères (abbaye de la Ferrière, le Puy-Notre-Dame, Notre-Dame-de-Fonblanches, Notre-Dame-de-Celles, et même de simples étapes mal définies, les clercs ou secrétaires se contentant de noter : « entre La Ferrière et Houars » ou « entre La Barre et Guillotière »[22].

Ces logis, souvent, devaient être nettoyés de fond en comble et, pour certains où le roi s'attardait plus d'un jour, comme refaits à neuf. Les fourriers s'y employaient de leur mieux mais ils avaient beaucoup à faire, appelant au travail nombre d'ouvriers, de tous les corps de métier. Guillaume, valet d'écurie, présentait, en fin de compte, aux clercs de l'Hôtel une note de soixante-quinze livres « pour le faict de ses logeiz [du roi] en plusieurs lieux où il a esté », du 24 mai au 30 juin 1480 ; il a payé des charpentiers, menuisiers, maçons, « manœuvres et autres », acheté des bois en long, de la chaux, du plâtre, des ferrures et des clous ; au logis de la Cure (Curée) en Gâtinais, il a fait « dresser une viz à monter es chambres », placé mille nouvelles tuiles pour couvrir les petits toits des lucarnes et douze mille sept cents carreaux pour carreler trois grandes chambres et la chapelle. Au total, furent comptées quarante journées de charretiers pour mener ces matériaux de Montargis à Châteaudun, douze journées « pour oster les fiens [boues] et pierres qui estoient en la cour et alentour de la maison », et encore cent sept journées de charpentiers et menuisiers, cinquante de maçons qui se firent rembourser le prix de quatorze mains de papier « à faire chassis de fenestres et gallefeutier »[23]. Pour le logis de Vincennes, on fit venir de grandes quantités de bois longs « à faire huys, fenestres, solliveaux, chassis, tables et tresteaux » et aussi des ferrures, clés et barres de fer à mettre aux portes[24]. Cette même année 1480, en sa maison du Bel Ebat, non loin d'Orléans, l'on s'employa à « habiller et mectre au point une des chambres dudit lieu où le feu avoit esté », on y mit plusieurs vitres neuves et un « paliz de bois de 40 toises de long tout autour de la maison »[25]. Quelques jours plus tard, un vitrier d'Orléans fut appelé pour placer des vitres et « habiller les vieilles » de la chambre du roi à la Motte d'Egry[26]. Bois, chaux, sable et vitres furent encore, en août et septembre, transportés pour des travaux aux logis, occupés chacun peu de temps, de Saint-Germain-de-Hyères en Beauce, Cléry, Angers et le Puy-Notre-Dame[27] ; de même pour ceux des Forges et de Bonne Aventure, tous deux près de Chinon[28].

Aux Forges, dix hommes furent employés à « fenestrer de chanvre le long du mur de retrait au logis » ; d'autres à étendre « des rais de corde à prendre les corneilles et chouettes » ; et le portier se fit verser soixante-dix livres pour une maison de bois, en la forêt, « pour logier les pourceaulx (sangliers)[29] ». A Bonne Aventure, un marchand de Chinon a fourni draps, linges, puis cuirs, colle et papier pour calfeutrer les fenêtres[30]. Pour Cussé-sur-Loire, toujours en 1480, au mois de décembre, le valet de fourrière a embauché maçons et charpentiers et acheté huit pièces de bois long et quatre membrures « à faire chalits, huys, fenestres, croisées de bois, et chambriller les chambres alentour les chalits[31] ». Au printemps suivant et bien loin de là, un menuisier et un serrurier de Pontoise se font payer quarante-cinq livres, somme pas du tout négligeable, « pour garniture de certains huys et fenestres en quatre chambres neuves du corps du logis du roy aux Hayes », comprises les serrures et les barres[32].

Bonaventure, Cussé, les Hayes, n'étaient que des maisons des champs et des bois, sans doute oubliées depuis quelque temps et qui, faute de soins, faute peut-être d'un « concierge » établi à demeure, exigeaient de sérieuses remises en état. Mais de grosses réparations, des aménagements en tout cas, travaux aux fenêtres et portes surtout, s'imposaient en toutes circonstances, y compris pour les maisons des villes. Deux serruriers se sont fait payer neuf semaines de salaire « pour avoir esté par tous les logis où le roy a esté pendant son voyage à Poitiers », dans l'été 1480[33]. Ces logis n'étaient certainement pas trop mal en point, tant à Poitiers qu'en d'autres cités où la suite royale occupait soit un château, soit l'hôtel d'un bourgeois. Pourtant, à Poitiers de nouveau, cinq menuisiers, trois charpentiers, quatre maçons, deux serruriers et un drapier, tous demeurant dans la ville, ont œuvré plusieurs journées à faire les châlits, les fenêtres et les lucarnes aux hôtels du seigneur de Rochefort, du seigneur de Villedieu et du chantre de Saint-Hilaire, où le roi avait, tour à tour, élu domicile[34]. Il alla aussi loger en un autre hôtel, celui de François Bourdin, et, là, il en coûta soixante-cinq livres à son clerc receveur en achats de bois et en main-d'œuvre pour « habiller les dits logis[35] ». Au retour, l'on défraya Eymer Cane, bourgeois de Châtellerault : les valets du roi y avaient, « en faisant le logis », rompu quelques meubles [36].

2. MESSAGERS ET CHEVAUCHEURS

Gouverner par ordres mandés au loin n'était certainement pas chose nouvelle. Nous avons beaucoup exagéré les difficultés et les lenteurs des communications en cette sombre période du Moyen Age, où les hommes ne connaissaient pas encore les bienfaits des progrès techniques qui font notre bonheur. C'est mal voir. Les marchands traitaient, par échanges de lettres, des affaires en des pays très éloignés de chez eux, et recevaient de leurs correspondants établis sur les autres rives des mers, la Méditerranée, la mer du Nord et la Baltique notamment, quantité de renseignements sur le cours des marchandises et sur les cargaisons des navires en partance. Dans les années 1300 déjà, les compagnies florentines installées dans Avignon avaient mis sur pied de remarquables liaisons avec leurs sièges de Florence. Une ou deux fois par semaine, plus souvent en cas d'urgence, des courriers portaient l'escarcelle (la « scarcella ») chargée d'ordres de paiement et de lettres de change, de mercuriales aussi. La transmission, rapide et exclusive, des nouvelles était alors objet de soins attentifs, et son exploitation une véritable obsession [37].

Peut-on imaginer qu'il en fut autrement en politique et tenir le roi ou les princes pour moins bien servis, incapables de maîtriser de tels procédés ? La plupart d'entre eux devaient administrer des territoires dispersés, souvent distants les uns des autres. Ne serait-ce que pour se faire obéir, force leur était d'écrire, même de loin. De Charles d'Anjou, comte de Provence puis roi de Naples, nous sont restés un grand nombre de lettres et actes divers, plus de onze cents au total, expédiés de 1257 à 1284 à ses officiers ou à ses conseillers d'Anjou et de Provence de différents lieux, de Florence ou de Rome, de Naples ou de Capoue, de châteaux et bourgs d'Italie méridionale [38]. Les papes d'Avignon ont, eux aussi, mis sur pied une remarquable organisation dépendant de la Curia apostolique [39]. Un demi-siècle plus tard, mais tout de même bien avant l'avènement de Louis XI, les registres comptables tenus par les receveurs généraux des ducs de Bourgogne, Philippe le Hardi puis Jean sans Peur, réservaient deux chapitres aux dépenses de courrier : l'un aux « Ambassades, voyages et grosses messageries », l'autre aux « menues messageries ». Ce n'étaient pas petites mises : trente mentions en un an (juin 1413-juin 1414) pour Jean Uten Hove, receveur pour la Flandre et l'Artois, et cinquante quelque temps plus tard (novembre 1416-juin 1418) pour son successeur, tant pour les chevaucheurs que pour les « messagers de pié »[40].

Si Louis XI n'a rien inventé, si le fameux édit de 1471, où l'on a voulu voir la naissance d'une véritable poste royale, semble être un faux[41], il reste qu'il a toujours porté une sévère attention aux expéditions, qu'il voulait rapides et sûres. L'an 1470, pas moins de huit chevaucheurs ordinaires de l'Ecurie figurent sur l'état des gages de l'Hôtel et, au mois de juillet, l'un d'eux, Philippe de Lamotte, percevait près de trente livres « tant pour luy ayder à vivre et avoir des chevaux que pour la récompense de plusieurs voyaiges qu'il a faicts en toute diligence tant en Normandie devant l'amiral de France que en autres lieux[42] ». Les receveurs et « miseurs » de la Chambre du roi consacraient le plus clair de leur temps et de très nombreux feuillets de leurs registres comptables à noter les sommes versées à ces chevaucheurs de l'écurie, aux sergents d'armes ou « poursuivants », pages, clercs et notaires, abbés parfois, porteurs de lettres closes ou d'instructions. Soit, par exemple, près de cent cinquante voyages du 11 novembre 1469 à fin octobre 1470 pour, en tout, trois mille quatre cent soixante-dix-neuf livres, et à peu près autant l'année suivante[43]. Chacune de ces « messageries » était l'objet d'une attentive description, en une dizaine de lignes : nom et qualité du chargé de mission, date, lieu de départ, destinataire, nature des lettres (« sur le fait de... »). Le cas échéant, on ne manquait pas de rappeler que telle ou telle avait été commandée de nuit et « à toute diligence ». Certains chevaucheurs devaient partir assez mal informés de leur but (aller « où que soit » l'amiral, le gouverneur, le sénéchal...) et devaient cependant rapporter la réponse.

En 1477, le roi établit dans tout le royaume des relais pour les chevaucheurs et les chevaux, entretenus et surveillés. Et deux ans plus tard, en octobre 1479, Robert Paon, « contrôleur général des chevaucheurs », mettait en place des postes distants de sept lieues en sept lieues, ou à très peu près, chacun disposant de plusieurs chevaux et d'un homme employé à parcourir toujours le même trajet, dans l'un ou l'autre sens. C'est alors que les missives envoyées de Tours atteignaient Bordeaux ou Amiens en moins de vingt-quatre heures[44].

Gouverner était donc, pour Louis, écrire à tout propos et faire vite connaître sa volonté, aussi loin que soient ses officiers. Ne pas lésiner à donner de constantes, multiples et précises informations, de façon que les habitants aient souvent la certitude de participer, du moins de se savoir concernés, entendus. Sur ce point, il fut comme un modèle de perfection, jamais avare. Sa correspondance, publiée de 1883 à 1909, compte dix volumes et ce ne sont, évidemment, que des lettres rassemblées par les auteurs de ces recueils en différents fonds épars et conservées jusqu'à nos jours par pur hasard[45]. Elles ne représentent certainement qu'une partie, mineure sans doute, de celles qui furent, au long du règne, écrites et expédiées. D'autres fonds restent à découvrir, soit dans les archives de nos villes, soit à l'étranger, plus particulièrement en Italie, à Milan, Florence et Rome[46]. Le besoin de dicter ses décisions et instructions, de veiller à leur exécution, d'établir de nouveaux officiers en telle ou telle charge, de peser sur les délibérations des conseils municipaux ou des chapitres cathédraux ou abbatiaux, de diffuser les nouvelles des victoires, dire la félonie et le déshonneur des ennemis, tout cela fut au cœur de ses préoccupations. Ainsi entendait-il exercer son métier de roi.

Il s'est entouré d'une nombreuse et remarquable équipe de « notaires et secrétaires », qu'il avait changée du tout au tout à son avènement, ne gardant aucun de ceux de son père. Hommes instruits, efficaces, capables de rendre les services les plus divers, il leur faisait confiance et ils furent les précieux auxiliaires d'une politique fondée sur un sévère contrôle de ce qui pouvait être entrepris et mené à bien dans le royaume, fort loin même de la résidence royale du moment qui, on le sait, allait d'un lieu à l'autre, à un rythme qui ne devait pas faciliter les choses. Certains de ces secrétaires chargés de régler eux-mêmes des situations délicates, ou, parfois, d'accomplir, de façon expéditive et secrète, des besognes que tous les conseillers n'avaient pas à connaître sont devenus riches et puissants. Tel Nicole Tilhart, Normand de la région de Saint-Lô, érudit, ami des arts et des lettres, maître d'un grand domaine acquis par grâce du roi, qui finit sa vie contrôleur des finances des trois sénéchaussées du Midi languedocien[47]. Et pourtant ces hommes influents, souvent de précieux conseil, qui devaient bien, en plus d'un moment, peser sur les décisions, ne suffisaient pas à la tâche. Brantôme qui, des années plus tard, trouva dans « le trésor de sa maison » une bonne centaine de lettres adressées à son aïeul Jacques de Beaumont, seigneur de Bressuire, dit que nombreuses étaient celles qui ne portaient aucun sceau, aucune signature habituelle de secrétaire. Le roi devait donc, en voyage, volontiers dicter ses lettres à des clercs ou des notaires « qu'il rencontrait aux lieux et villages d'où il escrivoit[48] ».

II

Dans la main du maître

1. LES HOMMES DU ROI

Il ne pouvait veiller sur tous les chargés d'offices, innombrables, mais il voulait tous les connaître, savoir ce qu'ils valaient, et exigeait d'eux une obéissance absolue, sans retenue ni retard : « je vous assure que je ne suis point content de vous... faites en sorte que tout soit fait et vite pour me satisfaire, que je n'en entende plus rien dire », et « s'il y a faute, vous ne me servirez plus une heure », et « j'arrête les gaiges que vous avez de moy », « et craignez de me déplaire car vous sauriez ce qu'il en coûte » ; ou encore : « et surtout que doutés me déplaire, vous advisant que si faulte y a le cognoistrés par effects » [49].

Il se réservait à tout moment le soin de fixer leur carrière et leur destin, les utilisait à son gré et se refusa à laisser quiconque maître de telle ou telle fonction, et moins encore titulaire à vie d'un office. Ses gens œuvraient où et quand il les convoquait, et il n'était alors nul corps vraiment constitué où des hommes se voyaient maintenus d'échelon en échelon, ou de lieu en lieu. Les « amis et fidèles » étaient bons à tous travaux, allant vite d'une mission à l'autre, et parfois d'une façon si brutale qu'elle choque évidemment nos habitudes d'aujourd'hui : de sénéchal ou bailli à procureur ou commissaire du roi lors des procès, d'agent des finances à ambassadeur. Communément, tel maître de l'Hôtel royal, ou tel conseiller bien en cour, ou encore tel sénéchal, était appelé à conduire une armée en pleine campagne, fort loin de sa résidence ordinaire et de sa fonction.

Louis XI s'appuyait sur ces gens fidèles et dévoués, toujours menacés de disgrâce, mais noyau dur de l'appareil politique. Ils formaient la plus grande partie et la plus stable du Conseil royal, organe de concertation qui préparait et orientait nombre de décisions. Le roi y convoquait qui il voulait, mais alors que certains, de très loin les plus nombreux, n'y faisaient que de rares apparitions, d'autres y étaient toujours appelés, dès que disponibles. Sur 462 membres du Conseil connus pour tout le règne, 183 ne sont mentionnés qu'une seule fois et 119 autres n'ont siégé que pendant trois années, pour huit ou dix sessions, tandis que les favoris, proches et confidents du maître, étaient présents à trente, cinquante, jusqu'à soixante-huit séances [50].

Le roi Louis soucieux de tout voir et de décider de tout ? Cela ne fait aucun doute, mais ce n'était pas seulement par nature, par un de ses traits de caractère. Les formes de gouvernement, la structure politique du royaume, un certain consensus même l'y conduisaient. Le pays semblait bien s'accommoder d'une centralisation administrative de plus en plus marquée. L'appel au roi était devenu pratique ordinaire, non en appel vraiment mais en première instance. D'autre part, les Français voyaient communément dans les décisions prises en Conseil royal, ou par le Parlement, ou par le roi lui-même, un bon et efficace recours contre celles des baillis et sénéchaux, prévôts et officiers des finances, suspects d'abus de pouvoir ou d'arbitraire. Un simple examen des quatre grands et épais volumes des Ordonnances royales du règne montre que les gens de toutes conditions, les seigneurs fonciers, les chevaliers, les bourgeois et notables, et les communautés d'habitants surtout, n'hésitaient pas à se tourner vers le roi qui seul pouvait les mettre à l'abri de poursuites, tracasseries, remises en cause par les agents du lieu. Rien ne se faisait et rien ne s'établissait de solide s'il n'en n'avait donné l'autorisation formelle, et cette opinion semble alors si bien partagée que ces ordonnances détaillent avec le plus grand soin la façon dont on devait exercer tel métier, tenir une foire ici et un marché ailleurs, à quel moment de l'année et pour combien de jours, ou encore lever telle ou telle taxe.

Par crainte ou par « suspicion » d'outrepasser ses droits et de voir le prévôt ou le bailli saisir l'occasion de sévir ou exiger une insupportable compensation, chacun s'adressait au maître souverain. Qui, effectivement, s'intéressait à tout, ne trouvait rien indigne de délibération, et parvenait à se tenir informé de tout. L'idée, ordinairement admise, d'un royaume où les pouvoirs se trouvaient mal définis et les frontières entre bailliages ou sénéchaussées très imprécises et fluctuantes, souvent contestées, est à revoir. Depuis plus de deux siècles, depuis au moins les célèbres Enquêtes de Saint Louis en 1247, les circonscriptions politiques et les juridictions faisaient preuve d'une remarquable fixité. Les bailliages étaient toujours formés des mêmes châtellenies qui remontaient à un lointain passé. Celles des petits seigneurs étaient certes, très souvent, formées de terres dispersées, voire éloignées les unes des autres. Celles du roi ne se présentaient pas toutes non plus d'un seul tenant : en Ile-de-France, la châtellenie de Pontoise possédait des biens à dix lieues de là, en Picardie, et celle de Pier-refonds donnait image d'un « archipel dominé par une importante île centrale ». Mais ces enchevêtrements et le grand nombre d'en-claves ne voulaient pas dire incertitudes. Le nombre de paroisses était, pour chaque circonscription, parfaitement connu et ne variait pas. Les « élections », entités fiscales fondées au XIVe siècle, évoluaient peu ou pas du tout, généralement calquées sur les dio-cèses déterminés, eux aussi, de façon précise par l'appartenance de chaque paroisse. De telle sorte que, si le roi et ses conseillers ne pouvaient disposer ni de cartes administratives tracées à la manière des nôtres ni, bien sûr, de cadastres, ils savaient qui dépendait de qui et où s'arrêtaient les pouvoirs de tel ou tel, offi-cier royal ou communauté[51].

Ils n'ignoraient pas davantage les ressources que l'on pouvait tirer de chaque pays. En mars 1483, le roi tançait vertement les conseillers et les maîtres de la chambre des comptes de l'Anjou : il leur avait écrit pour qu'ils lui fassent connaître « au vray la valeur de toute la duché d'Anjou sans en rien excepter » ; or ce qu'il a reçu est fort incomplet : « vous laissez les saynes [filets] et pescherie, qui est le principal[52] ».

Louis, associé aux affaires dès son jeune âge, mais pressé de secouer la tutelle de son père, a cherché, lui aussi, à être « bien servi ». Dauphin, il eut très tôt sa « maison », son Hôtel distinct de celui de sa mère Marie d'Anjou. Plusieurs conseillers soigneu-sement choisis le suivaient en toutes ses démarches : Bernard d'Armagnac son gouverneur, Amaury d'Estissac, chevalier de Guyenne, premier chambellan, Gabriel de Bernes, premier maître de l'Hôtel, Simon Verjus maître de la Chambre aux deniers (maigres deniers prétendait-il !), Jean Majoris qui, de précepteur devint son confesseur, et Guillaume Lhestier médecin-physicien. Si jeune et déjà expert dans l'art de séduire et de débaucher des fidèles, Louis, sans le roi lors de son gouvernement en Languedoc l'an 1439, comblait ses proches de cadeaux et s'assurait une clien-tèle. Le 13 octobre, il fit don de notables sommes d'argent aux fidèles qui l'accompagnaient : 50 livres à Jehan Trousseau, écuyer tranchant, et à Guillaume Lhestier, 20 écus à son confesseur, 100 à chacun des deux valets de chambre et 200 au sieur d'Estissac[53]. Trois ans plus tard, sur les 30 000 florins que lui accordèrent les états du Dauphiné, de fortes sommes furent distribuées « à aucuns nobles de la compaignie du dauphin » : 500 florins à l'amiral Coëtivy, autant à Jacques du Tilly chambellan, 200 à Gabriel de

Bernes, lieutenant pour le Dauphiné, plus une vingtaine d'autres dons, de 25 à 250 florins, à des familiers chargés de petits offices[54].

En 1446, quittant la cour pour aller administrer le Dauphiné, chassé et condamné à une manière d'exil, il ne partait certes pas en proscrit, accompagné seulement de quelques serviteurs, mais à la tête d'une nombreuse et brillante escorte. C'étaient des hommes de qualité qui avaient depuis longtemps exercé des responsabilités : Jean de Lescun, bâtard d'Armagnac, Jean de Bueil, Charles de Melun, Louis de Crussol, et plus d'une dizaine de nobles possessionnés en différents pays de France, assurés d'une bonne expérience tant des affaires publiques que des jeux de la cour et des conseils. Il désigna aussitôt douze secrétaires sur lesquels il pouvait certainement compter car ils lui avaient donné des gages et s'attendaient à être bien payés, ainsi Jean Bochetel qui avait épousé une sœur de Jacques Cœur, Jean Bourré, simple clerc qu'il avait rencontré à Paris et vite sorti de sa petite condition, et Jean Jaupitre.

Il savait alors, de son exil, s'attacher ses gens, les protéger, les faire bénéficier de faveurs non seulement dans le Dauphiné mais dans tout le royaume. Chacun pouvait comprendre que bien choisir son camp serait payé de retour. L'évêché de Châlons étant vacant, le roi s'était fermement déclaré pour Geoffroi Flereau, évêque de Nîmes, mais Louis écrivit au doyen et au chapitre pour leur dire son désir de voir installer son homme, Ambroise de Cambrai, fils du premier président du Parlement de Paris, déjà grand archidiacre de Châlons et surtout grand maître de son Hôtel. Il n'hésitait pas à insister lourdement, usant de toutes sortes d'arguments et de promesses, pour que le chapitre se décide à élire ce personnage dont l'on disait pourtant tant de mal (il aurait, entre autres méfaits, fabriqué ou fait fabriquer de fausses bulles pontificales pour autoriser le mariage de Jean V d'Armagnac avec sa sœur Isabelle)[55]. Ce fut en pure perte : Flereau fut évêque de Châlons et Ambroise de Cambrai se vit élu à Alet[56]. Mais l'affaire et les lettres de Louis firent assez de bruit pour défrayer la chronique et montrer qu'il prenait à cœur de soutenir ceux qui le servaient.

Sitôt roi, son plus vif désir fut de renouveler complètement ce personnel politique, et pas seulement pour les plus hautes fonctions. Cela se savait et Dunois se serait écrié, le jour même où il apprit la mort de Charles VII, qu'ils avaient, lui et tous les bons serviteurs, perdu leur maître « et que ung chascun pensaast à soy[57] ». Les prétendants se firent connaître en foule. La chasse aux honneurs prit des allures indécentes. Dès le 24 juillet 1461, deux jours seulement après la mort de leur roi Charles, plusieurs nobles et bourgeois « se départirent de Paris ou du pays d'environ et se en allèrent oudit pays de Henault, Braban et Flandre, pour rencontrer le roy Louis, les uns afin de avoir de luy estats, gouvernements et offices, les autres afin de le voir et, par supplications, entretenir et maintenir en leurs estats, gouvernements et offices leurs parents et amis, lesquels avoient servi le roy Charles ». Louis dit très haut qu'il ne voulait rien entendre, ni procéder à aucune destitution ni nomination avant que son père ait été enseveli, que lui-même ait été couronné à Reims et fait son entrée dans Paris[58].

Mais, le 2 septembre, il s'y appliqua de telle façon que chacun en demeura stupéfait, et certains quelque peu scandalisés par un tel « remuement », une véritable curée, chasse aux sorcières dirions-nous aujourd'hui. Conduite de main de maître, elle ne laissa rien au hasard. En l'hôtel des Tournelles, le roi réunit les ducs, un bon nombre de comtes, de seigneurs et de chevaliers, plus quelques « sages et prudents notables », afin de nommer aux offices. Et ce ne fut pas mince affaire. Sur ce beau travail, « ilz labourèrent et conseillèrent par le temps et espace de trois semaines[59] ». C'est ainsi que furent destitués « les plus grans et principaux offices de son dit royaulme... et pareillement aussi plusieurs maistres de requestes, secrétaires, conseillers et clercs de la cour des comptes, de la cour de parlement, des généraux des aides, de la chambre du trésor, des généraulx des monnoies et aultres[60] ». Les noms des victimes circulaient, et chaque auteur d'une chronique en donnait une liste : Jean de Bueil comte de Sancerre et amiral, Robert de Gaucourt, l'amiral de France Lohéac, Guillaume Juvénal des Ursins, le procureur général Jean Dauvet liquidateur des biens de Jacques Cœur, Yves de Scepeaux premier président du Parlement de Paris, le chambellan Guillaume Goufier... Plusieurs autres, davantage compromis, dont Louis ne voulait oublier les manœuvres et méfaits, furent arrêtés et emprisonnés (les conseillers Guillaume Cousinot et Etienne Chevalier) ; Pierre de Brézé, grand sénéchal de Normandie, avait pris la fuite et Antoine de Chabannes se cachait, sans doute dans les environs d'Evreux. Le roi fit courir après lui et promit mille cinq cents écus à qui le ramènerait, criant bien haut que « se le povoit tenir, qu'il feroit menger le cueur de son ventre à ses chiens[61] ». Ces gens payaient le prix d'une longue allégeance à Charles VII, Louis refusait la présence à ses côtés d'hommes qui avaient bien servi son père et qui, en somme, avaient refusé de trahir leur roi pour le suivre lui, le dauphin, ou du moins intriguer en sa faveur et le tenir informé de ce qui se tramait. Ces conseillers trop fidèles furent traqués, dépossédés, jetés dans une disgrâce soudaine, sans considération pour les services rendus, tous réduits à de petites fortunes, tenus à l'écart des décisions et des responsabilités.

Gabriel de Roussillon, seigneur du Bouchage (canton de Morestel dans l'Isère), qui avait quitté son Dauphiné en 1456 pour répondre à l'appel de Charles VII, fut, en 1461, accusé d'avoir traité avec l'évêque de Valence, Louis de Poitiers, et tenu pour coupable d'« aucune chose sur la division que l'on disoit estre entre le Roy défunt et son filz ». Il vit ses biens confisqués, cédés au favori du moment, Ymbert de Batarnay, et finit sa vie en prison, dans le château de Beaurepaire, en Dauphiné[62]. Olivier de Coëtivy, très jeune devenu grand amiral de France, en 1434, un des héros de la reconquête de la Normandie, fait chevalier par le roi au soir de la victoire de Formigny (le 15 avril 1450), seigneur de Taillebourg à la mort de son frère Prégent, ne fut pas davantage épargné, malgré tant de titres et une si brillante réputation de bon capitaine. A croire que ses mérites et ses alliances plaidaient contre lui. Charles VII l'avait, en novembre 1458, marié à sa fille naturelle Marie de Valois qui lui apporta, outre une dot de douze mille écus, pour plus de douze mille livres de vêtements, de pièces de soie et de fourrures, et la seigneurie de Saintonge, avec Royan et Mornac[63]. Louis XI, dès son avènement, cassa Olivier de son commandement d'une compagnie de cinquante lances ; il lui enleva le gouvernement de la sénéchaussée de Guyenne, confisqua ses seigneuries et refusa de payer ce qui restait dû de la dot de Marie. Il voulut même ôter aux autres héritiers de Prégent les biens repris aux Anglais lors de la reconquête. Le 28 novembre 1461, Jean Ysoré, conseiller et chambellan du roi, se présenta devant le château de Taillebourg, pour notifier à Coëtivy et à sa femme, « Madame Marie de France », qu'ils aient à livrer « la baronnie, chastel, terre et seigneurie de Taillebourg avec ses appartenances et dépendances quelconques », à peine sinon de mille marcs d'or. Les hommes du roi se firent ouvrir les portes du donjon, n'y trouvèrent ni meubles ni ustensiles, mais emportèrent le vin. Ils prirent ensuite possession du port de Taillebourg (« ... étant des appartenances de ladicte seigneurie ») et, en la place de Taillebourg, de l'hôtel de Saint-Seurin[64]. La rigueur du roi, son désir de tout confisquer pour lui-même ou en faire profiter ses proches, ne connaissaient aucune retenue. Jean de Foix, comte de Candalle, « tenant le parti des Anglais », avait été fait prisonnier « de bonne guerre » par Prégent de Coëtivy, en 1450, et mis à forte rançon de vingt-trois mille huit cent cinquante écus d'or, somme à verser dans les dix-huit mois sous peine d'une amende de cinq cents ducats par mois de retard. Dix ans plus tard, Olivier de Coëtivy, qui héritait de cette rançon, n'avait encore rien reçu et Candalle, « par ses poursuites et persuasions », obtint du roi d'en être quitte. Déjà dépossédé de ses terres, Olivier de Coëtivy n'osa désobéir (« courroux du prince sont à craindre ! ») et lui rendit les obligations scellées[65].

D'autres conseillers payèrent le prix des sombres intrigues qui, du temps de Charles VII, les avaient portés au pouvoir, et du tort fait aux amis du dauphin. Quelques auteurs affirment que Louis avait été très lié avec Jacques Cœur et que cette entente fut, en 1450, l'une des raisons de la chute de l'argentier, chassé de façon brutale et ignominieuse par un parti de courtisans ambitieux conduits par Chabannes, comte de Dammartin. Aussi sa disgrâce ne pouvait-elle surprendre. En tout cas, sagesse politique et méfiance raisonnable ou règlements de comptes, l'ampleur de ces mises à l'écart sans aucune sorte d'enquête ni de procès fit grand bruit : « pourquoy plusieurs personnes furent dolens et desplaisans, et se donnoient grant merveille de telle et si soudaine muance en tant et si grant nombre d'estats et d'offices parmi ce royaulme [66] ».

Tous furent remplacés par des hommes nouveaux ou par des fidèles de l'exil et de la lutte contre Charles VII. A Paris, Louis se fit d'abord conduire au palais de la Cité, dans la salle aux merciers, et proclama que seraient aussitôt délivrés ceux que son père avait fait jeter en prison au Louvre. Parmi eux se trouvait Robert d'Estouteville, prévôt de Paris, arrêté en 1460 par des sergents qui firent fouiller son hôtel de fort vilaine façon « pour y chercher boistes, coffres et autres lieux pour sçavoir si on y trouverait nouvelles lettres » et se rendirent coupables de « plusieurs rudesses à sa femme... qui estoit moult sage, noble et honneste dame » [67]. Estouteville retrouva sa charge de prévôt.

Ceux qui avaient suivi le dauphin en exil à Genappe furent comblés, chargés de hautes fonctions. Ainsi Jean, sire de Montauban, qui fut fait amiral de France et grand maître des eaux et forêts. Ainsi Jean Bourré, qui devint l'un des proches du roi les plus écoutés, commis à rédiger et sceller les lettres de provisions d'offices, et amassa ainsi une fortune considérable [68].

Les chroniqueurs du temps, semble-t-il, prêtaient moins d'attention aux grands corps de l'Etat qu'aux officiers du roi et parlaient peu, ou seulement de façon très générale, des bouleversements qui affectèrent les chambres du Parlement ou la Chambre des comptes. Nous savons cependant que la plupart des quinze membres quasi permanents du Grand Conseil furent congédiés ; ne furent maintenus que Jean de Bourbon et Jean Bureau, grand maître de l'artillerie, dont Louis XI attendait beaucoup. Dès lors et pendant longtemps, les hommes souvent appelés à siéger au Conseil furent tous des hommes du roi, ceux qu'il avait connus en sa jeunesse et à qui il se fiait : Jean Daillon seigneur du Lude, Pierre Doriole général des finances ; et, plus nombreux, ceux qui étaient près de lui lors des années difficiles et de la traversée du désert : Jean bâtard d'Armagnac, Antoine de Castelnau, Louis de

Crussol, Jean de Montauban, Jean de Montespedon, et aussi les amis, naguère, de Jacques Cœur : Jean de Bar et Guillaume de Varye. Jean Barillet, dit de Xaincoins, arrêté sur l'ordre de Charles VII en 1449, condamné deux ans plus tard à la prison et à une amende de soixante mille écus, fut, en octobre 1462, nommé maître extraordinaire à la Chambre des comptes[69].

La tradition (la légende ?) veut que Louis XI ait cherché à s'entourer d'hommes à sa merci, distingués parmi de petites gens, d'origines et d'emplois fort modestes. Ces fidèles, il se les attachait, les gardait dans son ombre, en voyage, dans des retraites, et, pour les compromettre et faire en sorte qu'ils n'aient d'autre recours que lui, leur confiait de basses besognes, arrestations de suspects, enquêtes, participations aux tribunaux d'exception, missions et tractations secrètes. Les auteurs citent Jean de Montauban, Ambroise de Cambrai et surtout Tristan l'Hermite et Olivier le Daim, comme si ces gens-là étaient les seuls vrais confidents du prince. Tristan, personnage très effacé lorsqu'il entre, en 1431, au service de Charles VII, fut fait chevalier vingt ans plus tard et demeura en place sous Louis XI jusqu'à sa mort, en 1478, sans jamais tomber en disgrâce. Cet homme détesté des grands et des notables, une des âmes damnées du roi disait-on, fut chargé de châtier durement, en 1466 et en Normandie, les partisans de Charles de France et du duc de Bretagne ; la même année, il aida à instruire le procès de Charles de Melun et le fit condamner, recevant en récompense quelques dépouilles. Quant à Olivier le Daim, Louis en exil chez les Bourguignons l'avait rencontré et remarqué par pur hasard à Thielt, petite ville de Flandre, et en avait fait son proche serviteur, son barbier, mais aussi l'exécuteur aussi brutal que discret de vilaines œuvres ; il lui confia même quelques missions d'ambassade, l'anoblit et le fit comte de Melun. Ni l'un ni l'autre n'ont trouvé grâce auprès des mémorialistes qui voyaient d'un fort mauvais œil la façon dont le roi récompensait leurs services. Tous s'étonnaient, comme Commynes, de « la charge donnée par ce saige roi à ce petit personnaige [Olivier le Daim] inutile à la conduite de si grant matière[70] ».

Leur présence parmi un corps d'officiers royaux de plus haute qualité, davantage encore l'étendue de leurs pouvoirs, que l'on voulait croire occultes, dissimulés, et les zones d'ombre qui souvent planaient sur leurs entreprises, ont certainement beaucoup contribué à forger l'image d'un Louis roi pervers, secret en tout cas, ménageant sans cesse de sinistres surprises ; un homme qui se plaisait à confier de sordides besognes à des sbires ou séides de bas étage, gens de sac et de corde plutôt.

Images de légende, qui se sont aisément imposées au siècle dernier car propres à séduire des lecteurs qui avaient fait des auteurs « romantiques » leurs guides, évoquant avec eux les « temps obscurs du Moyen Age », temps de sombres destins. Revenir à la réalité conduit à se représenter un prince plus intéressé à s'attacher les services d'hommes éminents, qui avaient déjà donné quelques preuves de leur savoir-faire, qu'à se complaire en la compagnie de personnages sans scrupules certes mais aussi sans véritable compétence. Il savait choisir et ne s'encombrait pas de médiocres, cherchant à s'entourer d'hommes, modestes sans doute, mais qui déjà occupaient quelques charges publiques. En 1465, la paix conclue avec les princes du Bien public, « il se partit de Paris pour aler à Orléans, et en emmena avecques luy Arnaud Luillier, changeur et bourgeois de Paris auquel il chargea très-expressément de le suivre et estre toujours près de luy, et si y mena aussi maistre Jehan Longue Joe le jeune... pour estre de son grant conseil [71] ». Surtout, ceci a été dit et redit, il excellait dans l'art de débaucher les commis de ses voisins. Les grands officiers, maîtres du jeu en son temps, furent, pour bon nombre d'entre eux, des transfuges. Personne autant que lui « ne travailloit à gaignier ung homme qui le povoit servir ». Il insistait, ne se décourageait pas, multipliait approches et démarches « et se ne ennuyoit point à estre refusé une fois d'ung homme qu'il pratiquoit à gaignier, mais y continuoit-en lui promettant largement et donnant par effet argent et estat qu'il congnoissoit qu'il lui plaisoit » [72]. De ces manœuvres il ne faisait pas mystère, disait bien haut ses intentions de récompenser généreusement ceux qui laissaient leur maître pour venir auprès de lui, et voulait que ce soit exemple à tous ses sujets « sous quelques princes ou seigneurs qu'ils soient d'abandonner tous autres pays pour nous servir comme leur souverain seigneur [73] » ! Et ses fidèles, Commynes le premier, de chanter leur admiration pour un prince qui, parmi tous ceux qu'ils avaient connus, « a le mieux sceu honnorer et estimer les gens de bien et de valeur ». Le plus grand « sens » que pouvait montrer un roi n'était-il pas de savoir « approcher de luy gens vertueux et honnestes... gens d'autorité et de valeur » [74] ?

Il ne cessait de s'informer sur les qualités des conseillers ou des grands officiers qu'il pensait détourner de leur maître ; chaque visite de cour à cour lui donnait occasion de pourparlers, de manœuvres, d'offrir des cadeaux et de faire briller de belles promesses ; occasion ainsi de préparer leurs trahisons. C'était, selon son mot, repris par ses amis, « pratiquer ». Ses ambassadeurs faisaient de même ; ils allaient « soubstraire gens », préparaient le terrain, l'informaient aussitôt. Rien ne devait lui échapper et lui-même payait de sa personne, sûr de convaincre.

Ceux qui répondaient à ses avances cherchaient une sécurité, un avenir plus assuré, plus stable. En ces temps de guerre et de révoltes, alors que les princes, Bourgogne même, voyaient leur autorité affaiblie par nombre de rébellions, spontanées ou suscitées, le royaume de France, la crise du Bien public passée, s'affirmait de plus en plus fort. La tentation de le rejoindre se fit, pour beaucoup, irrésistible. Chez les princes ou chez les grands seigneurs, le service d'Etat qui avait pris le pas sur le service féodal de naguère ne maintenait plus les hommes dans la même inébranlable fidélité. Commynes, très habile à trouver prétexte à sa défection peu glorieuse, évoque excellemment les incertitudes, le désarroi, de ces serviteurs : « Nous sommes affaiblis de toute foy et loyauté les uns envers les autres, et ne sçauroye dire par quel lien on se puisse asseurer les uns les autres[75]. »

Ils cherchaient aussi et surtout de l'argent, et le même Commynes en vint à dire, sans aucune vergogne, mais tout de même d'étrange façon, que toute trahison devait être tenue pour odieuse si elle n'était pas payée. Or le roi Louis se montrait d'une telle largesse, prodigue de ses deniers et libéralités ! Souvent, il se contentait de proposer le marché. Le 25 avril 1470, étant à Limon en Gascogne, il priait Jean Bourré, alors à Saumur, de lui envoyer quelque peu de deniers car, disait-il, « j'ay icy un grant tas de Gascons et n'ay pas ung pour leur donner » ; trois d'entre eux avaient été à Jean d'Armagnac et venaient de se rallier[76]. D'autres ralliements, soigneusement préparés, furent l'objet de longs travaux d'approche, de tractations où l'on discutait des conditions et, pour finir, de transferts de fonds assortis de diverses garanties. Commynes, qu'un émissaire du roi avait déjà convaincu de trahir son duc, prit prétexte, en 1471, d'une mission auprès du roi de Castille et d'un pèlerinage à Saint-Jacques-de-Compostelle, pour passer par la France, alors qu'il disait se rendre d'abord en Bretagne, et, à Tours, accepta la promesse d'une pension de six mille livres tournois. La somme fut aussitôt déposée chez le marchand Jean de Beaune, ancien commis de Jacques Cœur. De retour de pèlerinage, il gardait encore la confiance du Téméraire. Mais, dans la nuit du 7 au 8 août 1472, il quitta le camp bourguignon devant Dieppe. Plus tard, au lendemain de la mort du duc de Bourgogne, le roi entreprit d'obtenir la reddition des places au nord de la Somme en faisant partout des offres d'argent : « s'il y avoit dedans quelque forte place ung capitaine qui eust povoir de la bailler pour argent, et qu'il vosist practiquer avecques le roy, il povoit estre seur qu'il avoit trouvé marchant ; et ne l'eust-on sceu espoventer à luy demander grant somme, car liberallement l'accordoit[77] ».

Il fit bonne mesure, ordonna de distribuer au total quinze mille écus d'or. Non sans courir pourtant quelques risques : « celuy qui en eut la charge, en retint une partie et s'en acquitta mal, comme le roy le sceut depuis[78] ».

Si tous les auteurs s'accordaient à dire que le roi savait séduire ou corrompre, aucun n'a montré quelle ampleur, vraiment extraordinaire, avaient pris ces renforts de gens venus d'ailleurs et à quel point le haut personnel politique du royaume s'en est trouvé enrichi, considérablement renouvelé.

Boffille de' Giudici, fils d'une famille napolitaine, servit d'abord Jean de Calabre dans le royaume de Naples puis en Catalogne lors de la campagne de 1466. Après la mort de Jean (le 16 décembre 1470 à Barcelone), il revint en Provence, ramenant une compagnie de gens d'armes et de belles sommes d'argent au roi René qui le fit conseiller et chambellan. Dès l'année suivante, il offrit ses services au roi Louis qui le manda en ambassade à Milan puis l'envoya réprimer la révolte du Roussillon en 1473, le nomma bailli de Perpignan, ensuite vice-roi du Roussillon et de Cerdagne, capitaine de Collioure. Il le chargea encore de nombreuses missions à Venise, à Milan, auprès d'Edouard IV d'Angleterre. Demeuré bien en cour, il fut l'un des commissaires lors du procès du comte du Perche, en mars 1483[79]. Un autre Napolitain, Nicolas de Montfort, comte de Campo-Basso, « homme de très mauvaise foy et périlleux », avait combattu en Ile-de-France aux côtés de Jean de Calabre pendant la guerre du Bien public. Chambellan du duc de Bourgogne, il fit des offres de ralliement au roi qui longtemps hésita, refusa à trois reprises et alla même jusqu'à prier le duc de Milan et la duchesse de Savoie d'arrêter ce Campo-Basso qui devait passer sur leurs terres pour recruter, en Toscane et dans le sud de l'Italie, des troupes pour le Téméraire. Ce n'est que trois ans plus tard, fin 1476, au siège de Nancy, qu'il abandonna les Bourguignons pour le duc de Lorraine et, en fin de compte, réussit à se faire accueillir par Louis XI[80].

Dans le royaume, les Bretons furent très sollicités. Vassaux du duc, ils ne pouvaient que s'interroger sur les menées de celui-ci qui, par une convention entre Jean II de Bretagne et Philippe IV le Bel, en 1297, devait hommage au roi de France ; et pourtant, il ne cessait d'intriguer contre lui, de conclure des ententes avec les Bourguignons ou les Anglais. Lors du Bien public, le choix leur fut difficile et provoqua chez nombre d'entre eux de graves hésitations et incertitudes. S'affirmer à la fois « bons Bretons et bons Françoys » était chose aisée, mais maintenir une telle fiction ne pouvait tromper longtemps. Ils ne restaient pas tous insensibles aux promesses royales de pensions et d'offices[81]. Louis XI, effectivement, mit en œuvre une véritable entreprise de débauche des conseillers et capitaines de Bretagne. Tanneguy du Châtel, qui connaissait parfaitement les arcanes de ces trahisons pour avoir quitté le duc en 1461 pour le roi, rejoint ensuite l'armée bretonne, en 1465, et, enfin retourné, gracié, près de Louis en 1468, dit que son maître voulait « enlever de environ le duc touz les gens d'estat, de faisance et de puissance qui sont à son service... pour faire le duc condescendre au vouloir et bon plaisir du roy [82] ». Il se donnait la peine de rencontrer lui-même tel ou tel seigneur ou officier réputé vulnérable, mécontent de son sort en Bretagne, pour lui dire l'avantage qu'il trouverait à le rejoindre. Péan Gaudin, démis de sa charge de grand maître de l'artillerie du duc, étant venu à Amboise régler quelques affaires et parler à plusieurs canonniers bretons alors au service de l'artillerie royale, vit venir le roi qui entreprit de le convaincre de rester. Louis « practiqua » longtemps en sa compagnie, se plaignant amèrement « des trahisons, rebellions et mauvaistes que le duc et ceulx du païs nous ont faictes » ; puis il lui proposa de lui montrer ses canons [83].

Certains, un temps gagnés, se ravisèrent, pris de regrets ou de nostalgie, ou du désir de retrouver leurs biens en Bretagne, sensibles peut-être aux appels du duc qui ne restait sûrement pas sans rien tenter. Jean de Rohan, en avril 1470, avait, disant aller en pèlerinage, quitté Nantes et couru la route jusqu'à la cour de France. Dans l'automne 1475, dépité de ne pas être mieux payé, il se décida à rejoindre son ancien maître. Il se trouvait déjà dans une abbaye près de Nantes lorsque le roi alerta le seigneur de Bressuire et lui dit qu'il serait « bien mary, veu le temps qui court » si Rohan persistait dans son projet : « prenez trois ou quatre de ses gens qui mènent ce train de le faire aller en Bretagne afin de les faire venir devers moy et leur promettez beaucoup de biens, et aussi que je traicteray bien monseigneur de Rohan [84] ». En tout cas, faites en sorte qu'il ne puisse continuer son chemin, « en quelque façon qu'il le veuille prendre » et je connais, dit encore le roi qui décidément suit l'affaire et s'y applique, un jeune garçon du Dauphiné de sa suite ; « parlez à lui et à tous les autres qui le gouvernent ». D'autres aussi s'interrogeaient, voulaient revenir, puis repartaient. Philippe des Essars, maître de l'Hôtel de Louis XI en 1465, capitaine de Montils-lès-Tours et chargé, ce qui n'était pas mince besogne, de la garde des bêtes et des oiseaux, s'était enfui en Bretagne et devint gouverneur de Montfort. Mais le roi lui fit tant de promesses — et le crédita aussitôt d'un viatique de quatre mille écus d'or — qu'il revint à lui, bailli de Meaux, maître des Eaux et Forêts de France avec une pension de douze cents livres. Il s'en tint là jusqu'à sa mort, en 1478 [85].

Louis ne perdit pas un seul jour à la mort de son frère Charles de Guyenne. Il ne se trouvait pas loin, avançait en toute hâte et n'attendait que la nouvelle pour mettre la main et sur le duché et sur les hommes chargés d'offices qui n'avaient d'autre choix que de se soumettre ou de courir se réfugier chez les Bretons, leurs alliés souvent. Les récalcitrants restés sur place et pris au collet, les « refusants », furent très mal traités, accusés de trahison et condamnés sur le coup. Les autres, consentants, prêtèrent serment, un par un pour les grands officiers, par groupes entiers pour les subalternes, les serviteurs et quelques seigneurs de moindre rang. Le 29 mai 1472, devant Jean Bourré, jurèrent ainsi fidélité au roi, « sur le chef de monseigneur saint Eutrope, ayant la main sur ledit chef », vingt-trois personnes qui reçurent aussitôt une charge dans l'administration du duché. Pantaléon, qui devint ensuite médecin du roi, était du nombre. Gilbert de Chabannes, neveu du sinistre Antoine comte de Dammartin, chambellan et sénéchal de Guyenne, se rallia dès la mort de Charles, ce qui lui valut la sénéchaussée de Bazas.

Deux au moins de ceux qui étaient allés en Bretagne n'y restèrent que peu de temps, séduits par de belles offres de pensions et offices. Odet d'Aydie, Gascon, sire de Lescun, qui avait servi Charles VII, François II de Bretagne puis Charles de Guyenne, se réfugia d'abord à Nantes où il accueillit un autre fugitif, Guillaume de Soupplainville, écuyer et vice-amiral du duc de Guyenne. Mais il l'envoya aussitôt, en septembre 1472, en ambassade auprès du roi aux Ponts-de-Cé, pour y « pratiquer » et parler de retour. Guillaume s'y laissa séduire par six mille écus versés comptant, une pension de douze cents livres, la mairie de Bayonne, la prévôté de Dax, la seigneurie de Saint-Sever et, plus tard, le bailliage de Montargis. Chacun avait son prix et Odet d'Aydie, ainsi bien renseigné sur les intentions du roi, le suivit de peu. Il n'y perdit pas non plus et s'assura un beau destin : grand sénéchal de Guyenne, capitaine de Bordeaux, sénéchal des Landes, comte de Comminges et amiral de France[86].

En fait, ces hommes qui avaient sans doute couru de grands périls et se voyaient déjà traînés devant un tribunal de commissaires royaux, accusés de complicité avec le duc Charles, ne demandaient, les premières semaines ou mois d'alerte passés, qu'à changer de maître. Ils cessèrent de mal parler du roi, de le dire coupable d'avoir empoisonné son frère et retrouvèrent chez eux, de Bazas à Dax ou à Bordeaux, de bons offices. Preuve de sagesse : à ce pays réuni à la Couronne depuis une vingtaine d'années seulement, le roi n'imposait pas sénéchaux ou capitaines venus d'ailleurs. En 1476, il se réconcilia solennellement avec tous les nobles de Guyenne et fit de Bertrand, bâtard de Galhard de Durfort, jusque-là fidèle du roi Edouard IV d'Angleterre, son conseiller et chambellan[87].

DANS LA MAIN DU MAÎTRE

Les démarches intempestives des ducs de Bretagne puis la mort de Charles de Guyenne avaient bien facilité les choses. Mais, face à Philippe le Bon puis au Téméraire, Louis XI se heurtait à d'autres résistances, certainement plus opiniâtres. Il lui fallait, pour susciter trahisons et ralliements, user de toutes ses armes, dépenser beaucoup d'argent et, surtout, guetter les fautes de l'adversaire. Il y réussit pourtant d'une manière qui en laissa plus d'un étonné, arrachant à l'Etat bourguignon un si grand nombre d'hommes de si haute qualité que cet Etat, déjà affaibli par la perte de plusieurs capitaines ou conseillers à la bataille de Montlhéry (Philippe de Lalain et Geoffroy de Saint-Belin chambellans, Philippe d'Oignies bailli de Courtrai), en demeura gravement atteint, comme exsangue. Faire le bilan de ses succès conduirait à aligner vingt ou trente noms. Peu nombreux encore sous le duc Philippe, ils le furent davantage sous le Téméraire, et, l'on s'en doute, plus encore après sa mort[88].

L'histoire dit que, lors de la fameuse entrevue de Péronne (octobre 1468), le roi prit langue avec plusieurs officiers du duc qui le renseignaient, l'auraient même mis en garde, et qu'il comptait prendre par la suite à son service. Ce n'est pas pure invention car lui-même y fit allusion en rappelant que Philippe de Commynes l'avait beaucoup aidé alors : « lorsque estions entre les mains et la puissance d'aucuns de nosdicts rebelles et désobéissans... et en danger d'estre illec détenu... [lui] sans crainte du danger qui lui enpouvoit alors venir, nous advertit de tout ce qu'il pouvoit pour nostre bien[89] ». L'affaire de Péronne tourna si mal que la moisson en fut retardée et, pendant quelque temps, réduite à peu. Jean de Baudricourt, seigneur de Vaucouleurs, fut gagné l'année même, mais Guyot Pot se fit davantage attendre : il obtint la charge de bailli du Vermandois et reçut le commandement de la place de Compiègne en 1469. Antoine de Castelnau, Gascon, sénéchal de Guyenne, accusé de trahison peu après Montlhéry, emprisonné, évadé, accueilli en Bourgogne, rendit quelques services à Louis à Péronne mais ne le rejoignit finalement qu'en 1471.

Entre-temps, dans l'automne 1470, Louis donna asile à deux fugitifs, tous deux familiers de Baudouin bâtard de Bourgogne, qui avaient comploté d'assassiner le duc Charles. Leur messager commit l'erreur de remettre leurs lettres à un autre bâtard de Bourgogne, Antoine. Baudouin s'enfuit et le roi lui donna la vicomté d'Orbec. Mais, le Parlement refusant d'enregistrer, le transfuge finit par se réconcilier avec le Téméraire et combattit à ses côtés au siège de Nancy[90].

L'an 1472, ce fut Commynes puis, en 1475, Jean de Bourgogne, cousin du duc, et Jacques, sire de Montmartrins et de Louhans. Quelques-uns quittèrent le Téméraire après l'arrestation de

Yolande de Savoie, sœur du roi : Jean, prince d'Orange, Guillaume de Rochefort que Louis XI fit ensuite chancelier[91], Angelo Cato, médecin, archevêque de Valence en 1482. Aussitôt connu le drame de Nancy, Philippe de Commynes et Louis bâtard de Bourbon furent commis par le roi dans les Etats bourguignons « pour mectre en son obéissance tous ceux qui s'y vouldroient mectre » et faire de belles propositions à ceux qui livreraient leurs châteaux et leurs cités. A Abbeville, Commynes promit de belles sommes et des pensions aux magistrats qui laisseraient entrer ses hommes d'armes. Mais les portes furent ouvertes par le peuple, gens de métiers et petites gens, de telle sorte que ces notables n'eurent rien, « pour ce que la place ne fut point rendue par eulx[92] ». Le gouverneur d'Arras Philippe de Crèvecœur, seigneur de Cordes, « se tira hors de la ville et en fit saillir les gens de guerre estans avec luy, et s'en alla chascun à son plaisir, et prenant le parti qu'il lui plaisoit » ; il se rallia au roi qui le fit gouverneur d'Arras et de Picardie, grand chambellan et maréchal de France ; son frère Antoine reçut le collier de l'Ordre de Saint-Michel et la charge de grand louvetier de France. Péronne fut rendue sans combat par Guillaume Bische, seigneur de Cléry-sur-Somme, « homme de fort petit estat, enrichi et eslevé en autorité par le duc Charles[93] ».

D'autres se firent sans doute davantage prier, attendant que la détermination du roi et ses succès s'affirment vraiment : Guillaume IV de Vergy, baron de Bourbon-Lancy, Jean Driesche, Flamand, Philippe de Hochberg, marquis de Rothelin et seigneur de Badenweiler qui épousa Marie de Savoie, nièce de Louis XI, et eut en dot la terre de Montbard puis les seigneuries de Joux, d'Usil et de Pontarlier[94]. Et, peu de temps après, Guillaume de Cluny, protonotaire apostolique, évêque de Thérouanne, qui, au service du roi, reçut l'évêché de Poitiers[95]. A Antoine, le Grand Bâtard de Bourgogne, prisonnier de René de Lorraine, le roi fit de si belles offres, l'assurant qu'il le récompenserait « plus largement que vous en sçauriez avoir d'autre côté », qu'il accepta de le rejoindre et se vit, effectivement, attribuer les comtés de Guise et d'Ostremont[96].

Les victoires lors de la guerre de conquête en Bourgogne amenèrent d'autres transfuges. Les capitaines pris sur les champs de bataille n'étaient pas longtemps maltraités et, mis en présence du roi, savaient comment négocier leur ralliement : « J'ay veu beaucoup de gens de bien prisonniers... qui depuis en sont saillis en grand honneur et à grand joye, et qui depuis ont eu de grands biens de luy ; et entre les autres un fils de monseigneur de la Grutuse de Flandres pris en bataille ; lequel ledit seigneur [le roi] maria et fit son chambellan et seneschal d'Anjou, et luy bailla cent lances. Aussi au seigneur de Piennes, prisonnier de guerre, et audit seigneur de Vergy. Tous deux ont eu gens-d'armes de luy, et ont esté ses chambellans, ou de son fils et autres grands estats[97] ». Simon de Quingey, capitaine bourguignon fait prisonnier lors de la campagne de 1478, se soumit lui aussi et fut libéré. Ce fut comme une contagion, actes de désarroi, de désespoir pour ces hommes qui voyaient Marie de Bourgogne et ses partisans perdre villes et pays. Louis, malgré tout, se méfiait et prenait quelques renseignements. Cette même année 1478, informé de ce que Jean de Croÿ, seigneur de Cimay, et Olivier de la Marche « s'en vouldroient bien venir » à lui, il doutait de leur bonne foi et demanda que l'on pousse l'enquête plus à fond : « j'ay grand peur que ce ne soit quelque tromperie ». Mais, disait-il, « il n'est rien que plus je désirerais que d'avoir ledit Cimay, comme vous sçavez ». Et cela se fit, en fin de compte[98].

2. NANTIS ET BIEN MARIÉS

Ces gens dépendaient de lui pour tout ; les « pensions » représentaient alors plus du tiers des dépenses de l'Etat, pour environ neuf cents personnes au total. Les princes, les princesses du sang et les grands seigneurs en avaient certes la plus grande part, mais, à ce chapitre, les clercs des comptes mentionnaient aussi près de cinquante baillis et sénéchaux, des « capitaines particuliers » et un grand nombre d'autres officiers de moindre rang. Ces pensions pesaient lourd et suscitaient de vives critiques, tant de la part de certains moralistes et chroniqueurs que de plusieurs conseillers. Peu après la mort du roi, ce fut, lors des états généraux réunis en 1484, l'un des grands reproches adressés au gouvernement du roi défunt. Thomas Basin, très acerbe sur ce sujet, y voyait une des raisons des difficultés de la trésorerie royale et de la misère du temps. D'autres, un peu plus tard, ont écrit que c'était, pour le roi, un moyen de se faire et garder une clientèle de protégés, stipendiés pour mettre la main sur tous les rouages de l'Etat, et que ces « pensionnaires » n'étaient rien d'autre que des hommes « achetés ». Mais cette idée d'un « clan monarchique », d'un parti royal soutenu par les fonds publics, ne résiste pas à l'examen : ces pensions étaient, en fait, des salaires régulièrement versés pour l'accomplissement d'un office déterminé[99].

Cependant le roi veillait aussi, et c'est certainement ce qui fit parler davantage, à ce que ces hommes bénéficient de sa protection et, souvent, de grands privilèges. Il n'a cessé d'exiger des receveurs de telle ou telle imposition, notamment celles perçues par les villes, qu'ils les rayent de leurs rôles et leur remboursent les sommes déjà versées. Cela n'allait pas sans provoquer de fortes résistances car les communautés urbaines, astreintes à de lourdes contributions, voyaient d'un bien mauvais œil ces exemptions en faveur d'hommes qui leur semblaient des étrangers et étalaient dans la cité, aux yeux des notables taxés, d'insolentes fortunes. Louis fit tout pour vaincre ces oppositions et, résolument obstiné, intervenait pour rappeler ce qu'il disait être la bonne coutume.

En 1448, alors dauphin, il adressa coup sur coup une dizaine de lettres aux magistrats de la ville de Lyon, leur intimant l'ordre de ne plus imposer plusieurs officiers de son service. Ces hommes n'étaient pas tenus de payer les aides. Les soumettre aux impositions était abus coupable, « grande merveille » et contre raison « car vous scavez que les officiers et serviteurs de Madame et de nous sont francs par tout le royaume de toutes tailles et subsides ». Ainsi pour Gérard Simon, « nostre bien amez scirurgien et valet de chambre », pour Guillaume Becey, maître des requêtes ordinaire de l'Hôtel, pour Jean Botut, secrétaire delphinal. Et aussi pour Antoine Laydier, valet de chambre et premier orfèvre, « officier commensal me servant d'ordonnance », pour Mathieu Thomassin car lui et sa femme sont de mon Hôtel et de celui de la dauphine, et Jehan du Perier, barbier et serviteur de l'archevêque de Vienne. Les conseillers et les gens de finance de Lyon délibérèrent, rechignèrent mais s'exécutèrent et rayèrent des rôles ceux qu'on leur disait de rayer. Quatre ans après avoir refusé d'exempter la veuve et les enfants d'un « élu » de Lyon, Guillaume Moreau, et avoir « fait prendre et vendre leurs gaiges tout en ung jour, qui semble estre bien grant rigueur », ils se firent durement chapitrer. Louis insistait, « ayant en mémoire aux plaisirs que ledit élu nous a faitz lui vivant » ; il rappelait que l'un des enfants était son filleul et portait bien son nom. Il eut, cette fois encore, gain de cause [100].

Dévenu roi, il n'hésitait pas à clamer son droit et menacer de sanctions. Le 3 août 1469, il mettait en demeure ces mêmes magistrats et habitants de Lyon de ne plus rien exiger de deux de ses serviteurs, Jean de Villeneuve écuyer d'écurie et son frère Pierre, qui avaient, les armes à la main, combattu à ses côtés contre les rebelles du Bien public. Il y mit une telle insistance qu'il fit expédier, touchant la même affaire, trois lettres le même jour : une aux conseillers de la ville, une au sénéchal de Lyon et la troisième aux élus de Lyon sur le fait des aides. Que ces deux frères soient exemptés de la taille comme des aides de la ville, et que ce qui leur aurait été pris à ce titre leur soit restitué. Qu'on ne mette plus, sur ce point, « aucun destourbier ou empeschement en quelque manière que ce soit ». Il se fait bien comprendre : « et gardez qu'il n'y ai faulte, et en manière qu'ilz n'ayent cause d'en retourner par devers vous, car autrement nous vous faisons savoir que nous n'en serons pas content ». Cette fois, les conseillers ont pris quelque temps de réflexion et ne se sont réunis que trois semaines plus tard, le 25 août, pour finalement obéir, de mauvais gré, après avoir longtemps pesé le pour et le contre, mais : obéir tout de même [101]...

Maître absolu du destin de ses gens, Louis XI décidait de toutes les affectations et renvoyait de façon brutale, sans appel aucun, ceux qui l'avaient mal servi ou avaient cessé de plaire, souvent victimes de cabales et de sourdes manœuvres ourdies par des envieux, accusés des pires méfaits, traînés devant des tribunaux de commissaires royaux et condamnés sans rémission. L'histoire de ce règne est toute ponctuée de ces rivalités et de ces disgrâces dénoncées souvent comme le simple fait de sordides intrigues. Certains y ont tout perdu, leurs offices, leurs biens et la vie.

Les fidèles et « bien aimés » qui parvenaient à garder leur crédit se voyaient, eux, comblés. Les pensions, au demeurant assez modestes pour beaucoup, ne suffisaient certes pas à satisfaire les ambitieux qui rêvaient d'une fortune insigne et de beaux mariages pour leurs enfants. Le roi les aidait, leur faisait don de terres, de seigneuries, d'hôtels dans les villes. Aux pensions, il ajoutait, récompenses pour services tout particuliers, des droits sur le sel, sur la vente de tel ou tel produit, la recette d'un péage. Sur les « saynes » d'Anjou, il ordonna que l'on verse cinq cents livres de rente à Diestrich de Hallwil qui lui avait été présenté, quinze ans auparavant, par un autre « Allemand », Nicolas de Diesbach, homme des cantons suisses en fait. Ce Diestrich, qui se fit appeler Théodoric, nourri à la cour comme page, combattit les Bretons en 1470, puis les Bourguignons aux côtés des Suisses à Grandson et à Morat en 1476, et devint panetier ordinaire du roi qui le fit aussi greffier des assises d'Anjou [102].

Ymbert de Batarnay, que Louis avait rencontré enfant sur la route de Vienne en Dauphiné et pris aussitôt à son service, l'a suivi en exil à Genappe et garda sa confiance toute sa vie. Seigneur du Bouchage en 1461, capitaine de Blaye et de Dax l'an suivant, puis d'une compagnie de cent lances lors des campagnes de Gascogne et de Guyenne, il reçut ensuite chaque année d'autres preuves d'une générosité qui, pour lui, ne se démentit jamais : maître des ports et passages et visiteur des gabelles en la sénéchaussée de Lyon ; rente sur les revenus de plusieurs châtellenies du Dauphiné ; capitaine du Mont-Saint-Michel secondé par des lieutenants qui étaient ses parents ou amis (1464) ; capitaine du château de Mehun-sur-Yèvre et maître du grenier à sel de Bourges (1465) ; enfin, chambellan en 1468. Dans le même temps, chaque mission lui valait seigneuries et domaines, dont on ferait mal le compte tant la liste de ces dons royaux paraît longue. L'argent ne lui manquait pas et il accrut encore, par de nombreux achats, une fortune foncière vraiment considérable : en Touraine, la seigneurie de Bridorée (entre Loches et Châtillon) dont il fit sa résidence habituelle ; en Berry, celle de Moulins ; en Gascogne, la « réceptorie » d'Auch, achetée en 1474 à Philippe de la Motte, chevaucheur d'écurie, qui l'avait reçue pour récompense de ses services. Le roi reconstitua pour lui le comté de Frezensac et releva le titre en sa faveur ; puis il érigea sa seigneurie du Bouchage en baronnie [103].

Compagnon d'exil lui aussi, en Dauphiné et à Genappe, Jean Bourré ne fut jamais oublié, jamais réduit à de petits moyens. Cet homme dont on disait que son esprit et ses façons de se comporter étaient sans distinction, que « ses manières et ses allures autorisaient toutes les méprises », fut vraiment de toutes les missions de confiance et se trouva à la fin de sa vie à la tête d'une extraordinaire fortune qui ne devait rien à ses ancêtres. Son nom, bien sûr, reste attaché au château du Plessis-Bourré, mais il en possédait au moins quatre autres : celui de Jarzé, plus important et bien plus beau, un des plus riches édifices de l'Anjou, sur un domaine acquis en 1465, qui fut brûlé en 1793 ; ceux de Coudray, de Longué et d'Entrammes, également détruits aujourd'hui. Sans compter plusieurs maisons dans Château-Gontier sa ville natale, une à Tours rue de la Sellerie, une à Amboise sur les bords de la Loire et un hôtel à Paris [104].

Nos livres nous disent que le seigneur des temps féodaux disposait des veuves et des orphelines de ses vassaux, les mariant vite et à son gré à des hommes capables de répondre au devoir d'ost, souvent contre le désir du lignage qui avait fait un autre choix. A vrai dire, de tels conflits et de telles alliances imposées de force furent plus rares que ne le laissent croire certains auteurs, toujours appliqués à donner de la féodalité une image détestable.

Louis XI, en tout cas, ne se recommandait en rien de ce droit dit féodal, pas même du droit du suzerain. Pour lui, il ne s'agissait pas de conserver aux fiefs des chevaliers aptes au combat mais, au nom du bien commun et de la raison d'Etat, de récompenser des conseillers, officiers de tous rangs, hommes de service et de fidélité qui se voyaient ainsi unis à des familles qui sans nul doute ne les auraient pas accueillis. Ces interventions autoritaires qui, sous la menace et les contraintes, prirent souvent un tour dramatique, choquaient d'autant plus qu'elles allaient presque toujours contre l'intérêt des parents engagés en d'autres projets. Le roi ne s'embarrassait pas de scrupules, usait de tous les moyens, suivait ces affaires avec attention et obstination, n'abandonnant jamais la partie. En plus d'une occasion, on constate qu'il ne cherchait pas seulement à faire le bien d'un de ses serviteurs, mais à affaiblir et humilier un lignage qui ne lui inspirait que méfiance. Il lui imposait alors un homme de peu qui ne devait cette étrange fortune qu'aux besognes accomplies pour son maître, besognes parfois peu glorieuses, aussi obscures que ses origines.

Georges de Brilhac, seigneur du parti d'Orléans, fut contraint de marier sa fille à un nommé Lucas, valet de chambre, personnage de pauvre réputation. Par ailleurs, le roi fit choix de Mlle de la Bérandière, orpheline et riche héritière d'Anjou, pour l'un de ses veneurs, René de la Roche. Il ordonna de prendre de force, chez son grand-père, une autre orpheline, âgée de douze ans, pour la marier à un valet de chambre, et la dame de Pusagny, veuve d'un seigneur de Saintonge, fut contrainte sous la menace d'épouser un Ecossais de la garde royale.

Les bourgeois chargés d'offices, et donc soumis au roi, furent, dès que leur fortune suscitait quelque convoitise, aussi mal traités : un riche « élu » de Soissons n'eut d'autre choix, pour garder sa charge et sans doute sa liberté, que de consentir au mariage de sa fille, enfant unique, avec un simple serviteur de l'Hôtel royal [105].

Que la femme soit déjà mariée, que la famille résiste, en appelle à ses amis, au Parlement même ou à l'Eglise, comptait pour peu. Louis fit enlever la femme légitime du sire de Fay, frère de l'évêque de Limoges, pour la donner à Pontbriant, capitaine d'une compagnie de cent lances [106]. Pour établir l'un de ses plus tristes agents, un nommé Josselin de Bois Bailli, maréchal des logis, en fait commis du service de fourrière et valet prêt à tout, il fit arrêter, au lendemain de ses noces, Anne Has qui venait d'épouser le seigneur de Magrin, noble limousin. Sa mère et elle, conduites à Niort devant le sénéchal du Poitou puis à Tours devant le roi, eurent à subir de terribles diatribes et menaces, jusqu'à ce qu'elles cèdent [107]. On ne sait de quelle façon le premier mariage fut tenu pour nul.

Pour quelques grands capitaines, ses officiers chargés de hautes responsabilités, le roi jetait son dévolu sur des lignées encore plus nobles et naturellement encore plus armées pour résister. Il ne tenait compte de rien et, des refus pourtant manifestes, criés à tous les échos, il ne voulait se soucier. Il fit intervenir l'archevêque de Narbonne pour obliger le comte d'Albret, qui ne s'y résignait pas et fit beaucoup de bruit là contre, à donner sa fille à Boffile de Juge. Ymbert de Batarnay, seigneur du Bouchage par la seule grâce royale, désirait épouser Georgette, fille de Foulques de Marchenu, seigneur de Chateauneuf, mais se heurtait aux résistances du père qui, lui aussi, clamait bien haut contre ces vilenies. Foulques, jeté en prison, y resta un an, menacé de perdre tous ses biens ; il craignait aussi pour les siens, persécutés de diverses façons, soumis à d'insupportables pressions, et il finit par se résigner : « et par force et contrainte m'i a fallu concentir et obéir, sans y pouvoir résister en quelque manière que ce soit » ; le contrat fut signé en présence du roi lui-même, le 24 mars 1463, et le mariage célébré sans plus attendre le 25 avril[108]. Le frère d'Ymbert, Antoine, échanson du roi, épousa May de Houllefort, fille du bailli de Caen, et reçut la belle somme de six mille écus gagés, faute d'être versés aussitôt, sur la seigneurie d'Evrecy, en ce même bailliage[109].

Les frères de Villeneuve, serviteurs de l'Hôtel, s'affirmant, en 1469, « quictes et paisibles de tailles », arguaient de leur état de noble mais d'une noblesse toute récente, obtenue par lettres royales en date du 14 juillet. Dès le début du mois d'août, Louis ordonnait à la Chambre des comptes de Paris d'entériner ces lettres. Il n'était pas homme à laisser courir le temps.

Accorder largement ces titres de noblesse n'était pas innover vraiment. Charles VII en avait usé avant lui, notamment en faveur de Jacques Cœur, mais développer une telle pratique, qui bouleversait les traditions sociales, fit tout de même beaucoup murmurer. Que le roi y ai trouvé son compte est l'évidence : il récompensait des services, honorait des hommes fidèles, les faisait sortir du commun, et s'attachait des clients dévoués. Il en tirait aussi quelques sommes d'argent car ces anoblissements n'étaient pas gratuits. Si les Villeneuve n'ont rien versé au Trésor, c'est que, rappelle le roi, « nous les avons quicté et donné la finance qu'ilz nous peuvent et pourroient devoir à cause dudit anoblissement[110] ». De même Thomas Quissarne, « médecin ordinaire, amé et féal », n'avait rien payé ; les maîtres de la Chambre des comptes furent alors sommés de ratifier les lettres qui l'anoblissaient « luy et sa postérité et lignée procrée et à procréer de luy par loyal mariage », car « luy avons donné la finance que nous en pourroit estre pour ce deue »[111]. De cette « finance » la plupart des nouveaux nobles s'acquittaient, mais ils se voulaient libérés des tailles.

Sur le plan social, il est certain que ces anoblissements finirent par créer une nouvelle noblesse, toute différente, qui, dans les premiers temps du moins, restait dévouée au roi, opposée à l'ancienne si besoin était et forcément mal acceptée. Jusque-là, la noblesse n'était certes ni une « classe » ni même un « ordre » bien défini. La condition de « noble » ne répondait à aucune notion juridique, à rien d'établi de façon formelle, et son recrutement n'était pas du tout soumis à des règles strictes. Etre noble dans le royaume de France était affaire de qualité, de valeur personnelle et de genre de vie, autant d'éléments appréciés par les proches et qui permettaient d'être reconnu pour tel. L'accès n'en était pas du tout fermé mais ouvert. On devenait « noble » par une sorte de consensus des nobles voisins qui constataient que l'homme avait servi les armes à la main, recruté et commandé des compagnies, qu'il possédait des domaines fonciers, des revenus convenables, une grande maison, maison forte plutôt, et des chevaux ; et qu'il s'était allié par mariage à une famille noble[112]. Or les lettres d'anoblissement et les choix du roi, échappant à toute manière d'acquiescement et tenus pour arbitraires, imposaient radicalement une autre conception de la noblesse. Les hommes du roi devenaient nobles sur commande, sans que leurs pairs ou leurs voisins aient à en juger.

De plus, le roi Louis ne s'en tenait pas, comme l'avait fait son père, à distinguer des personnages déjà parvenus au faîte des charges et des honneurs, estimés pour d'insignes services. Il fit nobles toutes sortes de gens, du fait même qu'ils étaient appelés à quelques fonctions, sans nul risque ni sacrifice, de pure administration. Dès novembre 1461, il décida d'autorité que tout le corps municipal de Niort, le maire, les douze échevins et les douze conseillers jurés seraient « tenus et reputez, dès maintenant et à toujours, pour nobles en jugement, en fait d'armes et ailleurs en quelque lieu que ce soit[113] ». En juillet 1470, les habitants d'Orléans obtenaient le droit d'acquérir des fiefs nobles et d'en conserver tous les droits seigneuriaux[114]. Et le roi anoblit aussi les magistrats municipaux de Tours, de Beauvais et d'Angers[115].

Ce qui autrefois était la marque d'une réelle distinction devenait le fait du prince. L'impression d'arbitraire pesait évidemment sur ces réussites brutales et fracassantes, jugées incongrues.

III

Consulter souvent et toujours tout conduire

I. PARIS, VILLE OUBLIÉE

Avisé et prudent, le roi de France savait garder bonne mémoire et tirer leçon d'un passé qu'il n'avait pas connu mais qui, tout proche, demeurait présent en images de désordres et de violences. Son père et ses conseillers lui avaient appris à se garder de Paris qui, face aux autres cités du royaume, paraissait encore une ville terriblement dangereuse, instable en tout cas. Elle comptait alors plus de cent mille habitants, contre vingt ou trente mille à Rouen. C'était, depuis longtemps déjà, une cité troublée par de vives agitations sociales, très vulnérable, susceptible de s'émouvoir et suivre les prêcheurs de tous bords, les princes de sang royal hâbleurs et généreux, dispensateurs de promesses et de tonneaux de vin, ou les prédicateurs inspirés, appelant, sans risque aucun pour eux-mêmes, à plus de justice, parlant fort de la colère divine et du Jugement dernier. Charles V dauphin puis Charles VI s'y étaient laissé enfermer, constamment exposés aux menaces, et plusieurs de leurs officiers y avaient laissé la vie. La prise de conscience de ces périls fut enfin provoquée par les horribles carnages de la nuit de mai 1418, où dix à vingt mille hommes, femmes et enfants réputés, souvent à tort, du parti armagnac, furent tués dans les prisons et par les rues. Charles VII, alors dauphin, n'avait réussi à fuir que par miracle une ville livrée à des foules qu'aucun tribun ne contrôlait plus. Devenu roi, il n'avait pu la reconquérir qu'après quatorze années de luttes sur tous les fronts et ne se soucia jamais d'y revenir vraiment pour s'y établir. Il n'y fit que de rares et courts séjours, inaugurant ainsi une longue période d'absence qui devait durer jusqu'aux successeurs de François Ier. Toujours tenue en suspicion, la ville perdit la cour, les familiers du roi, les marchands étrangers et les hommes de haute finance.

Les affaires périclitèrent et l'argent manqua ; les artistes allèrent exercer leurs talents à Bourges d'abord, puis dans les villes et les châteaux du Centre. Ce que nous appelons communément le temps des « châteaux de la Loire » fut d'abord temps de ceux du Cher ou de l'Indre et n'était en rien le fait d'un caprice, mais d'une décision politique mûrement réfléchie. Il ne s'agissait pas d'une sorte de retour vers la nature, pas d'aller aux champs jouer aux bergers, mais de gouverner loin des menaces et de la pression de la rue.

Louis XI, lui, fut tout au long de son règne très attentif à ne pas tomber dans les pièges tendus par des fauteurs de troubles capables de soulever les Parisiens. Il ne voulait voir se dresser contre son autorité ni un Etienne Marcel ni un Jean sans Peur et prit soin de ne jamais s'exposer aux colères d'une population si facile à émouvoir. Il fut assez habile pour, très vite, gagner la ville, s'assurer de son obéissance... avant d'aller vivre ailleurs pour conduire en toute quiétude les affaires du pays.

Il s'est fait recevoir à Paris avec éclat en 1461, affirmant sa légitimité, imposant sa présence. Il y a aussitôt tenu conseil ou, plutôt, y a dicté ses choix pour le renouvellement des grands officiers de l'Etat. Lors de la fronde du Bien public, il savait l'importance de l'enjeu et voyait que perdre la ville serait sans doute donner la victoire aux rebelles. C'est pour la garder qu'il livra sa vraie guerre. Il fit armer des milices et renforcer les murailles. Surtout, il s'efforça de gagner et l'aristocratie marchande et le peuple, accordant aux uns et aux autres quelques privilèges ou allégements de taxes. Il y réussit parfaitement : sollicitée pourtant par les princes qui s'appliquaient à susciter soit une révolte des notables soit une insurrection populaire, et ne cessaient d'y faire discourir leurs champions, Paris fut alors vraiment gagnée au roi et lui resta fidèle.

Juillet et août 1465 : au lendemain de Montlhéry, s'engagèrent d'interminables négociations entre les princes cantonnés près de Paris et le roi ou, pour mieux dire, le gouvernement et le parti royal. Pour le roi, les principaux acteurs étaient son lieutenant gouverneur et, toujours présents, toujours consultés, les notables représentants des corps constitués : « Et en ce temps, ilz assembloient les gens d'Eglise, la court de Parlement et les bourgeois de Paris afin de avoir colacion ensemble et délibérer qu'il seroit de faire sur toutes lesdictes matières et chascunes d'icelles ». Car Louis, ces jours-là, est à Mantes ou en Normandie, pour rassembler « en sa compagnie trente mille combattans normans et aultres », et la ville prend en charge tant les tractations de paix que sa propre défense. Ces gens, désignés on ne voit pas bien comment mais, en tout cas, véritables et incontestés représentants de leurs pairs, se montraient d'une étonnante fermeté face aux rebelles, et toujours fidèles aux officiers royaux et aux nobles du parti de Louis. Dès les premiers jours, le prévôt des marchands avait refusé d'agir sans les consulter : « ... il ne feist point de conclusion... mais remiest toutes lesdictes matières au bon advis et à la voulenté du seigneur d'Eu et des autres nobles lors estans dedans Paris pour le roy ». Et, plus tard, d'affirmer, en réponse à Dunois porte-parole des princes, qu'il ne lui plaisait pas de « rendre aulcune response sans premièrement avoir parlé au roy et sans savoir sur le tout son bon gré et plaisir ».

Ces Parisiens furent pourtant, en l'absence du roi, constamment soumis à toutes sortes de propagande. Dunois lui-même et d'autres ambassadeurs ne cessaient de leur rendre visite, de faire dire par les rues les griefs des princes pour dresser les foules contre un souverain que l'on présentait comme un vrai tyran, cou-pable de méfaits ou de crimes, coupable aussi de dilapider les finances publiques, de faire alliance avec l'étranger contre « les nobles maisons de France », d'imposer de force des mariages « entre personnes de non pareil estat ou grant deshonneur et des-plaisir desdictes personnes, ausmoins de leurs parents » ; et, plus encore, de nommer des hommes indignes aux plus hautes charges de l'Etat. En vain. Les temps d'Etienne Marcel et des cabochiens étaient révolus et la ville ne suivait pas : « Les nobles alors dans Paris, les gens d'armes et tout le commun peuple de Paris estoient au contraire pour le roy ». Les officiers royaux savaient comment se garder et les notables comment gagner les foules à la cause royale. Ils laissèrent s'enfler les rumeurs qui disaient que « on [les princes] vouloit mettre Bretons et Bourguignons dedans Paris ou grant dommaige du roy et de la ville, pourquoy le peuple fut comme tout esmeu de tuer lesdiz ambassadeurs ». Ils prirent soin de dénoncer « aulcuns aultres bourgeois qui avoient été d'opinion de mettre lesdiiz seigneurs dedans Paris ». De telle sorte que ce peuple qui, en 1418, avait ouvert les portes aux Bourguignons, alla renforcer les murailles, « fit grant gueist et grant garde en grant armée et puissance de gens d'armes »[116].

Charles de Berry et ses ligueurs jouèrent d'autres cartes. Ils demandèrent que soient assemblés les états du royaume ; le roi refusant, ils exigèrent que les clauses d'une paix soient examinées non devant lui, à Paris ou ailleurs en son conseil, mais chez eux, dans leur camp de Beauté-sur-Marne, hors de sa présence, par trente-six commissaires désignés à cet effet. Ce devaient être douze hommes d'Eglise, douze de la noblesse et douze du troi-sième état, tous « hommes notables pour ouyr les causes par quoy luy [Berry] et ceulx de sondit sang estoient ainsi venus et avoient pris les armes ». Manière, en somme, de tenir une assemblée des états limitée aux Parisiens. La ville fit, certes, connaître ses représentants, délégation conduite par l'évêque Guillaume [117]. Mais la plupart se lassèrent vite et cessèrent de paraître. Rien ne fut décidé et tout porte à penser que l'on ne fit aucune proposition. La tentative de parler en dehors du roi, de lui présenter, comme l'avaient fait autrefois les cabochiens, une réforme de l'Etat, sous la forme d'une ordonnance, échouait lamentablement. Les paix qui mirent fin au Bien public furent signées sans que rien de cela ne soit évoqué.

Par la suite, la crise passée et l'alliance des princes affaiblie ou déliée, le roi ne se fit voir dans la ville que de loin en loin, ne s'y attardant que quelques jours, préférant même les cités, bourgs, châteaux ou manoirs d'Ile-de-France. Il n'eut pas de grande résidence dans Paris et n'y a fait construire ou aménager aucun hôtel auquel on pourrait lier son nom. Dans l'année 1464, alors que les affaires l'appelaient en Normandie et en Picardie et qu'il lui fallait évidemment passer ou séjourner en Ile-de-France, il n'y résida, au total, que vingt-quatre jours contre quarante-quatre à Nogent-le-Roi, sur l'Eure, près de Maintenon, trente-huit jours à Abbeville, vingt-sept à Rouen et douze à Tournai. En 1477, année de la première grande campagne contre les Bourguignons, il logea en plus de trente lieux différents, de la Touraine à l'Artois, mais pas une seule fois dans Paris [118].

Son gouvernement fut avant tout « provincial », par calcul, par volonté politique dont il ne faisait pas mystère. Toujours circonspect, voire soupçonneux, il n'accordait pas volontiers sa confiance aux hommes d'Ile-de-France. Aux temps des premiers Valois et encore de Charles VI, ces hommes, hommes d'Eglise, nobles ou légistes, formaient, et de très loin, la majeure partie du Conseil du roi. Louis XI, au contraire, n'a cessé de favoriser les pays qui naguère avaient, contre Paris et les Bourguignons, pris parti pour son père Charles VII et pour Jeanne d'Arc. Sur deux cent quarante-huit membres du Conseil identifiés pour tout le règne, les pays de la Loire en ont à eux seuls donné cinquante-six, soit un quart ; on y voit siéger trente-sept conseillers originaires du centre de la France, alors que ceux de la région parisienne ne sont que vingt et un, soit moins de dix pour cent. C'était reprendre très exactement la politique de Charles VII, à ceci près cependant que les hommes du Dauphiné et de Normandie furent appelés plus nombreux et plus souvent [119].

Il n'était pas dans les intentions du roi de gouverner à partir d'une vraie capitale et de lui confier une particulière importance dans le pays. La cour, le Conseil, le collège des secrétaires et des notaires ne devaient pas s'ancrer en tel ou tel palais. Ils étaient avec le roi, là où il se trouvait. En une occasion au moins, plutôt que de se rendre à Paris, il préféra faire venir à lui les grands corps de l'État qui, certainement, n'avaient jamais envisagé d'avoir à se déplacer. L'an 1468, « le Roy s'en retourna à Senlis et Compiègne où il manda aler par devers luy toute sa cour de parlement, sa chambre des comptes, les généraulx des finances et aultres ses officiers ; ce qu'ils firent [120] ».

De plus, Louis manifesta clairement son intention d'associer toutes les communautés urbaines aux affaires. Aux états généraux de Tours, les villes furent largement représentées. Soixante-dix cités étaient convoquées et plus de soixante envoyèrent leurs représentants élus. Ces délégués ne furent pas tenus à l'écart ni en un petit rang. Ils ont siégé dans la même salle que ceux du clergé et de la noblesse, sur des bancs voisins, et ont pris la parole aux moments fixés, les mêmes jours. Sur les bancs réservés à ces « bonnes villes », chacun décida de sa place, selon les voisinages souhaités. Leur représentation laissait la meilleure part aux « bourgeois », marchands, hommes de métiers ou légistes : deux ou trois laïcs contre un seul clerc. Surtout, Paris ne bénéficia d'aucune préséance ni faveur : six délégués contre trois ou quatre pour les autres villes ; ce qui, étant donné la forte différence de population, équivalait à une forte sous-représentation [121]. Signe de méfiance à son endroit, signe de sollicitude pour les autres.

Pour Louis XI, l'une des grandes vertus de l'homme d'Etat était de savoir convaincre, de prévoir ou désamorcer les mécontentements. Montrer, en toute occasion, que le roi se voulait présent, qu'il se souciait de ses sujets et les tenait en estime, et que ceux-ci, en toute justice, ne pouvaient parler derrière lui et nourrir à son endroit des griefs. Tout devait être dit clairement et l'art de gouverner reposait d'abord sur un large consensus, soigneusement préparé et entretenu.

Le 5 avril 1466, il fit savoir à « ses chers et bien amez les Lyonnais » qu'il avait été contraint de retirer la Normandie à son frère Charles et s'en justifiait par une longue missive, dépourvue de formules de chancellerie et de précautions, mais écrite d'un jet et d'une plume alerte en un style parfaitement clair et direct. Comment douter de la bonne foi d'un homme qui n'usait d'aucune sorte d'écran, allait droit au but ? Cette Normandie, il l'avait certes, au lendemain de la sinistre affaire du Bien public, moins d'une année auparavant, cédée à Charles, contre « son gré, plaisir et voulenté ». Et ce fut une erreur. Il n'aurait jamais dû le faire car c'était action contraire aux « deffenses et prohibicions faictes par les ordonnances et constitucions des roys de France », lesquelles, « pour doubte des maulx et inconvéniens qui aultrement en pourroient advenir en ce royaume à l'exemple des choses passées », ne voulaient qu'un frère du roi fût maître de la Normandie. De plus, ce duché « est de très grande valeur » et, de le voir confié à une administration particulière, « tout le royaume de France pourroit avoir et souffrir trop grand dommaige ». Et lui, le roi, qui avait juré de garder intacts les droits de la Couronne, se devait sans faute aucune, conseillé « par grant et meure délibéracion de plusieurs des seigneurs de son sang et aultres gens notables », de le reprendre et remettre en sa main et ne plus s'en séparer.

Seule la lettre aux Lyonnais nous est restée, mais d'autres furent certainement adressées à toutes les bonnes villes du royaume. Il lui fallait ne pas courir le risque que « plusieurs non advertis des choses dessusdictes ne se puissent esmerveillés » mais que tous, comme bons et loyaux sujets (ce qu'ils ont toujours été...) lui apportent faveur, aide et confort. Qu'ils sachent aussi que Charles, s'il « se gouverne comme il doit », recevra alors « grant, bon et notable appanaige »[122].

Le roi ne fait pas non plus la guerre sans annoncer partout, vite et longuement, le succès de ses armées. Il lui paraît de bonne politique de montrer aux « notables et honnestes gens » que leurs subsides ont été bien employés, de les rassurer, de faire taire les vilaines rumeurs, prévenir les désarrois ou désertions. En juin 1477, le 15 du mois, Georges de La Trémoille, sire de Craon, remportait une grande victoire en Franche-Comté, devant la petite ville de Gray, sur les troupes du prince d'Orange. Dès le 22, une semaine à peine passée, Louis XI fit écrire aux villes du royaume, entre autres à Rouen, Lyon, Poitiers, Bordeaux et Tournai, pour que les habitants sachent l'ampleur de la « desconfiture » infligée aux ennemis. Il ne se contente pas d'annoncer mais insiste, souligne l'exploit guerrier, montre que ce fut comme un miracle, grâce à l'aide de Dieu et de Notre-Dame. Le fils du prince, Hugues de Château-Atlay, était venu « en grande puissance », avec d'autres capitaines et chefs de guerre, à la tête de Bourguignons et d'Allemands, porter secours à son père. Mais, déjà, celui-ci s'était enfui, tous ses gens débandés, pris d'une peur panique à considérer combien Dieu et le sort leur étaient contraires. On ne sait au juste combien ils ont perdu d'hommes, car ceux qui ont apporté l'heureuse nouvelle « partirent incontinent ». En tout cas, il y eut bien quatre mille (?) morts et de très nombreux prisonniers, les armes et le trésor de guerre pris aussi sur le champ. Et le roi de dire que, s'il prend soin d'avertir aussitôt ses loyaux sujets, c'est qu'il ne doute pas que ceux-ci sont toujours désireux et impatients d'avoir « de ses bonnes nouvelles ». Des « autres choses qui surviendront », il les tiendra de même informés, en toute diligence[123].

Thomas Basin et d'autres tout aussi malveillants l'ont volontiers accusé de ne pas vouloir réunir les états généraux du royaume. Mais, bien sûr, ils se gardaient de rappeler qu'il avait pour cela de bonnes raisons. Le souvenir de ceux assemblés à Paris en 1357, dominés et manœuvrés par Etienne Marcel et par Robert Le Coq, tous deux maîtres trublions, était encore dans les mémoires. A ne pas refaire, à aucun prix ! Charles VII s'en était gardé et Louis dauphin n'avait connu, aux côtés de son père, que des assemblées régionales, tenues en des villes infiniment plus calmes, loin de cette capitale si vulnérable, exposée à tant de désordres. Le contrôle des états provinciaux, tels ceux d'Auvergne, du Limousin ou du Languedoc, était plus aisé et l'on y traitait non de la grande réforme de l'Etat inspirée par les mauvais vouloirs d'hommes ambitieux, mais d'affaires particulières, plus circonscrites.

De fait, Louis XI n'a réuni les états de tout le royaume qu'une seule fois en un règne de plus de vingt années. Ce fut en 1468, non à Paris mais à Tours, à l'abri des tumultes. La façon dont cette assemblée de Tours fut convoquée et tenue en main, les précautions prises pour surveiller et limiter les débats témoignent d'un art politique consommé, en tout point remarquable. Le roi, certes, faisait largement appel aux avis des délégués et voulait les entendre mais il ne prenait aucun risque. La lettre de convocation ne fut envoyée que cinq semaines avant la date fixée pour l'ouverture des débats : le 26 février pour le 5 avril. Les états ne siégèrent, en tout et pour tout, que pendant neuf jours, contraints de respecter un programme parfaitement défini. Chacun prit la parole, à son tour et pour un temps fixé à l'avance. Il n'y eut place pour aucune sorte de discussion, ni générale ni particulière. Et, bien sûr, il ne fut nullement question de la moindre réforme du gouvernement et des conseils. Le roi ne venait pas demander d'avis, entendre des remontrances. Il fit de cette solennelle assemblée l'auxiliaire de sa politique et ne laissa évoquer que la reprise de la Normandie, arrachée à son frère Charles, afin que les états donnent leur assentiment à la reconquête par les armées royales, épreuve de force qui, tout de même, avait fait quelque peu crier. Le chancelier, Guillaume des Ursins, posait les questions : le duché devait-il être séparé de la Couronne ? Fallait-il contraindre le duc de Bretagne à quitter les places fortes qu'il détenait encore ? Exiger qu'il renonce à faire entrer les Anglais en France ? Cela et rien d'autre.

Ces états qui jusqu'alors, et notamment en 1357, rassemblaient des hommes désignés de façons très diverses, peu régulières et souvent arbitraires, se pouvaient dire, à Tours, réellement représentatifs du pays. Le roi imposa une certaine parité entre le nombre d'hommes convoqués à titre personnel par lettres royales et ceux élus par les villes. Il fit envoyer la lettre de convocation à plus de cent cinquante membres de la noblesse, du Parlement, du clergé et à soixante-dix « bonnes villes » qui, elles, organisèrent des élections pour choisir leurs représentants. De telle sorte qu'il fit savoir que le royaume tout entier était avec lui. Ce rattachement de la Normandie, les Etats ne se contentèrent pas de l'approuver. Ils envoyèrent leurs délégués négocier à Cambrai la prolongation de la trêve avec le duc de Bourgogne et obtenir qu'il renonce à soutenir Charles, frère du roi. Que, de ces délégués des états, au nombre de sept, cinq aient été des officiers royaux, dont Jean Dauvet premier président du Parlement de Paris, Guillaume Cousinot gouverneur de Montpellier et Jean Grand lieutenant général de la sénéchaussée de Lyon, montre clairement que le roi n'abandonnait rien de ses prérogatives et gardait l'initiative. Les états avaient joué leur rôle, comme jamais auparavant [124].

2. Cités et métiers sous tutelle

Le roi ne fut pas le champion des villes et des bourgeois, mais leur maître. Dès les toutes premières années de son règne, il leur imposa des administrateurs, la plupart du temps choisis ou proposés par lui-même ou par des officiers de confiance. Ce roi « bourgeois » s'est toujours montré hostile aux institutions que, selon le vocabulaire fort galvaudé aujourd'hui, nous dirions « démocratiques », à savoir de larges conseils désignés par l'ensemble de la population. Il ne mit en place que des municipalités où le pouvoir de décision et de gestion était confié à des conseils restreints, plus aisés à contrôler, et toujours établis de son propre chef, par simple ordonnance, sans être sollicité pour le faire, sans non plus demander d'avis : « Pour ce que nostre dicte ville de (...) n'as es temps passez estre gouvernée par maire et eschevins et que par eulx voulons que doresenavant elle soit... » La formule devint si ordinaire à ses clercs et notaires qu'elle n'a pas varié d'une lettre missive à l'autre [125].

En 1461, peu après son entrée dans Tours, il accorda aux habitants les mêmes « privilèges » que ceux naguère donnés par son père à La Rochelle : un corps de cent bourgeois élus, un conseil de soixante-seize membres, vingt-quatre échevins et un maire. En fait, seuls le maire et les échevins gouvernaient. Ils pouvaient seuls assembler les conseils, à son de cloches, et ces réunions n'avaient d'autre but que de faire part des décisions prises. Ils pouvaient aussi acquérir une maison commune et des terrains, hors les portes de la cité, pour y faire jeter « les fumiers et immondicitez issans d'icelle ville [126] ».

Cette « recette » de La Rochelle, inspirée elle-même par les

« Etablissements » de Rouen plus anciens, fut vite appliquée à
nombre de villes, dans tout le royaume, jusqu'à Limoges, Saintes,
Mende et Troyes où les manants et habitants furent conviés à désigner trente-six échevins, dont obligatoirement douze du clergé et
douze « bourgeois ou autres habitants qui soient à nous et à nostre
couronne féables et loyaux, de bonne prudence, fame, renommée,
vie et conversacion honneste, aimant l'utilité et profit de ladicte
ville et de la chose publique d'icelle [127] ». Ce n'était qu'une mise
sous contrôle de l'administration. Mais elle fut généralement présentée, sous d'aimables dehors, comme la seule mesure capable
de mettre fin à certains abus (jamais définis...), comme une
marque de la sollicitude royale, et même comme une récompense
pour d'éminents services. A Tours, le roi dit que c'est là « où nous
avons esté grant partie du temps nourry et y avons trouvé grant
plaisir et civilitez ». Beauvais s'était illustrée en résistant « aux très
rudes et puissans assaulx du duc de Bourgogne » et ses habitants,
hommes, femmes et enfants, avaient, ces jours-là, combattu sur les
murailles « sans aulcunement espargner eulx jusques à la mort [128] ».

A Angers, l'installation d'une municipalité fut l'occasion de
battre en brèche les pouvoirs du duc d'Anjou et de ses agents. La
charte ne manquait pas de dire clairement que cette cité, l'une des
plus grandes, des plus anciennes et des plus notables du royaume,
se trouvait fort diminuée et appauvrie, les fossés et les murs de
défense en mauvais état, mal « traités, gérés, gouvernés et
conduits ». Cela par faute des guerres contre les Anglais, certes,
mais aussi « par défaut de police et conseil et qu'il n'y a aucune
communauté comme il y a en plusieurs autres bonnes villes et
cités [129] ». Le premier acte de cette mairie, imposée ici en terre
d'apanage, fut une ferme et solennelle déclaration pour dénoncer
les officiers de René d'Anjou, incompétents ou prévaricateurs. On
interdit de passer des contrats sous un autre sceau que sous celui
du maire, ce qui portait forcément atteinte au tabellion du duc, et
l'on défendit au juge d'Anjou d'entendre des parties demeurant
dans la ville ou dans la banlieue.

Maire et échevins se virent attribuer le droit de percevoir, pour
faire face tant aux dépenses publiques qu'aux exigences du roi,
différentes taxes, tels les « deniers d'octroi », les impôts sur la
vente du vin au détail, sur les charrois et sur les marchés aux bes-
tiaux. A Angers, ils géraient la « cloison », droit de passage sur la
Loire, soit directement soit en la donnant à ferme, et toutes les
aides sur les marchandises en transit, jusqu'à concurrence de mille
livres tournois par an [130]. Mais il leur fallait, avant tout et surtout,
garantir l'ordre public, prévoir ou réprimer les murmures et les
mouvements de foule. Le roi le leur rappelait et les rendait responsables : qu'ils résistent et, en cas de troubles, s'appliquent à

« prandre prisonniers ceulx qui firent lesdictes bastures, forces et
violences, et que, pour ce faire, ils se puissent assembler ou partie
d'iceulx avec armes tellement que la force demeure audiz habitans [131] ». A Bourges, au lendemain des émeutes, il fit, en mai 1474,
installer un maire et douze échevins, et désigna lui-même pour
maire François Gaultier, et pour échevins « les parents de Raoulet ». Ce Raoulet, ou Rolet, de Castello, écuyer, échanson du roi
et prévôt royal dans la ville même, lui soumit effectivement une
liste de notables à prendre pour échevins, liste aussitôt approuvée
sauf pour l'un d'eux, Philippon de La Loue « qui fut de la mauvaise opinion ». De plus, Raoulet fut prié de recruter autant de
sergents qu'il faudrait « pour prendre ceulx qui feront quelque
bruit, et pour tenir ceulx de la ville en subjection ». Le maire et
les échevins prêtèrent serment « de ne souffrir nulles émotions
faites » [132]. Quinze notables de Tours, échevins, furent conduits à
Angers pour jurer, sur la croix de Saint-Laud, « qu'ilz ne soffriront
aucun estre pourveu en la ville de Tours à offices et bénéfices qui
ne soit féal au roy et, si on s'efforçoit de la faire, ilz emprescheront
à leur pouvoir et en advertiront ledit seigneur [le roi] [133] ».

Risque d'émeutes populaires ou non, toutes les « mairies »
devaient sentir le joug du maître et collaborer avec ses officiers
établis dans la ville même ou dans le bailliage. Le 12 avril 1473,
les Lyonnais furent dûment priés de bien accueillir le seigneur de
la Barde, nommé bailli de Mâcon et sénéchal de Lyon. Ils s'empressèrent de lui voter et de lui faire porter en don de bienvenue
deux « queues » du meilleur vin clairet, douze « grosses torches
à bastons », douze livres des meilleures confitures et cent « ras »
d'avoine pour ses chevaux. Ils eurent à cœur de le désigner, le
sachant « bien expérimenté en fait et conduicte de la guerre »,
comme capitaine de la ville [134]. Louis XI lui-même, cela fut souvent
écrit, aimait ou s'appliquait à résider dans diverses cités de son
royaume pour observer, se faire rendre compte et veiller à ce que
rien ne vienne menacer le bon ordre. Il prit la peine, en mai 1481,
malade et déjà très affaibli, de charger le seigneur de Bressuire de
s'informer si Jean Mérichon, bourgeois de La Rochelle, ne ven-
drait pas son hôtel sis dans la cité ; il le voulait pour lui, « pour
estre près d'eux et leur voysin et les faire tenir du pied » ; mais
que l'affaire soit menée si secrètement « qu'il ne s'en apperçoive
point que cela vienne de moy, ne que je le veuille avoir [135] ».

Le maire, bien souvent, n'était autre qu'un autre agent royal,
en tout cas un homme de confiance récompensé pour ses services.
A Tours, ce fut d'abord Jean Briçonnet, installé en 1462, déjà
marié à Jeanne Berthelot, fille du maître de la Chambre aux
deniers du roi, qui avait acquis plusieurs seigneuries en Touraine.
On ne pourrait compter les lettres de recommandation, de mise

en demeure plutôt, qui, expédiées partout, à tous moments, ne laissent aucun doute sur la constante volonté du souverain d'imposer ses gens. Aux habitants de Poitiers, en juin 1467 : « nous désirons que, pour maire, votre ville soit bien pourvue de bonne et notable personne qui à nous soit seure et fiable » ; aussi nous vous prions d'élire Colas Mourant, un des vingt-cinq échevins et des plus anciens et notables bourgeois ; et avons chargé notre procureur, Jean Chevredant, de vous le dire et remontrer plus au long [136]. Aux gens d'Amiens qui lui ont envoyé un de leurs échevins pour qu'il dise qui ils devaient choisir pour maire, le roi répond que ce doit être maître Jean Ducaurel. Celui-ci, en assemblée d'échevinage, s'en excusa, se disant accablé de trop grandes charges, rappelant qu'il était déjà « élu » pour la perception des aides, lieutenant du bailli d'Amiens, et tout son temps pris par d'« autres grans affaires ». Résistance inutile : le lendemain, le grand maître de l'Hôtel royal vint dire que « puisque c'estoit le plaisir du roy, il ne le povoit refuser ». Ce qu'il se garda de faire [137]. Dans l'été 1481, le roi désigna lui-même le maire (Pierre Tuillier) et les six échevins de Bordeaux [138], puis le maire d'Abbeville [139]. Réputé, de livre en livre d'histoire, « roi bourgeois », il s'est surtout préoccupé de tenir les villes et leurs notables d'une main ferme... Les responsables de l'administration furent presque partout des gens à lui, de son Hôtel, ou du Parlement, ou des agents des finances.

Le choix même des échevins ne lui échappait pas toujours : en avril 1466, il fit savoir aux habitants de Poitiers que Pierre Laigneau, son valet de chambre, grenetier du sel de Chartres, avait pris femme en leur ville et comptait y résider ; il leur enjoignait de « le mettre en premier lieu de vostre eschevinage qui sera vacquant et, quant à ce, le prefferrer à tous autres [140] ». Les maires, tous dévoués à la cause royale, recevaient communément des instructions précises et pesaient assez sur les élections à l'échevinage pour les orienter comme il convenait. Presque toujours, les interventions royales visaient à contrebalancer le pouvoir des familles de l'aristocratie. Jusqu'alors, les grands marchands, les changeurs, les hommes de loi se réservaient les charges administratives par des accords tacites ou même par de simples cooptations. Le roi voulait les en écarter ou, du moins, élargir l'assise sociale des conseils restreints, notamment celui des échevins, et y faire entrer de simples négociants et des artisans. A Tours, en 1469, sur vingt-trois échevins bien identifiés, l'on comptait certes cinq avocats et sept marchands, mais aussi onze hommes de métiers. L'année 1475, les hommes de loi d'Angers se plaignaient amèrement des choix faits par Guillaume de Cerisay, maire que leur avait « donné » le roi et qui n'avait désigné, pour échevins, que « des gens de basse condition, purs Laiz [laïcs] mecquaniques et de mestier, parens et affins dudit Cerisay, et ses alliés et complices, non congnoissans en justice [141] ». Ces gens-là paraissaient sans doute moins susceptibles de s'opposer aux volontés du souverain.

Cependant, les hommes de métiers, « mécaniques », de toutes sortes, que le roi semble ainsi appeler à quelques responsabilités politiques et fiscales, perdaient, dans le même temps, une part de leurs libertés, en tout cas de leurs droits à régler leur profession. Leurs associations, les guildes et les « métiers », tombèrent sous la coupe des agents royaux ou du maire, et le roi entendait les placer sous une stricte surveillance. A Angers, le maire et les échevins eurent sur eux tous pouvoirs : contrôle des inscriptions, des cotisations et des amendes, contrôle également des institutions d'entraide et de charité. Louis n'a cessé, au long des années, d'ordonner des enquêtes, de confirmer ou de réformer lui-même les statuts d'un très grand nombre de métiers, un peu partout dans le royaume, invoquant chaque fois la nécessité de mettre un terme aux fraudes et abus, de remédier à l'état vraiment intolérable où était tombée la profession « par deffault de bonne police, ordonnance et statuts ». Ainsi pour les boulangers à Tours, les bouchers à Caen, les pêcheurs d'eau douce à Paris, les tisserands et les maîtres brodeurs à Vierzon, les pelletiers et les bouchers à Amiens, les tonneliers, huchiers et menuisiers d'Evreux [142] ; et encore à Tours, à la demande des trente-six maîtres cordonniers et ouvriers des ville, faulbourgs et banlieue de Tours [143].

Les baillis de Caen, Rouen et Gisors, comme le vicomte de Falaise pouvaient « croître et diminuer à leur plaisir » les statuts des métiers ; ils veillaient au bon déroulement des procès et à l'application des sentences. Il en fut de même à Bourges, à Chartres et à Troyes. Les prévôts de Paris, Jacques de Villiers puis Robert d'Estouteville, étaient « commissaires, gardiens et réformateurs généraux sur le fait de la police, visitacion et gouvernement de tous les métiers de la ville [144] ». D'autre part, le roi se fit reconnaître pour lui-même, puis pour la reine, le dauphin et quelques-uns de ses proches, le droit de désigner des maîtres dispensés du chef-d'œuvre. Fin août 1461, quelques semaines seulement après son entrée dans Paris, il rappelait qu'à l'occasion de son joyeux avènement, il lui était loisible de créer, dans chaque bonne ville, un maître juré de chacun des métiers ; il fit Richard de Montroussel maître boucher de la Grande Boucherie [145]. Dix ans plus tard, il en créait un autre, Jehan Desprez le Jeune [146]. On comptait déjà, en 1463-1464, trente-trois maîtres de métiers ainsi établis par le roi dans la seule ville d'Amiens ; au fil des années, ils devinrent de plus en plus nombreux [147].

3. Dirigisme et capitalisme d'Etat

Les interventions du roi ou de ses agents dans la réglementation et la vie des métiers s'inscrivaient dans une politique plus générale, parfaitement définie, qui visait à contrôler et, parfois, prendre délibérément en main les activités du pays, artisanales, marchandes, financières et bancaires. Dans un ouvrage fort documenté mais très compact et de lecture plutôt malaisée, Pierre Boissonnade, analysant en 1927 cette manière de gérer l'économie, manière qu'il voyait précisément s'affirmer sous le règne de Louis XI, parlait de « socialisme d'Etat [148] ». Le mot paraît ou excessif ou ambigu, mais il est certain que Louis, suivant en cela l'exemple de son père et de Jacques Cœur, s'est efforcé de placer de larges secteurs de la production et des échanges sous la férule étatique : capitalisme d'Etat déjà bien engagé, en tout cas dirigisme poussé à un très haut degré.

Dans cette voie, il s'est entouré d'hommes qui avaient, alors qu'il était dauphin, fait leurs preuves et, manifestement, étaient acquis à cette politique d'intervention et de prééminence de l'Etat royal. Les conseillers financiers de Charles VII n'ont pas tous été, en 1461, chassés, victimes du grand chambardement et renouvellement des officiers. Etienne Petit, trésorier général du Languedoc qui, notaire et secrétaire du roi, avait amassé une énorme fortune, est demeuré en place, bénéficiant de la confiance de son nouveau maître. A sa mort, en 1469, lui succéda son fils, également prénommé Etienne.

Surtout, Louis XI remit à Geoffroy, fils de Jacques Cœur, les terres confisquées à son père lors du procès de 1450. Sans consentir à une révision de ce procès, à laquelle le Parlement se montrait vraiment hostile, il fit tout de même écrire que l'argentier de Charles VII avait été condamné « par les rapports qui furent faicts par plusieurs hayneux et malveillants, tendants à le dépouiller et eulx enrichir de ses biens et, entre autres, par Antoine de Chabannes [149] ». Il reprit à son service Guillaume de Varye, principal commis puis associé de Jacques Cœur, le fit viguier d'Aigues-Mortes et le chargea d'importantes missions, lui confiant aussi la réalisation de ses grands projets. Varye mort, en 1469, il maria sa veuve, Charlotte de Bar, à Pierre Doriole, l'un de ses conseillers les mieux en cour, qui devint chancelier de France en 1472. Tout un groupe de Berrichons entourait Varye ou vint à sa suite : Jean Bochetel, Raoulet puis Louis Toutain, Jean de Village et Jean Trousseau. Autour de Jean de Beaune, lui aussi naguère commis de Jacques Cœur et son complice, que le roi fit, en 1472, argentier du dauphin Charles, arriva un autre groupe de financiers, des pays de la Loire et du Centre, notamment les Briçonnet, Guillaume, Jean et Pierre [150].

Jean de Beaune et son gendre Jean Briçonnet (fils de Jean Briçonnet, premier maire de Tours) qui avaient pris à ferme plusieurs péages dans le royaume et s'étaient enrichis dans le commerce des draps et des soieries, du sel et du blé, prêtèrent souvent, au début du règne, d'importantes sommes d'argent au roi. Correspondants à Tours de deux compagnies florentines, les Peruzzi et les Médicis, ils ne servaient, en fait, que d'intermédiaires, obtenant de ces banquiers italiens des prêts à court terme, garantis soit par de la vaisselle d'or et d'argent, ou des bijoux laissés en gages, soit par des engagements écrits. Tout le profit allait aux Florentins, aux Médicis surtout dont les facteurs à Lyon, Franceschino Nori et Lionetto de'Rossi, avaient aussi ouvert des comptes à plusieurs conseillers et officiers royaux, notamment à Boffile de Juge, à Ymbert de Batarnay, seigneur du Bouchage [151].

Louis XI voulut mettre fin à ces pratiques qui le plaçaient, lui et ses fidèles, dans une trop étroite dépendance de ces financiers. Les Italiens faisaient payer, en sus des intérêts des sommes prêtées, leurs services par nombre d'exigences et tentaient même, sur certains points, d'infléchir les décisions de nature politique. De plus, ces compagnies, depuis longtemps déjà, avaient conquis et gardaient sévèrement le quasi-monopole de la perception et de l'expédition vers Rome des revenus de l'Eglise de France [152], expéditions que, de ce fait, le roi ne pouvait pas bien connaître ni contrôler. Aussi donna-t-il mandat, en 1462, à Guillaume de Varye de fonder une banque qui aurait seule licence de transférer l'argent des dîmes pontificales, de telle sorte que son gouvernement ait « la plus clère cognoissance de l'or et de l'argent qui se tirera de sondit royaume et mesmement de celui qui entrera en Italie [153] ».

Varye s'y employa sérieusement ; établi à Montpellier, il fit publier ses projets et ses premières dispositions. Il voulait donner pouvoir à « un homme de bien » à Lyon, et un autre à Paris, qui recueilleraient les transferts venant de Normandie, Picardie et Champagne ; plus un facteur à Montpellier même. Ces financiers devaient seuls traiter avec des correspondants de Rome mais, pour éviter les graves pertes subies dans le passé par tous ceux qui avaient eu affaire aux Italiens en cour de Rome, du fait des faillites et banqueroutes, ils exigeraient d'eux de fortes cautions et une comptabilité loyale, sans tricheries [154]. La banque royale fut effectivement mise en place, les associés assemblés et les responsables installés à Paris (Nicolas Arnoulx), à Lyon (Jean de Cambrai, receveur des aides en pays de Lyonnais, Forez et Beaujolais) et à Montpellier (Geoffroy de Cyrieu). Mais ce fut un échec, provoqué par des fraudes, apparues considérables dès les premiers temps et aggravées encore lors de la guerre du Bien public. Louis XI dut abandonner son beau projet et rendre aux compagnies étrangères la liberté du trafic de l'argent et des envois vers Rome. On en revint aux Médicis. La grande banque d'État avait vécu.

Guillaume de Varye eut, exactement dans le même temps, la charge et le gouvernement d'une autre compagnie d'Etat fondée sur ordre du roi pour assurer le commerce maritime avec les pays d'Orient, compagnie qui serait, à peu de chose près, la réplique de celle des « galées de France » de Jacques Cœur et devrait assurer, de la même façon, un monopole royal sur ces transports et trafics. Une ordonnance de novembre 1463 interdit d'importer des épices autrement que par les ports du Languedoc et du Roussillon. Quelques mois plus tard, en août 1464, Varye adressait une longue lettre aux Lyonnais pour leur recommander les deux grandes galées, la *Notre-Dame Saint-Martin* et la *Notre-Dame Saint-Nicolas*, que le roi faisait construire à Beaucaire ; il leur en vantait les mérites et les incitait à prendre place à leur bord dès le premier départ, fixé au 15 mars de l'an suivant. Ils pouvaient s'informer auprès de ses agents, à Lyon même, ou à Paris, à Bourges et à Tours ; ces agents, dans les deux premières villes, étant ceux de la compagnie bancaire. Seuls les étrangers établis à Lyon, les Florentins surtout, furent autorisés à importer des épices sans passer par eux.

Les galées royales ne devaient pas s'en tenir, comme naguère celles de Jacques Cœur, aux seules escales de Rhodes et d'Alexandrie d'Egypte, mais aller aussi à Jaffa pour y amener des pèlerins en route vers Jérusalem, et à Beyrouth. Deux autres navires, la *Notre-Dame Sainte-Marie* et la *Notre-Dame Saint-Louis*, furent lancés un peu plus tard grâce à une aide accordée par les états du Languedoc. Leurs patrons n'étaient pas des armateurs ou capitaines de Narbonne ou de Montpellier mais, comme au temps de Charles VII, des hommes du centre de la France, des officiers royaux, agents d'administration et plus encore receveurs des finances et trésoriers : Pierre Briçonnet, Thomas de Villages, Guillaume de la Croix, Pierre Gaillard. Des gestionnaires avisés, certes, appelés à bien tenir leurs comptes, mais qui n'avaient sans doute qu'une petite expérience de la navigation et des pays lointains ; ou peut-être aucune.

Pierre Doriole succéda à Varye en 1469 à la tête de cette compagnie maritime et obtint, en 1471, le monopole total du commerce des épices, au grand dam des gens de Lyon qui voyaient leurs correspondants italiens privés de leurs profits. Ils envoyèrent en mission auprès du roi un juriste, Guillaume Billioud, muni d'une bonne somme d'argent fournie par les Italiens, présenter leurs doléances et leurs propositions. Doriole et le roi refusèrent tout en bloc, tout net. Le strict monopole languedocien, à vrai dire monopole d'Etat, fut même renforcé pendant plusieurs années. Louis XI intervenait pour le soutenir. En juin 1472, il mit en demeure René d'Anjou de faire libérer une des galées, que ses officiers avaient arrêtée à Marseille, sous prétexte qu'elle allait ravitailler Barcelone alors que les Provençaux menaient sur mer une dure guerre contre les Catalans. C'était, fit-on proclamer par tout le royaume, mauvaise raison et grave offense car les marchands de France ne pourraient faire à temps leurs chargements vers l'Orient ; il serait donc impossible de respecter le calendrier établi et faire lever l'ancre aux navires « le jour où le voyaige a esté cryé ». René mettait obstacle au bon déroulement des trafics de la compagnie royale en provoquant ce « commencement et chemin de interrompre le fait et seurté du navigaige de France [155] ». L'année suivante, le roi, toujours appliqué à soutenir ce monopole d'une compagnie qu'il avait fondée et dont les financiers et les capitaines étaient ses propres agents, refusa à Laurent de Médicis, son allié pourtant, l'autorisation, pour une des galères de Florence, de faire escale à Aigues-Mortes ; il fit dire qu'il ne le pouvait faire sans en avertir les états du Languedoc et avoir leur consentement, puisque, par les privilèges qu'il leur avait octroyés, « nulles galées estranges ne peuvent arriver ne descendre oudit pays [156] ».

La guerre pour le Roussillon remit tout en question. Les bâtiments, réquisitionnés en 1474 et 1475 par Jean de Bourbon, évêque d'Albi, pour ravitailler les troupes engagées vers Perpignan, n'allaient plus en Orient. Les Lyonnais eurent gain de cause et le monopole royal fut abandonné. L'an 1476, Pierre Doriole et ses associés vendirent leurs navires, quelque peu fatigués et mal entretenus, pour seulement vingt-cinq livres au total, à Michel Gaillard [157].

Ce Michel Gaillard n'était pas languedocien et le moins que l'on puisse dire est qu'il n'avait pas acquis une longue pratique du commandement en Méditerranée. Seigneur de Longjumeau, d'abord attaché à l'hôtel de Marie d'Anjou, mère du roi, puis conseiller, trésorier, argentier et receveur général de la duchesse d'Orléans, il fut enfin fermier des taxes sur le sel (le « quart du sel ») dans le Poitou et la Saintonge, gouverneur de La Rochelle, « élu » pour les aides à Blois, receveur général des finances en Languedoïl (en décembre 1473). Chargé de mission à Lyon pour y recevoir cinquante mille ducats prêtés par le duc de Milan, il fit lui-même de fortes avances d'argent au Trésor royal : près de quatre mille livres en 1475 dont deux mille versées aux Suisses, notamment aux Bernois, et, la même année, dix mille écus sur les cinquante-sept mille que Louis XI faisait alors délivrer au roi d'Angleterre « pour fournir à l'appointement lors fait avec luy ».

Reprenant les vieux navires de Doriole, il se vit attribuer une subvention royale de trente-deux mille livres pour en construire d'autres et pour « subvenir aux très grans frais et comme insupportables mises et despens, qu'il lui a convenu par cy devant, convient chacun jour et conviendra faire au moyen de navigaige des galées de France dont le roy lui a donné la charge et conduite ». C'était donc encore, après celles de Varye et de Doriole, une entreprise soutenue par les deniers publics, contrôlée par le roi et conduite en son nom. Le « gouverneur » des galées demeurait agent financier, chargé de hautes responsabilités : en 1477, un an seulement après avoir acquis ces bâtiments, Michel Gaillard fut nommé général des finances du Languedoc. Confronté à une situation financière difficile, l'appui du maître ne lui a pas manqué : en avril 1480, il reçut en fief la seigneurie de Saint-Michel de Collioure, port qui devait devenir la tête de ligne du commerce dans le Levant, plus mille écus d'or « pour soy habituer, loger et ustenciller audit pays de Languedoc [158] ». Pourtant, ce fut à nouveau l'échec ; le 27 juillet 1481, liberté de trafiquer, de construire des navires, d'importer et d'exporter par n'importe quelle voie était rendue aux habitants du Languedoc [159].

Le rattachement de la Provence relança l'affaire. De Thouars, dès le 26 décembre 1481, Louis écrivait aux Lyonnais pour leur dire son intention de faire de Marseille le principal port du royaume sur la Méditerranée. La Provence, disait-il, « a plusieurs beaulx havres, plages et ports de mer » auxquels, de toute ancienneté, viennent commercer des hommes de toutes les nations, tant chrétiens qu'infidèles. A Marseille, qu'il nomme « Marseille la Renommée », il entend faire construire galées, nefs et autres bâtiments, et accorder au port de grandes libertés et franchises, pour que les étrangers y soient encore plus nombreux à décharger leurs marchandises, les « tirer et faire traverser plar tous noz royaume et seigneuries » vers Paris, Bordeaux, Rouen ou bien au-delà, pour les amener en Angleterre, Ecosse, Hollande et Zélande. Les négociants qui s'associeraient à l'entreprise pour fréquenter « ledit navigaige » en auront vite de grands profits et avantages [160]. Marseille, où Jacques Cœur avait déjà établi un comptoir et qui, certainement, avait alors fourni une part importante des chargements des galées royales, allait supplanter définitivement Aigues-Mortes dont le port s'ensablait de plus en plus.

Dix villes (Paris, Lyon, Montpellier, Toulouse, Bourges, Orléans, Tours, Angers, Poitiers et Limoges) élurent chacune deux marchands qui se réunirent à Tours, fin janvier 1482, et se virent proposer par Michel Gaillard de fonder une nouvelle compagnie de commerce, au capital de cent mille livres, qui aurait le monopole du trafic des épices. D'un commun accord, ils refusèrent, arguant du manque d'argent mais, en fait, parce qu'ils n'acceptaient pas ces monopoles : si la navigation et le commerce étaient ouverts à tous, il se trouverait, disaient-ils, bien assez de négociants qui y mettraient de leur argent, « plus liberallement et en plus grant habondance que se la chose estoit par manière de compagnie [161] ».

Louis XI, pourtant, ne céda pas. Jean Moreau, fils de Guyon Moreau de Tours, valet de chambre et apothicaire du roi, qui avait déjà obtenu les revenus de tous les greniers à sel du royaume, excepté ceux du Languedoc et de Bourgogne, emprunta de l'argent à Commynes, s'associa à Michel Gaillard, et tous deux se firent reconnaître le droit d'arborer la bannière royale sur leurs navires (le 18 février 1483) ; peu après, le roi fit proclamer l'interdiction à tous autres de commercer avec l'Orient. Par d'autres détours, se remettait en place un monopole, conduit par deux hommes d'affaires qui n'étaient en réalité que des agents financiers, des commis. Les états du Languedoc, qui avaient si longtemps accepté ces monopoles des sociétés royales, fort mécontents certainement du premier rôle dévolu à Marseille, élevèrent de telles protestations que, le 10 juillet 1483, Louis XI redonna à tous les négociants et armateurs du royaume la liberté de commercer [162].

Promoteur et protecteur de quatre compagnies maritimes mises en place l'une après l'autre, toutes sur le même modèle et bénéficiant d'un réel monopole sous le contrôle d'agents du Trésor public, le roi n'a jamais réussi vraiment à les imposer et les faire fructifier. Ce dirigisme d'Etat se heurtait à de trop vives oppositions.

Les maîtres des métiers et les grands négociants, capitaines d'industrie, n'ont pas accepté de meilleur gré les interventions royales. Ils ne voulaient se plier aux monopoles, aux trop nombreux règlements, et craignaient, non sans raison, de faire les frais de l'opération.

Pour répondre au souci de Charles VII d'éviter les considérables sorties d'argent qu'entraînaient les achats de soieries en Italie, Jacques Cœur s'était, à deux reprises, associé avec des Florentins pour gérer à Florence une « boutique de la soie ». Les résultats ne furent guère brillants et l'entreprise perdit de l'argent. Mais les liens avec les artisans, maîtres du métier, et les entrepreneurs toscans, furent maintenus longtemps. Guillaume de Varye, participant de la seconde société florentine, avait noué puis gardé d'amicales relations avec quelques familles et tiré assez de leçons pour tenter d'implanter ce travail de la soie dans l'une des villes du royaume. Lyon fut choisie. Ce fut, là aussi, dès la première démarche, à l'initiative d'un officier royal, Jean Grant, lieutenant du bailli, qui fit venir des ouvriers spécialisés, réussit à faire tisser et teindre plusieurs pièces, mais perdit tout ce qu'il avait et fit appel au roi pour le tirer de ce mauvais pas.

Louis XI nomma le bailli Guillaume Cousinot responsable de l'entreprise seconde manière (le 23 novembre 1466) et demanda aux Lyonnais une subvention qu'il affirmait exceptionnelle (elles l'étaient toutes !) de deux mille livres. Ils refusèrent d'abord, faisant valoir que pareille fabrique demanderait bien plus, sans doute de trente mille à quarante mille livres : en 1459, sous Charles VII, l'installation d'ouvriers de la soie, au demeurant peu nombreux, à Pérouge, dans le Lyonnais, avait coûté à la Commune douze cents florins d'or pendant dix ans ! Le roi passa outre, exigea le paiement de la somme qu'il avait fixée et requit des habitants et manants de Lyon qu'ils fournissent aux artisans italiens des maisons, les outils nécessaires à leur profession et une somme de cinq cents florins chaque année. Jean Grant demeura à la tête de l'affaire mais, malgré d'importants avantages fiscaux accordés aux immigrants, ceux-ci ne furent que sept ou huit et la production relativement faible, comme les rentrées d'argent. Les fonds vinrent à manquer. Le 29 mars 1469, le roi fit adresser une nouvelle lettre aux Lyonnais : Jean Grant ne peut continuer si on ne lui porte secours et nous savons que vous ne lui avez pas payé ce que vous lui deviez. Faites-le tout de suite et même donnez-lui ce qui lui est nécessaire et convenable pour qu'il puisse travailler [163]. Rien n'y fit et les soieries tissées à Lyon se firent de plus en plus rares.

En février 1470, Macé Picot, trésorier de Nîmes, fut chargé d'organiser le transfert des ouvriers à Tours et les gens de Lyon payèrent très cher pour les voir partir. Louis XI avait choisi Tours, au cœur du royaume, près de ses résidences préférées, car il pensait que les habitants, qui vivaient nombreux des fournitures de la cour, n'auraient rien à lui refuser. Il les berça de belles paroles, affirmant que tout le profit serait pour eux et les pertes seulement pour lui ; mais il leur demandait beaucoup : douze cents écus pour les logis et l'outillage, six mille pour acheter les matières premières, soie grège et colorants. Picot, puis Pierre Doriole qui lui succéda, se firent très mal recevoir mais passèrent outre de farouches résistances, car c'était « le plaisir du roy » et il fallait que les compagnons se mettent vite au travail. Ils obligèrent l'échevinage à céder aux Italiens, pour y installer leurs métiers « et autres ustensiles », un grand logis dans l'hôtel de la Clarté-Dieu [164], où travaillaient déjà des drapiers. Le premier bilan (un an jusqu'en décembre 1472) ne fut pas très satisfaisant : mille cent quatre-vingt-cinq livres de dépenses pour la soie et les salaires, sept cent vingt-huit livres de recettes pour treize pièces de soieries vendues.

Mais les agents royaux veillèrent à ce que l'activité continue ; ils obligèrent la municipalité à verser les sommes d'argent prévues et, dix ans plus tard, les Italiens étaient plus nombreux et les résultats encourageants [165].

L'implantation de cette industrie de la soie n'avait été menée à son terme et, somme toute, couronnée de succès, que grâce aux multiples interventions du pouvoir royal. Sans doute s'agissait-il, au premier chef, de mettre fin à d'importantes expéditions d'argent vers l'étranger, mais le roi y vit aussi une occasion de placer une activité, pas du tout négligeable, sous le contrôle de ses agents qui n'étaient ni hommes d'affaires expérimentés ni maîtres reconnus dans le métier, mais ses propres trésoriers ou receveurs.

De fait, ces interventions n'étaient en rien exceptionnelles et le dirigisme d'Etat, la même façon de susciter et contrôler des activités économiques furent alors imposés en d'autres domaines de production, tous placés en tutelle, soumis à des règlements dictés de haut et à des « visiteurs », officiers ou de l'Hôtel ou de l'administration. L'année 1475, en la Maison de Ville de Paris, se tint une assemblée de bourgeois et de marchands parisiens auxquels l'on demandait leur avis sur le travail des draps de laine ; avis qui, pris en considération par le roi, devait inspirer une série de statuts et règlements. L'ordonnance de 1479 dit, très longuement, comment devaient être fabriquées toutes manières d'étoffes et ses dispositions furent obligatoirement appliquées, sous peine de lourdes sanctions, dans les ressorts des parlements de Paris, Rouen, Bordeaux et Toulouse, en somme dans une très large part du pays. Par ailleurs, dans un autre champ d'activités, très différent, les « maîtres des œuvres de charpenterie et de maçonnerie du roi » eurent droit de juridiction sur les métiers du bâtiment. L'an 1464, Louis XI avait institué un « grand maître des couvreurs de France ». Enfin et surtout, il avait, dès septembre 1461, peu de temps après son avènement, solennellement affirmé, par la célèbre ordonnance invoquant « les droits et prééminences de la couronne et de la chose publique », le droit absolu de l'Etat sur les minerais, et interdit à tous les seigneurs quels qu'ils soient de s'immiscer dans l'exploitation des mines, sauf à en recevoir une autorisation explicite. La même ordonnance créait un « maître général, gouverneur et visiteur des mines ». Dix ans plus tard, en juillet 1471, fut mise en place une commission spéciale chargée de rechercher et d'évaluer les ressources minières du royaume. Guillaume Cousinot, gouverneur de Montpellier, visiteur général, alla aussitôt inspecter les mines d'argent du Rouergue ; il appela des mineurs allemands pour les faire travailler dans le Roussillon, le pays de Foix, le Couserans et le Comminges [166].

Autrefois, le comte de Champagne créait de sa seule autorité de grandes foires en son comté, les princes, seigneurs, archevêques, évêques ou grands abbés, pouvaient eux aussi fonder une ou deux foires par an sur leurs terres ou dans leurs juridictions et garantir aux marchands d'appréciables exonérations des taxes et l'assurance d'être protégés contre les malfaiteurs et les brigands. Sous Louis XI, seul le roi en fixait le lieu, le nombre et les dates, en déterminait les modalités et en garantissait le bon déroulement. Il n'a cessé d'accorder un grand nombre de « lettres de concession », en réponse souvent aux suppliques des habitants, des hommes de négoce surtout ou des changeurs, qui y voyaient l'occasion de développer leurs affaires et leurs profits. Baillis et sénéchaux menaient sur place une enquête pour évaluer l'intérêt du marché pour l'économie du pays et les rentrées fiscales que l'on pouvait en attendre ; ils devaient aussi s'inquiéter, tant les foires devenaient nombreuses, des risques de concurrence entre elles et de conflits entre les communautés.

Ces concessions firent beaucoup pour affirmer l'autorité du souverain, capable de décider des lieux d'échange et du devenir des réseaux de communications. Elles furent, de plus, à différents niveaux, une arme politique souvent très efficace, redoutable même, et ressentie ainsi par les intéressés. Rien n'était fait sans arrière-pensées. Pour le plus grand nombre, il s'agissait simplement de distribuer des faveurs aux hommes bien en cour, de récompenser de loyaux services et faire en sorte que les bénéficiaires demeurent fidèles. Officiers de l'Hôtel et communautés urbaines se virent concéder des foires qui ne répondaient pas toutes à une nécessité absolue et n'étaient certainement pas appelées à un bel avenir. Mais ces fondations et les autorisations témoignaient de la sollicitude du roi, de l'intérêt qu'il portait aux affaires de ses loyaux sujets.

La foire de Saint-Romain, à Rouen, fut en novembre 1468 prolongée jusqu'à six jours ouvrables [167]. En six mois, de février à juillet 1470, Louis créa deux foires annuelles à Tournon et une à Chartres [168] ; il confirma les grands marchés de Saint-Maixent et les deux foires de Van, en Languedoc, accordées par Charles VII en 1455 [169]. Ses interventions lui permettaient de contrôler les échanges en foire dans le pays, de fixer les lieux et le calendrier, de façon à éviter de trop vives rivalités. Les habitants de Monville, dans le bailliage de Rouen, qui firent valoir, en mars 1473, que de nombreux marchands venaient dans leur bourg chaque année, lors des fêtes de la Conception de Notre-Dame, en décembre, furent autorisés à créer une foire, à condition qu'il n'y en ait pas une autre à quatre lieues à la ronde [170]. Dans la ville d'Arques, près de Dieppe, se tenaient jusqu'alors deux foires, en juin à la Saint-

Barnabé, en janvier à la Saint-Vincent, et un marché le samedi ; mais le marché du bourg d'Envermeuil, à Dieppe et à une demi-lieue de là, avait aussi lieu le samedi et celui d'Arques s'en trouvait « comme aboli » : il sera transféré au lundi, pourvu qu'il n'y en ait d'autres ce jour-là à quatre lieues[171]. Le seigneur de Davesnecourt, en Picardie (près de Montdidier), se plaint : sa foire de trois jours, à la Saint-Michel fin septembre, est concurrencée par celle de Cathenoy et par d'autres foires franches alentour ; elle en est « du tout délaissée et adnichillée, de nulle valeur et non commercée ne fréquentée » ; il obtint le transfert à la Saint-Martin d'hiver[172].

De partout l'on sollicitait concessions ou aménagements et l'on avait pris conscience que l'autorité du roi s'étendait en tout lieu, jusqu'aux plus modestes mêmes. *A fortiori* lorsque ces conflits mettaient face à face des intérêts autrement importants et des communautés capables de se faire entendre plus fort, les décisions étaient longuement pesées, après enquêtes et confrontations. Fallait-il maintenir certains privilèges et préserver des situations acquises ? Ou, au contraire, ouvrir d'autres itinéraires et courants d'échanges ? Le roi en dernier ressort tranchait. Les trois foires de Pézenas et les deux de Montagnac étaient depuis longtemps les seules à moins de trente lieues à la ronde et les habitants avaient obtenu gain de cause contre ceux de Béziers, de Lunel, Nîmes, Alès, Millau et même Avignon, qui avaient dû supprimer les leurs ou en changer la date. En février 1471, se disant menacés par Beaucaire, ils se tournent vers le roi qui, suite à leur requête dûment argumentée, fait interdire ces foires de Beaucaire et rappeler solennellement l'obligation des trente lieues[173].

Ce dirigisme, déjà largement mis en place par Charles VII, Jacques Cœur et ses commis, et maintenant triomphant, fut certainement contraire à bon nombre d'intérêts particuliers et à la bonne marche de plus d'une entreprise, du fait ou de l'incompétence ou des trop forts appétits des agents en charge. Que ces pratiques et ces structures d'Etat, imposées alors, aient marqué pour des siècles les façons de concevoir l'entreprise et les mentalités du pays ne fait pas de doute. Dire si ce fut, à long terme, chose heureuse serait un long débat. L'important ici est plutôt de s'attarder sur les circonstances du moment et remarquer que les mesures autoritaires du roi, sa détermination et même son obstination, répondaient à certaines attentes. La guerre de Cent Ans et plus encore les guerres civiles et le banditisme, fruit d'anarchie, avaient ruiné le pays : terres dévastées et laissées en friches, marais inondés, métairies abandonnées, bornes enlevées et droits de propriété contestés. Nombreux étaient ceux qui pensaient que seul le roi pouvait porter remède à ces misères par voie d'autorité, par le rétablissement de l'ordre et le respect de directives sévères.

Louis fit procéder à la « criée » et à la mise en vente publique des héritages inhabités. A trois reprises, en 1467, 1470 et 1477, des ordonnances proclamèrent que les instruments de travail des laboureurs ne pouvaient être saisis par les propriétaires réclamant des « arriérages » de redevances, ni par les usuriers. Il interdit aux marchands, prêteurs et spéculateurs, d'acheter du blé en herbe et d'en vendre avant le mois d'août. Cependant, cette sollicitude envers les paysans accablés de dettes et menacés de tout perdre eut ses limites car le roi se montra résolument partisan d'une exploitation que l'on disait plus rationnelle, plus rentable des terres et, en ce sens, voulut promouvoir et favoriser les « enclosures » des prés pour y pratiquer l'élevage, notamment des moutons. Ce mouvement des « enclosures » qui, déjà, avait profondément transformé le paysage agraire en plusieurs comtés d'Angleterre, portait atteinte aux droits collectifs de la communauté villageoise, tel celui de la « vaine pâture » qui permettait à chacun, au plus pauvre même, de faire paître ses bêtes sur les terres laissées en jachère. Les agents royaux l'imposèrent pourtant et l'on vit le roi intervenir lui-même pour soutenir son fidèle Commynes contre les habitants de l'une de ses seigneuries, celle de Savigny [174].

Par ailleurs, et toujours pour redonner plus de vie à l'économie du royaume, Louis n'a cessé d'user de cette autorité qu'il entendait exercer en tout pour aider ou contrôler le développement des échanges, des industries et des exploitations minières. Il rappela souvent la nécessité de ne pas perdre de vue « le fait de la marchandise, source de richesse, de fertilité et d'abondance ». Il voyait « clèrement par expérience congnue et manifeste » que les pays où le commerce était le plus actif étaient aussi les plus riches et les plus « abondants » ; que par la négociation et la conduite tant par mer que par terre de « gros et puissants marchands », plusieurs pays voisins donnaient du travail honnête et profitable à leur peuples « qui autrement pourroient estre oyseux ». Ces pays sont plus opulents que d'autres en toutes choses, « et mesmement en multitude de peuple ce qui est la plus grande gloire et félicité qu'un prince doit plus désirer soubz luy ». Mais, en notre royaume, disait-il, notamment dans le Dauphiné, cet exercice de la marchandise demeurait insuffisant, « discontinué et non fréquenté », parce que jusqu'à présent il n'a pas été permis aux nobles de commercer sans déroger, ni aux officiers du roi, des princes et aux gens d'Eglise sans être traduits en justice et passibles d'amendes. Aussi ordonnait-il, par édit, ordonnance et constitution perpétuelle, que désormais tous ses sujets, de quelque qualité qu'ils fussent, puissent « marchander » par terre et par mer sans déroger à leurs noblesse, état, office, dignité et prérogatives[175].

Cette dernière mesure, et celles qui favorisaient les enclosures, répondaient évidemment au souci de restaurer l'économie du pays, ruinée, affaiblie en tout cas, par tant d'années de troubles. Et même de lui insuffler un élan nouveau, en allant contre certaines habitudes jugées néfastes. Mais elles traduisaient une volonté parfaitement affirmée de tout régler, tout soumettre ou à des contrôles ou à des entreprises dirigées de haut. Ici, l'action de Louis XI ne témoigne pas d'un désir de seulement maintenir l'héritage, de bien gouverner et défendre les droits de chacun. Il n'est pas arbitre mais agent, persuadé que la paix et la prospérité du royaume dépendent des interventions de l'Etat. Ce « Bien public » dont les princes rebelles, en 1465, se réclamaient contre lui à si hauts cris, il n'a cessé de l'invoquer pour imposer de considérables nouveautés et mettre sur pied des sociétés menées sous ses ordres par des chargés d'offices, commis comptables et responsables devant lui.

Les temps, semble-t-il, n'étaient pas encore venus, mais il fit davantage que tracer la voie.

QUATRIÈME PARTIE

La justice du roi. Police et politique

I

Le temps des peurs

1. LE ROI MENACÉ ? LE POISON

Les malheurs de Jean Balue et de Guillaume de Haraucourt, arrêtés sans égards pour leurs habits de clercs, jetés dans de noirs cachots, soumis à d'affreuses rigueurs et aux railleries du maître, sont dans tous les livres. Quelques anecdotes semblent, comme souvent, de pure invention. Mais ne l'est certainement pas l'image d'un roi soupçonneux plus que de raison, hanté par la crainte des complots et la peur de tomber sous les coups d'un assassin. Dauphin, réfugié dans le Brabant sous la protection du duc de Bourgogne, il fut, pendant de longs mois, pris d'une vraie panique, en perdant le sens commun, assuré que des agents de son père cherchaient à l'approcher pour le poignarder. Roi, il n'a cessé de prêter l'oreille aux dénonciations, d'exiger de ses espions ou messagers qu'ils l'informent des démarches ou rencontres suspectes, et, de ses sergents de justice, qu'ils questionnent de forte manière leurs prisonniers supposés coupables ou complices de sombres machinations. Plus que tout, il voulait se garder du poison. Comme tous les princes de son temps, il faisait « toucher » ses plats, surveiller ses cuisines, et examiner les lettres prises à des voyageurs parfaitement innocents mais que ses officiers croyaient engagés en de noirs desseins. Cela leur donna bien du travail et fit instruire plus d'une affaire !

Il est vrai que toutes ne reposaient pas sur de vilains soupçons. Sitôt connue la mort de son frère Charles de Guyenne, Louis avait tenté d'attirer à son service Ytier Marchant, maître de la chambre aux deniers du duc ; il lui promit une pension de mille livres et le fit, en mai 1473, maître des comptes extraordinaires de son Hôtel. D'abord réfugié en Flandre et réticent, Marchant confia finalement le soin d'aller négocier l'accord à l'un de ses serviteurs, Jean

Hardi ; lequel fit plusieurs voyages à Amboise. Mais c'était, semble-t-il, à seule fin de faire empoisonner le roi ; pour ce, il offrit vingt mille écus à un aide de cuisine... qui, « tout esbahy et espoventé », alla tout rapporter. Hardi fut rattrapé à Etampes, mené à Amboise puis à Paris, condamné et exécuté aussitôt. La complicité du duc de Bourgogne, évidemment suspecté, ne pouvait être démontrée et il fut impossible de l'atteindre. D'autres payèrent de leur vie et la justice du roi frappa à l'aveugle.

Le 12 mai 1478, les sergents procédèrent à une information contre le prince d'Orange et contre Louis Allemand, seigneur d'Arbent, « qui ont voulu empoisonner le roi ». La confession de Jehan Renon, marchand apothicaire demeurant à Clermont, ne laisse aucun doute sur leur zèle et sur la façon dont on prenait les choses au sérieux. Ce Renon dit qu'il se trouvait en route pour aller à Florence lorsque, près de Nantua, il fut arrêté par deux hommes d'armes de ce seigneur d'Arbent et jeté en prison à Saint-Claude. Il n'y resta que trois jours, amené à comparaître, à Arbois, devant le prince d'Orange. Celui-ci, après de bonnes paroles et promesses, lui fit jurer sur la Bible et pour prix de sa liberté, d'accomplir ce qu'il lui commanderait. Ce qu'il fit aussitôt, puisqu'il était aux mains du prince, mais sans « vouloir ne entention de faire ne accomplir ledit serment ». On lui montra cinq boîtes de plomb, contenant chacune une liqueur de couleur différente, qu'il devait, à Tours, verser soit sur la nappe de l'autel que le roi allait baiser après la messe, soit sur la terre qu'il « a accoustumé baiser quand il fait ses dévotions ». Le prince lui montra lui-même comment procéder (« ... et qu'il se gardast bien d'y toucher à la main ! ») et lui promit deux cents écus, plus l'office de la saulnerie de Salins qui valait deux mille quatre cents livres par an, avec son logis à ladite saulnerie. Renon, étant enfermé en une chambre haute du château, s'approcha de la cheminée et du conduit d'aération de la salle d'en bas pour écouter ce qui s'y disait ; il entendit le seigneur d'Arbent se plaindre de ce qu'on l'ait choisi, lui Renon, pour porter le poison car, étant français, il ne manquerait pas de les trahir (« si vous lui avez promis de le faire chevalier, le roi le ferait comte »). Quelque temps auparavant, Louis avait donné « grant rente à un chevalier pour luy avoir descouvert une semblable matière ».

Renon, toujours collé à son tuyau, comprit que l'on allait confier les boîtes de poison au fils d'Arbent ; quant à lui, il fallait « l'envoier et gecter en une rivière afin qu'il ne descouvrit rien ». Mais il se voua à Notre-Dame du Puy et à Saint-Jacques de Galice, promit d'aller en pèlerinage, et, par miracle, réussit à s'échapper au moyen de deux lances mises bout à bout et de cordes qu'il trouva là. Il se rendit à Bourges tout révéler au seigneur du Bouchage[1]. Le roi en informa ses officiers et les magistrats des bonnes villes. Trois semaines après la mise au net de cette longue déclaration, ceux de Lyon en reçurent copie, accompagnée de lettres leur enjoignant de faire savoir, par cris publics, que quiconque prendrait le seigneur d'Arbent et le livrerait aux agents royaux, recevrait vingt mille écus. Ce qui fut, effectivement, crié « à son de trompe es deux bouts du pont de Saosne » et publié en l'hôtel de ville[2].

2. FAUSSES NOUVELLES ET SEMEURS D'ALARMES

Crimes contre le roi et crimes contre le royaume : si la chronique insiste volontiers sur les tentatives d'empoisonnement, la plupart des procès furent en réalité de nature politique. Bien plus encore que du temps de Charles VII, le parti du roi s'est trouvé engagé en de graves conflits contre des princes qui, lors des trêves même, ne cessaient de se concerter et de préparer de nouvelles alliances. Qu'ils aient cherché des appuis et des complicités chez d'autres grands seigneurs, ou auprès de certains évêques et même parmi les fidèles du roi, paraît évident. Ils offraient de l'argent, jouaient des rivalités et des mécontentements, et se disaient champions du peuple, du bien public, redresseurs de torts.

Le roi pouvait certes faire sonner les cloches des églises pour fêter ses succès et rappeler la honte de ses ennemis, ordonner des feux de joie, des processions générales et des actions de grâces. Mais il n'est pas certain que ces manifestations de pure commande, et connues naturellement pour telles, aient toujours rencontré de larges audiences. L'adhésion populaire, même bien sollicitée et orchestrée, ne pouvait se nourrir des mauvaises nouvelles, des inquiétudes et des privations. En bien des moments, alors que le sort des armes semblait contraire ou indécis, que les vivres venaient à manquer, que les taxes étaient élevées à d'insupportables exigences, hommes et femmes, notamment à Paris, n'étaient-ils pas enclins à entendre d'autres discours ? A croire les jeteurs d'alarmes qui, dans les rues ou dans les cloîtres des couvents, ou encore dans les cimetières, dénonçaient les gaspillages et les abus des mauvais officiers du roi ?

Ces pratiques de corrompre et gagner l'opinion, de faire vaciller les fidélités, ne dataient pas de la veille. Charles le Mauvais, roi de Navarre, en avait usé contre le roi Jean le Bon, le dauphin Charles et ses conseillers dans les années 1356-1357, au lendemain de la défaite de Poitiers. Jean sans Peur, duc de Bourgogne, fit de même, à Paris toujours, en 1413 et 1418, ses amis et partisans distribuant alors autant de bonnes paroles que de tonneaux de vin.

Une vingtaine d'années plus tard, à Paris encore, plusieurs religieux prêchèrent pendant des jours pour dresser la rue contre Jeanne d'Arc qu'ils disaient séduite par le diable. Et les foules de les suivre, de crier avec eux à la sorcellerie, de se féliciter qu'elle ait été brûlée à Rouen. Deux femmes soupçonnées d'être de ses amies et de se livrer à d'étranges dévotions ou pratiques magiques furent arrêtées et, elles aussi, brûlées en place publique [3].

Le roi Louis gardait tout cela en mémoire. Il n'ignorait rien des ravages que pouvaient provoquer ces crieurs ou discoureurs de rues, porteurs de fausses nouvelles, de messages trompeurs et d'incitations à la révolte, capables en tout cas de provoquer des troubles, paniques et refus de combattre. Ses officiers eurent mission de sévir avant qu'ils ne soient trop entendus. Lors de la guerre du Bien public, un certain Casin Chollet, qui avait été pris à crier dans les rues de Paris « boutez-vous en vos maisons et fermez vos huis car les Bourguigons sont dans la ville », fut battu à verges à tous les carrefours et tenu en prison pendant un mois « au pain et à l'eau seulement [4] ».

Plus agressifs, plus dangereux et certainement commandés par les ennemis, discoureurs et sermonneurs dénonçaient à grandes clameurs les fautes et les scandales. Dans le Bourbonnais et le Berry, cette guerre du Bien public fut d'abord, au printemps de 1465, une guerre de manifestes, le roi et les princes, Jean II de Bourbon à leur tête, se justifiant tour à tour aux yeux de leurs partisans. Bourbon affirmait que lui et ses amis ne voulaient que le bien du royaume et dénoncer « les grans, extremes et excessives charges du povre peuple, les charges, vexations et molestes insupportables ». S'adressant au roi, ils lui rappelaient que « tant en général que en particulier, vous ont esté faictes des remontrances, et à ceulx qui vous a plu eslever et approcher autour de vous ». En réponse, le roi ne manquait pas d'évoquer les malheurs dont Paris et le royaume avaient souffert naguère du fait des rebelles : « Tant de villes, villages, églises destruictes et habandonnées, de femmes forcées, filles violées, notables et riches hommes tournez en mendicité, avec tant aultres maulx infiniz et innumérables dont tout le royaume se sent encores et sentira d'icy à cent ans. » Les princes ne songeaient pas du tout au bien du peuple mais seulement, avides d'argent et d'honneurs, à leurs propres intérêts : « Se a esté et est pource qu'ilz ont voulu avoir pensions et bienffaiz du roy très excessivement et beaucoup plus qu'ilz n'avoient. » Ces lettres furent largement distribuées ; celles du roi lues à Paris par les crieurs publics, dans les rues ; celles des rebelles, en des cercles plus discrets peut-être, eurent tout de même de grands retentissements et les agents royaux mesuraient bien le ton et l'éclat des rumeurs : « Car combien que le peuple est résolu et délibéré de vivre et mourir en vostre party, n'est pas sans grant doubte qu'ilz ne fussent perverty au moyen de lengaige et publications que, de vostre costé contraire, sont tous les jours publiez et manifestez par cedit pays »[5].

A Paris, au cours de l'été, les discours des messagers, plus ou moins secrets, des princes rencontrèrent de forts échos. Ils laissaient entendre que les officiers corrompus, traîtres ou jouisseurs, étaient fort nombreux. Rien ne semblait plus aisé, en ces temps d'angoisses et de suspicion, que d'émouvoir les foules. Au mois d'août 1465, peu après la bataille de Montlhéry coûteuse de tant de vies, alors que la ville menacée par les armées de Bourgogne et de Berry vivait de noirs jours d'incertitude, « lesdits ennemis ainsi logez devant Paris firent plusieurs ballades, rondeaulx, libelles diffamatoires et autres choses pour diffamer aucuns bons serviteurs estans autour du Roy[6] ». Un jeune compagnon se dit venu de Bretagne pour dire au roi et aux bonnes gens « que plusieurs notables dans la ville lui estoient féaulx et que plusieurs capitaines de son ordonnance lui estoient contraire ». Dénoncé, confronté à de braves bourgeois qui l'avaient entendu discourir, il courait à sa perte. Les juges affirmèrent, sur la foi de témoins, qu'il était entré dans Paris « pour espier et regarder quels gens de guerre et puissance le roy y avoit ». Semeur d'alarmes et de discordes, par surcroît espion, il fut écartelé et mis à mort le 4 août 1465, aux Halles, devant une foule immense conviée à en garder souvenir et leçon. Trois prisonniers qui avaient voulu quitter Paris pour aller en Bretagne « en conspirant contre le roi » furent aussitôt condamnés et jetés dans la Seine ; de même un pauvre aide-maçon, de bonne foi certainement, qui, pour rendre service, avait porté des lettres d'une femme à son mari, lequel se trouvait alors à Etampes, serviteur du frère du comte de Saint-Pol, celui-ci rebelle[7].

Les partisans du roi voyaient partout des suspects ; ils montraient du doigt, vouaient à la vindicte publique et parfois à la fureur des foules les traîtres qu'ils accusaient d'intelligence avec ceux du dehors. Les bruits les plus fous couraient sur toutes manières de complots : « Cedit jour de mercredi, come environ XII heures de la nuit, furent alumés grans feus parmi Paris, expecialement devant les huis des hostels esquelz estoient logés les cappitaines des gens d'armes, pour ce que on avoit ce doubte et avoient eues messeigneurs de la ville aulcunez nouvelles et apparences de trahison contre le roy et la ville, dont il ne fut rien[8]. » En septembre de l'an suivant, 1466, les Parisiens croyaient toujours aux complots et se donnaient bien de l'occupation à dénoncer ceux qui, disait-on, préparaient de vilains coups. Il fallait que le peuple demeure attentif et garde présents à l'esprit les méfaits des vilains et félons. Une grande pierre plate fut plantée sur la douve d'un fossé, près de Saint-Antoine-des-Champs, où l'on pouvait lire en grosses lettres : « Fut ici tenu le lendit [la foire] des trahisons... Maudit soit il qui en fut cause [9] ! »

Sous couvert de prêcher la vertu et combattre le péché, les religieux, les frères mendiants surtout, en venaient souvent à évoquer et blâmer, censeurs impitoyables, les vices du temps, les injustices et les abus, la corruption des hommes au pouvoir. Leurs sermons, chaque jour interminables, attiraient et enflammaient des foules toujours nombreuses, vite houleuses, habitées de saintes colères. Les cloîtres des couvents leur offraient des asiles où les sergents du roi n'entraient pas sans risque d'y provoquer de grands tumultes. Le roi eut là fort à faire, se heurtant aux libertés de l'Eglise et de l'Université, aux difficultés d'aller contre d'anciennes traditions d'immunités, contre tant d'enclaves territoriales et de juridictions particulières jalousement gardées. Et plus encore au petit peuple, aux foules d'hommes et de femmes exaltées par de si belles exhortations à punir les traîtres et les hérétiques. Beaucoup tenaient ces sermonneurs pour des saints directement inspirés par Dieu. Au temps des guerres de Bourgogne, le 26 mai 1478, « fut crié à son de trompe et à cry publique par les carrefours de Paris » qu'il était dès lors interdit, faute de graves peines, « à nuls, de quelque estat qu'ils soient, de faire assemblée en la ville de Paris sans le congié et licence du Roy ou son justicier ». C'était pour mettre un terme aux prêches d'Antoine Fradin, cordelier, qui s'était employé des jours durant « illec à blâmer les vices », puis à convertir des femmes « qui s'estoient données aux plaisances des hommes », et enfin à parler de la justice du roi, à dénoncer les mauvais conseillers, les serviteurs indignes, habités du démon, que le roi devait chasser « car s'il ne les mettoit dehors, ils le destruiroient et le royaume aussi ». Louis XI lui avait fait signifier, par Olivier le Daim, qu'il ne devait plus prêcher. Mais le moine avait gagné l'admiration et l'appui de nombreux partisans qui, de peur que les sergents ne viennent l'arrêter ou « lui fassent aucun opprobe », allèrent en foule, les femmes surtout, le veiller nuit et jour dans le couvent des Cordeliers, armés de pierres, de couteaux « et autres ferrements et bastons ». Le roi fit encore crier : interdiction de se tenir en nombre dans le couvent, ordre « aux maris qu'ils fassent deffence à leurs femmes de plus aller ». Rien n'y fit. Le cri fut très mal accueilli et lorsque cet Antoine sermonneur fut banni à toujours du royaume et contraint de partir dès le lendemain, « y avoit grant quantité de populaire, crians et soupirans moult fort son département, et en estoient tous fort mal contens. Et, de courroux qu'ils en avoient, disoient de merveilleuses choses ». Ils l'accompagnèrent très loin sur sa route [10].

Et le roi ordonna expressément que, en chaque carrefour de la ville, « il y eust un notable homme esleu pour parler aux passans parmy les rües, et sçavoir que ils estoient et où ils aloient [11] ».

3. L'OBSESSION DU COMPLOT ET DU SECRET

La crise du Bien public passée, le duc de Bretagne et ses proches conseillers n'avaient pas vraiment fait la paix et continuaient d'intriguer, de nouer des alliances. Le roi, manifestement, se méfiait toujours des Bretons. Alliés de son frère Charles lors des campagnes de Normandie puis lors de son gouvernement de Guyenne, ils avaient, après sa mort, accueilli et comblé de bienfaits plusieurs grands officiers que Louis voulait faire arrêter. De telle sorte que vingt ans et plus après Montlhéry, on les tenait toujours pour suspects. Dans l'été de 1477, alors qu'il pouvait craindre une attaque ou des Bourguignons ou des Anglais, le roi avait donné l'ordre de bien remparer les enceintes fortifiées des villes du nord et de l'est du royaume. Mais il apprit que rien de sérieux n'avait été fait à Reims, en tout cas pas de la façon qu'il avait prescrite. Il écrivit aussitôt aux habitants et manants pour leur dire son déplaisir, exiger que tout soit vite repris en main. De ces désordres et mauvaises volontés, il accusait les Bretons qui, gagnés à l'ennemi, espéraient laisser la ville sans défense : « vous savés bien les trahisons, rebellyons et mauvaistiés que le duc et ceux du païs nous ont faites ». La faute en incombe surtout à l'archevêque, Pierre de Laval, breton, qui a fait emprisonner Raoulin Cochinart et ses compagnons, chargés de surveiller ces travaux. Louis donnait ordre de libérer aussitôt les prisonniers, de réparer et relever les murailles et, dorénavant, de n'accepter en quelque charge que ce soit aucun officier de la suite de l'archevêque ni, d'une façon générale, aucun Breton. Que l'on écarte tous ces gens et qu'on les renvoie chez eux. Quant à Pierre de Laval, qu'il se souvienne de ses fautes passées : « et vous debvoist suffire de la mutemaque [révolte, trahison] que vous fistes quand nous vinsmes à la couronne, sans en faire maintenant une autre » ; soyez assez hardi pour continuer ainsi et vous le paierez cher [12].

Au cours de ces guerres de Bourgogne, à partir de 1477, guerres de sièges surtout, les capitaines chefs de garnisons, dans les villes de la Somme notamment et plus au nord, recrutaient souvent des ouvriers en Bretagne pour reconstruire les murailles laissées plus ou moins à l'abandon et recreuser les fossés. On les supportait mal, les croyant liés avec les ennemis et prêts à trahir. Certains refusèrent de travailler et furent chassés sans ménagement. D'autres, par équipes entières, quittèrent d'eux-mêmes la cité, semant encore davantage le doute sur leur fidélité et leur bonne foi. Le bruit courait que ces Bretons étaient dangereux et qu'il fallait les surveiller de près pour qu'ils n'aillent pas informer les Bourguignons de l'état des défenses. L'on savait parfaitement, par expérience déjà lointaine, qu'une ville bien murée et sévèrement gardée se défendait aisément et ne pouvait être prise que livrée par des hommes qui renseignaient exactement les assaillants, les guidaient lors de l'assaut et même ouvraient une porte. Aussi, du seul fait de la présence des ouvriers bretons, les villes défendues par les troupes royales vivaient-elles de sombres jours, leurs habitants pris d'une véritable obsession du complot.

Le 26 octobre 1477, Olivier de Quoyaman écrit d'Arras au roi pour lui dire comment, informé d'une tentative de prendre la ville « par mynes devers le grand marché et le château », il fit longuement fouiller dans les fossés et sonder les murailles pour découvrir ces mines. Il fit pareillement « sercher les caves dudit marché car tout y est creulx dessoulz... et caves sur caves... et mesmes les caves et perrières en dehors de la ville ». Sans rien trouver, nonobstant. Mais que l'on prenne encore garde, que l'on fasse creuser un peu plus les fossés et que les gens d'armes se retirent en leurs garnisons. Ce qui l'inquiète le plus est qu'il y a dedans la ville « nombre de gens qui ont entendement avec ceulx qui font l'entreprise [les travaux de sape et le complot] ». Cela « à cause que j'ay fait vuider grand nombre de Piquers bretons hors de la ville »[13]. Le roi ne croit pas du tout à une peur inconsidérée ou a un excès de zèle. Il sait que les « piquiers » ou « pionniers » bretons peuvent déserter à dessein d'aller informer l'ennemi et, sur ce point, donne des ordres précis, répétés avec insistance. Que les habitants, à Saint-Quentin comme à Arras, fassent bien garder les portes de leur ville, car nombre de pionniers « que nous avons fait venir par deçà du païs de Bretagne, s'en vont et se absentent de jour en jour, l'un après l'autre, en habits dissimulés » avec l'argent reçu et « sans avoir besongné ne fait aucun exercice de leur métier ». Que l'on arrête ceux qui sortent de la cité, que l'on interroge tous les hommes qui parlent la langue de Bretagne[14]. Et méfiez-vous de ceux que vous ne pouvez connaître pour sûrement fidèles, Bretons ou Bourguignons : « Donnez-vous bien garde des femmes qui viennent pour les prisonniers et d'autres messages, et que rien n'eschappe[15]. »

4. Délations et disgrâces

Dans un tel climat de suspicion, où chacun était prêt à croire aux pires méfaits, des hommes tenus jusque-là pour irréprochables, fidèles entre tous, furent victimes de vilaines cabales montées par des envieux qui briguaient leurs offices et leurs biens. Le zèle des délateurs ne connaissait pas de bornes et le roi ne pouvait rester indifférent. Force lui était d'écouter puis d'enquêter et, souvent, il cédait aux favoris qui l'accablaient de suppliques. Aussi son règne fut-il, au long des ans, ponctué de ces disgrâces qui, brutales, précipitaient de bons serviteurs en prison, à la merci de juges, de commissaires plutôt commis à faire vite.

Charles de Melun avait bien servi le roi lors de la guerre du Bien public ; à la tête d'une forte compagnie d'hommes d'armes, il avait pris Gisors et Gournay, occupé une bonne part du pays de Caux et, près de Rouen, culbuté une troupe d'Ecossais qui allaient porter secours à Charles, frère du roi. Comblé d'honneurs, grand maître de l'Hôtel, lieutenant général pour Paris et l'Ile-de-France, il fut pourtant incapable de résister aux attaques d'Antoine de Chabannes, comte de Dammartin. Celui-ci n'était pas à une défection et à un ralliement près. Il savait se faire payer. Condamné à mort par le Parlement en 1461, il avait vu sa peine commuée en celle de prison à vie, et s'était échappé de la bastille Saint-Antoine pour rejoindre l'armée de Bourbon, en 1465. Réconcilié, on ne voit pas trop pourquoi ni comment, avec le roi en janvier 1466, il s'appliqua dès lors par tous les moyens à discréditer et abattre ceux qui naguère avaient contribué à sa perte. Melun était du nombre. Il s'en prit à lui par une campagne de calomnies, par des chansons qui, colportées dans Paris, le montraient ridicule et pervers, et lui fit perdre toutes ses charges : en février 1466, le commandement de sa compagnie de cent lances ; en septembre, la capitainerie de Melun donnée à François de Laval et celle du bois de Vincennes ; en février 1467, son office de grand maître qui alla à Chabannes. Ses proches parents eux-mêmes furent atteints : son père, Philippe de Melun, destitué du gouvernement de la Bastille ; Jean Marc, lieutenant de Philippe, qui avait épousé une fille naturelle de Charles de Melun, ignominieusement chassé ; et aussi un autre allié, le seigneur de Blot, sénéchal d'Auvergne, capitaine de la Bastille. Leurs ennemis, Chabannes toujours, l'évêque Balue, la reine Charlotte de Savoie, ne désarmaient pas et Louis XI ne résista que quelques mois à tant de pressions et de fausses nouvelles. Charles de Melun fut arrêté à Château-Gaillard et traduit devant cinq juges-commissaires convenablement désignés, dont le sinistre Tristan l'Hermite. Sous la torture, il avoua avoir fait, à tort, destituer plusieurs officiers royaux, avoir fait conclure des trêves avantageuses aux princes, voulu leur livrer Paris, mal secouru le roi à la bataille de Montlhéry et, en fin de compte, comploté contre lui. Rien de cela, bien entendu, ne fut prouvé,

mais il fut décapité aux Andelys, ses biens allant tous à Chabannes, mis à part une seule seigneurie laissée à sa veuve [16].

Accuser de complot trouvait aisément un écho favorable. Pendant de longues années, le roi ne s'est pas guéri du souvenir de
cette redoutable alliance des princes du Bien public. Il savait, pour
l'avoir pratiqué lui-même, lors et au lendemain de la Praguerie,
en 1440, que le chef d'un parti factieux ne se séparait pas volontiers de ses alliés complices, les sollicitait encore, songeant toujours à prendre sa revanche ou, du moins, à peser lourd dans le
rapport des forces pour le contrôle du pouvoir. Il ne pouvait tenir
les traités de Conflans et de Saint-Maur-des-Fossés pour des paix
véritables. Ses soupçons, tout naturellement, se portèrent d'abord
sur son frère Charles et sur le duc de Bretagne. C'est contre eux,
leurs officiers, leurs armées et leurs complices que les troupes et
les agents royaux avaient lutté pour les prendre de vitesse et
mettre la main sur la Normandie. Charles, devenu duc de
Guyenne, ne s'est réconcilié avec le roi qu'en septembre 1466 et
n'a rejoint la cour de France qu'en décembre 1469, à Montils-lès-
Tours, puis à Tours, puis à Amboise. Pendant quatre années, une
dure répression mit ses partisans en péril, soupçonnés, traqués,
durement condamnés, privés de leurs charges. Ainsi Antoine de
Castelnau, sire du Lau, capitaine de Falaise, qui avait trop vite
livré la place aux Bretons ; ainsi Jean V de Bueil, accusé d'avoir,
en décembre 1465, fait passer cent vingt Ecossais de la garde
royale sous les bannières de Charles. Louis ne cessait d'écrire à ses
officiers, aux gouverneurs et châtelains des villes de Normandie et
de tout l'Ouest, pour leur demander d'enquêter et de faire comparaître ceux qui n'avaient pas vraiment aidé ses hommes [17]. La première lettre de rémission, signée seulement à Pont-Audemer fin
janvier 1466, excluait du pardon six personnages de haut rang :
Louis d'Harcourt évêque de Bayeux, Jean de Lorraine comte
d'Harcourt, Jean de Bueil comte de Sancerre, Pierre d'Amboise
et son fils Charles, Jean de Daillon seigneur du Lude. Les lettres
du mois d'août 1466, de Montargis, en citaient encore trois, non
graciés, et l'abolition générale pour les partisans de Charles de
Guyenne ne fut solennellement promulguée qu'en mai 1469, à
Baugé [18].

Par la suite, la principale victime de ces poursuites ou, du moins,
l'homme qui en fit le plus grand bruit, fut Thomas Basin. Fils
d'un bourgeois de Caudebec enrichi par le trafic des épices, qui
possédait trois maisons à Rouen et plusieurs autres à Caudebec,
Thomas devint évêque de Lisieux. D'abord quelque temps partisan du roi Louis, il prit, lors de la crise, la défense de Charles. Ce
qui l'amena à considérer, et c'était fort sage, que seul l'exil pouvait
le tirer d'affaire. En juillet 1466, il fit expédier ses livres et ses

meubles à Louvain, ville où Charles l'avait peu auparavant envoyé en mission, et il s'y rendit, espérant l'appui du duc de Bourgogne. Sur ce point déçu et dépité, il résolut d'aller faire soumission à son roi qui, à Orléans, le reçut très mal et lui dit qu'il le voulait voir prendre un office à Perpignan[19]. Cela lui parut un exil insupportable : « J'avais déjà fait la connaissance d'autres personnes qui avaient été envoyées avant moi à Perpignan ; elles m'avaient suffisamment mis au courant du plaisir d'y habiter. » Homme de Normandie, il songeait aux fièvres, aux chaleurs de l'été. Pourtant, il se résigna et vint y résider (début avril 1467) comme chancelier des comtés de Roussillon et de Cerdagne[20]. L'année suivante, Louis XI l'autorisa à rentrer (en février 1468) puis, deux mois plus tard, annula la lettre et le manda en ambassade à Barcelone auprès de Jean de Calabre. Il y alla : « C'était pour traiter quelques affaires de peu d'intérêt et d'utilité mineure et même nulle. » Au retour, l'attendait l'ordre de ne pas quitter Perpignan. Il comprit alors que l'on voulait le tenir éloigné longtemps encore. Ses bagages expédiés en hâte, il gagne Genève où il se réfugie trois mois durant. A Bâle, il tente de nouveau d'apaiser le roi. Arrivé en Brabant, il prie le Téméraire d'intervenir pour lui lors de l'entrevue de Péronne, puis il demeure plusieurs années à Trèves, de janvier 1471 à juin 1476, avant de se fixer définitivement à Utrecht.

Thomas Basin qui, dans une belle envolée de plume, décrivait son exil à Trèves pareil à celui de saint Jean, persécuté par Domitien, à Patmos, fut certes, pendant toutes ces années, poursuivi par le roi. Louis le voyait toujours coupable pour le moins de collusion avec ses ennemis et, de plus, n'appréciait pas ses appels, en Bourgogne et à Rome, à une autre justice que la sienne. Pressé par son frère Charles désormais en paix avec lui, il consentit que l'exilé retrouve un évêché mais non en Normandie, en Languedoc. Il n'alla pas plus avant sur la voie du pardon et il n'hésita pas à sévir contre les parents, soupçonnés de complicité : les frères de Thomas, Thomassin et Louis, ce dernier contrôleur du grenier à sel de Lisieux et anobli en 1464, furent emprisonnés à Tours. De plus, ceux qui y avaient intérêt veillaient à faire durcir et prolonger la sentence. Plus acharnés que tous, les Mannoury avaient mis la main sur l'évêché de Lisieux et entendaient ne rien lâcher. Robert de Mannoury, garde du corps du roi, avait été nommé garde du temporel de l'évêché et se faisait seconder par son frère Henri et par son père Guillaume ; un cousin, Jean de Mannoury, succéda à Robert. Tous tenaient bon sur les dépouilles et Basin les accusait de vouloir faire élire un autre frère ou cousin (il ne savait pas trop...) à la tête de ce diocèse toujours vacant. Il ne retrouva une part de la faveur du roi que lorsqu'il eut, à Rome en 1474, renoncé

et accepté du pape, pour prix de sa soumission, une belle pension...
et l'archevêché de Césarée.

Autre misérable victime de ces règlements de comptes, Jean
Balue fit bien davantage parler de lui, en son temps et, de nouveau, dans nos livres de classe. Fils d'un modeste agent du Trésor
dans le Poitou, il fut, clerc obscur jusque-là, remarqué et protégé
par l'évêque d'Angers qui fit de lui son grand vicaire et assura sa
fortune. Louis XI le distingua aussi, le prit pour aumônier en 1464,
le convoqua régulièrement au Grand Conseil et se donna beaucoup de peine, intervenant à plusieurs reprises pour que le pape
le fasse, malgré son inconduite notoire, cardinal. Balue reçut donc
le chapeau et, le 22 novembre 1468, offrit à ses amis un grand
banquet, illustré de nombreux et fastueux entremets. Mais l'on
commençait à murmurer et à l'accuser de plus d'une indélicatesse.
Les ennemis acharnés à sa perte, de plus en plus nombreux, ne
désarmaient pas. De vilaines rumeurs couraient, s'enflaient, allèrent jusqu'aux oreilles du roi qui, persuadé qu'il avait « machiné »
et préparé le piège de Péronne, l'exclut du Conseil et lui retira
tout son crédit.

Avec Guillaume de Haraucourt, évêque de Verdun, Jean Balue,
cardinal et évêque d'Angers après la mort de son protecteur, se
mit alors du parti de Charles de Guyenne et s'entremit pour le
servir auprès du duc de Bourgogne. L'arrestation de l'un de leurs
messagers, le 22 avril 1469, fit découvrir le complot. Arrêtés dès
le lendemain, jetés en prison, ils y restèrent de longues années,
sans jamais être jugés : Balue jusqu'en 1480, Haraucourt deux ans
de plus. Leur sort, celui de Balue surtout qui avait, en vain, fait
appel à Rome et obtenu l'appui du pape, prit dans nos manuels
valeur d'exemple pour illustrer la façon dont le roi savait dégrader,
humilier, poursuivre longtemps sa vengeance et, plus que tout
peut-être, marquer son mépris. Pourtant, insister sur la cruauté de
Louis, ses mesquineries, son plaisir à accabler l'homme qui l'avait
trompé, maintenant déchu de tous ses honneurs et réduit à rien,
ne doit pas faire oublier que ces disgrâces n'étaient pas seulement
le fait du caprice du prince mais le fruit des cabales menées par
un parti adverse, parti d'envieux, impatients d'occuper les charges
ainsi libérées[21].

II

Les princes. La traque et la chute

I. GRANDS FÉODAUX ET CHEFS DE CLANS

L'Histoire nous a livré l'image, ni forgée ni même grossie, pas du tout assombrie à l'excès, d'un souverain toujours appliqué à déjouer les oppositions et les complots, à en imaginer volontiers et s'en servir comme prétexte pour abattre ceux qui n'avaient plus ses faveurs ou ceux dont il pensait pouvoir confisquer les biens. En ce sens, les rivalités entre personnes ou entre clans et clientèles, les intrigues habilement ourdies, les campagnes de diffamations et de calomnies ne firent, bien évidemment, qu'aggraver un climat délétère, vite insupportable, de peurs et d'angoisses.

Déjà, dans le passé, plusieurs condamnations avaient fait scandale, avaient été considérées comme arbitraires, tenues pour fruits d'une sévérité hors de raison. Quelques auteurs même bien intentionnés, en aucune façon hostiles au pouvoir royal, les avaient dénoncées et ne parlaient, à leur sujet, que d'offenses à Dieu et à la justice. Le procès des templiers, puis les exécutions publiques à Paris sous Philippe VI de nobles normands, plus encore la série des procès d'« affaires » contre Brézé, Xaincoins, Jacques Cœur, confiés par Charles VII à des commissaires choisis directement par lui, n'avaient certainement pas recueilli l'approbation des bons sujets et avaient même terni quelque peu la renommée des rois, de leurs favoris du moment en tout cas. Et plus encore le grand procès, essentiellement « politique », de Jean d'Alençon, à la fin du règne, en août 1458. Sous Louis XI, ce ne furent pas seulement des sortes d'accidents, drames d'exception, mais le lot habituel du jeu politique, le fait ordinaire d'une politique délibérée. Chacun se savait menacé et pouvait craindre la chute, le déshonneur et l'infamie, la ruine inévitable pour sa famille, ses biens alors livrés à des adversaires honnis, dénonciateurs patentés, sordides intrigants qui avaient su gagner le maître.

Personne ne se pouvait croire à l'abri, en un temps où les princes ligués contre le roi avaient cherché des alliés, envoyé des émissaires plus ou moins secrètement auprès des officiers royaux pour tenter de les débaucher ou les inciter à plaider leur cause. Les rencontres ménagées entre amis ou partisans, tenues généralement loin de Paris et même hors du royaume, notamment dans le comté de Bresse ou ailleurs en Savoie, faisaient autant d'hommes compromis, complices parfois malgré eux, désignés coupables le jour venu. La peur était partout car l'appareil royal, appareil policier, disposait d'une armée d'agents, de sergents et de commissaires capables d'agir en tous lieux et vite[22]. Une loi, édictée le 22 septembre 1477, leur faisait obligation de rechercher et de punir tous ceux qui « sçauront ou auront connaissance de quelques traictés, machinations, conspirations et entreprises qui se feront à l'encontre du roi ». Ils devaient être châtiés de la même façon que les coupables[23].

Princes et grands seigneurs se gardaient de tout. Ils se ménageaient des refuges et fortifiaient leurs hôtels. Le comte de Saint-Pol fit renforcer les défenses de ses places picardes, plus spécialement le château de Hay « qui tant lui avoit cousté, car il l'avoit faict pour se saulver en une telle nécessité et l'avoit pourveu de toutes choses[24] ». Mais préparer de tels retranchements était accroître les soupçons. Penser à fuir ne valait pas mieux. Certains songèrent à aller à Rome, comme Jacques Cœur en 1451, exploit dont on parlait encore, ou à Avignon, plus proche mais moins sûr. Ce n'était pas si facile et Commynes dit qu'il en avait peu connu « qui sachent fouyr et à temps, ne cy, ne ailleurs : les ungs n'ont point d'espérance d'avoir recueil et seureté es pays voisins ; les autres ont trop d'amour à leurs biens, à leurs femmes et à leurs enfants[25] ». Etait-on jamais certain d'être vraiment menacé, au point d'abandonner sa famille à un sort de proscrits ?

Peur aussi des tueurs à gages, des maîtres épiciers experts en poisons, ou simplement des espions... Charles, comte du Maine, « estoit en grant paour et en grans craintes et qu'il lui sembloit qu'il y avoit de ses gens mesmes en sa maison qui l'espyoient et qu'il ne savoit de quel pié danser ». Le duc de Nemours voyait, en un vrai cauchemar, une troupe lancée pour se saisir de lui, car « l'on disoit que sitost que le roy auroit temps convenable qu'il devoit envoyer monseigneur le grant maistre avec huit cent lances pour lui courir sus ». Tous se souvenaient fort bien de Montereau et de la façon dont, le 10 septembre 1419, Jean sans Peur fut assassiné alors qu'il allait à la rencontre du dauphin sur un pont jeté sur le fleuve. Certains n'osaient paraître devant le roi de peur d'un traquenard, ou exigeaient d'autres précautions : ainsi au Pont de

Brand, sur la Sèvre Niortaise pour Charles de Guyenne (le 7 septembre 1469), et à Fargniez sur l'Oise pour Saint-Pol (le 14 mai 1474). Cette même année 1474, le comte du Maine, devant se rendre à la cour, changeait de logis la nuit[26].

Les princes qui tous prêtaient au roi Louis de noires intentions, voyant ses conseillers travailler à leur perte et les faire épier, ne cessaient d'envoyer des messagers, « sous habits dissimulés », se renseigner sur tout ce qui se préparait ailleurs. Les chroniques du temps parlent souvent de ces espions découverts, victimes de leur maladresse ou d'un mauvais hasard, reconnus par quelque sergent, arrêtés aussitôt et durement questionnés. De vrais romans parfois, mais tout de même une large part de vérité car tout homme de pouvoir, inquiet et menacé, en usait ainsi, ne pouvant rester dans l'ignorance de ce que l'ennemi — ou l'ami du moment — pourrait tramer contre eux. Ils entretenaient un vaste réseau d'informateurs, plus ou moins habiles et fidèles. Le comte de Saint-Pol, jugé pour crime de trahison et de lèse-majesté, confiait de telles missions à de jeunes hommes de ses compagnies d'armes : « aucunes foy leur prioit qu'ilz alassent esbattre un jour ou deux à la cour pour s'enquérir des nouvelles et luy en rapporter » ; on savait aussi que, pour les messages, il se fiait plutôt à de petites gens, à un page de son hôtel, à un archer de sa garde obscur entre tous, à des merciers ou marchands de la cour, plus encore à des religieux, jacobins surtout, qui, en ce métier, avaient acquis une forte réputation... mais que bientôt l'on soupçonna plus que d'autres. Ces hommes voyageaient sous couvert de missions parfaitement anodines, ou pour leurs affaires, ou pour celles de leurs églises et couvents. Certains disaient aller en pèlerinage et effectivement s'y rendaient, ce qui ne devait pas éveiller de soupçons en un temps où les sanctuaires et les lieux de dévotion étaient très nombreux, en toutes régions.

Pour s'entendre entre eux, se communiquer des renseignements, faire savoir leurs desseins et leurs plans, les princes ne s'écrivaient que sous le sceau du secret, afin d'échapper aux agents royaux qui confisquaient leurs lettres, prêts à y voir des preuves de complots ou de vilaines intrigues. Ils usaient de chiffres, certains très ordinaires, de simples mots clefs, d'autres plus savants, que l'on savait ou que l'on voulait croire inviolables. Naturellement, leurs missives n'étaient acheminées que soigneusement cachées, cousues dans la doublure d'un vêtement ou d'un chapeau, nichées dans le creux d'un bâton, dans un harnais ou la selle d'un cheval. Regnault de Velort, familier et homme de confiance de Charles du Maine, prit grand peine à dissimuler les lettres confiées à son valet Castille pour Gilbert de Grassay, serviteur du duc de Bourgogne. Il les plia, les roula en boule et les enveloppa dans de la cire, le tout si menu « que ladicte sire n'estoit pas plus grosse que une petite noix » ; et de bien recommander à son messager que « s'il trouvoit empeschement sur le chemin, il avaloit ledit lopin de sire, affin que on ne peust trouver lesdictes lettres » [27].

Précautions inutiles ? Goût obsessionnel du secret ? Certainement pas : les gens du roi veillaient sur les déplacements qui leur paraissaient insolites, sur les étrangers qui n'avaient pas de solides raisons de se trouver où ils étaient, sur les officiers et valets des grands surtout. De la moindre alerte, ils informaient vite un maître qui voulait tout connaître. L'ordonnance de 1464 faisait obligation à tous les messagers allant par le royaume de se manifester auprès du grand maître des courriers ou de ses commis, de montrer leur bourse et leurs missives pour que l'on puisse voir s'il n'y avait rien qui porte préjudice au roi, rien qui nécessite une enquête. Les courriers surpris à emprunter « des chemins obliques et faux passages détournés » devaient être livrés aux baillis ou sénéchaux, et leurs lettres ou paquets présentés au roi. Louis XI affirmait qu'il avait donné ordre de respecter le droit de libre circulation dans le royaume pour les gens du pape et des princes étrangers, mais il fit tout de même arrêter et traduire devant le Parlement de Paris un agent secret, nommé Giovanni Cesarini, que le pape Pie II avait envoyé près du duc de Bretagne [28]. Au moment où s'engageait le plus dur conflit avec les Bourguignons, il s'efforça d'interdire toute propagande hostile et fit en sorte que les princes et seigneurs suspects ne puissent correspondre entre eux. Ses agents le mettaient sans cesse au fait des méthodes de dissimulation : les lettres, disaient-ils, n'étaient pas toutes confiées à des chevaucheurs ou à des valets mais à des marchands forains ou à des hommes d'Eglise ; « plusieurs religieux allant par chemin dans le royaume ont esté trouvez saisis de plusieurs lectres, et ayant charges de faire divers messages contre le bien de nous ». Ordre fut signifié aux abbés de Cluny et de Cîteaux, à ceux aussi des Chartreux, qu'ils veillent à interdire de telles pratiques ; sinon ils seront, avec tous ceux de leur ordre, bannis du royaume, sans pouvoir y rien posséder [29].

En juin 1474, Charles de Bourbon, légat en Avignon, fidèle et protégé du roi, fit arrêter Guillaume de Saint-Clément, chevalier aragonais, qui allait de Naples en Aragon ; on l'avait trouvé porteur de plusieurs lettres et instructions du roi Ferrand de Naples. Louis XI écrivit aux consuls et aux habitants d'Avignon pour les féliciter et leur dire qu'il leur envoyait son maître d'Hôtel, Antoine de Fouldras, avec mission de lui ramener le prisonnier pour qu'il l'interroge lui-même : « singulièrement désirons oyr parler ledit chevalier et sçavoir de lui l'effect de sa charge, doubtant qu'elle nous soit préjudiciable [30] ». En tout cas, ces lettres intercep-

tées à Avignon lui diraient sûrement ce que les Aragonais préparaient contre l'occupation française de Perpignan et du Roussillon,
s'ils soutenaient un parti rebelle et encourageaient les révoltes. La
décision des mesures à prendre dépendait bien sûr de ces surveil-
lances et captures de courriers.

On ne sait ce que l'on fit de ce chevalier arrêté sur son chemin
mais il est certain que les messagers porteurs de missives secrètes
couraient de grands risques. Le 28 novembre 1475, fut écartelé et
mis à mort aux Halles de Paris un familier du comte du Maine qui
« avoit fait plusieurs voyages par divers seigneurs de ce royaulme
et conseillé de faire plusieurs traictiez et porté plusieurs scéllez
contre et au préjudice du roi et de la chose publique[31] ». Certains
pesèrent fort convenablement leurs chances et jugèrent qu'il était
plus sûr, moins dangereux et peut-être source de récompenses, de
trahir et dénoncer leur maître. Ainsi fit, en 1467, Louis de Lus-
sault, seigneur de Villefort, envoyé par Charles, frère du roi, à
Carlat auprès de Jacques d'Armagnac, duc de Nemours, pour parler d'alliance et d'un projet de reconquête de la Normandie[32].

De ces informations enlevées aux messagers, le roi faisait grand
usage, et ses commissaires ne manquaient jamais de produire ces
lettres. Aussi, s'ils n'en possédaient pas d'authentiques, n'hési-
taient-ils pas à en fabriquer. Les bons experts furent certainement
sollicités et appréciés. Il est clair que les accusations mises en
avant lors du procès de Jean V comte d'Armagnac ne s'appuyaient
que sur des faux, notamment sur des lettres que l'on affirmait
écrites et envoyées par le comte à Edouard IV d'Angleterre. En
fait, elles étaient de la main de Jean Daillon, sire du Lude, communément nommé, dans le cercle des hommes bien en cour et par
Louis XI lui-même, « maître Jehan des Habiletez ». L'affaire reposait sur la déposition d'un certain Jean Boom, anglais, qui aurait
porté des plis scellés de son roi, puis d'autres du comte d'Armagnac. Ce Jean Boom, « émissaire de bas étage » disait-on alors,
ne fut pas bien payé : traduit en justice, condamné de façon très
expéditive à perdre la vue, il ne dut de garder un œil qu'à la maladresse du bourreau. Le roi ne fut pas satisfait d'une besogne si
mal faite et ordonna « de lui parachever de pocher et estraindre
les yeux »[33].

Les hommes chargés de ces procès ne se donnaient pas toujours
autant de mal car il n'était nul besoin, pour accabler un suspect
de trahison, de produire quelque preuve que ce soit. René
d'Alençon fut, en 1481, accusé « d'avoir celeement et sans nostre
sceau envoyé certains messaiges à princes et seigneurs qui ont eu
et ont encore alliance avec nos ennemis ». Aucune de ces lettres
ne fut montrée[34].

Dans les premiers mois de son règne, Louis XI ne fit rien qui pût mécontenter les grands du royaume. Les nombreuses disgrâces signifiées à Paris ne frappaient que les officiers directement au service de son père et se pouvaient concevoir comme un simple renouvellement du personnel politique, plus particulièrement dans le cercle proche du souverain. Cette même année 1461, il fit libérer Jean d'Alençon, sévèrement condamné par le si célèbre « lit de justice » du 21 août 1458 puis tenu prisonnier à Melun, au château de la Nonette, à la tour de Constance à Aigues-Mortes et enfin à la prison du château de Loches[35].

La fronde du Bien public lui dicta une autre politique, en tout cas lui donna occasion d'agir contre ces maîtres de grandes principautés. Princes et grands seigneurs, acharnés à préserver leurs droits contre les empiétements des agents royaux, unis par d'étroits réseaux de famille et de clientèle, ne cessaient de conclure entre eux des ententes dûment scellées, des conventions d'entraide mutelle, donc des complots. Leurs fiefs s'inscrivaient dans le royaume comme de véritables enclaves, des nids de résistances et foyers de subversion. Armagnac, Albret, Nemours entre autres n'étaient, sur le plan politique, en rien négligeables. Leurs possessions, héritées de leurs pères, acquises par mariage ou conquises sur les voisins, s'étendaient souvent en pays de montagne hérissés de châteaux et de places fortes, difficiles d'approche et capables de résister à de longs sièges. Alain d'Albret, dit Alain le Grand, avait hérité des vastes domaines de la maison d'Albret, d'une partie du Bazadais avec Casteljaloux, d'une partie aussi du Condomois avec Nérac, de plusieurs châteaux et péages sur la Garonne. Marié en 1456 à Françoise de Blois, il avait reçu plusieurs fiefs normands, d'autres dans la région de Penthièvre et, loin de là, dans le Hainaut[36].

Ces mêmes lignées possédaient un poids social et démographique considérable, s'appuyant sur leurs traditions, sur leurs familles et leurs cousinages plus ou moins directs, sur leurs alliances matrimoniales bien entendu, et aussi sur leurs fils naturels, nombreux, estimés, solidaires. A l'inverse notamment des pays d'Empire, dans le royaume de France la qualité de bâtard n'était entachée d'aucun opprobre, d'aucune teinte péjorative, mais revendiquée avec éclat. De nombreux fils naturels furent reconnus et acceptés par leurs frères légitimes : dans la seconde moitié du xve siècle, les officiers de justice enregistrèrent, moyennant finances (environ cinquante écus), au total quatre cent cinquante-neuf lettres de légitimation. Tous soutenaient l'honneur de leur maison la tête haute. Fremin de Châtillon se présentait, en 1463, comme « le grand bâtard de Dauphiné » et chantait la gloire de ses ancêtres. Des hommes comme Dunois, bâtard d'Orléans, et

Antoine, « Grand Bâtard de Bourgogne », ont, de l'avis de tous les chroniqueurs de leur temps, mérité l'estime de leurs parents par leurs exploits et une constante fidélité. Jean, bâtard d'Armagnac, fut gouverneur du Dauphiné et maréchal de France en 1466. Louis de Bourbon, fils naturel du duc Charles Ier et de Jeanne de Bournau, légitimé par lettres du roi en septembre 1463 en raison de services insignes, fut amiral de France au lendemain de la guerre du Bien public.

Les trois premiers ducs Valois de Bourgogne (Philippe le Hardi, Jean sans Peur et Philippe le Bon) eurent au total plus de quarante enfants naturels ; en ajoutant ceux de leurs cousins, le chiffre montait à près de soixante-dix, tous les fils ayant occupé une fonction à la cour, à l'armée ou dans l'Eglise. Les juges de Jacques de Nemours lui jetèrent à la face que l'on devait le comparer « au roy Astyages qui avoit six cents bâtards ».

Si nombreux, ces fils furent des secours précieux pour les chefs des grandes familles qui, pour lutter contre l'ost et les officiers du roi, devaient s'entourer d'« une enceinte de partisans » protectrice, complexe et partout présente, bien établie sur des seigneuries prises sur le patrimoine ancestral. Ils furent souvent de solides champions au service des ambitions de la lignée. Le roi devait compter avec eux et n'a pas souvent réussi, malgré tous ses efforts, à les débaucher par de belles promesses : l'on disait que le bâtard d'Alençon avait cherché à le faire poignarder pour venger le duc René, accusé et condamné [37].

2. LES ARMES DU ROI

Alliances et mariages

Opposer aux princes, à leurs innombrables fils, cousins et bâtards, de fortes alliances n'était certes pas aisé. Le roi y réussit pourtant, s'entourant, lui aussi, de fidèles unis par les liens du sang. Qu'il ait alors, comme tous ses ennemis, conduit une politique familiale consciente, avertie, et dans l'ensemble couronnée de succès, ne fait aucun doute. Charles VII avait bien marié ses filles légitimes. Catherine, épouse de Charles de Bourgogne, mourut jeune, en 1448, mais Jeanne mariée à Jean II de Bourbon, Yolande au duc de Savoie Amédée IX et Madeleine au prince de Viane, Gaston IV de Navarre, furent ses alliées et jouèrent sur l'échiquier diplomatique un rôle non négligeable. Devenu roi, Louis XI ne cessa de correspondre et de nouer des ententes avec ses trois sœurs, si bien établies par son père. Il ne leur a jamais ménagé son appui et se préoccupa souvent de prendre leur défense, de soutenir leurs intérêts et ceux de leurs enfants. Retenu, en avril 1478, par les guerres de Bourgogne en Picardie, il écrivit à l'une des dames de la cour, Mme du Lude, pour lui dire qu'il regrettait de ne pouvoir « entendre » au mariage de Mlle de Vendôme, fille de sa sœur Jeanne, avec son « neveu » et chambellan Louis de Joyeuse, comte de Grandpré. Qu'elle y veille elle-même, qu'elle demeure cinq ou six jours près de la jeune femme pour la convaincre et qu'elle fasse bien dire à Grandpré que « je luy feray plus de bien que je ne luy ay promis et à elle avecque [38] ». Par ailleurs, le 7 décembre 1481, il mit sévèrement en garde le chancelier de France dont les agents intentaient un procès à Madeleine de Viane, veuve de Gaston IV blessé à mort lors d'un tournoi à Libourne en 1470, et tutrice de son fils François Phébus, comte de Foix et de Bigorre, « que aucune surprise se soit faicte sur moy ne sur elle [39] ».

Choisir pour ses filles des époux convenables, de valeur et d'expérience, capables surtout d'entraîner à leur suite d'autres protégés, fut toujours au cœur de ses préoccupations, occasion de toutes sortes d'approches, de démarches, tractations et marchés. Anne épousa, en 1473, Pierre de Bourbon sire de Beaujeu, comte de la Marche, fils du duc Charles Ier, qui fut l'un des agents les plus actifs à enquêter sur les crimes des Armagnacs. Le jeune duc Louis d'Orléans fut contraint d'épouser Jeanne, enfant malade et contrefaite. Cela a seule fin d'enlever à ces Orléans tout espoir de postérité et, de la sorte, ruiner leur lignée. Le roi s'en vantait tout haut, écrivant crûment au comte de Dammartin qu'il s'y était décidé « pour ce qu'il me semble que les enfants qu'ilz auront ensemble ne leur couteront guère à nourrir » ; cela se fera envers et contre tous « ou aultrement ceulx qui yront au contraire ne seront jamais asseurez de leur vie en mon royaume » [40]. On parla de mariage dès mai 1464, un mois seulement après la naissance de la petite Jeanne. Marie de Clèves, veuve de Charles d'Orléans et mère de Louis, voulant s'y opposer, on la menaça, elle, de l'exil, Louis d'être enfermé en un monastère et ses conseillers d'avoir la tête tranchée. Finalement, la dispense du pape (pour consanguinité) obtenue le 19 février 1476, les noces furent célébrées le 29 août, le roi absent, dans la chapelle du château de Montrichard, là même où Anne de France épousa Pierre de Beaujeu. Le roi, bien sûr, s'en félicitait ; c'était une belle victoire contre de fermes résistances, et il ne se fit pas faute de le faire savoir : « quelque refus qu'il [Louis d'Orléans] en ait sçu faire, car bon besoin luy en a esté ».

Ce fut une sinistre comédie, grotesque, répugnante. Le jeune Louis refusa d'aller rejoindre sa femme qui vivait au château de Lignières et ne voulut pas même toucher à la dot de cent mille écus. Le roi tempêtait, criait « qu'il le fera jeter dedans la rivière et qu'il n'en sera aussi peu de nouvelles que du moindre homme de son royaume ». Il le fit constamment surveiller, lui envoya son médecin, Guillaume Lochete, pour lui donner des avis, et dit qu'il chargerait deux notaires d'aller verbaliser devant le lit conjugal. L'un des conseillers des Orléans, François Brézille, fut arrêté, conduit à Tours, soumis à la torture, gardé six semaines en prison puis condamné à mort ; gracié, il lui fallut entrer dans l'ordre des Hospitaliers. Un autre familier du jeune duc, Hector de Montenac, accusé de l'encourager à résister, fut lui aussi emprisonné et fait chevalier de l'ordre. Quant à François de Guivarlet, dernière victime, dernière connue du moins, de cette lamentable affaire, le roi le fit conduire partout à sa suite, prisonnier et enchaîné[41]. Les Orléans ne devaient pas avoir d'héritiers.

Il prit soin des filles de son père et d'Agnès Sorel, assurant et confortant leur position. Marie ayant été mariée par Charles VII, en 1458, à Olivier de Coëtivy, il se préoccupa, sitôt roi, du sort de ses deux sœurs plus jeunes. A Jeanne, il fit épouser, dès 1461, Antoine, fils de Jean de Bueil, et à Charlotte, l'année d'après, Jacques, fils de Pierre de Brézé. C'était façon de se garantir des services et, pour des nobles alors sans grande fortune, l'occasion d'inespérées ascensions sociales. Bueil et Brézé devaient leur distinction et leurs faveurs à la cour à leur engagement dans les campagnes de reconquête contre les Anglais. Mais l'argent leur manquait et par ces alliances ils se trouvèrent « aspirés dans le cercle enchanté du cousinage royal ». Louis ne les perdit jamais de vue. Marie de Bueil, fille de Jeanne, que le roi appelait sa « nièce », fut par lui mariée, en mars 1480, à Jean de Bruges, sire de La Gruthuyse, qui, fait prisonnier lors des guerres de Bourgogne, s'était rallié.

Il se donna bien du souci pour Catherine, fille aînée de Marie de Coëtivy et petite-fille donc de Charles VII et d'Agnès Sorel. Il écrivit lettre sur lettre, sollicita toutes sortes d'appuis afin de lui faire épouser Antoine de Chourses, seigneur de Maigné ; il vantait les mérites de cet homme, « un des bons chefs de guerre qui soit aujourd'hui en ce royaume et qui a soubz lui quatre mille francs archers et six cents hommes d'armes ». Il voulait que ce mariage se fasse vite (« et vous assure que de ma part, je m'y emploieray autant que si c'estoit pour ma propre fille ») et envoya tout exprès un homme de confiance « pour icelluy [le mariage] traicter et prendre conclusion... et je veus que ceste matière preigne fin à ce coup »[42]. L'accord se fit, tandis que les deux autres filles de Marie de Coëtivy, Marguerite et Gillette, bien plus jeunes, étaient confiées à leur gouvernante, Mme de la Bellière, veuve de

Tanneguy du Châtel, que le roi accablait de conseils et de recommandations : « Il me semble qu'on ne les doyt point garder de boyre entre deux heures, quant elles auront soif, et leur faire mectre beaucoup d'eau en leur vin, et qu'elles ne boyvent que petitz vins de Touraine... ne leur donnez ni salaisons ni viandes aux épices mais des bouillis et toutes sortes de viandes moictes » ; pas de fruits, sauf des raisins bien mûrs [43].

Pour ses propres filles nées hors mariage, dont on ne connaît pas vraiment la mère, il montrait bien sûr la même sollicitude mais leur choisit aussi pour époux des hommes qui lui devaient beaucoup, et n'auraient certainement pas pu prétendre à une alliance avec une grande maison princière. Marie épousa, en 1467, Aymard de Poitiers, veuf et désargenté ; il mourut deux ans plus tard et le roi reprit les trente mille écus de la dot. Jeanne fut donnée en mariage à Louis, bâtard de Bourbon, promis à un bel avenir.

En tous ses choix, pour ses nièces ou ses filles, Louis usait des alliances matrimoniales comme d'une arme contre les princes, leur répondant coup pour coup. Sur ce point, il n'a jamais manqué d'affirmer une politique parfaitement cohérente et sa détermination à s'entourer d'un cercle de nombreux « parents et amis charnels ». Et, de la sorte, son souci « d'inculquer à la noblesse une idée plus forte de l'omniprésence de son souverain seigneur [44] ».

Les ralliés de la dernière heure

Dans cette quête d'alliés, cette application à rassembler autour de lui une clientèle de fidèles pour mieux affronter et réduire celles des princes hostiles, le roi Louis usait de tous procédés pour ramener et garder sous sa coupe ceux qui, ennemis d'hier, l'avaient rejoint, rompant leurs anciens engagements, traîtres à leurs amis. Les malveillants, alors, avaient beau jeu de dire que les offices de haut rang allèrent souvent à des familles pendant longtemps adverses, réticentes et suspectes pour le moins, qui se faisaient payer le prix de leur ralliement. Mieux valait être rebelle repenti que fidèle obstiné. Certains ont beaucoup gagné à ce jeu, au lendemain de la guerre du Bien public surtout. Aux hommes qui l'avaient un temps combattu mais avaient fait soumission avant d'autres, le roi ne fut pas avare de protection ni de beaux établissements.

A la mort du cardinal Pierre de Foix, légat du pape et donc administrateur d'Avignon et du Comtat, il fit tout pour imposer son candidat contre celui de Rome, démarche certes fort ordinaire pour préserver l'influence française, mais son choix se porta sur le neveu du cardinal défunt, un très jeune homme âgé de tout juste quinze ans. Il dut céder, face à de dures protestations, mais présenta aussitôt Jean-Louis de Savoie, frère de la reine Charlotte, évêque de Genève. Nouvel échec qui, semble-t-il, ne fit que renforcer sa volonté d'aboutir. Plusieurs de ses grands officiers, l'un après l'autre, furent mandés en mission à Avignon, munis d'instructions de plus en plus pressantes, notamment son maître d'Hôtel Arnaud de Monbardon et le bâtard d'Armagnac Jean de Lescun, gouverneur du Dauphiné ; et en ambassade à Rome, Jean de Reilhac. Le troisième candidat fut le frère de Jean de Lescun, Jean lui aussi, archevêque d'Auch, et Louis fit beaucoup pour le soutenir et convaincre les Avignonnais qui virent arriver dans leurs murs, jour après jour, nombre d'agents royaux porteurs de longues missives. Mais, là non plus, le choix n'était pas très heureux et, finalement, le roi fut contraint d'abandonner. Reste que sa sollicitude envers ces hommes des lignages de Foix et d'Armagnac (Lescun) s'inscrivait certainement dans une démarche raisonnée : mieux gagner et s'attacher plus fermement des ralliés qui, de ce fait, s'étaient attiré l'hostilité de leurs familles.

Pour Avignon toujours, il se tourna alors vers les Bourbons qui avaient pris une part active à la fronde de 1465, chefs de la première coalition, mais s'étaient soumis les premiers et semblaient ne plus nourrir de mauvais projets. Il voulait, à coup sûr, les récompenser et les tenir fidèles par de hautes charges, à un moment où les autres ligueurs intriguaient plus que jamais. Jean II de Bourbon fut fait lieutenant général pour les duchés d'Orléans et de Berry, pour le comté de Blois, dans les sénéchaussées de Rouergue, Quercy, Limousin, Périgord, et dans les bailliages du Velay, du Gévaudan et du Vivarais ; un peu plus tard, il eut la charge de gouverneur du Languedoc. Louis, frère bâtard de Jean II, épousa Jeanne, fille naturelle du roi, et devint lieutenant général de Normandie puis amiral de France. Pour la légature d'Avignon, Louis XI songeait à un autre frère de Jean II, Charles archevêque de Lyon... âgé de onze ans ; mais l'affaire ne se fit pas aussi vite qu'il l'aurait voulu ; le pape Paul II faisait traîner les choses tandis que le roi ne cessait d'écrire, de présenter des garanties, et que les Bourbons se montraient plus fidèles : à Péronne, Jean II et Charles, le jeune archevêque, se donnèrent en otages auprès du duc de Bourgogne.

Paul II mort, le 26 juillet 1471, le nouveau pape Sixte IV fit d'abord savoir qu'il consentait au plaisir du roi de France ; il fit apporter à Lyon, par le cardinal Bessarion, la bulle de nomination de Charles... tout en s'efforçant de réduire les attributions et pouvoirs du légat. D'abord bien accueilli dans Avignon, Charles de Bourbon tenta de gouverner en sage et d'apaiser les querelles entre factions qui troublaient alors fort la ville, mais il se heurta bientôt à toutes sortes d'oppositions suscitées par Sixte IV qui s'était ravisé et, surtout, par son neveu Giuliano della Rovere, nommé évêque d'Avignon. Force lui fut de quitter Avignon ; il alla siéger au Conseil du roi et désigna comme lieutenant son frère naturel, Renaud de Bourbon, archevêque de Narbonne. Lequel ne put aller plus loin que Carpentras ! Le roi refusa net d'accepter la destitution de son légat, rappelant qu'il avait été proclamé solennellement et par le pape à Rome et par Giuliano dans Avignon. Charles de Bourbon et ses trois frères, Louis l'amiral, Pierre sire de Beaujeu et Renaud y firent une nouvelle entrée très remarquée mais se trouvèrent, à leur tour, dans l'obligation d'abandonner.

Au népotisme du pape qui, à ses neveux et ses cousins, donnait nombre de bénéfices ecclésiastiques, répondait très exactement cette stratégie royale qui, sans davantage s'inquiéter des cumuls, s'efforçait d'en attribuer d'autres à une seule famille princière, pour le moment amie : quatre frères Bourbon, fils légitimes ou bâtard, à la conquête d'Avignon [45] !

Le roi fauteur de troubles, allié des Communes

Les princes réputés dangereux, et souvent félons, furent soumis à une véritable traque policière et juridique, mis au banc des accusés lors de procès soigneusement préparés, jusqu'à leur condamnation et à la distribution de leurs charges et seigneuries à des hommes qui avaient donné suffisamment de preuves de leur fidélité et de leur savoir-faire lors de ces entreprises. Il paraît étonnant que l'Histoire ait surtout retenu, en fait de persécutions, les cachots ou cages de fer de Balue plutôt que ces procès des grands du royaume, qui furent certainement plus spectaculaires, plus durement ressentis à l'époque, plus lourds de conséquences aussi, inscrivant de profonds bouleversements dans le paysage géopolitique de la France.

Comme Louis VI le Gros qui autrefois faisait dénoncer les méfaits des « seigneurs brigands », Louis XI vouait à la vindicte publique ces féodaux qui ne respectaient rien, et surtout pas les agents de l'Etat royal, qui se comportaient, à la tête de leurs troupes, ni plus ni moins comme de vrais soudards, des routiers, voire des écorcheurs. C'était pour les officiers du roi commune manœuvre, et nombre de commissions d'enquêtes en usèrent sans grand sens de l'outrance. Charles d'Armagnac ne fut pas accusé d'avoir pris part à la ligue du Bien public mais d'avoir profité des troubles pour lancer ses gens à piller les villes et campagnes dans la région du Larzac, des gorges du Tarn et de la Dourbie. On dit « qu'il tient frontière au peuple pire que Anglois et prend vivres, bled, moutons, beufs, vaches, mulez, pourceaulx s'ils n'ont sauf-conduit de luy » ; pire sans doute, « Il a battu ung sergent du Roy qui estoit venu exécuter contre luy » ; et, pour faire bonne mesure, « il bat son confesseur quand il ne le veult absoudre »[46]. L'on fit savoir, par tout le pays, que les aventuriers gascons et navarrais à la solde de Jean V d'Armagnac se livraient, en 1472 près de Lectoure, à des violences et crimes de toutes sortes. Le camp royal pillé, les grands capitaines faits prisonniers, Jean de Foix, Pierre de Bourbon et Pierre de Beaujeu, furent convenablement traités mais « les officiers qui avoient accoustumé servir le seigneur de Beaujeu comme escuyers tranchants et autres furent contrainctz de le servir nudz, sans chausses, bonnez ne autres abillements[47] ».

Vingt ans après l'institution, par Charles VII, des compagnies d'ordonnance et l'interdiction des armées privées, Louis XI la renouvela expressément : « que personne de quelque estat et auctorité qu'il soit et spécialement nos cousins de Foix, d'Armagnac, de Nemours, le seigneur de Labret [d'Albret] et le comte d'Astarac, qu'ils ne soient si hardis de mectre sus, ne entretenir gens d'armes sans avoir sur ce exprès commandement[48] ».

Les « rebelles » savaient que le roi, en guerre contre les Bourguignons ou engagé dans les campagnes du Roussillon, ne mobilisait pas, à tout moment, toutes ses forces contre eux. Cependant, il leur était impossible de faire face longtemps à un souverain qui disposait de considérables rentrées d'argent et, par suite, de compagnies de gens d'armes nombreuses, bien soldées, alors que les leurs ne cessaient de s'amenuiser, du fait de dépenses qui, d'année en année, devenaient plus lourdes. L'administration de leurs biens et de leurs droits coûtait fort cher en salaires et entretiens d'officiers, d'agents, de receveurs. L'enchevêtrement des terres et des juridictions, si complexe que l'on ne saurait aujourd'hui l'imaginer vraiment, provoquait des héritages contestés, des accaparements et usurpations de voisins : querelles qui ne se réglaient pas toujours à l'amiable, bien au contraire. Dans les dernières années du règne de Louis XI, la maison d'Albret se trouvait plaider devant les tribunaux en soixante-dix procès. Or ces procès entraînaient de grandes sorties d'argent. Certaines causes demeuraient pendantes toute une vie ; les enfants en héritaient. Les familles devaient entretenir auprès des cours des baillis et sénéchaux, ou auprès du Parlement, nombre de solliciteurs et d'avoués. Les recours de plus en plus fréquents, quasi systématiques, à la justice du roi furent à l'origine de bien des déboires financiers et de durs malaises de trésorerie[49].

Il n'était pas facile de tenir en main des biens très éloignés les uns des autres sans s'y montrer et aller trancher sur place les litiges, entendre les plaintes et les récriminations. L'an 1483, Alain d'Albret résidait à Tours en avril, puis à Amiens, Amboise et

Ségur (en Limousin) au cours du mois de juillet, à Montignac et Nérac en août, Toulouse en septembre, Blois en octobre, enfin à Notre-Dame de Cléry et à Tours en décembre[50]. De plus, ces grands seigneurs maintenaient, à l'image du roi, une cour fastueuse. Nombre d'auteurs voyaient alors, et les historiens ont abondé en ce sens, dans les dépenses en vêtements, soieries et fourrures, en fauconnerie et ménagerie, en fêtes et, plus encore peut-être, en aumônes et dons aux églises pour un nombre toujours plus important de messes, la principale cause de leur ruine ou, pour le moins, d'un manque de disponibilités qui leur interdisait de lever assez de troupes pour défendre leurs Etats contre les attaques royales.

Le service du roi leur imposait de lourdes charges pour de trop faibles compensations qui, soit payées directement en espèces, soit à prendre sur les revenus d'une terre assignée (ce qui entraînait de grands frais), arrivaient toujours en retard. Pour aller à Bayonne, Albret, commandant de l'armée royale, se présenta avec vingt-trois chevaux pour lui et ses pages, neuf pour ses valets de chambre et ses trompettes, neuf pour ses maîtres d'hôtel, secrétaires et chapelains, six pour les bouteillers et cuisiniers, quatre pour les « rois d'armes », autres hérauts et « poursuivants »[51]. En 1471, crédité de neuf mille livres, il en eut à peine cinq mille et il lui fallait sans cesse se rappeler à l'attention des trésoriers royaux, les stimuler par quelque don.

Le roi évidemment laissait agir ses baillis et gens de justice qui, depuis fort longtemps, depuis le règne de Saint Louis en tout cas, avaient su exiger davantage tant des seigneurs que des évêques, et avaient volontiers, habités d'un beau zèle, multiplié les interventions arbitraires et les empiétements territoriaux, revendiquant sans cesse les droits régaliens en tous domaines. Cette mise au pas, poursuivie avec une belle constance par ces hommes partisans d'une centralisation administrative de plus en plus forte, fut au temps de Louis XI la source d'innombrables conflits exacerbés par un contexte politique de rébellions et même de guerres civiles. Les Nemours, Armagnac et Albret accusaient les officiers du roi d'abus de pouvoir, de trop demander pour payer les soldes de leurs francs-archers, de s'entêter à loger leurs gens d'armes là où ils n'auraient pas dû être[52]. Surtout de faire alliance, contre eux, avec les municipalités. L'enchevêtrement, là aussi, des droits divers, la difficulté de définir la nature des péages ou autres banalités dus au seigneur qui occupait le château, rendaient ces querelles inévitables. Les édiles et le peuple saisissaient l'occasion pour secouer ce joug seigneurial, et ils se savaient soutenus par le roi. En 1465, le parlement de Toulouse ordonna la confiscation des biens de Charles II d'Albret, allié du Bien public, notamment dans le comté de Gaure en Armagnac et dans la ville de Fleurance. La paix signée (Conflans et Saint-Maur-des-Fossés), la main aurait dû être levée mais le parlement maintint sa décision et les habitants de Fleurance demeurèrent obstinément rebelles et s'armèrent. Jean d'Albret, fils de Charles, vint les mettre à raison avec trois mille routiers, exerça sur eux une terrible vengeance, fit pendre les consuls aux quatre portes de la ville et jeter le procureur du roi dans le Gers. L'affaire, pourtant, n'eut que peu de suites car elle ne fut portée ni à Toulouse ni à Paris mais à Bordeaux, devant Charles de Guyenne qui rendit un arrêt mitigé, en fait complaisant [53].

Louis ne l'entendait pas de cette façon. Il soutenait, de main armée même, les révoltes dans les villes tenues par les princes et s'efforçait de réduire à néant leurs partisans dans celles qui leur étaient fidèles. L'an 1475, Jacques d'Armagnac, duc de Nemours, retranché dans son château de Carlat en Auvergne, comptait, dans le dessein de s'emparer d'Aurillac, sur plusieurs riches familles de la ville, notamment les Labers qui, avec une centaine d'alliés dont quelques bouchers, provoquèrent une série de révoltes contre les agents du roi et mirent la main sur le consulat. Louis XI envoya des troupes avec Aubert Le Viste : « Vous n'y sçaurez frapper mauvaiz coup car ils m'ont toujours estez traictes ou malveillans, gallez les moy bien. » Les gens d'armes de Viste renoncèrent à sévir contre les principaux mutins, réfugiés chez les Armagnacs, mais la maison de Pierre Laber fut solennellement rasée en signe d'infamie [54]. Dans Rodez, la guerre civile qui opposait la cité tenue par les partisans de Jean V d'Armagnac au bourg où s'étaient retranchés ceux de l'évêque faisait que la ville sombrait dans une sorte d'anarchie : « les criminels et malfaiteurs, pour fuir et éviter punition, fuyoient de la cité au bourg et du bourg en la cité ». Le roi réussit à y imposer un accord négocié par deux commissaires-juges, mais Jean V vint y loger pendant neuf mois avec ses troupes que ses fourriers installaient « par force et violence et en rompant les portes des maisons, frappant et injuriant les consuls, mettant la main sur les meubles et les vivres » ; si exigeants que ceux « qui ne sont capables de loger ne recevoir gens et qui n'ont qu'un seul lit pour eux et leurs femmes sont mis hors les murs de leurs maisons ». Ces violations de la paix aussitôt connues soulevèrent de grandes clameurs que le roi fit siennes et encouragea comme il convenait [55]...

3. Les grands procès. La fin des principautés

Armagnac et Albret

Les grands procès du règne, sur lesquels nos livres et nos manuels restent si discrets, furent sans doute la plus importante, la plus lourde de conséquences, des entreprises menées par le roi. Cela de ferme propos, pour répondre à un vaste dessein parfaitement arrêté, poursuivi sans aucune hésitation ni scrupule. Invoquer la paix du pays et le bien de l'Etat n'était alors que prétexte et arguments mis en avant pour justifier les accusations, les attaques armées, répressions et mises à mort. Il ne s'agissait pas de réduire des seigneurs brigands ou de déjouer de noirs complots, mais d'abattre des lignées princières qui défendaient encore leurs droits face aux prétentions et accaparements des agents royaux.

Le roi mena campagne sur deux fronts. D'une part, contre les ducs ou comtes du Midi (Nemours, Albret, Armagnac...) soupçonnés de vouloir garder à tout prix une large indépendance et de trop bien s'entendre avec Charles de Guyenne, frère du roi. On les accabla d'enquêtes, de mises en demeure. On en fit des trublions, des insoumis, des traîtres. D'autre part, contre les grands féodaux (Alençon, Saint-Pol) qui, dans les pays au nord du royaume, avaient, pour se garder quelques coudées franches, pris langue soit avec le duc de Bretagne, soit avec Bourgogne, et furent, non sans raison, accusés d'alliances secrètes avec les ennemis du roi.

Jean V d'Armagnac fut condamné à l'exil par trois arrêts du Parlement, à peu d'années d'intervalle. Mais il eut, chaque fois, loisir de revenir, de se faire encore et encore accuser et forcer dans ses repaires jusqu'à ce que, lors d'un engagement très confus, il trouve la mort, tué sans doute de propos délibéré, à Lectoure dans l'été 1472.

Ce drame de Lectoure s'inscrivait dans une suite d'entreprises aventureuses, rocambolesques pour certaines, de trahisons et réconciliations, de coups de main inconsidérés et de coups de théâtre. Fils de Jean IV mort en 1450, excommunié deux fois par le pape pour entretenir une liaison incestueuse avec sa sœur Isabelle qui lui donna deux enfants, accusé de s'attribuer par violence des droits régaliens, de frapper monnaie contre la volonté royale et d'avoir fait, de manière abusive, nommer son frère bâtard, Jean de Lescun, archevêque d'Auch, il se vit sommé de se soumettre et d'épouser la femme qui lui serait proposée. Le roi lui envoya d'abord pour le convaincre son oncle Bernard d'Armagnac et sa tante Anne d'Albret. Peine perdue : il refusa tout net et s'enorgueillit très haut d'un troisième enfant né d'Isabelle. Vint alors une considérable armée de vingt-quatre mille hommes magnifiquement conduite par de grands capitaines : le comte de Dammartin, les maréchaux de France Lohéac et Xaintrailles, les baillis de Lyon et d'Evreux. Enfermé un temps dans Lectoure, il se savait perdu et prit la fuite vers l'Aragon. Revenu en France, retranché dans le manoir fortifié de Bruyères-le-Chastel près de Corbières, appelé à comparaître devant le Parlement de Paris, en mars 1458, il s'enfuit à nouveau, cette fois en Bourgogne, où Philippe le Bon refusa de le recevoir. Mais, à Genappe, le dauphin Louis lui fit bon accueil et l'écouta mal parler du roi. De là, il alla chez le prince d'Orange Louis de Chalon, qui avait épousé sa sœur Eléonore. Condamné, le 13 mai 1460, pour crime de lèse-majesté, rébellion et inceste, à la confiscation de ses biens et au bannissement à vie, il obtint à Rome le pardon du pape et se retira en Aragon, où il mena une vie misérable, jusqu'à la mort de Charles VII.

Louis devenu roi, Jean de Lescun, qui avait bien servi dans le Dauphiné et à Genappe, obtint aussitôt la grâce du banni.

Ce retour fit grand bruit, suscita de belles manifestations d'enthousiasme, tumultueuses même dans les pays au sud de la Garonne. A Nogaro, Jean V réunit les gentilshommes des alentours, les chanoines et les consuls de la ville ; à Aignan, il annonça que le roi lui avait promis de le faire connétable. Ce qui n'était pas et ne se fit pas. Il obtint tout de même une rapide révision de son procès au Parlement, retrouva tous ses biens avec la faveur du roi qui le manda en ambassade auprès d'Henri IV de Castille. Mais il ne pouvait, décidément, se résigner à servir et demeurer fidèle. Quelques mois plus tard, il intriguait à nouveau et cherchait à nouer des alliances. Accusé de comploter, il leva des troupes, s'enferma dans la place de Capdenac, tint tête un certain temps puis s'enfuit en Espagne pour, finalement, à bout de ressources, solliciter et trouver le pardon du roi à Figeac (1463)[56].

En mai 1465 pourtant, avec Nemours et sept à huit mille hommes, il attaqua Saint-Flour et Riom, puis, en juillet, envahit la Champagne jusqu'aux portes de Troyes, de Châlons et de Reims. La paix signée, le roi voulut à nouveau le marier et songeait, depuis quelque temps déjà, à Marie de Savoie, sœur de la reine. C'est alors qu'Antoine de Brilhac reçut « en faveur principalement de ce qu'il a traicté et tenu la main que le mariage soit fait » six cents écus d'avance ; le reste des dix mille promis devant être versés « à sa première requeste après que ledit mariage faict, consommé et accomply ». Cette alliance ne se fit pas et Louis XI essuya plusieurs autres échecs, refus de familles horrifiées à l'idée d'unir leur fille à un homme coupable d'inceste. Il donna son accord pour que Jean V épouse Jeanne de Foix, fille de Gaston IV de Foix, mais s'y opposa et tenta de l'interdire lorsque son frère Charles eut la Guyenne à gouverner ; cela faisait trop d'ennemis ou de suspects solidement établis dans le Sud-Ouest. Les noces furent malgré tout célébrées à Lectoure en août 1469.

Prenant prétexte de la découverte d'un complot, qui à vrai dire ne reposait que sur des témoignages durement sollicités, le roi lança contre lui une nouvelle armée de mille quatre cents lances, dix mille francs-archers et quelque peu d'artillerie, menée par plusieurs des grands capitaines du royaume (Lohéac, Craon, Bourbon l'amiral) et trois sénéchaux (Poitou, Toulouse, Carcassonne), avec ordre de s'emparer de Lectoure. La ville prise, le parlement de Toulouse condamna Jean V par contumace et pour crimes de lèse-majesté et de haute trahison, le 7 septembre 1470, à la confiscation de ses fiefs et seigneuries. Mais peu de temps après, Charles de Guyenne les lui rendit et il s'y établit tant bien que mal. Lors d'une nouvelle offensive, conduite par les sénéchaux du Midi, les troupes royales occupèrent presque toutes les villes et places de l'Armagnac. Retranché dans Lectoure, sans espoir de recevoir des renforts, Jean V capitula et obtint, le 17 juin 1472, un sauf-conduit de six mois et le droit de se retirer, avec une suite de deux cents personnes, « quelque part qu'il veuille dedans le royaulme ou dehors », mais non en Armagnac, sauf en quelques lieux, peu nombreux, et précisément nommés [57].

Il y revint pourtant et, sans coup férir, avec l'aide de Charles d'Albret, s'empara de Lectoure. Finalement, Louis XI, fort des trêves signées avec les Bretons et les Bourguignons, fut en mesure d'envoyer d'autres compagnies d'armes et une grosse artillerie. On négocia cependant et l'on signa un « appointement » qui stipulait une rémission générale. Jean V libéra ses captifs, mais les troupes du roi entrées dans la ville aux cris de « Tuez ! Tuez ! » attaquèrent la maison forte du comte et, lors d'une échauffourée sans doute provoquée à dessein, le tuèrent délibérément : « Il n'y eut franc-archer qui ne lui arrachast le poil de la tête ! » Son cadavre dépouillé, affreusement mutilé, fut traîné par les rues. S'ensuivit une terrible chasse aux hommes, aux femmes et aux biens : maisons brûlées, murailles de la cité mises à bas et « n'y demoura personne, soit d'église, gentilhomme, serviteur dudit Armagnac qui ne fut prisonnier, lyé, estaché, garotté et mis à grans rançons et plusieurs tuez [58] ».

Beaucoup, en Armagnac bien sûr mais aussi au Conseil, pensaient que le roi avait tout ordonné. Et l'on dit aussi que la comtesse Jeanne, femme de Jean V, faite prisonnière, enfermée et maltraitée, dans le château de Buzet près de Toulouse, reçut la visite de deux hommes du roi accompagnés d'un apothicaire qui,

« par belles paroles et autrement par subtilz moyens [lui] firent boyre certains breuvaiges dont, peu de jours après, elle avortit d'un bel enfant mâle[59] ».

La chute de ce grand seigneur du Midi et de sa lignée qui, de père en fils souvent, n'avait cessé d'affirmer son indépendance face au roi et de s'opposer à ses volontés, fut encore aggravée par celle de Charles d'Albret, le « cadet d'Albret », fils de Charles II d'Albret et petit-fils du connétable Bernard VII d'Armagnac. Marié, le 15 août 1472 à Mirande, à Marie, fille du comte Jean IV d'Astarac, il avait aidé Jean V à reprendre Lectoure. Arrêté le jour même de la capitulation de la place et du meurtre du comte, il fut amené prisonnier au château de Lusignan. Traduit devant une commission réunie en toute hâte, Charles d'Albret fut condamné à mort le 7 avril 1473 et aussitôt exécuté à Poitiers[60].

Jacques de Nemours

Ce n'était que le premier des grands procès politiques du règne. Celui du duc de Nemours, plus longuement instruit, entouré d'un tout autre appareil, frappa certainement l'opinion et fit autant murmurer contre le roi car l'on se persuada sans peine que les chefs d'accusation ne reposaient sur rien de bien précis. Nombre de chroniqueurs, déjà émus de voir un homme au faîte des honneurs et des richesses tomber d'aussi haut, ont bien compris que l'action royale répondait sûrement à une volonté de conquête des territoires à peine dissimulée. Aucune preuve de trahison ne fut donnée et les soupçons mêmes ne tenaient pas.

Jacques de Nemours, cousin de Jean V d'Armagnac, avait fait soumission après la guerre du Bien public et s'était établi en paix dans son château de Carlat. Mais Charles de France, qui s'était alors réfugié en Bretagne, cherchait à renouer ses alliances et lui envoya Jean le Meingre, adversaire acharné du roi à ce moment, lequel resta trois ans près de lui et, aidé dit-on par un frère cordelier qui se prétendait astrologue, réussit à le convaincre de poursuivre quelques entretiens, à vrai dire peu compromettants.

Lorsque Charles se réconcilia avec le roi son frère, Nemours fit lui aussi acte d'allégeance, signa le 17 janvier 1470 un « appointement » dans le palais épiscopal de Saint-Flour avec Antoine de Chabannes mandé par le roi, et lui livra quatre de ses places de sûreté en Auvergne. Il prêta solennellement serment, sur la croix de Saint-Laud dans la collégiale près d'Angers, devant deux commissaires venus tout exprès : l'évêque de Langres Guy Bernard et Ferri II de Lorraine. Cependant, après la mort de Charles, il prit langue avec le comte de Saint-Pol et les rumeurs s'enflèrent aussitôt ; on le disait coupable de comploter avec les

Anglais. Il ne résista pas longtemps : une forte armée royale assiégeait Carlat : il livra la ville, après une résistance d'un mois, le
9 mars 1476, au sénéchal de Rouergue Paillard d'Urfé, et au lieutenant du bailli des montagnes d'Auvergne, Pierre de Tardes. Espérant fléchir Louis XI, il lui envoya d'abord plusieurs émissaires en
Picardie, puis sa femme Louise d'Anjou et ses enfants, à Tours.
En vain : prisonnier à Vienne puis dans le château de Pierre-Scize
près de Lyon, il fut enfermé à la Bastille le 4 août 1476. Les
commissaires qui tenaient lieu de juges le chargèrent de tous les
crimes : rébellion, lèse-majesté, complicité ou intelligence avec les
ennemis du roi, et même pratiques magiques, en tout cas
déloyales, « non concordantes avec la foi chrétienne ». Plusieurs
témoins affirmèrent qu'il avait suivi les conseils de son confesseur
Guy de Briançon, franciscain, astrologue et aussi fabricant
d'« élections astrologiques » qui lui indiquait quels jours et heures
il lui convenait d'envoyer ses lettres au roi pour « capter sa benignolence et pour procéder plus seurement » [61].

Condamné d'avance, voué au supplice, il fut exécuté le 4 mars
1477 à la halle aux Poissons [62].

Louis de Luxembourg, comte de Saint-Pol, et les ducs d'Alençon

Louis de Luxembourg, comte de Saint-Pol, allié des Bourguignons lors du Bien Public mais vite mécontent de ne pas être assez
payé, s'était, en 1466, rallié à Louis XI qui lui fit épouser Marie
de Savoie, sœur de la reine, déjà proposée en vain à Jean V d'Armagnac. On disait Saint-Pol, à juste titre sans doute, le plus riche
de tous les seigneurs de son temps, héritier de vastes fiefs de par
son père, sa mère et son oncle, et aussi de par son premier mariage
avec Jeanne de Bar. Cet autre mariage avec Marie de Savoie lui
valut, en outre, de considérables apports d'argent et de forts revenus : un don immédiat de quatre-vingt-quatre mille écus d'or, une
pension de douze mille livres, les gages de connétable soit vingt-
quatre mille livres, le gouvernement de la Normandie qui rapportait encore quatre mille quatre cents livres par an et une compagnie d'ordonnances de quatre cents lances. Mais ses biens et
droits, dont la liste paraît vraiment interminable (il était comte
de Saint-Pol, de Brienne, Ligny et Conversan, châtelain de Lille,
seigneur d'Enghien, d'Oisy, de Ham, Bohein, Beauvais, Condé en
Brie, Bourbourg...), se trouvaient très dispersés, enchevêtrés dans
ceux du roi et du duc de Bourgogne, et ne formaient nulle part un
grand territoire sur lequel s'appuyer. L'ensemble semblait artificiel, comme le fruit du hasard, et ne permettait pas de susciter de
fortes fidélités.

Cette position avait été encore affaiblie lorsqu'il eut, en janvier

1471, occupé la ville de Saint-Quentin au nom du roi et vu ses possessions de Bourgogne confisquées par le Téméraire. Aussi n'avait-il cessé de chercher des alliés : Charles de Guyenne, Philippe de Savoie, comte de Bresse, René d'Anjou, les ducs de Bretagne et de Bourbon. Peut-être avait-il aussi « pratiqué », par échanges de lettres et de conseillers mandés en mission, avec le roi d'Angleterre et les Sforza de Milan ? Peut-être même s'était-il entendu avec plusieurs hommes du roi : Antoine de Chabannes, Jean de Bueil, Louis Bâtard de Bourbon [63] ?

Saint-Quentin était devenue sa capitale ou, plutôt, son refuge ; décidé à s'affirmer complètement indépendant, espérant sans doute jouer double jeu, il en avait chassé la garnison royale et tenait la place avec une seule compagnie, peu nombreuse. Son frère Jacques ne lui amena que de pauvres renforts, huit cents chevaux « qu'il avoit amassez de toutes sortes et n'avoit point cinquante lances ». Bien informé des intentions du roi et conscient de la faiblesse des forces qu'il pouvait lui opposer, il ne pensait qu'à fuir, mais hésitait. Aller en pèlerinage à Saint-Claude en Franche-Comté, simple prétexte bien sûr pour s'éloigner des terres du roi ? Ou en Bretagne ? Ou encore en Allemagne où il aurait pu, muni de belles sommes d'argent, « acheter une place sur le Ryn et se tenir là jusques ad ce qu'il fust appointé de l'ung des costés [du côté du roi ou du côté du duc] » ? Il ne pouvait se décider, inquiet à l'idée de mener sur les chemins sa femme alors enceinte et prête à accoucher [64].

Il courut néanmoins chercher refuge chez les Bourguignons où deux de ses parents, Jean comte de la Marche et Antoine de Roucy, pourraient, pensait-il, le recommander et le soutenir [65]. Mais, au lendemain de la paix de Soleure (le 13 septembre 1475) entre Louis XI et le Téméraire, celui-ci ne voulut pas susciter une nouvelle querelle et s'engagea à le livrer. En échange, si l'on en croit Thomas Basin, le roi lui promit de lui céder la ville de Saint-Quentin avec plusieurs terres des environs et d'abandonner, sans leur porter secours, les troupes du duc de Lorraine que les armées bourguignonnes attaquaient par la vallée de la Moselle. Enfermé dans le château de Ham, Saint-Pol avait conscience qu'il ne pourrait résister longtemps aux compagnies du roi lancées à sa poursuite. Il obtint un sauf-conduit du duc de Bourgogne mais fut, sur son ordre, arrêté à Mons, retenu prisonnier et, le 24 novembre, livré aux Français, conduit à Paris, enfermé à la bastille Saint-Antoine.

Son procès, mené « en bien grande diligence » devant le Parlement de Paris présidé par Pierre Doriole toujours présent et fidèle en ce genre d'affaires, s'acheva très vite. Il fut reconnu coupable « de conspirations et machinations par lui faites pour induire, séduire, inciter et commouvoir plusieurs princes et seigneurs de ce royaume et autres [66] ». Condamné à mort pour crimes de lèse-majesté le 12 décembre, on l'exécuta trois jours plus tard en place de Grève devant une foule immense conviée à y assister par crieurs royaux à tous les carrefours de Paris. Pour mieux faire connaître l'ignominie du personnage et la façon dont le roi pouvait sévir, les doubles des procès-verbaux de l'enquête, des interrogatoires et de l'arrêt, en deux cent soixante-sept paragraphes sur trente-six feuillets in-folio, furent sur-le-champ distribués aux princes à travers le royaume [67].

Les ducs d'Alençon, accusés de haute trahison pour avoir, eux aussi, trop volontiers gardé certains contacts ou avec le duc de Bretagne ou avec les Anglais, furent par trois fois traduits en justice : Jean II sous Charles VII en 1458, puis en 1474, et son fils René en 1481. Dans les derniers jours d'avril 1456, Jean II avait envoyé un messager, Pierre Forbin, auprès des officiers du roi d'Angleterre ; la réponse fut, au retour, interceptée sur ordre de Pierre de Brézé qui, visiblement bien informé, avait renforcé les postes de garde sur les routes de Normandie. Le duc d'Alençon, ignorant encore la mésaventure ou trop téméraire, alla tout de même au rendez-vous qu'il avait fixé. Arrêté le 27 mai 1456, il fut conduit à Melun puis au château de Nonette, enfin dans la tour de Constance à Aigues-Mortes. C'est pour le juger que se tint à Vendôme, à partir du 21 août 1458, le lit de justice sujet de la célèbre enluminure de Jean Fouquet [68]. Condamné à mort le 10 octobre, Charles VII lui fit grâce de la vie mais le dépouilla de ses biens et le garda prisonnier dans le château de Loches. Son duché d'Alençon alla à la Couronne, le comté du Perche à ses enfants, et les autres terres et seigneuries à plusieurs favoris du roi, notamment à Antoine d'Aubusson, seigneur de Monteil, homme bien en cour alors car marié à Marguerite de Villequier, sœur d'André, l'époux de la maîtresse du roi.

Le dauphin, au fait des nombreuses intrigues qui avaient provoqué la chute de l'un des grands du royaume, ne restait pas insensible à ce qu'il considérait comme un déni de justice. Exilé dans le Dauphiné puis à Genappe, la montée en puissance de ce clan des Villequier lui fut insupportable. Aussi, devenu roi, s'empressa-t-il de faire libérer Jean II d'Alençon, lequel ne perdit pas non plus beaucoup de temps pour se venger de ceux qui avaient aidé à sa perte ; et cela sans s'embarrasser d'aucune action en justice. Forbin qui, sans nul doute, l'avait trahi et avait permis son arrestation, fut assassiné par des hommes de main à sa solde alors qu'il se rendait à Saint-Jacques-de-Compostelle [69]. Louis XI n'en prit pas ombrage ou, en tout cas, n'en montra rien. Le 31 décembre

1467, il accorda son pardon à Jean II, à son épouse Marie d'Armagnac et à son fils René comte du Perche, pourtant connus pour
avoir quelque temps soutenu le duc de Bretagne lors de ses entreprises de Normandie, deux ans auparavant. Leurs terres leur
furent restituées et Jean II eut le commandement de cent lances
avec la même pension que naguère, plus vingt mille écus « pour
sa dépense »[70].

Mais il ne cessa de parler avec les Anglais, de soutenir les prétentions de Charles de Guyenne, de traiter avec Jean V d'Armagnac, frère de son épouse Marie. Arrêté début février 1473, on
l'emprisonna au château de Rochecarbon près de Tours, et le roi
donna aussitôt ordre de mener diligemment l'enquête sur ses
méfaits[71]. Deux hommes de Château-Gontier « qui savaient bien
sa trahison » furent longuement interrogés et les commissaires
royaux, Dunois, Jean le Boulanger premier président du Parlement de Paris et Guillaume Cousinot, n'eurent pas trop de peine
à multiplier les chefs d'accusation : il avait fait tuer Pierre Forbin
et un orfèvre nommé Aimery qui l'avait aidé à fabriquer de la
fausse monnaie ; il avait proposé aux Anglais, en gage d'alliance,
de leur livrer quelques-unes de ses places de Normandie ; il avait
eu connivence avec des princes et des seigneurs flamands hostiles
au roi ; enfin, il avait beaucoup intrigué pour que ne se fassent pas
deux mariages auxquels le roi tenait fort : celui d'Edouard IV
d'Angleterre avec la fille du comte de Foix, celui de son fils René
avec la sœur du duc de Bourbon. Condamné à mort le 18 juillet
1474, la sentence ne fut pas exécutée et il mourut en exil[72].

René récupéra ses biens mais, à son tour, fut, quelques années
plus tard, soupçonné de préparer un complot ou de nouer des
alliances contre le roi, en tout cas sans l'en informer. Louis XI
avait marié Jeanne, bâtarde d'Alençon, fille naturelle de Jean II,
à son chambellan Guy de Beaumont. Il leur donna en dot vingt
mille écus et le comté de Beaumont-le-Roger. Ce n'était pas à
fonds perdus car ils lui rendirent de grands services en espionnant
René, puis le chargeant devant ses juges[73].

Arrêté par Jean Daillon, sire du Lude, enfermé aux châteaux
de Chinon puis de Coudray, René d'Alençon fut, du 21 septembre
1481 au 12 janvier 1482, interrogé au cours de trente-sept séances
par six commissaires soigneusement choisis parmi les grands officiers du royaume, qui tous avaient donné suffisamment de preuves
de leur fidélité et de leur complaisance : Jean Daillon bien sûr,
Pierre Doriole, Jean Blosset, seigneur de Saint-Pierre, grand sénéchal de Normandie, Léonard des Pontaulx, trésorier de France,
Philippe Baudet, conseiller au Parlement, et enfin Boffile de Juge
envoyé tout exprès par le roi « pour vacquer et besoigner au procès du comte du Perche ». On affirma qu'il avait voulu fuir en

Bretagne ou en Angleterre pour ne pas répondre de ses crimes. Jeanne accablait son frère mais sans apporter de preuves, et ses accusations tombèrent les unes après les autres. L'affaire fut renvoyée devant le Parlement de Paris qui, après une longue interruption de la procédure, rendit son verdict le 22 mars 1483 : ni condamnation ni acquittement ; René fut simplement contraint de requérir du roi « merci et pardon »[74].

III

Condamnés et humiliés

I. LES COMMISSAIRES, COUR D'EXCEPTION

Déjouer les complots et mettre à la raison les malfaisants répondait à une absolue nécessité, à une règle à ne jamais transgresser. Les historiens, sur ce point, ne se sont pas trompés, qui montrent un roi soupçonneux, intraitable, incapable de pardonner, non sans doute par tempérament mais par raison d'Etat. Lui-même, en ses *Instructions* données à son fils et dans le *Rosier des guerres*, s'en justifiait sans détour, affirmant qu'il ne fallait « pardonner à nul son meffait », que « le plus grant proufit que le Roy puisse faire en son royaume est d'en oster les maulvaix », qu'il « ne doit souffrir que nul mallfaisant échappe sans peine » et que « ce n'est pas assez à non dommager les autres, mais il convient aussi contrarier à ceux qui veulent les autres dommager ».

Ces procès, tous politiques, tous pour crimes de trahison et de lèse-majesté, ne devaient souffrir d'aucune sorte d'incertitude. Destinés à détruire l'homme tombé en disgrâce, atteindre sa lignée, lui arracher ses biens et ses moyens d'agir, Louis les voulait vite expédiés, sans que la défense puisse être longtemps présentée. Condamné d'avance pour ses méfaits et ses perfidies, pour les rébellions contre l'autorité royale, le coupable devait être promptement puni, de manière exemplaire et sans recours aucun.

Confier l'enquête et l'arrêt aux instances judiciaires ordinaires, au Parlement notamment, comportait trop de risques. Les présidents et les conseillers des hautes chambres n'étaient pas tous dans la main, pas immédiatement soumis aux ordres. Certains tenaient à respecter le droit et les règles de procédure, à revendiquer au moins une forme d'indépendance. Aussi plusieurs causes, et non des moindres, leur furent-elles retirées et portées de façon arbitraire devant des commissaires désignés au coup par coup, devant des hommes qui ne songeaient qu'à servir.

Le roi ne parvint certes pas à écarter le Parlement de toutes les affaires, mais il s'y employa de son mieux, avec une rare obstination, usant de toutes sortes de pressions, faisant connaître bien haut sa volonté, accablant les récalcitrants de recommandations et de menaces. Le 7 juillet 1467, il interdit fermement au Parlement de Paris de s'intéresser au procès de Jean de Beauvau. Celui-ci, fils du seigneur de Précigny, élu évêque d'Angers grâce à l'intervention de Charles VII, avait été excommunié par l'archevêque de Tours qui l'accusait d'avoir fait empoisonner l'un des chanoines de sa cathédrale. La sentence fut confirmée par le pape qui, « pour ses faultes et ses démérites », et « pour l'esclandre de son estat, vie et renommée », le priva de son évêché et de tous ses bénéfices. Le roi, chargé de l'exécution, ne se fit pas prier : le personnage n'était pas du tout de ses amis et fidèles. S'en débarrasser et faire nommer un autre à sa place lui convenait parfaitement. Il fit dire bien haut qu'il ne voulait, en vrai fils de l'Eglise, que garder intacte l'autorité du Saint-Siège apostolique et ne pouvait souffrir « que aucun empeschements, résistance ou contradiction soit faicte au contraire, soubs ombre ou couleur de nous et de nostre justice temporelle ». Que les conseillers du Parlement se gardent de s'en occuper ; qu'ils ne prennent aucune connaissance, ne donnent aucune réponse aux requêtes et provisions contre les sentences et exécutions prononcées[75]. L'affaire était dans ses mains et il ne cessa d'intervenir pour tout décider et dicter. Le 12 août 1467, il fit savoir au chancelier qu'il lui fallait adjoindre, « pour besogner au procès » intenté aux serviteurs de Jean de Beauvau dénoncés eux aussi comme malfaisants, « un autre homme bien entendu, se mestier est ». Et d'insister : « Vous savez que la matière nous touche, et nostre personne et estat ; faites y faire bonne diligence[76]. »

Les coupables de crime de rébellion, pris les armes encore en main ou dénoncés sans équivoque par quelques délateurs zélés, traînés devant l'opinion et accablés par une enquête sommaire, ne pouvaient certainement pas s'attendre à un véritable procès : « Puisqu'ilz se sont élevez et qu'ilz ont procédé par voie de fait, je veulx que la pugnition en soit incontinent faicte et sur les lieux. » Ni le Grand Conseil, ni le Parlement n'avaient à en connaître[77]. Ainsi pour ce chevalier, fils de l'Espagnol Salazar longtemps au service du comte d'Armagnac, qui fit soulever les villes du Berry contre les gabelles et emprisonner tous mes officiers ; faites-le pendre, lui et ses complices, « et n'y dissimulez point par crainte de personne quelle qu'elle soit, car j'aimerais mieulx avoir perdu dix mille escuz que la justice n'en feust faicte[78] ».

Le roi et ses fidèles exécuteurs prétendirent que Charles d'Albret, condamné à mort en 1473, avait été jugé « en parlement ». C'était plus que jouer sur les mots pour tenter d'apaiser les scrupules de quelques-uns et les lourds murmures de nombreux autres. L'instruction ne fut à aucun moment confiée au Parlement et seuls le premier président et un petit nombre de conseillers firent partie du collège des commissaires, tous désignés. Trois d'entre eux qui, malgré tout, s'étaient refusés à soutenir l'arrêt, le jugeant innocent de tous les crimes, furent privés de leur charge[79]. La vérité est que les magistrats instructeurs s'étaient fait promettre une grande part des dépouilles : notamment le sire de Beaujeu, gendre du roi, appelé à présider le procès, Boffile de Juge, dénonciateur principal, et Jean de Daillon, souvent choisi pour de telles besognes. Dirigeait les interrogatoires le chancelier Pierre Doriole, dévoué entre tous qui, déjà maintes fois mis à l'épreuve en ces occasions, s'entoura, pour l'enquête, « de certains grans clercs du royaulme, pour ce mandez et assemblez de l'ordonnance du roy[80] ».

Le procès de René d'Alençon ne fut pas laissé à la discrétion ni du Parlement ni même d'un conseil de commissaires. Le roi ne se fit pas faute d'user d'autorité, de mettre ses juges en garde, de les tancer, leur dicter ce qu'il fallait faire et comment mener l'interrogatoire : « Vous vous laissez tromper ! René vous dit que, le jour où il fut arrêté, il allait en Bretagne et vous le croyez. Mais c'est faux : il se rendait en Angleterre pour trahir[81]. »

Les enquêtes, rudement menées, mirent plus d'une fois tous les agents en émoi, mobilisés pour identifier témoins ou complices, interdire les départs, débusquer ceux qui se cachaient. Cette poursuite, dirigée directement par le roi, sur ses ordres immédiats, visait avant tout les amis et serviteurs *a priori* coupables des mêmes forfaits ou, pour le moins, détenteurs de secrets donc susceptibles de parler, d'accabler l'accusé et de dénoncer d'autres crimes ou d'autres intrigues. Il fallait, de toute urgence, les empêcher de se concerter, de porter aide à leur maître et préparer une évasion. La course aux valets et écuyers prit souvent l'allure d'une quête policière qui ne laissait aucun répit ni aux suspects ni aux sergents. Jean de Beauvau avait été confondu grâce au roi René qui avait fait prendre et « examiner » l'un de ses familiers mais d'autres avaient certainement, eux aussi, beaucoup à dire et, Louis rappelait, de plus en plus pressant, qu'il avait « ordonné certains serviteurs dudit Beauvau estre prins au corps pour savoir et ataindre la vérité » et qu'il convenait d'envoyer incontinent un commissaire pour trouver ces gens et les lui amener[82].

Jacques de Nemours devait être enfermé à la Bastille mais, avant qu'il y arrive : (l'ordre est pour Pierre Doriole), faites prendre ses hommes qui sont à Paris et « les faites les bien enfermer » ; que l'on renforce aussi le guet ordinaire qui s'y trouve d'une compagnie de douze archers [83]. Le sire du Bouchage, chargé en 1474 de punir « aucuns folons, vignerons et autres gens de mestier et menu populaire qui baptirent et mutilèrent honorable homme et saige, Philippes Bouer substitut du procureur du roi », reçut, sur le sujet, lettre sur lettre pendant deux mois, accablé de reproches et d'objurgations : informez-vous et tâchez de trouver « ceux qui firent l'assemblée et l'émotion derrière » ; voyez bien « s'il n'y a nulz des gros qui soient consentans de l'émotion car les povres ne l'ont pas fait d'eulx mesmes ». N'épargnez personne. Regardez bien si les cinq que vous avez pris « en furent point consentans car je croient qu'ilz en estoient ». Ces prisonniers, faites en « si griefve punition que les autres y prennent exemple ». Vous les avez mis dans la grosse tour de la ville (c'est à Bourges) et à Meung ; ils sont trop près de leurs amis, il faut les séparer les uns des autres et les conduire « au bois de Vincennes ». Vous avez tort d'avoir pris, dans la commission chargée de l'instruction, Thomas Tribonne, « veu que s'est ung des principaulx qui ont fait la rébellion à Sens » ; renvoyez-le aussitôt. Le lieutenant du gouverneur du Berry dit être allé, après la révolte du populaire dans Bourges, parler « à ceulx de la justice » pour qu'ils agissent vite, mais ils lui répondirent « qu'ilz ne le sauroient faire et ilz n'y firent aulcune diligence ». Ce n'est pas acceptable ; envoyez-les moi tous et « S'ilz y font difficulté contraignez les y ». Envoyez-moi aussi cet homme qui a dit que ceux qui s'étaient laissé prendre étaient bien fous, « car il n'a pas été sage et pourriez savoir qu'il est par celui qui l'a accusé » [84].

Antoine de Bourbon, d'abord au service du duc de Bourgogne puis rallié à Louis XI, était, en 1477, retourné auprès de son ancien maître « sans dire adieu ». Somme toute, il avait faussement trahi. Le bruit court que plusieurs de ses valets ou autres serviteurs demeurent encore dans Saint-Quentin. Que le maire, les échevins, les bourgeois, manants et habitants de la ville se mettent en peine de les rechercher, « et si vous en trouvez, que vous fassiez incontinent amener devers nous quelque part que nous soyons, sous si bonne garde qu'ils ne vous échappent point [85] ». Louis ne cessait d'appeler ses agents à se tenir vigilants, prêts à débusquer les suspects. A François de Genas, président de la Chambre des comptes du Dauphiné : Poncet de la Rivière, que nous voulons faire comparaître, a l'intention de fuir « en habit dissimulé... et dit-on que c'est en habit de cordelier » ; faites surveiller tous les passages du pays, « et y mectez gens qui le cognoissent, afin qu'il soit prins » [86].

Quelques requêtes, au demeurant peu nombreuses, confiées au Parlement furent menées avec un soin extraordinaire, de façon à interroger un grand nombre de témoins, tout connaître et, en fin de compte, démêler des écheveaux de connivences et d'intrigues. Les cours siégeaient pendant des jours et des jours : trente-sept séances pour René d'Alençon du 21 septembre 1481 au 18 janvier. Le compte des dépenses pour l'un des procès de Jacques de Nemours comprend au total quatre-vingt-deux postes pour des mises variées, souvent importantes, en particulier pour les sergents à cheval et même des conseillers ou procureurs envoyés, de Paris, rechercher et ramener des témoins ou des suspects à Troyes, Provins, Nogent-sur-Seine et jusqu'à Montluçon et dans le Quercy ; pour porter des lettres en Anjou et en Touraine ; pour, en Rouergue, dans le Sarladais et à Bordeaux, « faire certaines informations et faire amener certains prisonniers ». Michel Pons, procureur du roi, est allé à Amiens et autres villes de Picardie « devers Anthoine d'Isome, notaire du roi, pour recouvrer de lui certains mandements » ; il avait trois hommes avec lui.

Les principaux témoins étaient mis en sûreté, de façon plutôt brutale et déplaisante, humiliante même, mais généralement défrayés : Perdirac, poursuivant d'armes du duc de Nemours, eut, « pour ses despens et son cheval à Paris, ou il a esté amené et détenu prisonnier pour porter tesmoignage sur aucunes manières secrètes touchant ledit procès », quinze livres ; et Jaspar de Noviant, bourgeois de Clamecy, dix livres « pour ses salaires et chomages durant le temps qu'il a esté prisonnier en ceste ville »[87]. Se dérober et refuser de répondre n'était pas aisé. Jean, bâtard d'Armagnac, évêque d'Auch, se fit porter malade. Ordre au maître d'Hôtel, le seigneur du Bouchage : « et pour ce assemblez maistre Ayguerrant et les autres médecins de Paris et le faictes visiter... car on m'a dit qu'il contrefait le malade et que ce n'est que tromperie[88] ».

2. Cages de fer et charrettes

Dire les malheurs des prisonniers enfermés dans des cages de fer où ils pouvaient à peine se mouvoir, soumis à d'insupportables railleries et injures de leur tyran, ne demande certainement pas un grand travail de documentation. Nul besoin de rechercher ni loin ni longtemps. Tous les auteurs du temps, aussi bien les malveillants nourris de solides rancunes que d'autres, plus mesurés dans leurs propos et plutôt favorables au maître, tel Philippe de Commynes, en ont parlé sans détour et insisté sur l'horreur de ces enfermements. Bien plus tard, les romans « historiques » ne

pouvaient faire autrement que d'évoquer, d'une autre plume infiniment plus suggestive, à longueur de pages plus noires les unes
que les autres, ces fameux cachots que le roi, coiffé du chapeau
épinglé de médailles pieuses, se plaisait à visiter pas à pas, réjoui
du sort lamentable de ces hommes tombés de si haut, réduits à si
peu. Pas un seul de nos manuels pour l'enseignement, du temps
au moins où ils proposaient l'étude des règnes de nos rois, n'aurait
manqué de rappeler la misérable condition du malheureux
condamné qui perdait la confiance du roi et passait de sombres et
longues années dans une cage de fer, exposé comme un fauve,
animal curieux et dangereux.

Ces cages ont bel et bien existé, et servi. Sans doute pas autant
qu'il est parfois écrit et pas de cette manière-là, mais assez pour
que nos textes authentiques, juridiques ou comptables ceux-là et
non littéraires, y fassent plus d'une référence. Sans nul doute, ces
rigueurs répondaient au souci de s'assurer vraiment du prisonnier
car il semble, à considérer le nombre de suspects ou condamnés
qui, enfermés aux plus hautes tours des châteaux, ont réussi à
s'échapper, que ces prisons étaient trop mal gardées. Les geôliers,
peu nombreux et pas tous très sûrs, ne suffisaient pas à déjouer les
entreprises d'hommes qui avaient gardé des amis et des serviteurs
fidèles, pouvaient correspondre avec eux et faire agir des
complices du dehors. Nos documents parlent communément de
prisonniers en fuite que l'on ne reprend jamais et qui arrivent sans
trop de mal à traverser tout le royaume pour trouver refuge fort
loin de leur cachot, en Flandre, en Bourgogne, en Bretagne ou
même en Provence. Sous Charles VII, Guillaume Mariette,
notaire du roi accusé d'intelligence avec le dauphin Louis, s'était
enfui des prisons royales de Lyon puis, un temps réfugié dans la
cathédrale mais repris, avait encore réussi à s'évader[89]. Et personne n'oubliait l'équipée de Jacques Cœur qui, enfermé dans le
château de Poitiers, en sortit grâce à l'aide de ses fils et de ses
proches, se cacha d'abord dans le couvent des Jacobins de
Limoges puis se sauva à nouveau, trompant les hommes du roi qui
veillaient autour et, malgré les sergents lancés à sa poursuite,
malgré les postes de garde alertés, alla sans encombre jusqu'à
Beaucaire, d'où ses commis établis à Marseille le firent sortir de
nuit et traverser le Rhône[90]. Le roi Louis XI ne pouvait ignorer
comment ces deux prisonniers, Mariette et Jacques Cœur, qui
furent en leur temps de son parti, avaient réussi à se défaire de
chaînes mal tendues. Sous son règne, il n'est pas certain que les
gardes et les prisons aient tellement mieux tenu leurs captifs. Trop
de nouvelles l'informaient du contraire.

Antoine de Chabannes, enfermé à la bastille Saint-Antoine, s'en
échappa en pleine nuit grâce au secours de sa femme et de plu-

sieurs serviteurs qui lui firent parvenir des cordes et préparèrent sa fuite. Des chevaux l'attendaient au pied de la tour. Ils allèrent jusqu'au pont de Charenton mais, faute d'y trouver le batelier commandé, continuèrent jusqu'à Corbeil où ils entrèrent par une petite porte demeurée ouverte par mégarde. De là, le lendemain, Chabannes gagna Léré, premier bourg du Berry d'où il fit aussitôt porter des lettres aux comtes d'Armagnac, de Nemours et de Charolais, fils du duc de Bourgogne. Le plus célèbre, le mieux gardé peut-être, des prisonniers avait pu, non seulement sortir de la forteresse et quitter Paris, mais tout aussi aisément courir un long chemin à travers le pays sans se faire remarquer[91].

Certains affirmaient que les prisonniers n'étaient mis dans les cages que la nuit, aux heures où la surveillance risquait de se relâcher. Nous n'en avons aucune preuve. En revanche, il paraît certain que le roi se montra souvent d'une extrême rigueur, tant pour imposer d'extraordinaires précautions que pour punir les négligents. Au seigneur de Saint-Pierre qui a mené le duc de Nemours à Paris : « Je ne suis pas content de ce que vous m'avez averti qu'on lui a osté les fers des jambes... et que l'on a osté de la cage, et aussi que l'on le meyne ouyr la messe où les femmes vont, et que on lui a laissé les gardes qui se plaignoient de payement ». Faites en sorte qu'il ne bouge plus de sa cage, et qu'il n'aille jamais dehors « si ce n'est pour le gehenier [torturer], et que l'on le geheine en sa chambre »[92].

Antoine de Castelnau, seigneur du Lau, grand bouteiller de France, sénéchal de Guyenne et chambellan du roi, mais soupçonné de l'avoir trahi, avait pris la fuite et fut arrêté le 10 mai 1467 près d'Orléans : « et pour ce que lui et ses gens furent aperçus en habits mescogneus, fut prins prisonnier et mené au Roy qui l'envoya avec ses gens prisonniers en un chastel près de Mehun [Meung-sur-Loire] ». Tristan l'Hermite le mena au château d'Usson, en Auvergne, d'où il réussit à s'évader pour rejoindre les Bourguignons à Péronne. Le capitaine de ce château d'Usson, qui avait « sur sa vie » la garde du prisonnier, fut arrêté, emprisonné au château de Loches et décapité. Furent également mis à mort, à Tours, « un jeune fils de la femme dudit capitaine » et, à Meaux, le procureur du roi à Usson[93].

Les lettres du roi ne laissent rien ignorer de ses inquiétudes, de ses soins à décourager les tentatives d'évasion, et donc de la dure condition des prisonniers. Les trésoriers et receveurs de l'Hôtel, eux, rendent parfaitement compte, dans les moindres détails, des mesures prises pour qu'il garde certains captifs près de lui, où qu'il soit. Par simple précaution ? Pour les interroger plus à l'aise, ou pour le plaisir de contempler, jour après jour, leur déchéance ?

On ne saurait le dire mais nombreux furent ceux contraints de le suivre en ses voyages et divers logis, enchaînés, sévèrement gardés. « Autrefois, avoit fait faire par des Allemans des fers très-pesans et terribles pour mectre aux pieds, et y estoit un anneau, fort malaisé à ouvrir, comme à un carquan, la chaîne grosse et pesante, et une grosse boule de fer au bout, beaucoup plus pesante que n'estoit de raison, et les appelloit-on les fillettes du roy. » Ici, Commynes n'invente rien : au mois d'octobre 1479, au lendemain des campagnes de Bourgogne, Laurent, canonnier du roi, fit forger « un grant fer trempé à double ferrure et une grande chaîne à sonnette au bout » pour tenir prisonnier Lancelot de Berne ; puis encore deux fers pour deux hommes d'armes récemment capturés et, enfin, plusieurs bracelets et « fers à crampes » avec, eux aussi, chaîne, sonnette et bracelets. Un charretier se fit payer sa peine d'avoir mené jusqu'à Pithiviers, devers le roi, dedans une charrette gardée par cinq hommes à cheval, le bâtard de Choisy ; vingt Allemands furent eux aussi conduits par ses soins, un peu plus tard, du Plessis à Vieville près d'Orléans ; et un autre captif, celui-ci breton, escorté par six hommes à cheval, de la Motte d'Egry à Orléans. Le roi voulait les avoir à sa discrétion, sous bonne garde à sa merci, et ces charretiers l'accompagnaient, certaines années en tout cas, dans ses déplacements : « pour avoir mené dedans un bateau, d'Orléans au Plessis, un valet de fourrière et un prisonnier dedans une grande cage » ; pour avoir conduit et gardé un prisonnier sur une charrette « par tous les lieux ou ledit seigneur a esté dedans les mois de juillet, août et septembre » ; pour la conduite encore d'un nommé Pierre Cormery, en une charrette, attelée de trois chevaux, partout où le roi s'est rendu, du 18 août au 2 septembre [94].

Ces charrettes ne passaient pas inaperçues et la façon dont on traitait les prisonniers, seigneurs félons et autres promis aux interrogatoires, était naturellement connue non seulement des sergents et des gardes mais aussi des notables et des gens du peuple, complaisamment informés de ces rigueurs. Ni le roi ni ses sbires n'agissaient en grand secret. Ces manières de police et de justice n'étaient en rien comparables à de noires besognes que personne ne devait connaître ; tout au contraire : procès, emprisonnements, bannissements ou exécutions devaient bénéficier d'une large publicité : « On ne punit pas le malfaiteur pour le mal faict, mais pour l'exemple aux autres ; qu'ils ne s'enhardissent pas à mal faire », lit-on dans le *Rosier des guerres*.

3. POUR L'EXEMPLE : L'INFAMIE ET L'OPPROBRE

Pour atteindre l'honneur du condamné et de ses parents, effrayer ses amis et servir d'exemple à tous, nul mystère, nulle dissimulation, mais un spectacle offert : que chacun en soit averti et en tire leçon ! Etait-ce vraiment scandaleux ? Exceptionnel ? Ou doit-on penser que tous les maîtres du jeu politique, victorieux de durs affrontements et soucieux de couvrir d'infamie l'ennemi tombé à terre, avaient toujours agi de même ? Les cages de fer et les charrettes de ces années 1470-1480 sont bien sûr à rapprocher de celles où l'on avait mis, au lendemain de Bouvines, en 1214, le comte de Flandre, félon et rebelle, exposé, sur la route de Paris, aux injures du peuple convié à le voir passer en si minable équipage.

Louis, c'est certain, s'appliquait à désigner les coupables à un large public. A l'exemple de son père qui avait fait condamner, pour « certaines désobéissances et rébellions », Jean de la Roche à raser son château, il ordonna de « démolir par terre toutes et chascunes des maisons, manoirs, places et métairies » de deux gentils hommes qui avaient pris le parti du duc de Bretagne. Et il tança vertement ses officiers qui avaient cru devoir préserver un manoir que l'un des coupables avait eu par mariage, et que sa femme habitait, gardant l'usufruit. Que tout soit détruit, de fond en comble et vite, et que la femme aille, avec ses enfants, vivre au pays de Bretagne [95].

Les condamnés étaient exécutés en plein jour et en place publique. Les uns, valets et serviteurs, gens du commun, noyés dans la rivière sans autre cérémonie ; les autres, décapités devant la maison de ville. La foule accourait : « c'était merveille que de voir à quel point toute la population avait pris en haine le condamné et c'est pour donner satisfaction à ce sentiment et aussi pour que le supplice servit d'exemple et les frappât de terreur que le roi avait voulu lui donner tant d'éclat [96] ». Donner satisfaction à ce sentiment ? Ou plutôt le provoquer par les annonces des crieurs publics ?

Les corps des suppliciés restaient pendus au gibet jusqu'à ce qu'un parent obtienne licence de les enlever pour leur assurer une honnête sépulture et faire oublier l'opprobre qui pesait sur la famille. Laurent Garnier qui, pour avoir tué un collecteur de la taille à Provins, avait « esté pendu et estranglé au gibet de Paris », y resta exposé un an et demi avant que son frère puisse venir le prendre. On le mit dans un cercueil qui fut porté à travers Paris puis placé sur un chariot pour le mener à Provins, où il devait être inhumé. Des crieurs invitaient les bonnes gens à prier pour l'âme du défunt que, disaient-ils, « l'on a nouvellement trouvé sous ung chesne ». C'était tenter d'effacer jusqu'au souvenir du crime. Mais il y fallait du temps [97].

Le roi donnait lui-même des ordres pour que les corps ou les têtes soient longtemps montrés aux yeux de tous. A Bourges : « et ceulx qui auront gagné à estre executez, faictes les mectre à leurs portes ainsi que je vous ay dit ». A Dijon, les quatre membres de Chrestiennet Vyon furent « pourtés es gibeteaulx devant les portes principales de la ville [98] ». Et Louis XI fit peser de lourdes et dramatiques condamnations sur les notables d'Arras qui étaient allés demander des secours à Marie de Bourgogne : arrêtés, aussitôt exécutés, il fit tout pour les livrer aux railleries des bonnes gens et s'en félicitait, s'en vantait sans fard : maître Oudart de Bussy, à qui j'avais, dit-il, donné une seigneurie, m'a vilainement trahi ; j'ai donné ordre de le pendre « et afin qu'on congneust bien sa teste, je l'ai faicte atourner [orner] d'ung beau chapeau fourré et est sur le marché d'Hesdin, là où il préside [99] ». Même rigueur et même publicité pour vouer au déshonneur un gentilhomme gascon nommé Oriole, qui, déchargé du commandement d'une compagnie de cent lances, s'était manifesté par de trop mauvaises paroles et avait clamé son intention d'aller servir Maximilien d'Autriche ; amené à Tours, il y fut sur-le-champ décapité en même temps que son lieutenant et, de là, « furent leurs testes et partie de leurs membres attachez, et mis aux portes d'Arras et de Béthune, au pays de Picardie [100] ».

Les cadavres décapités, mutilés, servaient encore, portés à travers le royaume pour mieux faire connaître et le crime et la toute-puissance du maître. Jean Hardi, qui avait voulu empoisonner le roi, fut arrêté en 1473, écartelé sur la place de Grève, sa tête mise sur une lance devant l'Hôtel de Ville, et ses quatre membres « portés en quatre des bonnes villes des extrémitez du royaulme », avec une « épitaphe » pour tout expliquer aux badauds. On brûla le reste du corps et les cendres furent jetées dans la Seine ; enfin, ses maisons furent rasées et « le lieu de sa nativité gecté à terre, sans jamais y estre faict, et y mis épitaphe pour faire sçavoir l'énormité du cas » [101]. Ceux qui avaient aidé le comte d'Armagnac à reprendre Lectoure devaient subir « griefve punition pour que ce soit exemple à tous autres », et ce soin de frapper par l'exemple et ruiner les complices s'étendit alors fort loin, prit d'étonnantes allures : « et avecques ce faictes arraser, démolir, abattre et consumer par le feu et autrement... les villes, chateaulx, places, forteresses, villaiges, maysons, granges et autres édiffices quesconques appartenant ausdits adherans dudit Armagnac » ; et veillez à faire « notoyrement crier et publier par toutes nos sénéchaussées, bayliages et pais » [102].

Faute de pouvoir mettre la main sur le traître pour le faire exécuter à grand spectacle, laisser pendre son corps au gibet pendant des jours et ses membres cloués aux portes de la cité, le roi s'évertuait à vouer le coupable à l'opprobre par cris publics, par effigies honteuses et images d'infamie. L'évêque de Paris, mort le 1er mai 1472 d'une brusque maladie qui l'emporta en un seul jour, était aimé de tous, « sainct, bonne personne et grant clerc, et moult piteusement pleuré ». Aussi vit-on le « populaire » se presser en la chapelle du palais épiscopal pour le voir mort, prier pour lui, baiser ses mains et ses pieds. Mais le roi n'y voulut consentir, le sachant ami de son frère Charles de Guyenne. Il écrivit aux bourgeois et marchands pour leur faire savoir que l'évêque, en son vivant, « luy avoit esté mauvais, et non aimé son prouffit » ; il ordonna, « afin qu'il en feust mémoire » que soit fait et mis sur son corps un tableau portant une épitaphe rappelant comment il avait eu intelligence avec le duc de Bourgogne et autres seigneurs ennemis du roi lors de la guerre du Bien public (sept années auparavant) [103]. Plus tard, le 7 juin 1477, les campagnes de Bourgogne engagées, furent criés à son de trompes par les carrefours de Paris et de par le roi les méfaits et la haute trahison de Jean de Chalon, prince d'Orange qui, en Franche-Comté, avait pris le parti de Marie de Bourgogne et chassé les Français. Ce prince, que le roi ne nommait plus autrement que le « Prince des Trente Deniers », coupable « jusques à quatorze trahisons, et avecque ce convoqué le dyable comme herèse, et fait plusieurs énormitez, comme par lectres de sa main aparoist, et courrucé Dieu et l'Eglise », fut privé de l'ordre de Saint-Michel et pendu « en pourtraicture par diverses villes du royaume » [104].

Déclarer l'homme du parti adverse ennemi de Dieu et de l'Eglise, le dire hérétique et l'accuser d'avoir commerce avec le diable, était de bonne guerre et en aucune façon pratique excessive ni nouvelle. En tout combat, l'on se voulait du bon côté, luttant pour le droit, la justice, au nom de Dieu et du Bien commun, contre l'autre qui, habité d'un orgueil insensé, s'était par maléfices donné au malin. Depuis deux ou trois siècles pour le moins, les princes en usaient ainsi et habillaient leurs entreprises du nom de « bonne guerre ». Lors des guerres civiles, et notamment en France dans les années 1400, les querelles entre partis, inexpiables, entretenues par des violences verbales que l'on a quelque mal à imaginer, avaient fait que les conflits ne se limitaient plus au plan politique mais se prolongeaient sur le plan spirituel, particulièrement par des accusations d'hérésie [105]. Il n'y avait pas si longtemps que, dans Paris, les Bourguignons avaient, avec l'appui de l'évêque et de l'Université, conduit, derrière les reliques sorties des sanctuaires, de longues processions pour prier Dieu de détruire les

Armagnacs ; à bon droit, puisque l'Eglise les avait excommu-
niés [106].

Louis XI prit modèle et ne manqua pas d'exploiter ces manières
encore en mémoire, mais il les alourdit d'autres pratiques plus
spectaculaires, destinées à un plus large public. Les corps des suppliciés ne furent pas seulement exposés à la porte de la ville mais,
selon ses propres et fermes instructions, dépecés et les membres
envoyés en d'autres cités, jusqu'aux « extrémités » du royaume.
D'autres façons de faire connaître et d'humilier l'adversaire déchu
s'inspiraient visiblement des temps anciens ou d'autres pays. Les
palais, hôtels et maisons détruits rappelaient peut-être la destruction de Carthage par les Romains ou, plus vraisemblablement, les
condamnations infligées aux « rebelles » dans les villes libres d'Italie où le parti triomphant déclarait voués à un vide honteux, aux
« guasti » couverts de boues et d'immondices, les terrains où s'éle-
vaient naguère les palais des chefs du parti vaincu [107]. Les images
infamantes, portraits caricaturaux et ignobles, de ces hommes
déchus, exilés ou exécutés, accompagnées de longs discours édifiants pour dire leurs forfaits, demeuraient bien en vue aux murs
des édifices publics, pendant des décennies, jusqu'à ce que leurs
descendants, longtemps désignés aux railleries et mépris des
foules, aient enfin réussi à racheter leur rémission par d'humiliants
repentirs... et de fortes sommes d'argent [108].

Louis XI usa aussi abondamment, comme le faisaient depuis
longtemps ces mêmes « communes » d'Italie, de l'exil politique,
chassant hors du royaume ceux qu'il ne pensait pas pouvoir
abattre mais espérait affaiblir par la longue absence du maître.
Sans doute, ces mesures répressives, ces démarches et entreprises
pour accabler le « félon » et infliger l'ignominie, n'ont-elles pas
pris en France autant d'ampleur qu'outre-Alpes lors des guerres
entre guelfes et gibelins ou, au temps de Louis même, entre
Médicis et Pazzi. De ces images infamantes ordonnées par le roi,
nous n'avons que peu d'exemples, et tout laisse penser qu'il n'a
pas, comme les maîtres de l'Italie qu'il connaissait bien, fait appel
à des artistes réputés pour les exécuter, artistes eux-mêmes honteux de tels travaux assimilés à ceux du bourreau [109]. Mais ses relations avec Milan, Florence et Venise, les échanges constants de
messagers et d'ambassadeurs, lui ont fourni nombre d'informations sur les manières de discréditer les adversaires, de les accuser
de trahison et les déclarer publiquement ennemis du bien
commun. C'est là un art politique qu'il pratiquait à merveille.

4. Les dépouilles : la curée, la France recomposée

Ici comme ailleurs dans tout l'Occident, le condamné pour crime de rébellion et trahison se voyait, aussitôt l'arrêt prononcé, privé de ses biens au profit du prince qui en disposait à sa guise, souvent pour en faire don à ses fidèles, aux dénonciateurs voire aux juges. La pratique en remontait fort avant. La croisade des Albigeois et les procès instruits par l'Inquisition ou par d'autres instances avaient favorisé un nombre considérable d'appropriations abusives, de transfert de fiefs, terres et seigneuries, au profit des capitaines de la conquête et, plus encore, de simples voisins envieux, maîtres délateurs. Cinquante ans plus tard, sous Saint Louis, tous les litiges n'étaient pas encore réglés et les agents du roi s'efforçaient toujours de démêler d'obscurs écheveaux d'intrigues. Bien plus proche, la chute de Jacques Cœur en 1450 — et de plusieurs officiers de finance juste avant lui — demeurait au temps du roi Louis très présente à l'esprit. Ses fils, ses amis et ses commis se manifestaient avec une belle constance, bien reçus par Louis XI, et ne cessaient de rappeler ce que chacun savait bien : l'accaparement sauvage, parfaitement arbitraire des biens par les nouveaux favoris, par de fieffés coquins, finis menteurs.

Dauphin, Louis fut évidemment très au fait de ces affaires. Il les condamnait puisque l'on s'en prenait à des hommes de ses amis. Et pourtant, sous son règne, ces confiscations et ces distributions de dépouilles prirent de telles allure et ampleur qu'elles provoquèrent de grands murmures et d'interminables actions en justice, pas même éteintes à sa mort. Il en usa de toutes les façons, en instituant la pratique comme un moyen de gouvernement. Parfois pour récompenser des services en allégeant sa trésorerie : des « confiscations de Bourges », il fit donner mille écus à Amaury de Plumangat, écuyer, lieutenant du capitaine de Valognes, qui avait longtemps servi sans être appointé, « tant pour le temps passé que pour ceste année... et pour qu'il puisse paier ceulx de qui il a emprunté [110] ». Plus souvent, les terres et fiefs pris par décision de justice servirent à établir des hommes qui, pas encore au faîte des honneurs et de la fortune, s'étaient brillamment distingués lors de la traque des suspects, des arrestations et des procès : manière de susciter ou entretenir le zèle des dénonciateurs, enquêteurs, commissaires. D'autres biens ainsi confisqués allèrent à des fidèles de haut rang déjà, capitaines ou conseillers, venus de l'étranger ou d'origines modestes, que le roi voulait voir riches propriétaires fonciers et solidement fieffés.

Ces distributions ne laissaient pas indifférents les « sages » attachés à l'idée d'un certain équilibre social, au respect des tradi-

tions et des héritages. Au procès de Jacques de Nemours, ce fut
une « véritable curée » tant la liste des bénéficiaires s'allongeait,
interminable. Indécence, cynisme, appétits débridés, la réputation
des juges et du roi en a bien souffert.

De l'importance de ces distributions et de leurs conséquences sur
le plan social, l'on prenait juste mesure. Mais ce n'était pas le seul
fait de circonstances fortuites, incontrôlables, des complots et des
procès, des rébellions et des trahisons. Tout au contraire : la façon
de gérer ces affaires traduisait, à n'en pas douter, une intention politique et il ne pouvait échapper aux observateurs quelque peu avertis
que le roi poursuivait des objectifs précis. Ces procès et ces condamnations lui permettaient de réduire à rien quelques grands comtés
et duchés, de casser davantage encore leurs territoires en blocs plus
dispersés et, en fin de compte, de les répartir entre plusieurs seigneurs nouveaux venus, mal à l'aise peut-être mais appliqués à servir l'Etat royal et ruiner un peu plus le souvenir d'un pouvoir
princier. Ce fut une arme d'une redoutable efficacité, conduite de
main de maître ; d'un maître à qui la répression des crimes donnait
l'occasion de recomposer le paysage politique du pays.

A la fin de sa vie, écrivant pour son fils, appelé à suivre son
exemple, Louis affirmait qu'il avait, tout au long de son règne,
beaucoup fait pour accroître « la Couronne ». Ce disant, il ne pouvait, en fait, songer qu'aux conquêtes au nord et à l'est, et certainement pas aux terres confisquées aux rebelles. Sur ce point, il s'est
plutôt évertué à récompenser des fidèles et, de la sorte, s'est
constamment opposé au Parlement qui lui rappelait, cas par cas,
que ces biens enlevés aux condamnés devaient tous revenir à la
Couronne. Il exigeait, par lettres toujours pressantes, souvent
menaçantes, revenant à la charge, que les Chambres procèdent,
sans plus s'informer et au plus vite, à l'enregistrement de ses dons.
Pour les seigneuries cédées à Commynes notamment, il prit soin
de réfuter à l'avance les arguments des hommes de loi par de
solennelles déclarations. Ces terres et seigneuries, acquises par
confiscations ou forfaitures, ont été données, dit-il, « sans rien n'y
réserver ne retenir, fors seulement le ressort et souveraineté et les
foy et hommaiges qui nous sont deus ». Tout doit aller à
Commynes, malgré « les ordonnances sur ce faictes par nos préde-
cesseurs roys ». Et d'insister : il s'agit de raison d'Etat, il y va « de
la rédempcion de nostre personne et éviter l'éminent danger et
péril d'icelle et, par ce moyen, de tout nostredit royaume »[111].

Les refus du Parlement tenaient aussi au désir d'entendre et de
donner droit aux parents des condamnés qui contestaient certaines
attributions, affirmant que tels ou tels biens n'étaient pas de l'héritage du coupable, mais d'un autre ; ou encore qu'ils avaient été
vendus ou objets d'une dot avant la condamnation. On fit aussi

valoir, non sans raison parfois, que le roi ou ses conseillers ne tenaient pas un compte très exact de ces dons et avaient disposé de quelques terres à deux moments différents. Ce fut, pour tout dire, de grandes embrouilles, dont les juges ne venaient pas aisément à bout, pas même en de longues années. Cela pouvait durer des lustres.

Sur place, les résistances furent très rudes, violentes, quasi insurmontables, tant les spoliés, bien assis, pouvaient compter sur de nombreuses et fortes complicités. Quelques-uns refusèrent tout bonnement de céder, et les agents du roi n'étaient pas toujours là pour les déloger. Guérin d'Apchier, écuyer de la compagnie de Jean de Salazar, voulut prendre possession des seigneuries de Saint-Albain et de Marsillargues, en Languedoc, confisquées à Guillaume Louvet, allié des Bourguignons lors du Bien public. Muni pourtant de lettres royales, il se heurta à ce Louvet qui, « rebelle et désobéissant », l'affronta par les armes, aidé par des hommes du duc de Bourbon et plusieurs seigneurs des environs. Louis Louvet, père de Guillaume, menaçait les habitants de Saint-Albain de brûler leurs maisons s'ils livraient la ville. Finalement, Apchier « trouva manière d'assembler certain nombre de gens de guerre » et s'empara de la place « par force et violence... combien que aucune mort ne s'en est ensuyve ». Pour ce fait il obtint le pardon royal, notifié par le sénéchal de Beaucaire, lequel, faute de tout connaître ou faute de moyens, n'était pas intervenu [112].

Loin de là et dans un tout autre contexte de solidarité, le don fait par le roi à Jehan La Hire, marchand, d'un étal de la Grande Boucherie de Paris, « à nous advenu par la forfaiture de Bureau de Saint-Yon exécuté à mort par justice pour ses démérites », fut contesté puis annulé par les maîtres de la communauté des bouchers. Plusieurs années après, le roi donna enfin l'ordre de le lui remettre et de le lui garantir [113]. Mais recourir ainsi et attendre que le Parlement ou les récalcitrants s'inclinent demandait une longue patience et le sacrifice de belles sommes d'argent en procédures et gages d'avoués. A tout prendre, mieux valait négocier. Nicole Tilhart reçut en 1474, « en considération de la diligence par luy faicte à la prinse de Jean Hardy » l'empoisonneur, quatre mille sept cent trente-sept livres et sept terres ou seigneuries dans les environs de Provins, prises non pas à Hardi qui, pauvre diable, ne possédait rien, mais à Pierre de Bauffremont, comte de Charny, « notoirement et continuellement résident et demeurant et conversant au parti et avec le duc de Bourgogne nostre rebelle et très désobéissant sujet ». Cependant, l'on vit que Bauffremont était mort le 7 août 1472 et que la confiscation intervenait deux ans plus tard ou presque. Les héritiers crièrent au scandale et firent valoir, entre autres raisons, que sa fille, Antoinette de Bauffre-

mont, avait déjà reçu, pour son mariage avec Antoine de Luxembourg, deux des châteaux. Tilhart eut le bon esprit d'étouffer
l'affaire en achetant (mais en 1480 seulement !) le désistement des
héritiers pour mille sept cents francs versés comptant[114].

Le sire du Bouchage eut lui aussi bien du mal à mettre enfin la
main sur les dépouilles du comte de Saint-Pol, de Jean son cousin
bâtard, seigneur de Haubourdin, et d'un autre Jean de Luxembourg, dit Caulus, bâtard de ce dernier. Les innombrables
démarches, les actions en justice, les incidents, chicanes et coups
de force retardèrent de beaucoup le véritable transfert de ces propriétés et lui coûtèrent très cher[115].

L'affaire de Commynes fit infiniment plus de bruit. Aussitôt son
ralliement devenu définitif, le roi, par lettres d'octobre 1472, lui fit
don de la principauté de Talmont, avec les baronnies, châteaux et
châtellenies, terres et seigneuries d'Aulonne, Curzon, la Chaulne et
Château-Gontier, en Poitou, confisquées naguère aux Amboise par
Charles VII. Quelques semaines plus tard, il y ajoutait Bran et Bran-
doise, toujours en Poitou[116]. Il lui fit ensuite épouser la sœur de la
dame de Montsoreau, qui lui apporta en dot douze autres seigneuries et la baronnie d'Argenton. En juin 1473, pour récompense
d'avoir « bien tenu la main ou bien de la ville de Tournai », en fait
pour avoir découragé les capitaines du Téméraire de passer à l'attaque, il reçut encore près de cinq mille livres à prendre sur les
« nouveaux acquets du Tournesis », plus enfin, en octobre 1474, la
terre de Chaillot, près de Paris, résidence certes à demi ruinée qui
ne comptait guère qu'une vieille tour servant de prison[117].

De telles faveurs, un tel ensemble de domaines et de droits seigneuriaux, offerts en si peu de temps et pour prix d'une seule
trahison, frappèrent de stupeur. A Tournai et dans les environs,
les habitants refusèrent de verser à Commynes les revenus
escomptés. Résolu à « contraindre les manants », il n'eut gain de
cause que par l'envoi de « rigoureuses lettres » du roi qui fit percevoir les taxes par ses propres commissaires.

Prince de Talmont, il se vit opposer les Amboise et leurs
parents. Louis de La Trémoille, personnage qui pesait alors d'un
certain poids, ne manqua pas de rappeler que les terres prises à
Louis d'Amboise par Charles VII, en 1431, lui avaient été restituées six ans plus tard, en 1437. Or Talmont avait été de la dot de
son épouse, troisième fille de Louis d'Amboise. Il clamait le caractère inaliénable de ces restitutions. Le Parlement, plus que circonspect, fit longtemps traîner l'exécution et n'approuva les lettres
royales de 1472 qu'en juillet 1479, sept ans après, et seulement
pour Talmont avec deux autres seigneuries, les autres devant rester aux Amboise.

Louis XI pourtant se donnait bien du mal. Il fit brûler et raser le château de Chaumont, propriété de Pierre d'Amboise, et dit qu'il obligerait l'une des filles, Françoise d'Amboise, veuve de Pierre de Bretagne, à se remarier avec l'un de ses familiers. Celle-ci s'enfuit, s'enferma dans un couvent et y demeura le reste de sa vie. Nicole de Chambes, veuve, elle, de Louis d'Amboise, poétesse de renom, alla se réfugier près de Charles de Guyenne ; elle devint, au dire des partisans du roi, sa maîtresse et, pour d'autres, serait morte le même jour que lui, du même poison[118].

Les lettres de Charles VII autorisant le mariage de Françoise d'Amboise avec Pierre de Bretagne, et confirmant la restitution des biens à la famille, furent retrouvées dans les papiers du château de Thouars par Commynes lui-même. Il s'empressa de les porter au roi qui les jeta dans le feu. Finalement, Louis d'Amboise, ne voulant « encourir son indignation et malveillance » s'il ne condescendait au vouloir du roi, consentit à un échange de seigneuries et de terres. Cela lui valut, en 1479, un haut commandement en Franche-Comté lors des guerres de Bourgogne. Mais ses trois fils, Louis, Jean et Jacques, protestèrent arguant du fait que les biens ainsi cédés étaient de leur légitime héritage. Les mettre à raison ne fut pas mince affaire. On leur imposa un curateur, « combien qu'ils soient en la garde de leur père ». Le choix en fut confié au lieutenant du gouverneur d'Orléans, Robert de la Fouille, qui se trouvait être un homme de la suite de Commynes et qui nomma Louis, bâtard du Maine... lequel confirma les échanges à peine modifiés. Une nouvelle protestation des fils, en mai 1480, demeura bien sûr sans effet. Le roi imposa le « transport » des terres et Robert de la Fouille obtint un siège au Parlement de Paris. Prince de Talmont, seigneur d'Argenton, capitaine de Poitiers puis sénéchal du Poitou, Philippe de Commynes l'emportait sur tout, comblé d'honneurs, d'offices et de biens[119].

Au lendemain de l'exécution de Jacques de Nemours, les comtés de la Marche et de Montaigut en Combrailles allèrent à Beaujeu, gendre du roi ; celui de Castres et la seigneurie de Lézignan à Boffile de Juge ; les seigneuries de Leuze et de Condé-en-Hainaut à Jean de Daillon. D'autres fiefs furent distribués entre un grand nombre d'officiers et de serviteurs de toutes besognes qui s'étaient acquis quelques mérites que seul le roi pouvait apprécier à leur juste valeur. Mais, plus encore que pour les terres des Amboise, le Parlement de Paris, soutenu même par des agents royaux, baillis ou sénéchaux, y mit de fortes oppositions, ne cédant que sous le coup de mises en demeure brutales, de peur de provoquer un réel affrontement. Dès l'emprisonnement du comte de Nemours, le Parlement prit les devants ; sur son ordre, les agents royaux se saisirent de Castres et, sur la grande place de la cité, le 1er mars 1475, proclamèrent solennellement le rattachement du comté à la Couronne. La prise de possession par Boffile de Juge, homme du roi mais venu d'ailleurs, ne pouvait qu'être mal reçue. Il prêta hommage à Thérouanne seulement deux ans plus tard, le 19 août 1477, fit don d'une coupe de vermeil pour les droits de mutation et se fit installer, le 31 octobre, par l'évêque d'Albi, lieutenant général du gouverneur. Les nobles du comté lui jurèrent fidélité et il se fit remettre les clés des châteaux de Roquecourbe et de Lombers. Ce fut, à Toulouse, ressenti comme un coup de force et le parlement refusa d'abord d'enregistrer, puis n'y consentit que forcé, s'entourant de précautions, précisant que les gens du roi pourraient poursuivre l'opposition lorsqu'ils le voudraient.

L'évêque de Castres, Jean d'Armagnac, frère du condamné, s'était réfugié à Rome près de Sixte IV. Louis XI mit le bénéfice sous séquestre, nommant tout naturellement Boffile de Juge comme administrateur du temporel. Celui-ci prit l'affaire très au sérieux et installa une équipe d'agents puis, en 1478, son neveu Louis d'Abenable, protonotaire apostolique. Le roi fit alors instruire une enquête et procédure par le Parlement de Paris contre l'évêque fugitif ; il ne cessa d'intervenir à Rome pour que Abenable soit nommé évêque ; son ambassadeur Etienne Pascal y séjourna en vain pendant plus de sept mois, muni d'une bonne somme d'argent ; en 1481 il envoya un nouvel ambassadeur, Jean Labordelle, archidiacre de Beauvais, et, la même année, donna des instructions aux banquiers Albertini de Rome pour qu'ils conduisent une campagne d'accusations contre les Nemours ou Armagnac et fassent entrer dans le jeu Philippe Hugonet, évêque de Mâcon alors à Rome. Tout cela, et tout l'or versé par l'intermédiaire des Médicis de Lyon, pour rien. Le pape n'a jamais cédé.

En épousant à Nérac, en août 1480, Marie, sœur d'Alain d'Albret, Boffile pouvait espérer s'assurer une plus solide position dans ce Languedoc qui le refusait. C'était pure illusion : tout remis en question après la mort de Louis XI : fin 1483, Jean d'Armagnac, évêque, rentrait dans Castres, Boffile devait abandonner le comté et rendre des comptes puis payer [120].

Ces incidents de parcours demeurèrent l'exception. Les victimes ne pouvaient pas toutes compter sur de forts appuis et, discréditées dans l'opinion par des campagnes savamment orchestrées, voyaient aussi se dresser contre elles un appareil d'Etat d'une redoutable efficacité. Ce règne de Louis XI, temps des grands procès politiques, fut bien celui de la fin de plusieurs grandes principautés et, moins immédiatement perceptible, d'une vraie redistribution des terres, des droits et des pouvoirs.

CINQUIÈME PARTIE

Le roi et le royaume dans la tourmente

I

Les armes et les combats

Nous voyons mal Louis XI guerrier payant de sa personne. Pourtant, dès son plus jeune âge, dauphin à la tête des troupes royales en Languedoc d'abord puis en Auvergne, en Normandie et en Alsace, capitaine intrépide et intraitable, il gagna vite cette réputation de courage et de rigueur, de cruauté même, qui le suivit toute sa vie, les auteurs pour une fois unanimes. Cette renommée de grand chef de guerre, que nous gommons volontiers au profit d'une autre image, infiniment plus terne, moins chargée d'éclat, homme de l'ombre plutôt qu'homme d'action, n'était en rien imméritée mais conquise et affirmée au prix de durs engagements, sur les champs de bataille mêmes. On ne parlait pas du roi seulement comme d'un stratège, d'un maître dans l'art de recruter les hommes et surveiller l'intendance, mais comme d'un chef qui, sur le terrain, avait, en maintes et maintes journées, partagé peines et périls, supporté de longues marches et conduit ses compagnies, à Dieppe notamment en 1443, à l'assaut des remparts de l'ennemi. Lors de la guerre contre les Suisses, l'année suivante, absent de la rude bataille de Saint-Jacques, cantonné avec ses gens d'armes dans un château à quelques lieues de là, il commanda ensuite, lui-même, une série d'attaques, toutes hasardeuses, contre villes et forteresses d'Alsace ; le 7 octobre, devant Dambanch, au nord-ouest d'Haguenau, il fut sévèrement blessé d'une flèche qui le cloua à la selle de son cheval.

Les occasions ne manquaient pas. Nos manuels, contraints de ne retenir que quelques événements déjà inscrits dans la mémoire collective, insistent toujours sur « la fin de la guerre de Cent Ans ». Cette façon, quasi inévitable, de marquer une nette coupure chronologique en 1453, et l'accent mis sur les campagnes de Charles VII pour reconquérir la Normandie puis la Guyenne, nous amènent à considérer que s'ouvrit alors une longue période de paix. Mais c'est négliger d'autres conflits tout aussi graves qui prenaient l'allure de véritables guerres et mobilisaient sans cesse hommes et armes. La reprise en main d'un royaume affaibli par l'occupation anglaise, profondément divisé par les querelles entre partis princiers (Armagnacs et Bourguignons), reprise amorcée certes par son père, était loin d'être achevée lorsque Louis XI devint roi. Par sa participation à la Praguerie, en 1440, par ses intrigues et ses alliances nouées en exil, dans le Dauphiné et à Genappe, il avait, de plus, envenimé les choses et maintenu un climat de rivalités et de contestations.

Contre les ligueurs du Bien public, dès les premiers signes de révolte, en mars 1465, il s'est porté lui-même à la tête de ses compagnies d'ordonnance dans le Berry, a commandé l'attaque contre Gannat et, la place enlevée, après avoir dîné d'un œuf, « car autre chose n'y avoit », conduit ses hommes vers d'autres champs de bataille. Dans l'été, cerné par les armées des princes, Paris subit, comme au temps de la guerre de Cent Ans, un long siège, et le roi alla en personne courir le pays normand pour recruter des troupes. Plus tard, ce furent les grandes guerres de conquête, les lointaines expéditions dans le Midi : Armagnac, Albret, Roussillon. Les guerres de Bourgogne, sur la Somme avant la mort du Téméraire puis au nord, en Artois, en Bourgogne et jusqu'en Franche-Comté ont certainement mobilisé autant d'hommes et coûté autant d'efforts que les campagnes de Charles VII pour chasser les Anglais.

En ces entreprises, le roi de France n'eut que des ennemis alliés contre lui. Il lui fallait souvent mener en même temps deux ou trois opérations sur des fronts fort éloignés les uns des autres. Aussi devait-il négocier sans cesse, s'appliquer à désarmer au moins l'un de ses adversaires pour quelque temps. Précisément gagner du temps. Jamais de paix véritable mais des trêves conclues à grand-peine, pour de courts moments en fin de compte et bien mal respectées, qui n'avaient d'autre raison d'être que de se dégager d'un combat pour mieux s'engager ailleurs. Le royaume, en fait, était toujours en guerre et ces temps de répit arrachés à un ennemi permettaient seulement de concentrer ses forces contre l'autre : faire traîner les pourparlers devant Lectoure ou dans le Roussillon puisqu'il ne pouvait distraire des compagnies sur le front de Somme ; signer une « paix » avec les Bourguignons pour frapper au sud et châtier les rebelles de Perpignan. Les interminables palabres avec les Anglais, avec Warwick ou Edouard IV, les échanges d'ambassades, l'engagement quelque peu ambigu, en plus d'un moment incertain, dans la guerre civile anglaise des Deux-Roses, tous ces projets et ces démarches sans cesse remis en question répondaient au même souci de s'assurer neutralité ou complaisance.

Louis XI, maître dans l'art de faire lanterner l'adversaire, de le bercer de belles promesses, le faire même combattre pour son compte ? Pour une fois tout s'accorde et la légende rejoint le réel.

I. LE ROI SEUL MAÎTRE

La diplomatie : l'art de tromper

Il fut sans doute le premier en France à accorder tant d'importance aux missions d'ambassadeurs, à les multiplier jusqu'au déraisonnable parfois, à les surveiller d'aussi près et tenir tous les fils en sa main. Cette maîtrise de l'art de négocier qui lui valut, à juste titre, une réputation de fin séducteur, aussi habile qu'obstiné, jamais rebuté, fut, pendant tout son règne et tout autant que la guerre, le principal instrument d'une politique appliquée, au même moment, à nombre d'entreprises et d'horizons[1].

Il entendait en demeurer le maître absolu. Les hommes lancés dans l'aventure pour le représenter étaient communément munis de lettres de créance qui ne faisaient que chanter ses louanges. Ils ne pouvaient, en tout cas, lui échapper. A la différence de Milan ou de Venise, dont il apprit pourtant beaucoup, il n'entretenait nulle part d'ambassadeur établi pour plusieurs années. Son seul représentant régulier fut, à Rome, le cardinal d'Estouteville, maintenu là pour sa bonne connaissance du Sacré Collège. Partout ailleurs, ses « ambassadeurs » n'étaient chargés que d'une seule mission, parfaitement circonscrite, et revenaient aussitôt. Ce n'étaient pas toujours des démarches tenues secrètes mais, en aucun cas, des missions de grand apparat comme son père, le roi Charles, en avait naguère mandées à Rome, missions formées de hauts dignitaires ecclésiastiques et de grands officiers de l'Hôtel, accompagnés d'un luxe extraordinaire. Celles de Louis XI se situaient sur un autre registre, infiniment plus simple, quasi médiocre. Ces hommes étaient bien sûr largement défrayés, bien récompensés de leurs succès, mais ne pouvaient, en aucune façon, représenter la majesté royale. Ils partaient avec une petite suite, pour seulement faire savoir les volontés du maître, négocier au mieux, rendre compte, sachant qu'ils seraient jugés sur pièces.

Le roi en usait à merveille, les opposant même les uns aux autres. Estouteville étant à Rome, il y envoya pourtant, chaque année, un ou deux ambassadeurs pour y traiter d'affaires particulières : luxe de précautions et manière de déconcerter l'interlocuteur. Et Commynes, qui savait très exactement et par expérience de quoi il parlait, de rappeler que souvent, deux ou trois semaines après le départ de l'un de ses hommes, le roi Louis en envoyait d'autres, de telle façon que, si les premiers « avoient fait quelque ouverture » demeurée encore sans effet, les seconds « n'en sçussent que répondre[2] ».

A lire ses instructions et plus encore ses lettres, l'important n'était pas de faire des propositions, mais d'observer les forces et les faiblesses du voisin, surtout de trouver des complicités sur lesquelles, au prix de quelques bonnes bourses, compter à coup sûr. « Vous ne sauriez, écrit encore Commynes, envoyer espie ni si bonne ni si sure qui eût l'objet de voir et d'entendre[3]. » Il ne se fit pas faute d'appointer de véritables espions, hommes de mauvais aveu qui devaient, eux, passer inaperçus.

Certains furent, à sa confusion et à sa colère, démasqués et accusés de tramer de vilaines intrigues. Tel ce Donato de' Conti, principal agent du complot ourdi, en 1477, par les oncles du jeune duc de Milan, Jean Galéas Sforza, contre la duchesse Bonne. Ce Conti mourut dans la prison du château de Monza et Louis XI, qui l'avait encouragé en secret, éleva de vives protestations à la nouvelle de sa mort, affirmant que la duchesse l'avait fait empoisonner. Il en fut pour ses frais : on ne manqua pas de lui répondre que l'homme avait succombé à une attaque de goutte et à un mal qui le rongeait depuis longtemps ; si Sa Majesté ne veut pas le croire, qu'elle envoie quelqu'un des siens pour l'exhumer et l'examiner à loisir. Et qu'elle se donne la peine de considérer que « c'était un homme sans cervelle et si grossier que la direction de n'importe quelle entreprise eût été dangereuse entre ses mains »[4].

Les ambassadeurs n'étaient jamais gens de métier. Venus de tous les offices, ils y retournaient leur mission achevée. Louis n'a pas cherché à trouver ou former des spécialistes ; il n'a pas non plus désigné tel ou tel pour ses qualités particulières, pour ses relations avec la famille régnante. Comme en toute chose, il prit soin de tenir à l'écart les chefs de mission du temps de Charles VII et fit appel à des hommes nouveaux, qu'il changeait constamment, ne confiant jamais ou très rarement au même agent plusieurs affaires de suite. Aucun n'eut l'occasion de se faire une renommée d'habile négociateur ni de nouer des relations avec des conseillers de la cour qu'il visitait. Aussi furent-ils très nombreux et pris dans tous les milieux de la société, dans tous les services de l'Etat et de l'Hôtel : notaires et secrétaires, trésoriers et receveurs des finances, conseillers du roi (Doriole et Morvillier), gouverneurs et sénéchaux, capitaines de compagnies d'armes (Charles d'Amboise, Louis et Jean de Rochechouart), hommes d'Eglise (Jean Cœur, fils de Jacques, archevêque de Bourges, Tristan d'Aure, évêque d'Aire, Louis d'Harcourt, évêque de Bayeux) ; et même des princes et des grands seigneurs : Louis, bâtard de Bourbon, Jean d'Armagnac, Philippe, comte de Bresse[5].

En fait, il ne supportait que des exécutants et des fidèles qui lui devaient beaucoup ; là comme en d'autres domaines, il était « ennemi de tous grans qui se pouvoient passer de lui et naturellement amis des gens de moyen estat[6] ». Il se sentait capable de tout diriger et se disait lui-même le plus fin diplomate du royaume, rompu à dissimuler et tromper. D'abord et avant tout leurrer l'adversaire. Qui n'en n'était pas capable ne méritait pas sa confiance : « On m'a assuré que vous êtes plus fort trompeur que ceux d'Angleterre. Pour y avoir eu espérance, j'en suis trompé. Par la foi de mon corps, vous n'irez plus, et leur mettrai d'autres lévriers à la queue[7]. » La crainte d'être leurré revient comme une obsession : « Ils vous mentent, mentez bien ! » Méfiant, perspicace et toujours en alarme, le fin diplomate ne doit rien prendre pour argent comptant, ne croire personne ; à l'automne 1478, le pape vient d'envoyer en ambassade Giovanni Andreà de' Grimaldi et l'évêque de Fréjus, mais le roi s'est renseigné et le fait aussitôt savoir à ses gens : « Nous avons esté duement advertiz que lesditz evesque de Fréjus et autres dessuditz n'estoient venus fors [que] pour dissimuler et nous cuider abuser[8]. » Dès sa jeunesse et les années d'exil, puis à Péronne et en d'autres rencontres, moins périlleuses sans doute mais aussi délicates, il a beaucoup appris sur les façons de se tenir et de ne rien laisser paraître ; il se sait alors sûr de lui et s'en fait gloire : « si le pape dit que je me suis mis en colère et devrai me calmer, c'est mal me connaître, car je ne suis pas si aisé à esmouvoir qu'il dit, aussi ne suis-je pas à rapaiser » (à la duchesse de Milan[9]).

Les directives à ses agents ne négligeaient rien. Il leur dictait ce qu'ils devaient entreprendre, comment, dans quel but : « demeurez à Franchise [Arras] et faites le boiteux ». Bien conduire une mission était d'abord gagner l'adversaire, le rassurer par de bonnes paroles et endormir ses méfiances ; en mars 1477, peu après la mort du Téméraire, William Hastings se trouve à Calais avec mille ou douze cents archers pour venir en aide aux Français. Mais les Flamands peuvent en prendre ombrage, s'inquiéter et s'armer : « dites aux Flamands tout ce qui vous semblera qui pourra les servir », faites-leur savoir que, si ces Anglais sont là, le roi n'y est pour rien et que c'est Marguerite d'York, veuve du duc de Bourgogne, qui les a appelés pour enlever Marie de Bourgogne, l'héritière[10].

Il exigeait des relations précises, pas seulement des récits de voyages et d'entrevues, mais de véritables procès-verbaux. Il recevait ses hommes d'abord seul, ou en très petit conseil, et, s'ils

rapportaient de mauvaises nouvelles, plutôt que « d'espouvanter
les gens », il leur dictait ce qu'ils devraient répondre à ceux qui
les questionneraient[11]. Il n'était certes pas toujours satisfait. A
ceux qui n'avaient pas suivi du tout au tout ses instructions, il se
chargeait de dire lui-même son déplaisir : « et vous voyez bien
quelles sanglantes bestes vous estes ! » ou « vous estes bien bestes
si vous cuidez qu'à ceste grande assemblée, ils entendent à chose
raisonnable »[12]. Charles de Marigny, évêque d'Elne, qui demeura
vingt-six mois en Angleterre à ses risques et périls pour y négocier
la paix, vit son hôtel pillé, ses domestiques assaillis dans la rue et
sa vie menacée, ne reçut au retour que des reproches d'une rare
violence, car il avait fait inclure, dans cet accord de paix, le duc
de Bretagne et Maximilien d'Autriche. Chargé de mission auprès
des princes allemands pour tenter d'empêcher le mariage entre
Marie de Bourgogne et Maximilien, Robert Gaguin fut très mal
accueilli et obligé de quitter Mayence en hâte sans avoir rien
obtenu. Voulant rendre compte au roi, il le vit lui tourner le dos,
refuser de lui parler et marmotter d'interminables prières[13].

Le roi, lui, savait comment recevoir ou ne pas recevoir les
ambassadeurs venus prendre des nouvelles et tenter de découvrir
ses intentions. Ceux de Milan et de Venise demeuraient de longs
mois, de longues années plutôt, dans le royaume, à sa cour, dans
sa suite même, voulant tout savoir, interrogeant de tous côtés et
rédigeant d'interminables récits sur l'état du pays et la politique
du roi. Ou, du moins, sur ce qu'ils pouvaient en connaître ou en
supposer, car leur tâche n'était pas aisée et Louis cultivait l'art de
les lanterner. Nombre de conseillers et de valets entouraient le
maître et, complices de ses manœuvres et rouéries, le préservaient
des importuns. Contrairement à une image souvent évoquée, il
n'était pas d'approche facile et savait ne pas se montrer. « Sa dite
Majesté, écrivait en 1479 Charles Visconti à la duchesse de Milan,
a fait fabriquer un grand nombre de chausse-trappes très pointues,
qu'elle a fait semer tout au long des chemins qui aboutissent à sa
retraite, sauf une route très étroite et fort incommode, afin que
personne ne puisse s'approcher ». De plus : « On nous prend pour
des investigateurs, pour des espions, des explorateurs et des délateurs de tous les faits et gestes des gens ». Lui-même, Visconti, a
tout tenté pour « s'insinuer », pour « se franciser » par son costume et ses manières. Mais il ne voit pas comment « nager sûrement en cette haute mer », pas comment il aurait pu s'ingérer plus
avant. Ses instructions étaient de ne pas quitter le roi. Il faudrait
pour cela « marcher bien adroitement, les pieds et les mains sus-
pendus en l'air plus que le besoin ne l'exige et en faisant même
semblant de ne pas être là ». Ne pas se montrer curieux d'apprendre des nouvelles, « ni trop pressé de pêcher au fond de l'eau

ou de voir plus loin que les autres ». Louis fuit la foule et nous fait courir après lui. Parti de Tours pour aller chasser, accompagné seulement de sa garde et de quelques personnes « en petit nombre dont il désirait la société », il nous fit dire de nous rendre à Orléans, où il pourrait nous recevoir... mais il alla à Montargis. Nous y arrivâmes de grand matin, tout bottés et tout crottés, apprenant qu'il venait de se lever. Il se rendit à la messe et nous pria d'attendre son retour en une chambre où il pourrait nous recevoir... mais il alla, sitôt l'office, chasser et nous fit dire de parler avec ses conseillers en attendant de le retrouver quelques jours plus tard à Paris. Et cela ne se fit pas [14] !

La guerre : l'affaire du roi

Le roi n'entend pas confier le commandement de ses hommes d'armes à un connétable, seul chef distingué parmi d'autres et responsable de la conduite de la guerre. Il décide de tout. Présent ou non, rien, ni de la préparation et du ravitaillement des armées ni de la poursuite des opérations, ne lui échappe. Le temps n'est plus des exploits de Du Guesclin à qui Charles V, demeurant dans l'un de ses palais à Paris, confiait le soin de rassembler des hommes, de nommer des commandants et d'aller combattre les Anglais ou les Navarrais. Ni même celui des « compagnons de Jeanne d'Arc », Dunois, La Hire, Xaintrailles et Gaucourt qui menèrent l'attaque contre les bastides anglaises devant Orléans, attachèrent leurs noms à la glorieuse délivrance de la ville et affrontèrent l'ennemi dans les rudes batailles du pays de Loire, tandis que le roi Charles VII se maintenait comme en retrait et, en tout cas, ne prenait pas une part vraiment active aux opérations.

Sous Louis XI, aucune figure ne s'imposa, aucun grand chef de guerre ne pouvait se prévaloir, pour l'opinion et la postérité, de retentissantes victoires, seul responsable. Les charges du connétable et des maréchaux furent certes maintenues mais ces officiers n'eurent alors ni autant de pouvoir ni autant de prestige qu'autrefois. Du Guesclin ou Richemont, par exemple. Ils se firent moins bien connaître, ne demeurèrent pas au premier rang. Etait-ce méfiance maladive ou vraie sagesse ? De toute façon, une politique, mûrement réfléchie et strictement respectée, qui voulait interdire à quiconque, de quelque rang qu'il soit, de se tailler une trop belle réputation de chef guerrier et se trouver alors à la tête de troupes dévouées plus à sa personne qu'au roi. Les malheurs du royaume au temps des bandes de routiers ou des armées princières n'étaient pas oubliés.

Louis décide du destin de ses capitaines ; il leur donne, au fil des ans, des commandements de diverse nature et les change souvent, veillant à ce que ces hommes de confiance, ceux même qui ont donné longtemps des preuves de leur savoir-faire et de leur dévouement, ne fassent de brillantes carrières, au long de leur vie, sur le front des troupes. Ces capitaines certes étaient largement récompensés par de bonnes pensions et certains généreusement défrayés de leurs mises de fonds. Le roi leur faisait don de terres et de seigneuries. Mais il entendait demeurer maître absolu et les chargeait volontiers d'autres offices et missions, d'ambassades parfois, ou de la défense d'une place forte ou d'un château, voire du gouvernement d'un bailliage ou d'une sénéchaussée.

Charles de Gaucourt, « conseiller et chambellan » de Charles VII puis de Louis XI, chargé en 1465 de mettre la main sur les biens de Charles de France réfugié en Bretagne et de maintenir le Berry « en bonne obéissance », fut envoyé en mission auprès du duc de Castille puis, en 1466, à Milan. Cinq ans plus tard, en juin 1471, il fortifiait et approvisionnait Amiens. Entretemps, le roi lui avait fait verser, outre sa pension de quatre mille livres par an, vingt-quatre mille écus d'or pour ses frais. Gilbert de Chabannes, sénéchal pour le compte de Charles alors duc de Guyenne, rallié à la mort de celui-ci, fut capitaine de Bazas, reçut le commandement d'une compagnie de quatre-vingt-dix hommes d'armes et de cent quatre-vingts hommes de trait, mais se vit nommé ensuite gouverneur et sénéchal du Limousin[15]. Plus modeste certainement, le cursus d'Etienne de Poisieu, dit le Poulailler, seigneur de Hauterive, homme de guerre chevronné assurément, traduit exactement, de la part du maître, le même dessein. Capitaine de cent lances en 1475, puis d'une troupe de quatre mille francs-archers, il reçut ensuite la garde du château de Poitiers, puis de Saint-Michel de Collioure et d'Yonne en Roussillon ; bailli de Mantes et receveur des greniers à sel de la ville en 1477, on le sait bailli des montagnes du Dauphiné en 1483[16].

Nombre de grands officiers exercent ainsi, au cours de leur carrière, sans avoir démérité ni perdu la confiance du roi, commandements de troupes et fonctions d'administration, passant indifféremment de l'un à l'autre. En fait, maîtres de l'Hôtel, baillis et sénéchaux accompagnaient souvent les armées, même très loin de leur ressort, chargés de faire connaître et appliquer les instructions royales. Les trois sénéchaux du Midi, de Toulouse, de Carcassonne et de Beaucaire, étaient au siège de Lectoure en 1473. Quelques semaines après, Louis fit savoir aux habitants de Beauvais qu'il leur envoyait des renforts, commandés par son chambellan Geoffroy de Couvrant, par le capitaine Jehan du Fou, par le seigneur de Bouillon, plus les sénéchaux de Toulouse, de Guyenne et d'Agenais[17]. Girard Bureau, vicomte de Caen en 1450, lieutenant général du bailli de Caen en 1466, fut, deux ans plus tard,

« maistre de l'artillerie de l'ost et l'armée à présent enstans sus ou pays de Normandie par l'ordonnance et soubz la conduicte de Monseigneur l'admiral de France, lieutenant du roi [Louis de Bourbon] ». Il recruta les manouvriers, charpentiers et maçons venus de la vicomté d'Evreux « pour les affaires et necessitez de l'artillerie partout où besoing a esté ». C'est lui qui donna l'ordre de payer les chevaucheurs chargés de porter les lettres missives de l'amiral aux capitaines des compagnies de francs-archers dans les bailliages de Rouen et du pays de Caux, puis aux vicomtes de Vire et de Domfront [18].

Le roi, en 1477, alla lui-même conduire ses troupes sur la Somme et en Artois. Dès le 23 janvier, une quinzaine de jours seulement après l'annonce de la mort de Charles de Bourgogne devant Nancy, il quitta ses résidences du Val de Loire, rassembla ses gens d'armes en Ile-de-France sans entrer dans Paris, changeant de gîte chaque jour en toute hâte, de Rambouillet à Aubervilliers, puis Senlis. Le 30 janvier, il était à Noyon, le 2 février près de Péronne et, dès lors, demeura de longs mois dans les villes et les camps du Nord : Arras, Lens, Béthune, Saint-Quentin, Cambrai. Le 8 octobre seulement, il prit la route du retour et logea au Bourget, et le 9 à Paris, pour trois jours, pas davantage, avant de s'installer plus longuement à Melun et regagner enfin Chinon et Vendôme [19]. Dès le printemps suivant, au mois d'avril 1478, il était de nouveau à Arras. C'est de là qu'il écrivit au « grand maître » (maître de l'Hôtel, Ymbert de Batarnay) pour le féliciter de ses succès et lui dire aussi de prendre certaines précautions. Nul, dans le camp adverse, ne devait savoir où se trouvait le roi, véritable commandant des armées. L'ennemi pourrait tenter une surprise ou, à tout le moins, en tirer des conclusions et modifier ses plans : « Je vous iray demain remercier au gîte en personne... [mais] ne laissez circuler personne, ne trompette, ne héraulx, ne aultres messaiges, afin qu'ilz ne soient point advertiz de ma venue [20]. » Quelques jours plus tard, il entrait dans Condé qui venait d'être repris [21].

Pendant ces deux campanes, il n'a cessé de s'informer et de commander, jour après jour, lançant ses ordres aux chefs des compagnies, se déplaçant beaucoup, allant inspecter les défenses et les gens d'armes. Ses trésoriers récompensaient largement les guides qui le menaient en chemin et les habitants qui le renseignaient sur l'état des cités et des troupes du parti bourguignon : « faveurs » à Huchon le Noir, demeurant à Amiens, qui lui « avait apporté des nouvelles de l'ost de Charles soi disant duc de Bourgogne », et à Laurent Quentin, autre bourgeois d'Amiens qui lui dit, de façon précise, où se trouvait, dans la ville, cantonnée la garnison[22]. L'an 1480, en avril, Louis, déjà malade, était encore « embesoignez ou fait de la guerre es marches de Bourgogne et de Flandre[23] ».

Même absent, il dirigeait les opérations, donnait des instructions, accablait ses capitaines de directives qui ne laissaient rien au hasard. Les distances ne furent jamais un obstacle. Il se tenait parfaitement au fait des événements, et même des intentions de l'ennemi, et savait conseiller, mettre en demeure, reprocher des erreurs ou féliciter. La campagne du printemps de 1473, dans le Roussillon, fut ainsi préparée et conduite par l'envoi de messagers. Il décida du nombre d'hommes, de la composition des compagnies, de leur recrutement et de leur commandement, du montant des soldes, de l'acheminement de leurs armes, des pièces d'artillerie et des vivres. Chacun savait à quoi s'en tenir, à qui obéir et rendre compte. A Macé Picot trésorier de Nîmes : « Je vous annonce l'arrivée de Louis d'Amboise, évêque d'Albi, et de Jean Daillon, seigneur du Lude, auxquelz avons baillé la charge, conduicte et gouvernement de nos faicz et affaires des pais de Languedoc, Roussillon et Sardaigne [Cerdagne]. Je veux que vous leur obéissiez comme à nous mesmes, se nous estions en personne. Et gardez que en ce n'ait faulte[24]. » Le roi dit quelles forces doivent aller vers le Midi, « pour le renforcement de l'armée », et en fait exactement le compte : sept cents hommes d'armes, dix mille francs-archers, ce qui doit faire près de seize mille combattants, « et bien grand nombre d'artillerie » ; tous doivent arriver à Narbonne à la date fixée[25]. Le seigneur du Lude, commandant en 1474, ne fut pas livré à lui-même : trois missives expédiées coup sur coup lui ordonnaient de ne congédier, quoi qu'ils en aient, les archers avant d'avoir pris Perpignan, « et deussiez vous y estre d'ici à six ans[26] ».

Plus tard, pour défendre Perpignan, tout fut à nouveau examiné et décidé ; il ne voulait souffrir aucune fausse manœuvre ni aucun retard, fit écrire à Galiot de Genouilhac, maître de l'artillerie, de livrer et faire acheminer les pièces encore disponibles en plusieurs villes du Languedoc. Pour mener tous ces « bastons dessus déclarez », Boffile de Juge devra réquisitionner chevaux, chariots et charrettes « en les paiant à nos despens raisonnablement », et contraindre les récalcitrants, refusant le charroi, « par toutes voies et manières accoustumées à faire en tel cas[27] ». C'est en Conseil du roi que furent préparées les assignations des sommes prises sur les finances du Languedoc pour réparer et renforcer les murailles de Perpignan, de Puycerda, Elne et Villefranche, et les lettres royales décrivent en détail les travaux à entreprendre[28].

Tant les officiers de l'administration royale, baillis et sénéchaux, vicomtes et prévôts, que les magistrats et les édiles municipaux, tous devaient contribuer à la mise en place des troupes, à leur armement, à leur approvisionnement ; tous se savaient les auxiliaires actifs des capitaines.

2. L'ost royal

Ces armées sont maintenant armées du roi, et du roi seul. Charles VII avait, en 1439, interdit, il est vrai sans grand succès en plusieurs principautés, les armées privées ; il lança même de dures expéditions de représailles contre les seigneurs brigands. Puis il mit sur pied, en 1445, quinze « compagnies d'ordonnance » de chacune cent lances de six hommes et enfin, en 1448, les compagnies de francs-archers. Louis héritait ainsi de troupes structurées, équipées de façon supposée uniforme, en principe régulièrement soldées, et soumises à son commandement, en tout cas aux chefs de guerre par lui désignés, en dehors de tous liens vassaliques ou autres clientèles. Ces compagnies furent, au printemps de 1465, opposées à celles du duc de Bourbon et remportèrent vite de notables succès. Mais, lorsqu'elles affrontèrent à Montlhéry, le 15 juillet 1465, celles des Bourguignons, nombreuses, aguerries, conduites par des capitaines de valeur qui se battaient bien et payaient de leur personne, chacun fut contraint de constater que le roi ne l'avait pas vraiment emporté. Ses conseillers ne pouvaient que nourrir d'amères réflexions à comparer cette campagne avec celles de Charles VII en 1440 contre la Praguerie et en 1449-1450 contre les Anglais en Normandie. Le roi fut incapable de dégager Paris assiégé par les princes et, à court vraiment d'effectif, abandonna les Parisiens à leur sort pour aller recruter, tant bien que mal, des hommes d'armes dans le plat pays. Les traités de Conflans et de Saint-Maur-des-Fossés, durement négociés, ne donnèrent nullement l'impression qu'il imposait sa paix mais plutôt qu'il avait habilement apaisé les rebelles et ménagé l'avenir.

Il en tira aussitôt leçon et s'appliqua aux réformes. Les compagnies d'ordonnance, de cinquante, cent ou deux cents lances, furent confiées à des hommes à lui, qui s'engageaient à les maintenir sur le pied de guerre, à leur distribuer leurs soldes, à faire souvent des montres pour vérifier les effectifs et les équipements, chevaux et armes. Le roi y veillait et tançait sévèrement les négligents, suspects de mauvais vouloir et même de nourrir de sombres desseins. A Poncet de la Rivière, capitaine de cent lances : « Je suis adverty, pour vray, que vous n'avez pas tout le nombre de vos gens, qui est à vous une bien grande faulte, car vous savez que je paye le nombre entier » ; faites diligence et trouvez d'autres hommes. Poncet fut destitué six mois plus tard et les lances données à Louis, bâtard de Bourbon [29]. L'an 1467, il fit savoir, par une ordonnance datée d'avril, que désormais les montres des lances seraient faites de trois mois en trois mois. Elles seront « logiez et fourniz d'ustensiles par les commis [des maréchaux] », à savoir, pour chacune, une chambre à cheminée, trois lits garnis de trois couvertures et six paires de draps, deux nappes, douze écuelles, une étable pour six chevaux et un local où entreposer des vivres pour trois mois. Aucun homme d'armes ne devra rester plus de six mois dans le même logis contre le gré de l'hôte, lequel touchera trente sols par mois. Les capitaines ne prendront de vivres sans les payer et ne souffriront que leurs gens aient chiens, oiseaux ou furets[30].

Quant aux archers, les officiers royaux s'efforcèrent, sans doute à l'exemple des Anglais, de les mieux former. Le roi lui-même concéda quelques privilèges aux plus méritants. Les habitants de Laval, « accoustumés d'eulx esbattre à tirer de l'arc et de l'arbalestre », récompensaient chaque année les deux « rois » qui, le 1er mai, avaient tiré « le plus droit contre la bute ou le papegault [oiseau de bois mis pour cible] ». Ces deux hommes furent, par grâce royale, dispensés de la taille et du guet, afin que leurs concitoyens de Laval « soyent toujours plus enclins à apprendre à tirer et qu'ils soient plus deciz [entraînés] à eulx et garder ladicte ville qui est située en pays de frontière »[31].

La réforme du corps des archers fut confiée au bailli de Mantes, Aymard de Puisieu. Dès 1466, plusieurs ordonnances, édictées coup sur coup, modifièrent le recrutement et l'encadrement de ces hommes de pied qui, pour être plus mobiles, se virent dotés d'armes moins lourdes. Pour assurer des levées plus nombreuses et régulières, il fut décidé qu'elles se feraient dorénavant par circonscriptions soigneusement délimitées, à raison d'un homme pour cinquante feux. Pour l'ensemble du royaume, il y eut, dès lors, quatre corps de chacun quatre mille archers sous le commandement de quatre capitaines : Aymard de Puisieu, Pierre Aubert, Ruffet de Balsac et Pierre Canbere[32]. Mettre tout cela en place, maintenir les effectifs et la discipline ne fut pas mince affaire. Moins de dix ans plus tard, une nouvelle ordonnance tentait de remédier aux désordres et aux désertions. Le roi fit obligation de procéder à des montres où les archers seraient tous bien enregistrés, où l'on n'accepterait aucun remplaçant et où les armes seraient vérifiées et remises en bon état. Il augmenta les soldes et décida que, pour aider ces hommes à porter leurs « habillements », leur serait fournie, aux frais des habitants et pour chaque groupe de quinze, une charrette tirée par trois chevaux. Les capitaines ne pourraient ni se ravitailler à petits prix, ni s'entremettre et décider des fournisseurs pour le marché « des habillements de guerre et haucquetons ». Ces habits et matériels étant à la charge des communautés de village ou des paroisses, leurs responsables auraient licence de les acheter ou de les faire faire où bon leur semblerait[33].

Peine perdue : ces hommes, levés et engagés même contre leur volonté, envoyés au combat loin de chez eux pour de longues périodes, exigeaient d'être logés chez les habitants qui, eux, n'en voulaient à aucun prix. Souvent, ils désertaient, en particulier lors des guerres de Bourgogne dans les dernières années du règne. Et le roi de multiplier les mises en garde et les instructions pour mettre un terme à ces retours au foyer que plus personne, semble-t-il, ne pouvait interdire ni même parfois chiffrer exactement. Dans l'été 1477 : ordre aux francs-archers du bailliage de Vire, en Normandie, « qui s'en seroient retournés sans congié, qu'ilz s'en retournent incontinent ». En juillet de l'an suivant, ordre, cette fois, aux habitants de Saint-Quentin de mieux garder les portes de leur ville : « Les francs archiers se partent chaque jour de nostre armée, et habandonnent et s'en retournent en leurs maisons. Qu'ils soient arrêtés, pris au corps et amenés devant le prévost de nostre hostel, pour en faire la pugnicion comme de faulx traistres et crimineulx de lèze majesté en manière que les autres en prennent exemple[34]. »

En tout état de cause, ces compagnies d'ordonnance et ces corps de francs-archers ne pouvaient, à eux seuls, aligner d'assez nombreux effectifs. Pour ses campagnes, Louis XI fit régulièrement appel aux services dus par les nobles, services d'origine féodale certes et qui pouvaient, pour certains, paraître déjà d'un autre âge, mais que l'on ne voit pas du tout tomber en désuétude : « Et cependant, le samedy, huictiesme jour du mois d'octobre [1468], fut crié à son de trompe par les carrefours de la ville de Paris, que tous les nobles tenant fief ou arrièrefief de la prévosté et vicomté de Paris, feussent tous prests et en armes à Gonesse, pour d'illecques partir le lundy ensuivant et aler ou mandé leur seroit[35]. » Un an plus tard, en novembre 1469, le roi faisait porter en toute diligence des lettres closes, mandements et instructions au bailli et aux vicomtes du bailliage de Caen pour crier le ban et l'arrière-ban à « tous nobles et autres tenans fiefs et arrière-fiefs » de se tenir prêts et faire les montres et revues de leurs hommes[36]. Le 25 juin 1472, Philippe Bourricuin, messager à pied, reçut quinze sous tournois pour avoir porté trois mandements de l'amiral de France, chef de l'ost royal, aux sergents des sergenteries d'Argences, de Trouart et de Varaville, leur enjoignant de faire commandement « à tous les nobles et noblement tenans et à tous les autres qui ont acoustumé de suyr la guerre [pour qu'ils] allassent tost et incontinent en l'ost et armée du roy ». Accoutumés à suivre la guerre ? La formule, très vague peut-être, traduit tout de même une pratique habituelle, en fait une obligation, et le roi se chargeait de la rappeler. Cinq années plus tard, le 13 avril 1477, par lettres missives écrites à Hesdin, il donnait des ordres au vicomte de Vire pour « qu'il renvoye queurir tous les nobles... qui s'en estoient allés en leurs maisons et les faire retourner en l'armée et ost en toute diligence ». D'Arras, en juillet, nouvelles injonctions plus pressantes : que ceux du bailliage, nobles et autres, qui sont tenus de le servir en ses guerres et armées « partent incontinent en habillements et harnoys bien honnestes et ainsy qu'ilz ont servy par cydevant... ainsy que chascun d'eulx subget y est [37] ».

Les nobles de Normandie ne furent certainement pas seuls à être mis à contribution, soit pour se présenter armés eux-mêmes, soit pour prendre à leur charge les soldes et frais d'équipement des lances et des hommes de pied. Pour les campagnes dans le Roussillon, en 1480, Boffile de Juge devait lever une centaine de lances « faisant cent hommes d'armes et deux cents archiers que nous entendons mis sus, montez, armez et abillez par nobles feudataires et autres tenans noblement esdites sénéchaussées de Toulouse et de Carcassonne [38] ».

Dans le même temps, le roi s'efforçait de recruter des hommes de métier à l'étranger. Se souvenant sans doute de son long séjour dans le Dauphiné et bien informé de ce qui se faisait en Italie, il fit surtout appel aux cantons suisses. Mais il y rencontra de fortes résistances. Les Suisses ne s'engageaient pas volontiers et ne voulaient se départir d'une certaine prudence. Accepter les aurait rendus complices et leur aurait valu l'hostilité des Bourguignons. En août 1470, ils se contentèrent d'interdire toute levée pour le compte des ennemis des Français puis, enfin, en 1474, s'étant délibérément rangés dans leur camp, ils les autorisèrent à recruter des hommes au prix de quatre florins du Rhin et demi par tête et par mois, à l'expresse condition qu'ils n'aillent combattre contre le duc de Bourgogne. La mort du Téméraire les rendit plus accommodants : en 1478, Louis put lever autant d'hommes qu'il le voulait et, deux ans plus tard, il fit effectivement recruter six mille mercenaires suisses, placés sous le commandement du « capitaine général » Jean de Hallwil. Faute d'accords suffisants avec les Suisses, ses officiers se virent souvent chargés de missions de recrutement, soit dans le royaume même, soit plus loin, hors des frontières. Il fallait faire vite et combler les manques. Pour la guerre de Catalogne, en 1473, il donna commission à Boffile de Juge, promu chef de l'expédition, d'aller d'abord embaucher des mercenaires en Italie et en Catalogne « jusques au montant de cent lances fournies de diz gens de guerre à la manière dudit pays d'Ytalie, c'est à savoir : pour lance fournie, un homme d'armes, deux combattants à ladite mode et ung paige ». Boffile recevra vingt livres par mois pour chacune des lances et mille livres « pour son estat de capitaine » [39].

Au total, les ordonnances de Charles VII puis celles de Louis XI ont certainement porté leurs fruits. Affirmer que le roi, à partir des années 1460, disposait de troupes très nombreuses et régulières, serait, bien sûr, accorder trop de crédit aux dires des chroniqueurs qui, chantres de ses mérites et des malheurs des rebelles, parlent de « formidables armées » lancées contre les Armagnacs et n'hésitent pas à soutenir qu'en 1478 il pouvait faire rassembler près de Pont-de-l'Arche, sous le commandement de Philippe de Crèvecœur et du bailli de Rouen, deux puissants corps de combattants à pied, quatorze mille hommes en tout [40]. Faute de vrais chiffres, et notamment de documents comptables, comment savoir ? Mais demeure une certitude : l'armée du roi, certes souvent renouvelée, refondue même, grossie de levées diverses, l'emporta toujours en nombre sur celles des ennemis. Et aussi en expérience, en savoir-faire, maîtresse d'une meilleure technique, capable d'affronter l'adversaire en mettant davantage de chances de son côté. C'étaient malgré tout, pour la plupart, des hommes de métier, bien entraînés, bien équipés et bien ravitaillés. Dès janvier 1466, la mésaventure de Montlhéry n'étant déjà plus qu'un mauvais souvenir, ils l'emportèrent aisément en Normandie contre des hommes à l'évidence moins aguerris : « Le roy, à toute son armée et son artillerie, tira devant la cité et la ville de Rouhan, où il y eust plusieurs grans salies et esquarmouches esquelles ceulx de Rouhan perdirent beaucoup de leurs gens, pour ce que n'estoient pas gens de guerre qui se sceussent esquarmoucher ne garder comme faisoient les gens d'armes du roy [41]. »

Les campagnes, alors, mettaient en train un appareil logistique de plus en plus important. Les chevaucheurs portaient ordres et nouvelles d'un camp à l'autre, du gîte du roi aux bonnes villes du royaume priées de fournir des subsides et de participer tant au ravitaillement en vivres qu'à l'armement. De lourds charrois rejoignaient les troupes engagées sur le front des combats. Le temps semblait loin déjà où s'affrontaient des chevaliers conduits par leur seigneur, peu nombreux au demeurant, qui, dit-on, ne s'éloignaient pas volontiers de leurs terres et de leur clocher, et vivaient sur le pays, n'exigeant qu'un modeste support. Une part certainement très importante des hommes d'armes combattaient maintenant loin de chez eux, maintenus sur pied pendant de longues semaines, voire de longs mois, envoyés là où le roi l'avait décidé et gardés en place aussi longtemps qu'il le voulait. Les compagnies d'ordonnance et les corps des francs-archers formaient le noyau dur, le plus expérimenté sans aucun doute, d'une armée qui n'avait plus grand-chose de commun avec celles des « temps féodaux ». Pas même avec celles du début du siècle dans les années 1409-1410 : le maréchal de Boucicaut, qui guerroyait en Italie pour tenter de reprendre la ville de Gênes, se trouvait bien à la tête d'une armée « royale » et n'agissait certainement pas pour son propre compte, mais il fut obligé, faute d'effectifs stables, de recruter au coup par coup de petits groupes de cavaliers, tous engagés par contrats particuliers, tous conduits par des capitaines inconnus jusqu'alors qui se présentaient avec leurs hommes et ne signaient que pour peu de temps, parfois deux ou trois mois seulement. Ces escouades, sur lesquelles le chef n'avait en somme aucun contrôle, ne comptaient que quelques dizaines d'hommes et souvent bien moins. Les hommes de pied n'étaient recrutés qu'à la veille d'un assaut contre une ville fortifiée, pour trois ou quatre jours, pas plus. Boucicaut fit prendre les bijoux de sa femme en Languedoc et les fit fondre à Turin pour payer les soldes [42]. Sous Charles VII encore, les campagnes de 1429 pour la délivrance d'Orléans et la reconquête des pays aux marges de la Bourgogne furent menées par des chefs de guerre qui avaient eux-mêmes rassemblé leurs hommes, vassaux ou parents souvent, les payaient de leurs deniers et se faisaient défrayer tant bien que mal plus tard [43].

3. LA GUERRE SANS VRAIES BATAILLES ?

Le temps des canons

Sous le roi Louis, les grandes batailles, hauts faits d'armes qui enthousiasmaient les historiens du moment et que nos manuels nous donnaient à retenir (Bouvines, Crécy, Poitiers, Cocherel, Azincourt...), combats qui, d'un seul choc, décidaient du sort d'un royaume, ne sont plus que souvenirs. Leur temps semble révolu. L'Histoire ne parle plus que deux ou trois affrontements, sans crier à l'exploit ni chanter gloire. Nous n'y portons pas grande attention et nos livres les oublient volontiers. Personne ne pouvait dire qui, à Montlhéry, en ce jour sombre de grand été, l'avait emporté et, quinze ans plus tard, la victoire de Maximilien à Guinegatte n'a pas interdit au roi de France de mettre la main sur la Bourgogne. Les noms demeurés illustres sont ceux des villes assiégées, âprement défendues à l'abri de leurs remparts pendant de longs jours, face à de fortes armées installées dans leurs camps immenses, vraies cités de toile. On parle de Dieppe, de Neuss, de Liège, plus encore de Beauvais et de Nancy. Ce sont les hauts faits du règne, et la façon dont ils se sont inscrits dans la chronique du temps, puis dans la mémoire collective, montre que la guerre n'est plus du tout la même qu'autrefois.

Louis dauphin, brouillé avec son père, n'avait pas combattu à ses côtés pour reprendre la Normandie aux Anglais. Mais il ne pouvait ignorer, tous ses conseillers et tous les auteurs s'en faisant l'écho, que ces succès étaient dus pour une bonne part aux équipements des troupes du roi, armes individuelles et artillerie. Ses proches pouvaient attester des efforts de Charles VII pour réorganiser la fabrication des cottes de mailles, des piques, des lances et des canons. Ils savaient aussi que Jacques Cœur, argentier de l'Hôtel, avait effectué d'importants achats d'épées, de lances et d'armures à Milan, et que les commandes passées aux armuriers de Tours, Allemands d'origine, représentaient régulièrement d'importantes sommes de deniers. Louis XI prit le relais et consacra beaucoup d'efforts et d'argent à développer davantage encore ces ateliers d'armes, principalement à Tours, Paris et Rouen. Avant même les affrontements contre les ligueurs du Bien public, en 1464, il fit verser 208 livres à Balsarin de Tres, naguère associé de Jacques Cœur, maintenant « maître armurier du roy à Tours... pour l'entretenement de sa boutique d'armurerie et de ses ouvriers » ; puis encore 100 livres à un autre armurier de la ville. La même année, les clercs receveurs de son Hôtel notaient une dépense de 3 300 livres pour l'achat, à quinze « brigandiniers du roy » demeurant à Tours, de trois cents brigandines neuves « garnies de gardebras, couvertes de drap gris », livrées à Pierre de Champaigne, écuyer de l'Hôtel ; achat renouvelé l'an suivant dans les mêmes conditions, cette fois pour trois cents cottes de mailles, à treize armuriers, pour 3 350 livres. Deux ans plus tard, le roi envoyait, de Tours, quatre brigandiniers, venus de Milan mais nés et formés en Allemagne, s'installer à Paris[44].

Cette industrie des armes prit une dimension jamais connue, toujours sous son contrôle et sa protection ; il distribuait des pensions, consentait des avantages fiscaux et passait des ordres pour des sommes considérables. La seule ville de Tours comptait quatre armuriers et treize brigandiniers, travaillant sous la surveillance des maîtres de l'Hôtel et de l'Ecurie. Balsarin de Tres fit fortune, devint échevin en 1471 et, l'hiver 1477-1478, reçut commande d'armes et d'armures pour près de 40 000 livres ! Du 28 novembre au 9 décembre 1480, les gens du roi firent fabriquer, toujours à Tours, 5 500 piques, 14 500 hallebardes et 18 500 dagues selon les modèles et « patrons » qui s'inspiraient de celles des Suisses, toutes devant être livrées à date fixée sous peine de lourdes pénalités. Cela leur coûta 44 150 livres[45].

Les « canonniers », fabricants de couleuvrines (pesant de vingt-quatre à vingt-cinq livres et tirant des « plombées »), de serpentines et de bombardes (boulets de pierre et de fer), anciens fondeurs de cloches souvent et, pour la plupart, des étrangers, furent soumis à de sévères contrôles, à des normes de productions imposées par les trois maîtres de l'artillerie. Chacun avait sous ses ordres, à Tours, à Rouen, à Orléans puis à Montargis, un arsenal, une fonderie, un dépôt pour les armes et canons et un autre pour le salpêtre. La production du salpêtre devint une industrie d'État. Plusieurs commissaires responsables, l'un pour la vicomté de Paris, d'autres pour le Dauphiné, le Poitou, le Languedoc..., faisaient lessiver les caves et l'expédiaient à travers le pays. On en achetait à Naples et en Sicile avec du soufre. Le cuivre, le plomb et le zinc venaient d'Allemagne[46].

Février 1477 : le roi vient d'arriver à Péronne et prépare sa campagne d'outre-Somme vers l'Artois. Il s'inquiète des canons et des munitions, écrit plus d'une dizaine de lettres aux villes de Picardie et de Champagne, plus loin même, pour que les habitants lui envoient ce dont ils disposent : à ceux de Reims pour la poudre et le salpêtre qu'ils doivent faire conduire à Amiens ; à ceux de Compiègne pour qu'ils livrent à Péronne « toutes les pièces de canons, pinsses, chevretez, mailez, boulets de fer, pavois, picques, pelles et piez de chèvre » ; aux Rémois encore, un peu plus tard, pour qu'ils présentent à son « maistre des comptes », Jean de Mineray, l'artillerie disponible en Champagne. Que les édiles responsables de Compiègne recrutent et lui envoient à Péronne vingt maçons « des meilleurs et des plus gens de bien de vostre ville et des environs » pour tailler des boulets de pierre[47].

Les ateliers spécialisés des maîtres de l'artillerie ne gardaient pas, semble-t-il, de fortes réserves et ne pouvaient pas répondre aux exigences d'une guerre de sièges qui se prolongeait pendant des mois. Le roi fit alors, dans ces années 1477-1478, appel aux ressources du pays et passa commande de canons à plusieurs villes même éloignées et visiblement pas toutes expertes dans l'art de fondre de grosses pièces. En décembre 1477, il ordonna de fabriquer « douze grosses bombardes de fonte et de métail de moult grande longueur et grosseur » : trois à Paris, trois à Orléans, trois à Tours et trois à Amiens ; il fit faire aussi « grant quantité de boles de fer es forges estans es bois près de Creil » et, de même, un grand nombre de pierres à bombardes dans les carrières près de Péronne[48]. Quelques mois plus tard, en avril, les habitants de Troyes recevaient l'ordre de forger un canon semblable à ceux du gouverneur royal de Bourgogne et Champagne, à Dijon ; ce devait être pour eux chose nouvelle et ils n'y étaient en rien préparés : « si vous ne le voulez ou ne le pouvez faire par delà, envoiez devers nostre dit gouverneur métail et autres estoffes qui y seront nécessaires, et il le fera faire pareil et semblable aux siens [49] ». Les Lyonnais se font rappeler à l'ordre : ils n'ont pas encore livré les deux canons de fonte de trois à quatre « milliers » de métail comme ils le devaient, alors que les autres villes l'ont fait, s'ils ne sont pas prêts, qu'ils fassent porter à Dijon, faute des deux canons, six « milliers » de salpêtre [50].

De ces pièces, canons et bombardes, le roi tenait un compte exact. Il savait où elles se trouvaient à chaque moment et où les faire conduire ; il les connaissait par leurs noms. Au printemps de 1481, il écrivit à Galiot de Genouilhac, maître de l'artillerie, de livrer et faire acheminer vers Perpignan quatre bombardes de Béziers nommées « la Madeleine », « Saint-Paul », « la Partoise » et « la Françoise » ; deux autres de Narbonne avec deux canons nommés « les Evangélistes », deux nommés « Flaur » et « Boniface » et huit couleuvrines de fonte [51].

La mise en défense. La guerre de siège

Beauvais résista pendant près d'un mois, du 27 juin au 22 juillet 1472, aux Bourguignons qui bombardaient sans arrêt ses murailles et ses monuments et mirent le feu à l'une des portes de la ville. Elle ne fut sauvée que par l'arrivée de renforts : d'abord deux cents lances venues de Noyon, puis deux cents autres avec Antoine de Chabannes, et enfin de forts contingents commandés par le prévôt de Paris, Robert d'Estouteville. Mais personne ne pouvait oublier que les habitants s'étaient longtemps défendus seuls, courant aux remparts pour combler les brèches, éteindre les incendies et faire face aux assaillants. Les femmes y prirent bonne part et Jeanne Laisné, dite alors Jeanne Hachette, fut fêtée comme une héroïne. Le roi félicita grandement ses braves et loyaux sujets de Beauvais et leur accorda quelques faveurs et privilèges [52]. Cependant, du siège et du péril, comme de la perte, quelque temps auparavant, d'autres cités, Nesle et Roye notamment, il tira enseignement et s'appliqua à renforcer les places fortes exposées aux attaques des Anglais ou des Bourguignons. Il écrivit, mit en garde, évoquait les dangers, en inventait même, disant que l'ennemi était déjà en marche, décidé à l'emporter. Les défenses ne furent nulle part et jamais négligées.

Il pouvait d'abord raisonnablement compter sur celles entretenues par ses fidèles vassaux, sur leurs châteaux et sur leurs maisons fortes. Il s'en inquiétait, exigeait qu'elles soient maintenues en bon état et encourageait leurs possesseurs à en dresser d'autres. A condition toutefois qu'ils fassent connaître leurs intentions et sollicitent le droit d'entreprendre tels travaux bien définis, en tel ou tel lieu également précisé, de façon que rien ne puisse être fait sans son accord. Toute nouvelle défense devait être connue du maître qui en tenait registre et mettait les seigneurs à l'abri des soupçons ou des attaques de ses agents, procureurs et baillis, toujours alarmés lorsque l'un des nobles de leur juridiction se mettait en veine de mieux remparer sa demeure.

Encore en demi-disgrâce, Olivier de Coëtivy obtint pourtant l'autorisation de bâtir un nouveau château à Divonne, sur la Gironde, soit sur l'emplacement exact de l'ancien maintenant en ruine « où avoient leur retraicte les habitants de la chastellenie », soit ailleurs dans la seigneurie [53]. Un simple notaire et secrétaire reçut lui aussi, en mai 1469, la permission de faire construire un château sur sa terre située près de Saint-Benoît-sur-Loire, où se trouvait la Motte-le-Roy « qui est environnée de beaulx et grans fossés ». Les habitants de Saint-Bertholin-de-Confolant, situé aux marches du Limousin, de l'Auvergne, du Poitou et de l'Angoumois, disaient voir affluer, les jours de foire, nombre de marchands de ces pays ; aussi leur « bourg » s'est-il largement développé et, maintenant, il jouxte la cité de Confolans. Satisfaction leur fut donnée : ils pourront s'entourer d'une forte muraille avec tours, fossés, boulevards, créneaux et autres défenses, à condition que celle-ci soit exactement jointe à celle de la ville [54].

En novembre 1481, c'est Ponthus de Brie, parent de l'évêque d'Angers, qui sollicite le droit de se fortifier. Il possède à Serrant (à Saint-Georges-sur-Loire) une belle seigneurie avec haute, moyenne et basse justice, « et y a fossés pleins d'eau à l'entour de ceste maison » située en pays de frontière, près des marches de Bretagne et de la Loire. C'est un lieu facile à entourer de fortes murailles, qui pourrait servir à la défense du pays. Eu égard aux bons et loyaux services de ses oncles et prédécesseurs qui « ont exposé leurs personnes et leurs biens sans quelque chose y épargner », le roi l'autorise à construire un château « garni de murs, avant-murs, fausses des braies [défenses des portes], canonnières, saillies, barbacanes, avec fossés de telles grandeur, largeur et profondeur que bon lui semblera » [55].

L'effort, bien sûr, devait davantage porter sur les villes qui, à l'abri de bonnes murailles, pouvaient abriter d'importantes garnisons et retarder longtemps l'avance des ennemis. Mais il y avait là fort à faire. Paris, assiégée en 1465, n'était défendue que par de pauvres moyens, de façon plutôt anarchique, et n'avait dû son salut qu'à la présence de plusieurs compagnies d'hommes d'armes et surtout aux hésitations des princes qui, campés pourtant tout près avec leurs troupes, avaient préféré négocier plutôt que de les lancer à l'assaut. Les affres du siège, les peurs et les désordres de ces durs moments ne pouvaient s'oublier et le roi prit soin de dicter une totale réorganisation des milices, particulièrement celles des métiers. « Pour le bien et seureté de nostre bonne ville de Paris et pour la garde, tuition et deffense d'icelle », les hommes de métier furent répartis en soixante-quatre bannières ou compagnies, chacune commandée par un « principal » et un « soubz principal », chacune ayant « bannière armoyée et figurée » portant croix blanche au milieu et « telles enseignes et armoiries que lesdits mestiers adviseront ». Les maîtres et les compagnons devaient se mettre en « habillement souffisant » pour aller combattre : brigandines ou « jaques », salades, longues lances ou couleuvrines à la main. Mais ils prêtaient serment au roi et ne pouvaient se rassembler que sur son ordre exprès ou sur celui de son lieutenant[56]. Précaution évidemment dictée par le souvenir des émois « populaires », généralement suscités sinon encadrés précisément par des chefs de métiers, chefs de l'aristocratie marchande, souvent partisans et clients d'un prince. Ni les portes des murailles ni les ponts sur le fleuve ne devaient tomber aux mains de bandes armées incontrôlées.

Dans les provinces, la situation n'était pas plus brillante et appelait aussi d'importantes réformes ou de grands travaux. Les enquêtes conduites dans les premières années du règne montraient la mauvaise volonté des habitants ou leur peu d'empressement à délier leurs bourses et monter la garde. A Tours, en 1465, les fossés se trouvaient dans un état lamentable et, depuis au moins quinze ans, on ne faisait plus le guet la nuit. Le bailli, qui tentait de reprendre les choses en main, se plaignait de ce que « nul ne veult obéir à faire le guet ou les portes ». Le roi lui fit dire de mettre sur pied, coûte que coûte, une solide milice urbaine et d'en faire lui-même la montre[57].

De nombreux ordres très stricts et circonstanciés, évoquant tous les aspects de la question, ordres toujours impératifs, furent portés aux cités proches des pays bourguignons. En août 1473, les magistrats de Laon reçurent avis de l'arrivée dans leurs murs de Guérin le Groing, bailli de Saint-Pierre-le-Moûtier à qui ils devaient obéir toutes affaires cessantes : loger les gens d'ordonnances, murer les poternes qui ne paraissaient pas sûres, bien garder les remparts, faire régulièrement le guet, ne laisser entrer personne sans vérifier sa qualité et ne pas manquer d'interroger les suspects. Les habitants étaient appelés à prêter serment[58]. Robin Colinart, mandé tout exprès, s'installa dans la ville de Reims, accompagné de Robert de Craon et de plusieurs chefs de guerre, pour faire recreuser les fossés « de la hauteur de deux hommes à pié droit » ; le roi leur avait baillé puissance de « faire et contraindre toutes manières de gens, exemps et non exemps, privillegiez et non privillegiez, de y besoigner et fere besoigner[59] ». Lyon, « située sur les extrémitez de nostre royaume et en pays de frontière, de gran circuit et estandue et de grant garde », eut, elle aussi, la visite d'experts, officiers royaux commis à inspecter les murailles, les portes, les boulevards et les avenues de la cité et les faire remparer en toute hâte. Que chacun y contribue : « qu'ilz soient nobles, gens d'église, marchands, officiers ou aultres, s'ilz ont héritaiges ou retraict en ladite ville ». Et que tous aient, en leur maison, telle quantité de harnais nécessaire pour eux-mêmes et pour leurs serviteurs, et que chacun se montre ainsi équipé [60].

Les Rémois ne furent pas quittes aussi aisément. Le roi leur écrivit encore, les félicitait... pour les encourager à mieux faire, puis les réprimandait de leur peu de zèle. Ils s'étaient contentés de petits travaux insignifiants, insuffisants bien sûr, alors que les Anglais allaient vers eux et « ainsi qu'on dict ilz ont en pensée d'y estre devant la fin de ce mois » (août 1475). Si les fossés n'étaient pas achevés, on ne pourrait mettre des gens d'armes dans Reims, « par quoy fauldroit par nécessité que la ville fust desmolie, dont il nous desploiroit ». Faites encore approfondir « au moins plus haut que ung homme ne peult attaindre de la main ». Et aussi avisez entre vous que les « puissants » fassent fabriquer chacun une couleuvrine à croc de vingt-quatre à vingt-cinq livres, comme l'ont fait les gens de Neuss qui ont si bien tenu contre le Téméraire [61].

Ou les citadins renforçaient leurs murs et logeaient des compagnies entières d'hommes d'armes, ou leur ville serait livrée aux flammes, rasée, en tout cas grandement détruite, afin que l'ennemi ne puisse y trouver refuge et ne s'y installe après l'avoir emportée. De fait, lors des guerres de Bourgogne, les capitaines ne firent pas brûler que les faubourgs, évacuer les couvents suburbains et dégager les terrains hors les murs. Louis insistait : « Faites mectre le feu à Montreuil et à toutes ces menues places de par-delà et gardez qu'il n'en demeure pas une, et faites desloger ceulx qui y sont [62]. » Tous, évidemment, ne se sentaient pas directement menacés et certains ne voyaient aucune urgence à souffrir de tant d'obligations. L'ennemi leur semblait loin et il leur fallait pourtant payer, frapper de taxes plus lourdes nombre de produits, voir leurs commerces supporter d'autres contraintes, surtout accepter que leurs rues et leurs maisons échappent à leur contrôle, occupées par des étrangers, souvent fauteurs de troubles.

La main-d'œuvre recrutée sur place ne pouvait pas suffire aux grands travaux. Au printemps 1477, pour creuser les fossés à Hesdin, le roi ordonna au mayeur et aux échevins d'Abbeville d'y envoyer huit cents à mille « pionniers garniz de picz, pellez et hoiaux [63] ». Une autre troupe, celle-ci de charpentiers et de maçons rassemblés à Compiègne, était en route pour Péronne [64]. Cela faisait bien du monde et l'on s'en méfiait. Mais plus encore des hommes d'armes que les habitants et manants refusaient d'accueillir dans leurs « hôtels » et accusaient de graves méfaits. Ce n'était pas toujours de mauvaise foi, pour se dérober, pour préserver leur quiétude et leurs deniers : à lire, non seulement les polémistes mais quelques témoins spontanés et surtout les procès-verbaux des conseils de ville, il paraît évident que les troupes régulières, en plus d'une occasion, firent beaucoup crier, coupables de délits et d'exactions de diverses sortes. Les capitaines ne les tenaient pas toujours en main et les hommes se payaient alors sur les bourgeois, se plaignant de longs retards dans le paiement de leurs soldes, ou, tout simplement, habités d'un vif sentiment d'hostilité envers ces gens qui ne les recevaient pas à bras ouverts, tenaient closes leurs maisons et leur vendaient très cher les vivres. Dans l'été 1475, les Parisiens se plaignaient de « plusieurs mauvaises paroles que disoient les gens de guerre », lesquels se comportaient fort mal, comme en pays conquis, et criaient de par les rues « voulons bien que vous sçachiez que malgré vos visaiges nous porterons les clefs de vos maisons et vous en bouterons dehors vous et les vostres ; et se vous en quectez, nous sommes assez pour estre maistres de vous [65] ».

« Les francs archiers de monseigneur de Belloy s'estendent partout et à leur occasion se mettent brigands dessus... ces violences et proies sont insupportables au pays et sembloit que copper le poing à ung bourgeois ne fust que eau benoite [66]. » C'était, il est vrai, en pays d'Armagnac, pays de rebelles. Mais les bourgeois, en Picardie et en Champagne, eurent tout autant à souffrir, lors des campagnes de 1472-1473, de la seule présence des troupes royales qu'il leur fallait loger et nourrir. A ceux d'Amiens, « ils leur ont fait et font des ruydesses » ; ils refusaient de payer les vivres aux prix fixés ; ils allaient prendre les pauvres laboureurs aux champs avec leur bétail, « et les amaient en icelle ville, vendent et exposent ou butin et pas seulement les bestes mais les personnes desdtz laboureurs » [67]. Le roi certes menace, réprimande ses capitaines et exige qu'ils punissent de manière que ce soit exemple pour tous [68]. Aux habitants de Reims, il écrit longuement pour leur dire son déplaisir ; il sait bien que des hommes de son ordonnance, que des francs-archers « et autres gens sans aveu » aussi, en grand nombre, tiennent les campagnes de Champagne, « prennent, pillent et robent nos subgects et leur font beaucoup d'autres grans maulx, oppressions et dommages » ; son conseiller et chambellan, Jehan de Boisredont, est en route pour y mettre bon ordre [69].

Sans grand succès, semble-t-il... En tout cas, Dijon, ville bourguignonne certes mais ralliée et soumise sans trop de mauvais gré, ne fut pas du tout épargnée. Dans l'hiver 1477, les hommes d'armes exigèrent d'être logés non dans les hôtelleries mais dans les maisons des bourgeois et des marchands. Ils provoquèrent tant de désordres que les magistrats firent parcourir la ville de nuit par des patrouilles de bourgeois qui se tenaient bras à bras. Les gens des compagnies d'ordonnance mirent au pillage les faubourgs et les champs des environs, emportant les récoltes avec les réserves des granges et des celliers, le vin, le foin et le fourrage, l'avoine, le blé, les pois et les fèves[70]. Cette même année, le « gouvernement et entretenement » des hommes recrutés dans les cantons suisses ne fut pas affaire de peu. Le roi leur fit jurer, tant aux hommes qu'à leurs capitaines, de respecter des statuts et ordonnances expressément faits pour eux. Et pourtant il ne se passa pas beaucoup de temps avant qu'il ne reçoive quantité de plaintes et de rapports de ses officiers contre ces Suisses accusés d'avoir provoqué « plusieurs noises, débatz et questions » en plusieurs villes de Champagne où ils devaient loger. Ils ont battu, meurtri et tué des habitants et commis d'autres excès, « violences et maulx innumérables, dignes de très grand et griesve punicion ». Boffile de Juge et Jehan Raynier, trésorier général des finances en Normandie, sont alors commis d'aller assister leur capitaine Halwill et s'informer de ces rébellions, désobéissances et meurtres, d'en faire justice immédiate, « selon l'exigence du cas... et qu'il est acoustumé de faire en leur pays en pareil cas ». Manifestement, les ordonnances « pour mectre ordre et police au vivre », soigneusement élaborées pourtant, restaient lettres mortes[71].

En fait, les manants et habitants ne pouvaient que tendre le dos. Il leur fallait composer, négocier, consentir des sacrifices. Ceux de Beauvais, en janvier 1475, informés qu'ils devaient recevoir dans leur ville et loger chez eux, dans leurs maisons, cent lances du sire de Bueil, savaient qu'ils n'avaient pas d'autre choix que d'accepter et faire en sorte de n'en pas trop souffrir. Les lettres royales insistaient : « si vous prions que à ce faire... vous y eslargissey tant en maisons que autres choses qui leur seront nécessaires le plus que vous pourrez et en manière que raisonnablement ils s'en doivent contenter [vivres, blés et vin surtout]... et que ilz ne vous facent en corps ne en biens aucun oultrage ». Soyez attentifs, veillez à tout et nos agents, pour leur part, vous aideront : « S'ils n'ont pas assez de grains pour nourrir tous ces gens, on en fera venir d'abord du plat pays de sept lieues environ la ville, puis de Champagne. Traitez bien les marchands et les payez de même[72]. »

On ne sait si les bourgeois s'en sont trouvés contents. Pouvaient-ils protester ? Accabler le roi et ses officiers de plaintes et réclamer justice ? Certainement pas. La guerre royale, la mise en défense des cités qui seule pouvait arrêter l'avance de l'ennemi, l'installation dans leurs murs de fortes garnisons, en faisaient, malgré eux parfois, d'actifs auxiliaires des armées. Ce qu'ils payaient très cher.

II

Guerre moderne, guerre cruelle

I. SUR LE FRONT DE L'ÉCONOMIE : LES FOIRES ET LES MONNAIES

Nul doute que Louis XI, comme tant d'autres avant lui, se soit délibérément engagé dans diverses pratiques pour affaiblir ou ruiner les hommes d'affaires et les marchands de l'autre camp et provoquer chez l'ennemi de graves revers de trésorerie.

La création de nouvelles foires ou le soutien porté aux anciennes ne furent jamais laissés au hasard. Pour se concilier ses nouveaux sujets, des terres récemment réunies à la Couronne, le roi leur accorda volontiers un certain nombre de foires. Ainsi à Issoudun, au lendemain de la guerre du Bien public, dans un pays jusque-là administré par son frère Charles duc de Berry ; puis dans le Bordelais après la mort de ce même Charles, devenu duc de Guyenne[73]. C'étaient là des moyens d'action dont il ne voulait pas se priver. Pour faire pression sur le pape, sur les notables d'Avignon et sur les Florentins établis dans la ville, qui tous refusaient d'accueillir le légat de son choix, il s'appliqua à ruiner les négoces qui affluaient vers le Comtat en créant deux grands marchés sur deux des principales voies d'accès : tout d'abord, en 1462, à Briançon pour barrer la route d'Italie et retenir les marchands au passage, puis à Orange, très près de la voie fluviale et de la route de Lyon. Le marché d'Orange fut confirmé le 12 juin 1476, un an après que le prince d'Orange, Jean II de Chalon, eut prêté serment au roi qui renouvela aussitôt l'interdiction aux gens du Dauphiné d'aller commercer à Carpentras, ville pontificale. La paix avec l'Eglise retrouvée, la foire d'Orange, maintenue malgré tout, fut encore une belle pomme de discorde. Les syndics de Carpentras réclamèrent à grands cris la levée de l'interdiction qui les frappait puis, se voyant déboutés, exigèrent de fortes indemnités, chiffrées naturellement de façon bien arbitraire. L'affaire fut l'occasion de plusieurs recours et de palabres sans fin, et sans effets[74].

Les quatre foires de Champagne et celle du Lendit à Saint-Denis avaient beaucoup souffert de la guerre anglaise et des guerres civiles. Pourtant, le roi ne prit pas vraiment à cœur de leur redonner leur lustre d'autrefois. Il confirma bien sûr les privilèges en faveur des marchands qui fréquentaient ces foires. En juin 1472, celle de Saint-Denis pouvait se tenir pendant huit jours à compter de la fête du saint patron en octobre et rien ne devait être perçu sur les marchandises y allant ou en venant, trois semaines avant ou après[75]. Le 9 mars suivant, les produits allant aux foires de Provins furent affranchis de l'impôt de douze deniers par livre[76]. Mais, ce faisant, il n'accordait, somme toute, que de petites satisfactions et ne fit pas un pas de plus. Ses intérêts le portaient vers d'autres horizons et il est clair que la décadence, le quasi-effacement de ces grands centres d'échanges, qui avaient dominé la vie du royaume, ne tenaient pas seulement à une conjoncture nouvelle, à l'affaiblissement de Paris ou au déplacement vers l'est des grands axes du trafic. Le désir du roi de porter de sérieux préjudices aux foires et aux villes de Bourgogne en attirant dans le royaume, vers des marchés privilégiés créés exprès, au nord comme à l'est, les négociants qui fréquentaient ordinairement ceux du duc, y était pour beaucoup.

Dans les années 1470, il concéda une foire à Amiens et d'autres à de nombreuses villes de la frontière de Somme. Initiatives inconsidérées : sans vraiment péricliter, elles n'eurent que de petits rayonnements et furent incapables de concurrencer celles, bien plus importantes, de Bourgogne, à Anvers, Bruges et Berg-op-Zoom[77]. Le 8 octobre 1470, une ordonnance fit défense aux Français d'envoyer des marchandises dans les pays bourguignons et d'y fréquenter les foires. Puis, le 20 du même mois, se réunirent à Tours les représentants des villes marchandes du royaume, deux pour chacune d'elles, priés de se concerter et de faire des propositions sur les lieux où devraient se tenir de nouvelles foires. Ils mirent d'abord en avant un grand nombre de noms (Poitiers, Orléans...) puis finirent par se mettre d'accord sur Caen et Rouen. Louis XI choisit Caen où les foires furent établies en grande hâte, dès novembre avec, pour la suite, un calendrier qui leur permettait de s'opposer directement à celles d'Anvers. Deux foires annuelles, de chacune quinze jours, furent alors autorisées, l'une commençant le mercredi après la Pentecôte, l'autre le mercredi après Notre-Dame de septembre. Les marchands « et toutes gens de quelque estat qu'ils soient » pouvaient, s'y rendant et y négociant, « prendre et remettre leur argent par lettres de change en quelque pays que ce soit, touchant le fait de marchandise », Rome exceptée[78]. Ce ne fut qu'un demi-succès et ces foires furent très vite, dès novembre 1471, transférées à Rouen[79]. Mais là non plus elles ne mirent pas en péril celles de Flandre et de Bourgogne.

A Tours, l'assemblée des marchands, désireux d'assurer le succès des foires normandes, avait demandé que soient supprimées celles de Lyon. L'affaire était d'importance : leur maintien et leur développement furent au cœur d'un vaste débat et de grands affrontements d'intérêts qui ne pouvaient laisser personne indifférent, tant dans l'entourage du roi que dans les villes marchandes de tout le pays.

Lyon ou Genève ? Le roi devait tenir compte des interventions du duc de Savoie, des princes allemands et des cantons suisses ; et aussi des pressions exercées par les grands commis de l'Etat qui prenaient volontiers parti, de celles des hommes d'affaires languedociens et des compagnies italiennes, florentines surtout, établies en plusieurs villes tant dans le royaume que dans le duché de Bourgogne.

De 1455 à 1460, les Lyonnais envoyèrent régulièrement au dauphin Louis, par messager secret, trois mille écus d'or chaque année pour qu'il soutienne leur cause. Dès le 7 octobre 1461, il confirma leurs foires telles qu'elles avaient été établies par son père. Peu après, l'installation de Philippe de Bresse, fils du duc de Savoie, à Genève fut ressentie comme une menace et il prit une série de mesures pour protéger Lyon contre une concurrence que l'on redoutait davantage. Il interdit aux marchands du royaume de fréquenter Genève et aux étrangers de traverser le territoire français pour s'y rendre (lettres écrites de Saint-Michaud-sur-Loire le 21 octobre 1462). En mars suivant, la durée de chacune des quatre foires de Lyon fut portée à quatre jours et le bailli de Mâcon fut nommé « conservateur » des foires ; les marchandises étaient franches de toute imposition et les monnaies étrangères eurent libre cours, les changes étant réglementés de la même façon qu'à Pézenas et Montagnac, grandes foires du Languedoc. Fort de l'appui royal, le consulat de Lyon donna alors une large publicité à ses foires, envoya des agents en vanter les avantages à Bourges, en Flandre, en Picardie, Bourgogne, Dauphiné, dans les cantons suisses et dans les pays allemands les plus proches[80].

Les ripostes ne se firent pas attendre. En France même, les hommes d'affaires, les conseillers et les financiers du roi n'étaient pas tous favorables à Lyon. Les uns trouvaient la ville trop aventurée près de la frontière, ce qui rendait aisées les sorties des bonnes monnaies de France et des métaux précieux. Les négociants « grossiers » de Paris, Tours, Orléans et Montpellier fréquentaient régulièrement Genève malgré les interdictions maintes fois proclamées et militaient pour ses foires. Leurs ennemis les accusaient alors de rassembler les négoces entre leurs mains et de vouloir

« par leurs emprises et subtilitez assujectir à eulx les petits marchands et commun peuple pour leur tirer leur sang et leur substance [81] ». Les hommes d'affaires et financiers disaient-ils, ceux du Midi surtout et Guillaume de Varye le premier, s'imposaient, par toutes sortes de moyens, comme des intermédiaires obligés aux plus modestes qui, eux, ne pouvaient supporter les frais des voyages jusqu'à Genève.

En tout cas, les conseillers et les groupes ou sociétés peu favorables à Lyon trouvèrent des échos : la Chambre des comptes fit tout pour retarder l'enregistrement de l'ordonnance de 1463 et ne s'y résolut qu'après avoir reçu plusieurs mandements du roi, de plus en plus impératifs. De leur côté, les Genevois s'inquiétaient et le faisaient savoir. Ils cherchaient appui chez les Suisses, auxquels la foire de Lyon imposait de longs détours et cheminements, et, à nouveau, auprès du duc de Savoie. Amédée IX prit résolument le parti de relever Genève ; le 25 septembre 1465, il interdit à ses sujets d'aller à Lyon et, pendant ses propres foires, de faire sortir des marchandises du duché de Savoie par d'autres voies que celle de Genève. De son côté, Philippe le Bon accordait d'importants avantages et privilèges aux foires de Chalon-sur-Saône [82]. La guerre des foires se durcissait.

Louis XI finit par accepter l'idée d'un partage et convoqua les représentants des deux camps à Montluel, à trois lieues au nord-est de Lyon. Les gens de Genève y mandèrent une forte ambassade, d'au moins vingt-cinq personnes : notables, hommes de loi et marchands. Ouverte en avril 1477, sous la présidence de Guillaume de Varye, qui avait pris lui-même l'avis des étrangers, florentins notamment, établis à Lyon, l'entrevue, la conférence plutôt, de Montluel s'éternisa en discussions interminables. L'accord ne se fit qu'en juillet, où l'on proclama deux foires par an dans chacune des villes, à des dates relativement éloignées les unes des autres. Les Lyonnais crièrent leur mécontentement et firent valoir que les réduire à deux foires était vouloir leur mort ; les autres leur étaient indispensables car chacune correspondait à une saison et à des échanges particuliers. Ils dirent aussi que, si l'on s'en tenait à ce compromis de Montluel, inspiré certainement par de mauvais conseillers, leur ville allait se dépeupler et un grand nombre de maisons construites depuis peu, où les propriétaires avaient employé « la plupart de leur vaillant », allaient se vendre à vil prix. De plus, ils votèrent une contribution de près de quatre mille livres, ce qui amena le roi, par la déclaration de Vendôme du 14 novembre 1467, à déclarer l'accord de Montluel non avenu et à rétablir les quatre foires dans leur ville. Contre eux, le Téméraire soutenait ferme Genève mais, après sa mort, les foires y furent de moins en moins fréquentées tandis que celles de Lyon s'affirmaient sans conteste comme l'un des plus grands rendez-vous marchands et financiers de l'Europe. Les cantons suisses mêmes y envoyaient leurs hommes, ainsi que l'une des plus puissantes compagnies d'Allemagne, la Grosse Ravensburger Gesellschaft [83].

Louis s'était heureusement sorti d'un véritable imbroglio diplomatique. Lyon bénéficia d'une augmentation considérable des échanges, tant en volume qu'en valeur, et devint peu après un très important centre du trafic de l'argent et des changes, grâce surtout à la mise en place d'une structure administrative étatique, confiée à des agents particulièrement efficaces. Le roi en avait fait une affaire d'Etat et avait compris l'attente des hommes d'affaires du royaume qui sollicitaient non seulement une protection et quelques privilèges fiscaux mais aussi une prise de position « nationale » contre des concurrents. Les Lyonnais n'avaient cessé de lui dire que, empereur en son royaume, il se devait de « vacquer et entendre au bien et utilité de ses subgectz et de la chose publique et augmentation et exaltation d'icelle ». De plus, imposant Lyon contre Genève, il triomphait de quelques fortes résistances chez les gens des Comptes ou du Parlement et aussi chez plusieurs riches hommes d'affaires, français ou étrangers. Ses interventions, en ce domaine, s'inscrivaient dans une démarche d'ensemble qui s'efforçait d'imposer à l'économie du pays un dirigisme d'Etat de plus en plus sévère.

Sur le fait des monnaies, sa politique s'inspirait du même souci, dans le droit fil de celle de son père. Bien sûr, il ne paraissait pas possible d'imposer un contrôle des flux et des pratiques suffisant pour éviter la dépréciation des unités de comptes, livre, sou et denier qui, à chaque « mutation », du fait de l'affaiblissement de l'aloi des pièces ou de la hausse de leur cours, perdaient de leur valeur en poids d'or et d'argent. Du moins pouvait-on tenter d'interdire l'entrée en trop grand nombre de pièces étrangères qui, estimées à un trop haut prix, portaient tort à l'équilibre monétaire. Certains négociants en faisaient un grand trafic : ils achetaient en France différents produits, payaient avec ces pièces surévaluées, et, au retour, rapportaient chez eux des pièces royales de bon poids, obtenues en vendant leurs propres marchandises. La fameuse « loi de Gresham », qui doit son nom à un économiste anglais du XIXe siècle et se résume en la formule « la mauvaise monnaie chasse la bonne », était déjà bien connue depuis au moins le règne de Charles V. Nicolas Oresme, conseiller de ce roi, puis tous les agents du Trésor savaient pertinemment que tolérer de telles pratiques provoquait, à plus ou moins long terme, la fuite des bonnes monnaies frappées dans le royaume, expédiées hors des frontières.

Louis XI n'a cessé d'ordonner là contre. L'année 1467, les quatre « généraux maîtres des monnaies » furent priés de « se transporter en plusieurs et divers lieux du royaume » pour veiller à l'application des ordonnances sur l'interdiction des pièces étrangères [84]. D'autres mises en demeure et menaces de sanctions suivirent régulièrement. Mais le grand nombre d'arrêtés, d'ordonnances, de lettres de rappel, témoigne de l'échec des mesures prises. L'ordonnance du 23 mars 1473 disait encore qu'il était formellement défendu de recevoir, à quelque titre et quelque prix que ce soit, les pièces de Lorraine, de Bretagne, d'Allemagne, de Barcelone, de Majorque et de Perpignan. Pour d'autres, identifiées de façon précise, étaient fixés les cours à ne pas dépasser : quarante sous tournois pour les alphonsins d'or (d'Aragon), trente-cinq sous pour les aquilons d'or de Sicile, deux sous et six deniers pour le gros de Navarre [85]. En 1479, ordre était donné à chaque bonne ville d'envoyer à Paris deux bourgeois « cognoissans et expers touchant la matière des monnoyes » ; ils devaient apporter des spécimens de toutes les pièces étrangères courant dans leur pays et aviser avec les généraux des monnaies des moyens de mettre un terme à ce qui semblait être maintenant une véritable invasion [86]. Dans le même temps, le roi faisait grief aux habitants de Poitiers de ne pas lui obéir : ses ordonnances ont bel et bien été publiées dans tout le royaume et sont assez notoires, mais l'on vient de l'avertir qu'à Poitiers et dans les environs « a esté et est chascun jour donné cours et pris à plusieurs monnoyes estranges et aultres prohibées et deffendues ». Que chacun prenne garde et ne vous émerveillez pas « si nous faisons informer des transgresseurs » [87].

Tout cela en vain. Mauvais vouloirs et refus d'obtempérer des négociants et des changeurs ? Manque d'autorité ou de moyens des agents chargés de faire respecter les instructions et de poursuivre les contrevenants, trop nombreux et obstinés ? En fait, ces refus étaient inévitables car inscrits dans la nature des choses et les pratiques du marché. Les gens des Comptes et des Monnaies pouvaient sévir contre les spéculateurs, contre les fabricants de fausses pièces ; ils pouvaient aussi, par des lois somptuaires sévères, interdire d'immobiliser de fortes quantités de métaux précieux en bijoux et en pièces d'orfèvrerie. Mais non, à la fois, favoriser les foires de Lyon et du Languedoc, y attirer des marchands étrangers, et contraindre les négociants de France à refuser leurs monnaies. C'était courir à l'échec et l'on voit clairement que, dans l'affrontement avec les princes voisins, la « guerre monétaire » rejoignait celle des foires.

2. RUINER L'ENNEMI : LE BLOCUS ET LE GAST

Aux notables marchands de Picardie et de Champagne qui, en temps de guerre, sollicitaient quelque liberté de commercer vers les États bourguignons et d'y vendre des grains, le roi opposa un ferme refus, « considérant que ces pays ont très grand nécessité de blez, par quoy ceulx desdits pays auroient mieulx cause de eulx émouvoir contre mondit seigneur de Bourgogne[88] ». S'« émouvoir » contre le duc, murmurer, ne plus prêter assistance, ne plus pouvoir ou vouloir payer l'impôt peut-être... Louis XI, à plusieurs reprises, soumit l'exportation des grains à de sévères règlements ne l'autorisant que vers les terres de ses alliés ou parents ; il l'interdisait presque toujours vers la Flandre, terre bourguignonne, et s'en expliquait sans détour, revendiquant le droit d'en user comme d'une arme de guerre plus efficace que d'autres : provoquer une telle disette ou famine chez les habitants que ceux-ci, à bout de résistance, apeurés et ne voyant d'issue, se détournent de leur seigneur et le contraignent à signer la paix, en somme à s'avouer vaincu.

Brûler les villages et les récoltes ? Cette sale guerre de sinistre mémoire, dont on accusait naguère les routiers hors-la-loi, les capitaines l'ont pratiquée de la même façon. A ceci près que les brigands agissaient par passion du lucre, pour faire du butin, ou poussés par d'abominables instincts, tandis que les gens du roi le faisaient sur ordre, agents d'une entreprise de destruction qui se recommandait d'une nécessité politique et s'inscrivait dans les pratiques guerrières du temps. De ces pratiques, qu'à l'instar des Italiens l'on appelait communément le « gast », les princes alors usaient volontiers et l'on voyait des troupes bien tenues en main suivre leurs chefs pour dévaster les champs et les granges, mettre le feu aux maisons des paysans, affamer les pauvres gens et semer l'effroi par la menace des pires sévices.

Dauphin, Louis s'était employé à combattre les bandes de brigands et à en débarrasser plusieurs provinces du royaume. Mais, dans le même temps ou presque, il fit appel à eux pour les tristes besognes du gast. En 1437, chargé de mener seul la reconquête des places encore tenues par les Anglais en haute Loire, il rassembla d'abord quelques dizaines de lances à Gien, recruta des archers et, enfin, des « couteliers ». Il les lança dans une sordide campagne de destructions ravageuses et sans merci des campagnes, là où les garnisons anglaises trouvaient, tant bien que mal, à se ravitailler : blés et fermes brûlés, vignes et arbres fruitiers coupés au ras du sol. Tout laisse penser que, quelques années plus tard, informé des crimes des Ecorcheurs dans la plaine d'Alsace, loin de sévir, il y ait vu une possibilité de faire pression sur les villes et les seigneurs pour les amener à négocier.

Devenu roi, il n'eut plus d'affaires avec ces gens sans aveu. Le gast se fit désormais par des hommes soldés, obéissant à ses instructions. Il s'en défendait d'abord en affirmant que, de ces crimes affreux et de cette façon de conduire la guerre, ses ennemis avaient, avant lui, donné l'exemple. Dans l'été 1465, les hommes de Charles duc de Charolais qui assiégeaient Paris, cantonnés vers la Grange-aux-Meuniers et le pont de Charenton, « coururent en la France et la Brie », pillant les granges, volant chevaux et harnois, « destroussant et dérobant hommes et fames, desrompant maisons en plusieurs villes, brûlant les récoltes et desgatant et despouliant les vignes » tout autour de Paris [89]. Peu après, les Bretons, forcés d'abandonner le pays, firent de même en Normandie ; ils pillèrent tout ce qu'ils pouvaient trouver dans les champs et les villages, les blés, le fourrage, le gros bétail, les chèvres, les moutons et les porcs, tout le mobilier, « comme s'ils procédaient à la destruction systématique d'une terre ennemie [90] ». Thomas Basin et Commynes, pour une fois, s'accordent à dire que le roi fut amené à ordonner lui aussi de grands gasts à la nouvelle des ravages que Charles le Téméraire infligea, dans le Vermandois, le Beauvaisis et dans la région de Noyon, au retour de sa campagne Normandie, en 1473. Furieux contre Louis XI qu'il accusait d'avoir fait empoisonner Charles de Guyenne, fort dépité de n'avoir rien pu faire contre Rouen où il n'avait tenu son camp que pendant quatre ou cinq jours, il « commença exploit de guerre ard et mauvais, et dont il n'avoit jamais usé : c'étoit de mettre le feu partout où il arrivoit [91] ». Trouvant les campagnes vides, car les paysans se cachaient dans les forêts ou s'enfuyaient au loin, il ne laissa rien sur pied derrière lui.

Dès lors, le roi prétendit en user comme d'une arme ordinaire. Dès juin 1474, un parti de cavaliers, parti de Langres, alla jusqu'à une ou deux lieues de Dijon, semant l'épouvante sur son passage : fermes pillées, arbres coupés, bétail enlevé, paysans malmenés ou faits prisonniers [92]. L'année d'après, deux armées attaquèrent les terres de Bourgogne, l'une vers le sud et Château-Chinon, l'autre en Picardie et Hainaut jusqu'à Hesdin, couvrant ces pays « d'incendies, de meurtres et de pillages » [93]. Ce n'était, en aucune façon, le fait d'hommes incontrôlés mais, tout au contraire et le roi s'en explique : « pour rompre les propos des Anglois de venir en Normandie... je devoye envoyer mes gens corre [courri, ravager] en Picardie, affin de leur destruire le païs de là où les vivres les eussent suivys ». Ce qui fut fait, très bien ; ils sont allés jusqu'à la mer « et ont tout brûlé depuis la Somme jusqu'à Hesdin et les faubourgs de Hesdin et de là sont venus, toujours faisant leur mestier, jusqu'à Arras »[94].

Le roi recrutait de véritables experts en cet art de « courir », de « faire le gast », et insistait auprès de ses capitaines pour que le travail soit fait, vite et sans faute. Nous voici en juin 1477, au moment où son armée, commandée par le grand maître de l'Hôtel, veut en finir avec les gens de Valenciennes qui résistent encore : « Je vous envoye troye ou autre mille faucheurs pour faire le gast que vous savez... mettez les en besoingne et ne plaignez pas cinq ou six pippes de vin à les faire bien boyre et les enyvrer ». Et de rappeler que, chef de guerre, ce capitaine a failli en ne faisant jusqu'alors les choses qu'à demi : « Je vous prie qu'il ne vous faille pas retourner une autre fois faire ce gast, car vous este aussy bien officier de la Couronne que je suis. » Et de lui rappeler, pour l'apaiser et vaincre ses scrupules, ce qu'ont fait autrefois, en France, les Anglais de Talbot[95].

Invoquer les crimes des Anglais n'était qu'un prétexte. En fait de gast, il se montra aussi déterminé, aussi cruel et pressant, lors de la guerre du Roussillon, sans chercher aucune manière de justification. De Senlis, le 9 avril 1474, il fit savoir à son gouverneur du pays, Jean Daillon, seigneur du Lude, que deux ambassadeurs du comte de Perpignan étaient à Paris. On ne sait, dit-il, « s'ilz venoient pour faire quelque bon appointement ou s'ilz venoient pour me tromper et dissimuler ». Sans doute pensent-ils simplement gagner du temps et parlementer jusqu'à ce que leurs hommes, dans le Roussillon, aient moissonné et engrangé leurs blés. Soyons plus habiles qu'eux : « je les entretiendray ici jusques à la première semaine de may » et, pendant ce temps, allez en grande hâte lever cent lances en Dauphiné. Il ne vous faut que mille francs « pour leur bailler au partir car ilz ne feront qu'une raze pour brusler les bleds et faire le gast et eulx s'en retourner, ce qui est dix francs par mois et par lance ». Cela doit suffire car ils n'y mettront que huit ou dix jours. Mais que ce soit fait pour le 25 de ce mois, en si grande diligence « que vous ayez bruslé leurs bleds de bonne heure ». Autre capitaine, Odet d'Aydie reçoit cent lances, « pour vous aider à faire ce gast[96] ». Nouvelle lettre, en mai, toujours au seigneur du Lude, aussi pressante que la première : le roi a, dans ce jeu, bien tenu son rôle et retenu les ambassadeurs de Catalogne plus longtemps même qu'il n'avait dit ; il se réjouit d'apprendre que le château de Perpignan a été mis en bonne sûreté mais n'a pas de nouvelles assez précises du gast : « et faictes [le]... en manière qu'il n'y faille plus retourner, et qu'il n'y demeure ung seul arbre portant fruit sur bout, ne vigne qui ne soit couppée et estreppée et que tous les bleds soient bruslés[97] ». Trois mois plus tard, autres instructions, cette fois au duc de Milan qui, par mer, lui envoie des renforts qui doivent rejoindre les capitaines de l'ost royal devant Collioure, huit jours avant la Saint-Michel : « Il sera besoing que vous ordonnez bien expressément aux chiefs et conducteurs de vostre dicte armée qu'ilz fassent le plus forte, aspre et cruelle guerre qu'ilz pourront[98] ».

Guerre âpre et cruelle. Ce n'était pas affronter vaillamment l'ennemi, se battre dans l'honneur contre des hommes armés de la même façon mais aller affamer les populations. Et, pour cela, ne rien négliger. Le blocus des routes et des ports, la capture des convois de vivres pour interdire le ravitaillement des villes assiégées, la piraterie et la course, toutes ces pratiques remontaient à fort longtemps. Les chefs de guerre et les officiers de Louis XI s'y sont employés de cent façons, non sans grands succès souvent. Contre les Anglais et les Bourguignons, la guerre maritime fut surtout guerre de course et piraterie qui, moins souvent évoquées que les attaques aux frontières ou contre les cités fortifiées, mobilisaient pourtant beaucoup d'énergie et de capitaux. Les ports de la Manche, Harfleur surtout, armaient régulièrement pour la course et la vente des prises leur a beaucoup rapporté. La plupart du temps le roi désavouait les capitaines de ces navires pirates, mais chacun savait à quoi s'en tenir. Dans les dernières années du règne, cette piraterie venait appuyer les campagnes contre les Bourguignons et prit une étonnante ampleur, lançant en mer des flottes nombreuses et aguerries. L'an 1480, furent pris, au nom du roi, par le pirate-corsaire Coulon « et autres écumeurs de mer », jusqu'à quatre-vingts navires de Flandre qui étaient allés chercher des blés en Prusse ; fut pris également « tout le hareng de la pêche[99] ».

Guerre économique et guerre monétaire, le gast, le blocus et la piraterie servaient la même politique et répondaient aux mêmes intentions : atteindre l'ennemi dans ses forces vives, ruiner son ravitaillement et semer l'effroi. Le gast surtout qui, incontestablement, marque ce temps. Lancer des « coutiliers », des « gasteurs » de métier, dans les campagnes pour qu'ils coupent les arbres et brûlent les moissons sur pied ou dans les réserves, demandait évidemment moins de moyens, ne comportait en somme aucun risque, aucun hasard d'échouer et s'avérait, en fin de compte, plus efficace, plus expéditif. Il suffisait, nous l'apprenons à lire le roi lui-même, d'une centaine de « faucheurs » ou autres brigands pendant une dizaine de jours pour affaiblir les résistances.

Il est vrai que ces guerres n'étaient pas conduites contre d'autres pays, d'autres nations, mais contre des princes dits factieux, rebelles. Les frondeurs du Bien public s'étaient ligués contre leur souverain seigneur ; les comtes d'Armagnac et autres grands dynastes du midi et du centre de la France avaient prêté serment au roi. De nouveau armés contre lui, ils furent traités comme des rebelles, félons et parjures. Louis XI prenait bien soin d'exiger que tout seigneur venu faire sa soumission n'obtienne son pardon qu'en jurant solennellement sur la croix de Saint-Laud d'Angers, relique entre toutes insigne. Rompre ce serment rendait coupable envers Dieu et justifiait les plus terribles châtiments. Les mêmes accusations furent lancées contre les ducs de Bourgogne, le Téméraire surtout, qui ne respectaient ni les droits inaliénables de la Couronne en leurs Etats ni les trêves jurées. Et le roi ne manquait pas, évidemment, de sévir tout autant contre les officiers, les capitaines, les simples manants et habitants mêmes qui combattaient aux côtés de ces rebelles.

Lors de sa première campagne, dauphin et seul commandant de l'ost royal, le 8 juillet 1437, il s'emparait, après un siège qui ne dura guère qu'une semaine, de Château-Landon, place encore tenue par les Anglais. Contre l'avis de ses capitaines, il fit pendre les soldats anglais et, pour l'édification des foules, décapiter sur la place publique les Français dits « complaisants » ; il les trouva nombreux. Il semble qu'il se soit ensuite montré moins sévère, en particulier au lendemain de la prise de Montereau où seuls les notables les plus compromis furent exécutés, après quelques jugements fort sommaires ; visiblement, il s'est alors contenté de donner certaine apparence de légalité à de vulgaires règlements de comptes. Quatre ans plus tard, en septembre 1441, devant Creil et Maubuisson, furieux sans doute d'une si longue résistance des Anglais qui livrèrent bataille deux semaines durant, il la leur fit payer très cher et ne voulut pas faire de quartier. Nombreux furent ceux mis à mort immédiatement ou dans les caves et réduits où ils s'étaient cachés ; les autres, conduits prisonniers à Paris, « au pain de douleurs, deux et deux accouplez... tout ainsi comme on mène chiens à la chasse... chascun un de pouvre haillon vestus, tous sans chausses ne souliers » étaient mis à fortes rançons ou noyés en Seine devant tout le peuple, pieds et mains liés, « sans mercy moins que des chiens » [100]. Le 15 août 1443, entrant dans Dieppe, le dauphin fit exécuter tous les Français qui avaient été au service de l'ennemi et aussi quelques Anglais « qui lui avaient dit des injures » pendant l'attaque ; ce qui faisait tout de même trois cents hommes sur une garnison de quatre ou cinq cents [101].

La guerre de siège, qui souvent mettait les ennemis face à face pendant des jours et des jours, voire des semaines et même des mois, exaspérait les passions et les désirs de vengeance bien plus que les batailles rangées entre deux partis de cavaliers. Les hommes engagés dans la triste entreprise n'étaient pas tous des combattants ; ils se voyaient agir, s'observaient pendant long-temps, s'apostrophaient, se lançaient défis et injures. Ils usaient aussi de toutes sortes de procédés, certains jugés déloyaux, atroces : le feu, les tirs de boulets, les sapes et le blocus aveugle d'un côté ; les sorties inopinées contre un camp au repos, les embuscades, les jets de pierres du haut des remparts de l'autre. Certains capitaines avaient-ils en tête les récits des combats entre les villes d'Italie au temps des guerres entre les partis, alors que les clameurs ordurières, les manières d'atteindre la détermination de l'adversaire par de grands déploiements de force et de le couvrir de ridicule par des spectacles burlesques étaient pratiquées comme un art des combats ? Un temps où les assiégeants lançaient par-dessus les murailles des immondices et des viandes avariées pour provoquer des épidémies ? En tout cas, ils savaient que leurs hommes, immobilisés, rongeant leur frein sans voir d'issue et sans prendre de butin, souffrant du froid, de faim parfois et, malgré tout, de pertes non négligeables, ne songeaient qu'à se payer, le moment de la prise d'assaut venue, sur ceux qui n'avaient pas eu le bon sens de céder plus tôt. Une ville conquise, les portes de l'enceinte enfoncées, les maisons offertes au pillage, femmes et enfants sans défense, devenait un bien meilleur terrain de triomphe, vols et viols, qu'un simple champ de bataille au soir de la victoire.

Ces longs sièges ont, chez les contemporains, trouvé de plus forts et de plus longs échos que les affrontements entre des compagnies de cavaliers ou d'archers. Presque tous se terminaient dans l'horreur, les vainqueurs courant dans la cité qui les avait tant nargués ; les chefs les laissaient faire, ou même les devançaient par des ordres exécutés sans faiblesse : récompense pour leurs gens, exemple à l'adresse de ceux qui, ailleurs, en d'autres places, penseraient à trop se défendre. Une courageuse résistance n'était pas alors considérée, par le vainqueur, comme un haut fait d'armes, comme une action d'éclat à laquelle il devait rendre hommage, mais comme un acharnement coupable. La punition suivait la victoire.

Sans doute le Téméraire avait-il, lui aussi, cédé à ces fureurs vengeresses : dans l'automne 1469 contre les Liégeois qui virent leur ville dévastée et les habitants poursuivis jusque dans les églises ; puis, en 1472, à Nesles en Vermandois, où ceux qui furent pris vifs furent pendus sur le coup et un assez grand nombre de prisonniers, rattrapés dans leur fuite, eurent les poings coupés[102]. Mais Louis XI, en 1477-1478, ordonna autant d'exécutions, en particulier lors du siège d'Arras. Les vingt-deux ou vingt-trois ambassadeurs envoyés auprès de Marie de Bourgogne, arrêtés en chemin et leurs instructions découvertes, eurent la tête tranchée. Les garnisons bourguignonnes de Lille, de Douai, d'Orchies et de Valenciennes rassemblèrent cinq cents hommes à cheval et mille piétons qui prirent la route d'Arras pour aider les assiégés ; le seigneur du Lude leur infligea une terrible défaite et, des six cents prisonniers, les uns furent pendus, d'autres eurent la tête coupée, « et le demeurant gagnèrent à fuir [103] ». Deux ans plus tard, pour venger un capitaine gascon que Maximilien d'Autriche avait fait pendre alors qu'il s'était rendu avec l'assurance d'avoir la vie sauve, le roi « fist pendre jusques à cinquante des meilleurs prisonniers que ses gens d'armes eussent entre leurs mains ». Par vengeance et, plus encore peut-être, pour servir d'exemple et terroriser les cités qui lui résistaient encore, il prit soin de faire de ces exécutions de véritables démonstrations de force. Sept hommes furent pendus là où le capitaine du roi l'avait été, mais dix autres devant les murs de Saint-Omer, dix devant Arras et dix devant Lille ; le prévôt des maréchaux chargé de la besogne étant chaque fois accompagné de huit cents lances et de six mille francs-archers. Lesquels s'en allèrent ensuite dans le comté de Guines et jusqu'en Flandre, prirent dix-sept places et maisons fortes, « et tuèrent et bruslèrent tout ce qu'ils trouvèrent et emmenèrent bœufs, vaches, chevaulx, jusques es aultres biens, et après s'en retournèrent en leurs dites garnisons [104] ».

3. Epuration, transferts de populations

Les longs sièges, les trahisons, les peurs et effrois, surtout l'acharnement à punir par d'exemplaires et cruelles exécutions les coupables d'avoir bien combattu, laissaient d'amers souvenirs. De plus, les officiers du roi, gouverneurs des pays et des cités tout juste enlevés de force, se heurtaient souvent, outre les ressentiments et le désir de vengeance, à de vives oppositions d'hommes attachés à un long passé, à leurs traditions, qui tenaient à préserver certains privilèges et ne se résignaient pas à supporter une administration royale sans nul doute plus sourcilleuse que celles qu'ils avaient connues. Le parti « français » ne l'emportait pas à tout coup. Les adversaires pris les armes à la main, ceux coupables d'avoir ameuté le peuple et suscité des troubles, furent dûment châtiés. Les autres, gens de métiers pour la plupart, laboureurs et vignerons, charretiers et petits marchands souvent, beaucoup plus nombreux, représentaient encore un réel danger, hostiles à un souverain qui voulait que sa politique d'annexion pure et simple ne souffre d'aucun retard ni ambiguïté.

Il prit délibérément le parti de les chasser de leur ville, pour n'y laisser que de loyaux sujets et même la repeupler, la coloniser en somme, en y installant des hommes, femmes et enfants venus d'ailleurs. L'an 1475, il fut pris d'une sainte fureur contre ses capitaines, le seigneur du Lude tout particulièrement, qui avaient accordé aux habitants de Perpignan des capitulations trop douces, leur donnant quatre mois pour choisir de rester ou d'émigrer en emportant leurs biens meubles. Il fit renvoyer Lude, nomma à sa place Ymbert de Batarnay, seigneur du Bouchage, chargé de frapper dur et lui ordonna, ainsi qu'au gouverneur Boffile de Juge, de chasser beaucoup de monde de la ville, de faire que ce soit cité morte ; il les autorisa, pour stimuler leur zèle, à s'approprier tout ce qui serait confisqué « à ceux qui seront mis dehors pendant que vous serez par-delà [là bas] [105] ». L'un et l'autre, mieux au fait des réalités, s'y opposèrent et, par de longs échanges de lettres, finirent par le convaincre de ne faire partir que les nobles et les « gros » coupables de trahison [106]. A condition toutefois qu'aucun rebelle, meneur d'émeute, ne puisse échapper à l'exil : « Faictes escripre en ung beau papier tous ceulx qui ont esté ou seront désormais traites dedans la ville » ; quant aux chefs, ceux qui entretenaient le peuple contre le roi et lui faisaient la guerre, « qu'il les gecte dehors » [107]. Et Bouchage de dresser, effectivement, une liste d'environ deux cents suspects, classés par profession (sabotiers, marchands, tisserands, notaires...), avec, pour chacun, une appréciation sur sa conduite ou ses intentions (« mauvais », « très mauvais »...) [108]. Le roi insistait, relançait : ne prenez pas l'avis de Boffile, trop enclin à pardonner et calmer les esprits ; faites piller les maisons de ceux que vous chassez, notamment de cet Antoine Viviers et « d'aucuns gros qui sont les plus traîtres » ; enfin, veillons ensemble à n'y établir que des hommes sûrs. A Paris sont venus un grand nombre de demandeurs d'offices mais « je vous assure que je n'en donneray nulz » ; c'est à vous de choisir « et en faites bonne bande contre le roi d'Aragon » [109]. Il ne cessait de faire la leçon, de le réprimander d'avoir gardé près de lui Yon du Fou : « vous ne devez point émerveiller si je feuz bien courroucé ! » ; ce messire Yon a trahi tout autant que les notables de Perpignan, c'est « un des plus malveyeux traictes de ce royaume... il vous faut estre plus malycyeux que luy si vous voulez bien servir en cecy et vaincre pas sur luy » [110].

En Bourgogne, après les révoltes de 1477-1478, Jean Blosset, sénéchal de Normandie, et Régnier son trésorier général furent chargés de la répression, avec ordre exprès, en particulier à Dijon, « d'y faire habiter gens nouveaux et la faire vuider de ceulx qu'ils trouveront et connaîtront ne nous estre bons et loyaulx tant et tel nombre qu'ils verront estre expédient et nécessaire » ; et même « on fera vuider de ceste ville le plus bref que faire se pourra les femmes de tous ceulx qui se sont absentées ». S'en suivirent, en grand nombre, arrestations, procès, prescriptions et confiscations des biens, la plupart des condamnés étant d'ailleurs de pauvres hommes ou, à tout le moins, de petits artisans, tonneliers, vignerons, savetiers, couteliers, pâtissiers...[111]. La ville cependant ne se soumettait pas vraiment ; les partisans de Marie de Bourgogne et les mécontents s'émouvaient aux nouvelles des batailles en Franche-Comté, de la trahison du prince d'Orange, de ses premiers succès, des émeutes à Beaune. Le roi y envoya le seigneur du Bouchage avec Jean de Baudricourt, bailli de Chaumont, pour assister son gouverneur de Bourgogne, Charles d'Amboise. Dans le même temps où il faisait don de douze mille livres pour réparer et renforcer les fortifications de la cité, une ordonnance déclarait crime de lèse-majesté le fait de ne pas révéler une conspiration (le 22 décembre 1477). Six mois plus tard, en juin, fut proclamé aux carrefours que « l'on fasse vuyder hors de ceste ville tous retroyans et aultres esquelx l'on aura aulcune manière de suspicion »[112].

Le repeuplement d'Arras par des ménages désignés et pris en charge par les villes du royaume, jusque dans le Languedoc, fut certainement le plus vaste et le plus lourd déplacement de populations que le pays ait connu jusqu'alors, et peut-être par la suite : douze mille personnes au total. Et aussi un retentissant échec.

Prise le 17 mars 1477, malgré une ultime tentative pour lui porter secours par le capitaine bourguignon Philippe d'Arcy, Arras vit Louis XI entrer de vive force et en grand arroi dans ses murs mais ne subit d'abord que peu de représailles. Contre cinquante mille écus d'or, le roi lui accorda des lettres de pardon et permit aux plus compromis de s'exiler[113]. De nombreux notables, marchands et drapiers surtout, quittèrent la ville de leur plein gré et se réfugièrent à Lille ou à Roubaix. Les maîtres tapissiers installèrent leurs métiers à Rennes. Le roi n'en demandait pas davantage. Mais, le 15 mai 1479, il accusa ceux qui restaient de vouloir se livrer aux Autrichiens et donna ordre d'y maintenir une garnison de huit cents lances, puis de « faire vuider et mectre hors de la ville d'Arras les habitants en icelle et y faire habiter et demourer de nos aultres bons et loyaulx subjects des villes de nostre royaume ». Les condamnés à la déportation, très nombreux, furent assignés à résidence à Amiens, Senlis, Compiègne, Paris et Tours.

De l'abbaye de Saint-Vaast, le 25 mai, puis de Château-Landon le 2 juin, Louis prit ses dispositions pour mettre sur pied une énorme machine administrative et financière, chargée de décider quelles communautés devraient fournir des hommes et combien, de les examiner, de les acheminer et les établir le moins mal possible ; et surtout d'exiger et recevoir de ces communautés les contributions nécessaires à de si grands transferts. Tout alla très vite. Une assemblée réunie à Paris dès le 12 juin, sous la présidence de

Philippe Luillier, seigneur de Morvillier, gouverneur de la bastille Saint-Antoine, et du prévôt des marchands Henri de Livres, désigna des commissaires qui devaient siéger à Paris, Tours, Lyon, Rouen et Saint-Jean-d'Angély. Ils avaient à dire comment les trois mille familles d'hommes de métiers, capables de se subvenir par leur travail, seraient désignées par les « pays » et les villes du royaume. On ne sait pas quels critères furent retenus, les commissaires n'ayant édicté aucune règle et ne s'expliquant sur ce à aucun moment. Sans nul doute, on ne tint pas seulement compte de la population des pays et des cités, mais aussi d'autres facteurs, mal définis, qui, à beaucoup, pouvaient paraître arbitraires.

Les décisions, en tout cas, soulevèrent des tempêtes de protestations. Partout, l'on évoqua la dureté des temps, la pauvreté des ménages, la crainte de voir tel métier péricliter, et l'on accusait les voisins de tricheries, de subterfuges. Les commissaires furent, en plus d'une occasion, contraints d'assouplir leurs exigences. Paris fut largement favorisée et n'eut à désigner que trois cents ménages alors qu'Orléans s'en vit imposer soixante-dix, Tours cinquante, Angers trente, Evreux vingt-cinq. Les petites cités étaient, elles aussi, sollicitées de façon très inégale. Des quatre-vingt-quatorze ménagers de sa région, Troyes devait, à elle seule, en donner la moitié. En Basse-Auvergne, les contributions ne concernaient que Clermont, Montferrand, Cusset et Saint-Pourçain. Mais, dans le Haut et le Bas-Languedoc, pour cent soixante-dix ménages, sont citées soixante-sept localités.

Au total, les responsables avaient donc mission de rassembler trois mille familles, les célibataires étant exclus, et chaque famille comptait, pour le moins, enfants et compagnons du métier compris, quatre personnes. Arras qui, entre-temps (le 4 juillet 1479), avait perdu jusqu'à son nom et s'appelait désormais « Franchise », devait ainsi recevoir, exactement comme le roi en avait décidé, douze mille âmes. Chaque ménage aurait, au moment du départ, soixante sous par homme, quarante sous par femme, vingt par enfant et serviteur ; plus un écu à chaque naissance dans la ville de Franchise.

Comme en toute occasion, les ordres furent exécutés avec une rare célérité, sans atermoiement. Moins de cinq semaines après l'édit de Château-Landon, les « ménagiers » prirent la route : d'Evreux le 5 juillet, de Montferrand le 9 juillet. Les responsables des choix avaient été durement chapitrés de n'« élire » aucun misérable. C'est ainsi que, sur dix hommes de métiers désignés en assemblée communale à Montferrand, maçon, charpentier, serrurier, tisserand, couturier, chaussetier, boulanger, sellier, boucher et cordonnier, neuf payaient la taille dans leur ville et partaient avec un valet ou un apprenti. Chacun devait toucher de dix à douze livres ; le chaussetier en demanda quarante et les obtint.

Tractations, voyages et installations pesèrent très lourd sur les finances. Evreux dut trouver quarante-neuf charrettes et réquisitionner des charretiers dans une dizaine de villages des environs. Un « sergent » fut payé douze livres pour les accompagner jusqu'à Franchise. Pour ses dix « ménagiers », la ville de Montferrand, qui avait déjà dû entretenir ses députés à Lyon pendant sept jours pour parlementer avec les commissaires royaux, fut obligée d'engager de plus grands frais encore, soigneusement portés sur un compte particulier présenté ensuite au Conseil. Les responsables ont loué vingt chars à bœufs puis, à Meringues sur l'Allier, un bateau qui a conduit les familles jusqu'à Gien ; de là, portage par vingt-quatre charrettes, dix-neuf charretiers et quarante-huit chevaux jusque près de Montargis sur le Loing, puis la Seine, l'Oise jusqu'à Creil, pour un long séjour qui laissa loisir à ces gens d'être passés en revue ; enfin, des chars à nouveau vers Amiens et Arras où ils arrivèrent le 22 août, sept semaines après leur départ. Outre les provisions de bouche, les robes pour tous et le gîte à Compiègne, l'on compta aussi un court séjour à Vichy et un autre à Paris, à l'hôtellerie du Grand Cornet en Grève ; plus encore vingt-cinq sous, toujours à Paris, donnés aux femmes « pour avoir des joyaulx et espingles ». Les gens d'Evreux dépensèrent plus de quinze cents livres ; ils les empruntèrent à des financiers qui prirent soin d'accompagner les ménages. Mais les quatre villes de Basse-Auvergne traitèrent avec un « facteur », un nommé Crochet de Saint-Pourçain, qui accepta un versement de douze cents écus, se garda bien de partir et ne se fit plus voir ; les procureurs de ces bonnes villes firent tout de même arrêter l'un de ses agents qui passa un long temps en prison[114].

D'autres mauvais hasards aggravaient encore les mises de fonds. Les Orléanais furent attaqués à quatre ou cinq lieues seulement du but par des hommes d'armes ennemis du roi qui firent vingt-trois prisonniers, mis à rançon de façon scandaleuse. D'autre part, tous les ménages devaient se rassembler, par petits groupes, au pont de Meulan ou à Senlis et se présenter devant des commissaires, lesquels n'autorisaient que les « suffisants » à poursuivre leur route et renvoyaient les autres. Certains tombèrent malades, d'autres avaient laissé chez eux qui un enfant, qui un valet et plus souvent suivre leurs outils de travail. Force était d'y pourvoir, de remplacer les manquants, d'engager d'autres dépenses. Le 29 juillet 1480, le lieutenant du roi et ses agents étant à Franchise firent savoir aux habitants d'Evreux que, ayant fait la montre de leurs gens de métiers arrivés dans la ville, ils en avaient trouvé plusieurs de non suffisants ; la ville d'Evreux devait, de plus, verser certaines sommes d'argent pour compenser pertes et dommages subis en chemin et aider tous leurs gens à s'entretenir. Suivait une liste de neuf noms, parfaitement dressée (deux bouchers, un tondeur et laveur, un peigneur, couturier, sellier, fourbisseur, mercier, menuisier), qui devaient recevoir de quarante à cinquante livres chacun. Soit, au total, quatre cent quarante livres que les habitants d'Evreux devaient faire parvenir, ou sinon en envoyer d'autres, « plus souffisans en puissance, richesse et industrie »[115].

Le Languedoc, taxé pour cent soixante-dix ménages, n'en avait encore établi dans Arras que quarante-sept. On leur réclama, non les cent vingt-trois manquants mais, au terme de longs pourparlers et marchandages, tout de même soixante-dix « souffisans et riches pour vivre et faire leur demourance ès dittes ville et cité de Franchise ». Que les hommes de leur communauté et de leur métier leur portent aide, partie en deniers, partie en écheveaux de laine. Le temps presse et le roi ne veut souffrir aucun retard : la mise en demeure, signée par les commissaires à Franchise le 25 juin 1481, fut proclamée en Languedoc, à Florensac, le 15 août et ces soixante-dix familles manquantes devaient être examinées à Doullens (au sud-ouest d'Arras, sur l'Authie) le 15 septembre. Pour fournir et satisfaire à leurs dépenses, charroi et nourriture pendant un mois après leur arrivée, « prenés et faittes prendre des plus clercs deniers communs desdittes villes, s'aucuns en y a » ; sinon ce sera par emprunt assis et imposé sur tous les habitants de ces villes et des faubourgs[116].

Louis XI, bien sûr, ne se faisait pas d'illusions. Cette ville de Franchise autrefois prospère, maintenant vidée de ses forces vives, exsangue et réduite à une petite vie, ne pouvait renaître que par l'installation d'hommes de valeur, capables de lui donner un nouvel essor. Outre les trois mille « ménagers », gens « mécaniques », artisans donc, devaient également s'établir dans la cité trois cents « grands marchands », riches d'au moins mille écus ; ce seraient essentiellement des drapiers, qui se virent signifier l'ordre de n'employer leur argent qu'à des achats de laine, guède, alun et garance. Mais ces dispositions, précises et maintes fois rappelées, rencontrèrent de vives résistances ou, pour le moins, de bien pauvres empressements à obéir. La plupart des marchands envoyèrent seulement leurs facteurs, chargés de vendre des draps, non d'en faire travailler. Le 30 décembre 1480, le roi retira la charge des « établissements » aux commissaires, agents d'administration, pour la confier à des financiers et négociants, à Jean Briçonnet assisté de « techniciens » installés à Paris, Rouen, Troyes, Lyon, Tours et Poitiers. Il fit recenser les possibilités des nouveaux immigrés dans la ville de Franchise, renvoya les moins actifs, mit sur pied des « compagnies » de marchands au capital de

cinq mille écus et des « bourses » marchandes à Troyes, Rouen,
Toulouse, Montpellier, Paris et Lyon, où les facteurs des drapiers
s'engageaient à résider pendant au moins cinq ans.

Sur son ordre, souvent réitéré, ces compagnies et aussi de nombreuses municipalités du royaume furent obligées d'acheter chacune certaine quantité de draps de Franchise à prix fixé. Le métier
de drapier, dit-il, « a esté mis sus et drecé » dans Franchise et il
s'y est fait beaucoup de draps ; mais il sera fort difficile aux marchands drapiers de la ville de les vendre car, à cause des guerres
et du fait que Franchise « est assise sur la frontière de nos adversaires, rebelles et désobéissans », on ne peut y aller sans convoi et
courir de grands dangers. De Cléry, le 9 juin 1482, lettre aux
agents royaux responsables : vous obligerez, pendant deux ans, les
villes que vous jugerez « estre plus propres et convenables pour
ce faire » à prendre un certain nombre de pièces, au prix établi
« par troys gens de bien en ce congnoissans » que vous élirez et
qui prêteront serment [117].

C'est ainsi que Josse de Moussel, « boursier » de Champagne,
écrivit, le 15 septembre de la même année, à un bourgeois de Laon
pour lui annoncer l'envoi de huit pièces de draps de Franchise, à
charge pour lui ou de les payer sur le coup ou de les vendre « selon
les pris contenus es brevetz imprimez ». Les marchands de France,
à travers tout le royaume, ont certainement reçu quantité de ces
draps (« l'on en envoie cent pièces par ce voyaige en Champaigne ») et nombre de lettres du même genre. Celle-ci, la seule
connue, a le mérite de dire le vrai et de ne rien taire des difficultés.
Les draps tissés à Franchise sont chers et de mauvaise qualité.
Chers car les laines sont achetées à de trop hauts prix, le bois et
les vivres aussi ; les compagnons n'ont pas de moulin et doivent
tout fouler aux pieds, ce qui fait cinquante sous de plus par pièce ;
de plus, il leur faut entretenir, aux murailles et aux portes, un guet
important. Mauvais, car presque tous sont venus là par force, ne
prennent aucun plaisir à besogner mais, au contraire, « font du pis
qu'ils peuvent, cuidant que on les renvoye dout ils sont venus ».
Leurs sceaux et leurs « bulles » ne veulent pas dire grand-chose :
aucune « visitation » n'a été faite depuis au moins deux mois. Et
notre « boursier », bien embarrassé, d'insister malgré tout, mais
comme en désespoir de cause : ces huit pièces ne sont pas si lourde
charge ; vous pouvez et devez les accepter ; songez à ces pauvres
ménagers de Franchise qui « pourroient morir de faim de costé
leurs draps si n'en ont délivrance » [118].

Entrepreneurs protégés, production médiocre, prix fixés à
l'avance et plus élevés que d'autres, ventes forcées : tous les vices
et arrogances d'une économie d'Etat, planifiée, régie de haut par
des commissaires du roi ou par des financiers qui prenaient les

offices à ferme, qui tous se trouvaient tenus d'appliquer des directives et refusaient les lois du marché. Les draps de Franchise, heureusement peu nombreux, ne furent pas mis en concurrence.

Sur tous les plans, la grande affaire du repeuplement d'Arras
ne suscita que murmures, plaintes et refus. Les « ménagers »
déportés ne songeaient qu'à rentrer chez eux pour retrouver les
biens qu'ils y avaient laissés ; ils gardaient des amis, voire des
complices, dans leur ville d'origine, qui les tenaient informés et les
entretenaient dans cet espoir. Franchise ne fut pas habitée comme
le roi l'avait voulu. Les villes du royaume n'ont pas « élu » autant
de « ménagers » qu'elles le devaient ; tous ne sont pas partis et,
malgré les précautions prises au long de la route, certains ne sont
pas allés bien loin ou s'en sont retournés. Les commissaires
royaux, en plus d'un pays et notamment dans le Languedoc, ont
dû revenir pour des rappels et modérer leurs exigences. Les
communautés urbaines se sont lourdement endettées pour faire
face aux premières dépenses, voyages et allocations, et furent souvent contraintes de payer encore pour l'établissement et la subsistance des « non-suffisants » : charges insupportables, imposées par
les « visiteurs » du roi.

Ces « ménagers » ne sont pas partis de gaieté de cœur, obligés,
sitôt désignés, de rassembler en quelques jours les biens qu'ils
pouvaient emporter et de prendre la route vers un pays lointain
dont ils ignoraient tout, la langue et les mœurs, vers une ville
conquise depuis peu, encore en proie aux raids des ennemis et des
brigands. Quitter leur cité natale pour une autre où ils seraient
toujours sur le qui-vive, enfermés dans des murs d'enceinte, dans
cette « Franchise » occupée par une forte garnison d'hommes
d'armes accusés, non sans raison, de trop se payer sur place, les
frappait comme d'un grand malheur : « Pensez quel dœil au cœur
debvoient avoir autant les uns que les aultres à l'angoisseux département du lieu de leur nautalité et quérant estrange patrie différente à leur nation [119]. » Il ne fut nullement question d'élire, pour
ce repeuplement, des condamnés, ni même des marginaux ou suspects de méfaits quelconques, et ces hommes, ces « ménagers »,
fidèles sujets à qui l'on ne pouvait rien reprocher, souffraient les
mêmes maux que les « rebelles » chassés d'Arras. Encore ceux-ci
ne sont-ils pas allés aussi loin de leur ville.

L'« établissement » fut évidemment un échec : l'argent manquait, les vivres n'arrivaient qu'en trop faibles quantités, à prix
élevés ; les champs des campagnes d'alentour, naguère emblavés,
n'étaient que friches, la ville pour une bonne part à reconstruire.
Les marchands, aidés pourtant par les « bourses » royales, ne s'y
attardaient pas. Quant au peuple, aux gens de métiers, comment
penser qu'ils auraient pu, partis par petits groupes tout au plus de

quelques dizaines, de pays si différents, aisément cohabiter avec d'autres venus de villes et régions pour eux aussi étrangères que l'étaient Arras et l'Artois ? Ce n'était pas un simple transfert de populations pour remplacer l'une par l'autre. Mais une rude contrainte imposée à des hommes originaires de nombreux horizons de se fondre en une seule communauté d'habitants ; entreprise hardie, déraisonnable plutôt, dictée par des agents de l'Etat qui décidaient de tout et répartissaient les contributions, mais se sont peu souciés de garantir des conditions d'installation convenables.

Aussi cette malheureuse tentative de colonisation ne dura-t-elle que très peu de temps. Dès décembre 1482, les fugitifs établis dans les Etats de Maximilien et les déportés dans les villes du royaume furent autorisés à rentrer. Nombre d'entre eux retrouvèrent leurs biens. Le jour de Noël, toutes les cloches de la cité sonnant, les moines de Saint-Vaast s'installèrent dans leur abbaye et en chassèrent les intrus. Plusieurs hommes de loi et marchands s'établirent à nouveau dans la ville qui retrouva alors son nom. A la mort du roi Louis, Charles VIII donna aussitôt congé et licence à nombre de « ménagers », amenés de force dans Arras, de retourner d'où ils étaient partis ou en autres lieux qu'il leur plairait, « à ce qu'ilz, leurs femmes et enffans puissent mieulx avoir et gaigner leurs vies et neccesitez » [120].

Cette guerre cruelle du roi Louis XI, guerre sordide, s'opposait en tout point à celle des temps dits « féodaux » : par le service soldé, par une organisation plus stricte des combattants sous une même autorité, par des effectifs plus élevés et l'emploi de canons ; mais surtout, encore que cela ne soit pas souvent dit, par la manière de concevoir la lutte. Comment ne pas songer, pour qui voudrait mesurer vraiment l'évolution, aux « paix de Dieu » du Moyen Age, apparues vers l'an mil, qui, en France précisément, interdisaient de s'attaquer aux faibles, aux femmes et aux enfants, aux paysans, à leurs maisons et à leurs récoltes ? Ces « paix », que les évêques et les conciles firent appliquer avec rigueur, prononçant de rudes châtiments contre les seigneurs coupables de ne pas les respecter, semblent d'un autre âge, souvenirs d'une autre façon de concevoir la guerre. Dans ces années 1460-1480, le roi, chef de guerre, désignait sciemment, au nom de la raison d'Etat, comme premières victimes les faibles que l'on voulait autrefois préserver. Les évêques se taisent, les moralistes n'en parlent que s'ils se trouvent dans l'autre camp. L'allégeance au prince et le service de l'Etat l'emportent sur tout. Jusqu'à permettre d'effacer d'un trait le passé d'une cité en la privant de son nom pour l'affubler d'un autre, parfaitement vide de sens et ridicule, et, en quelques jours, chasser de ses murs le plus gros de ses habitants. Et organiser, de façon arbitraire, des transferts massifs de ménages qui ne demandaient qu'à vivre en paix chez eux, dans leurs murs, près de leurs parents et amis ; et les forcer à cohabiter, loin de leur pays, en terre inconnue, avec d'autres déportés, jamais entrevus jusqu'alors. Que cette manière d'épuration politique se soit, en définitive, soldée par un lamentable fiasco, dit pourtant que tout n'était pas encore possible.

SIXIÈME PARTIE

Louis XI devant l'Eglise et devant Dieu

I

Le roi très chrétien

Louis XI n'a certainement pas mérité la même réputation de sainteté et d'amour de la justice, de compassion pour les faibles et les malheureux que Saint Louis. S'il s'affirmait « roi très chrétien » et en revendiquait le titre, si haut et si souvent, lors des Conseils du royaume et à Rome par ses ambassadeurs, c'était sur le plan politique. Il arguait du passé, parlait de Clovis et de Charlemagne, tous deux grands protecteurs de l'Eglise et défenseurs de la foi contre les hérétiques ou les infidèles. Il rappelait que les rois de France avaient tous été de droit divin, jamais élus par des pairs mais consacrés de père en fils ; il invoquait leur pouvoir de guérir les malades, la Sainte Ampoule, les fleurs de lys et l'oriflamme royale apportée du ciel. Ces miracles et l'intervention de Dieu avaient, au cours des deux derniers siècles notamment, été évoqués par toutes sortes d'écrits et d'enluminures des livres de piété, et par les discours des docteurs de l'Eglise ou de l'Université, partisans résolus d'une doctrine gallicane ; ils y voyaient des arguments pour s'opposer au pape et soutenir leur droit à une manière d'indépendance.

Un Livre d'heures écrit et peint en 1423, l'année de la naissance de Louis, portait en pleine page une superbe scène peinte illustrant ces thèmes. On y voyait Dieu le Père confiant à un ange une longue bande d'étoffe brodée de fleurs de lys. L'ange la remet à un saint ermite qui, en un autre petit tableau, la donne à Clotilde, laquelle se rend ensuite dans le palais royal pour en faire présent à Clovis, alors qu'il prend les armes pour aller combattre les Alamans[1].

A la solde des rois, les historiens avaient, de leur côté, largement exploité les mêmes scènes, insistant sur la majesté et le caractère exceptionnel de cette dignité royale. Composé quelques mois seulement avent l'avènement de Louis, en 1460, le traité des

Droits de la Couronne de France, traduction anonyme et amplifiée, aménagée dans le bon sens, de l'*Oratio historialis* de Robert Blondel (1449), disait tout net que « les armes des fleurs de lis avec l'auriflamme et la saincte ampoule » avaient été tous trois envoyés par Dieu à Clovis[2].

Le roi Louis ne se fit pas faute d'y avoir recours. Lui-même vivait intensément cet héritage et se voulait le descendant, direct et fidèle, du roi franc. Une longue lettre signée d'Ymbert de Batarnay, seigneur du Bouchage et grand maître de l'Hôtel, lettre « pour advertir le Roy de ce dont il m'a chargé touchant l'église de Sainte-Marthe [à Tarascon] », montre que la référence à Clovis ne paraissait ni tellement rare ni extravagante. Le roi tenait si fort à marquer cette filiation qu'il avait évalué son offrande pour le sanctuaire en monnaie « du temps de Clovis » et commis Bouchage de s'informer de ce que ces monnaies vaudraient alors (en 1471). Mission impossible : le fidèle conseiller s'est beaucoup dépensé, il est allé à Nîmes, Montpellier, Aix et Avignon, mais n'a rien trouvé. On ne pouvait remonter « au delà de deux cents ans en arrière », et, dit-il, « il y a plus de mille ans que Clovis est mort ». Quant aux terres que Louis veut donner à l'Eglise, pour honorer une promesse faite autrefois par Clovis, elles valent aujourd'hui, affirme le maître de l'Hôtel royal, trois mille neuf cent douze florins de Provence ; mais, fait-il remarquer, toujours empressé de bien faire, elles « sont de présent en aultres mains et possédées par aultres de lonc temps, par quoy seroit chose difficile de leur oster ». Mieux vaut faire don de biens fonciers, parmi ceux que le roi tient en propres mains pas trop loin de là[3].

Louis se recommandait tout autant de Charlemagne, empereur, protecteur du pape et de l'Eglise, arbitre en leurs plus dures querelles, et de Saint Louis, champion de la chrétienté jusqu'aux lointaines terres de l'Orient. En octobre, novembre et décembre 1469, il fit dire au total quatre-vingt-douze messes, soit une par jour, sur la croix de saint Charlemagne[4]. Dix années plus tard, « ayant en singulière recommandation les saincts faicts de sainct Louys et de sainct Charlemagne », il ordonna que leurs images de pierre qui se trouvaient aux piliers de la grande salle du palais royal à Paris soient « mis et posez au bout de ladite grand salle au dessus et au long de la chapelle[5] ».

L'héritage de Clovis, le souvenir de son baptême, la Sainte Ampoule et les fleurs de lys, tout cela fut, avec de longs rappels des services rendus par Charlemagne et par les rois de France à Rome et à la chrétienté dans le monde entier, constamment et grandement rappelé, affirmé et commenté par les auteurs gagnés à la cause et stipendiés. Et, bien évidemment, sans cesse représenté au pape. Les instructions à Antoine de Morlhon, procureur

général au parlement de Toulouse, envoyé en 1478 en ambassade
auprès de Sixte IV, lui disaient clairement, jusque dans les
moindres détails, comment il devait parler pour convaincre du
bien fondé du roi à intervenir dans les affaires de l'Eglise, voire
dans celles d'Italie ; et exiger du pape de Rome qu'il renonce à
certaines alliances. Quels rois, hors celui de France, sont oints
d'une huile sainte venue du Ciel ? Qui vainquit les Saxons tant de
fois parjures à la foi catholique ? Qui châtia les Lombards
acharnés contre l'Eglise romaine ? Qui arracha aux barbares, lors
des croisades, Antioche, Ptolemaïs, Alexandrie (?) et Jérusalem ?
Qui rendit la gloire et la liberté originelle du siège apostolique
persécuté, brisé, foulé aux pieds et dénué de tout secours[6] ?

I. FACE À ROME

Le roi ne s'est jamais laissé oublier ni dans Rome ni dans l'Italie,
le comtat Venaissin et Avignon. Ses attaques et démarches,
ambassades et menaces, les expéditions armées, moins connues
ou plutôt moins communément évoquées dans nos livres qui trop
souvent privilégient les conflits avec les Bourguignons et la
recherche des alliances du côté anglais, ont pourtant tenu, dans le
jeu diplomatique du moment, une place considérable. La tâche
n'était pas aisée. La mort à Rome, en 1378, de Grégoire XI, dernier des papes établis dans Avignon, avait marqué la fin d'un long
temps de domination française sur la papauté. Louis XI fut
contraint de négocier avec des papes tous italiens : Pie II (Aenus
Sylvius Piccolomini, 1458-1464), homme de culture et de renom,
d'une grande famille de Sienne ; Paul II, vénitien (1464-1471) ;
Sixte IV, ligure, élu le 9 août 1471. Tous échappaient à l'influence
et aux querelles, brigues et affrontements des clans nobles, princiers plutôt, de Rome. Le temps n'était plus où le pape osait à
peine se montrer dans la ville et ne s'y maintenait qu'en se plaçant
sous la protection et dans la clientèle d'un des grands lignages,
Colonna, Orsini, Caetani... Passé le temps où, en butte à de
grandes menaces, il ne voyait d'autre issue que de fuir pour se
réfugier à l'abri, à Pérouse, à Viterbe, jusqu'à Lyon même.

Ces papes du « Retour à Rome », ceux du temps de Louis XI
en tout cas, gouvernaient de main ferme et s'affirmaient bons politiques, bons administrateurs. Le roi eut là fort à faire, avec
Sixte IV surtout. Ce pape, né à Celle Ligure près de Savone, franciscain puis général de l'Ordre, cardinal par son seul mérite à l'âge
de vingt-trois ans, d'origine familiale si modeste qu'il lui fallut se
trouver un nom et des armoiries (della Rovere), s'était vite
entouré d'un puissant cercle de parents et d'alliés. Il n'a, en nulle

façon, inventé le népotisme et ne fit rien d'autre que de suivre l'exemple des princes, en Italie et ailleurs, maître de clans familiaux. Mais il en haussa la pratique, avec toujours plein succès, à un degré vraiment remarquable. Il n'avait qu'un frère, Bartolomeo, qui devint seigneur de Cerveteri, mais six sœurs qui toutes furent bien mariées ; sept de ses neveux devinrent évêques et cinq d'entre eux cardinaux ; un autre fut chevalier de Rhodes [7].

Les affaires d'Avignon

En 1411, l'armée royale sous le commandement de Boucicaut avait occupé la ville d'Avignon après un siège de plusieurs mois et s'était emparée du palais pontifical d'où Benoît XIII, dernier pape schismatique, s'était enfui pour se réfugier dans le royaume de Valence. Dans Avignon, Rome était comme absente et Charles VII, devenu roi, entendait maintenir des hommes à lui dans le Comtat. Alain de Coëtivy, frère de l'amiral de France, fut évêque (en 1438) et Pierre de Foix légat pontifical (en 1433). L'un et l'autre firent venir leurs gens, Bretons et Gascons, en grand nombre et la ville à demi ruinée se repeupla, retrouva ses industries et ses négoces soutenus par d'importants subsides du roi de France. Louis XI fit tout pour ne pas en être écarté. Le pape Sixte IV finit par désigner comme nouveau légat le protégé du roi, le jeune Charles de Bourbon, alors archevêque de Lyon. La bulle lui fut apportée par le cardinal Bessarion, le 5 juillet 1472, et le pape accepta de publier enfin le Concordat qui définissait les relations avec l'Eglise de France, traité préparé depuis longtemps mais plusieurs fois remis en question (le 13 août 1472). Il consentit aussi à soutenir le roi lorsque celui-ci s'opposa au mariage de son frère Charles avec la fille du duc de Bourgogne, refusant d'accorder les dispenses nécessaires, allant même jusqu'à proclamer l'excommunication de Charles le Téméraire, par une bulle lue solennellement à Cléry par l'évêque de Viterbe mandé tout exprès [8].

Mais, pour Avignon, il se ravisa et, avant même l'installation de Charles comme légat, il trancha dans ses pouvoirs et ses prérogatives. Les rapports s'envenimaient, ponctués de menaces et de ruptures. Au roi, qui exigeait que ne soit nommé dans le Sacré Collège, sans son assentiment, aucun prélat originaire de Bourgogne, de Bretagne ou « d'un autre fief français », Sixte IV répliqua, le 7 mai 1473, par la désignation de huit nouveaux cardinaux, décidée sans aucune sorte de concertation. Charles de Bourbon ne l'était pas et deux l'étaient en dépit de l'hostilité déclarée et bien connue de Louis XI : Philippe Hugonet, bourguignon, et Philippe de Lérins, archevêque d'Arles, fidèle de René d'Anjou, qui, en 1465, recevant une fausse nouvelle de la mort du roi Louis, avait fait allumer des feux de joie dans sa ville et, par la suite, avait régulièrement servi de procureur pour Charles de Guyenne en cour de Rome. Un des trois Italiens promus, Etienne Nardini, archevêque de Milan, avait, lui, été ignominieusement chassé de France pour trahison en 1468. Louis XI ne décolérait pas ; il réagit violemment et fit répandre de vilaines rumeurs sur ces nominations qu'il disait simoniaques et sur la vénalité du pape ; il rêvait de le faire comparaître devant un tribunal ou un concile[9].

Charles de Bourbon ne fit son entrée dans Avignon que le 23 novembre 1473, bien accueilli malgré tout et assez habile pour s'imposer en arbitre entre les factions qui, depuis déjà longtemps, s'affrontaient dans la cité[10]. Mais le pape ne cédait pas et, le 23 mai 1474, pour succéder à Alain de Coëtivy mort vingt jours plus tôt, il nomma évêque d'Avignon son neveu Giuliano della Rovere. Deux ans plus tard, il le fit légat après avoir révoqué Charles de Bourbon. Le roi ne pouvait l'accepter et le fit savoir sans détour ; il accusa Giuliano de comploter avec les Bourguignons et envoya une troupe de trois cents lances qui se heurta aussitôt à de vives oppositions. Le convoi de blés et de vins qui devait ravitailler la garnison française assiégée dans le palais fut intercepté. Les consuls d'Avignon appelèrent aux armes et firent arrêter les officiers de Charles de Bourbon qui fut contraint de quitter la place (le 17 mai 1476). Finalement, Giuliano della Rovere alla rencontrer le roi à Lyon et Bourbon accepta de perdre sa légation contre le chapeau de cardinal. Les ambassadeurs des Avignonnais prêtèrent serment de ne pas recevoir dans leur ville des ennemis du roi, ceux-ci nommément désignés : le duc de Bourgogne et le roi d'Aragon.

Louis XI, pourtant, ne l'avait pas emporté et les espoirs de maintenir la cité et le Comtat sous influence française directe s'estompaient : en juillet 1478, le pape désignait pour légat Jean Rosa, protonotaire apostolique, homme bien décidé à défendre les prérogatives de Rome[11].

Le grand jeu italien

Une nouvelle rupture semblait inévitable, alors que le roi soutenait ouvertement, de ses démarches diplomatiques et de ses armes, les Médicis de Florence contre le pape et son allié le roi Ferrand de Naples

A l'origine, ce n'étaient qu'affaires d'argent, de prêts ou de subsides. Exilé à Genappe, Louis dauphin avait bénéficié de larges crédits auprès de Giovanni Arnolfini, Lucquois installé à Bruges et protégé de Philippe le Bon. La guerre du Bien public mit fin à ses bonnes relations avec les banquiers de Lucques, décidément trop proches des Bourguignons. Il eut, dès lors, souvent recours pour des emprunts et quelques transferts de fonds aux banquiers italiens établis non à Bruges mais à Lyon, notamment Franceschino Nori, facteur ou associé des Médicis qui, en retour, ouvrit généreusement des comptes à plusieurs hauts personnages de l'entourage royal, Boffile de Juge et Ymbert de Batarnay entre autres. Il fit de ce Franceschino Nori son conseiller financier, lui octroya un office de valet de chambre et l'employa comme agent plus ou moins secret. Nori négocia le mariage de Bonne de Savoie, sœur de la reine Charlotte, avec Galeazzo Sforza de Milan et avança une bonne part des six mille écus d'or pour la solde des hommes d'armes milanais recrutés pour combattre le duc de Bourgogne. Mais, en août 1468, il fut chassé du royaume, le roi accusant alors les Médicis de Londres et de Bruges de soutenir, par des prêts trop avantageux, Charles le Téméraire et le roi Edouard IV d'Angleterre. Tommaso Portinari, gouverneur de la filiale Médicis à Bruges, était très lié avec Guillaume Bische, conseiller du duc de Bourgogne [12].

En fait, les Médicis, incertains du sort des armes, jouèrent double jeu pendant quelques années. Leur directeur de Lyon, Lionetto de Rossi, prêta, avec l'accord de Laurent, responsable de la compagnie, cinquante mille ducats au duc de Milan allié de Louis XI. L'échec de Charles le Téméraire devant Neuss, ses défaites contre les cantons suisses, leur firent comprendre que la partie était définitivement jouée. Laurent, rudement chapitré par les ambassadeurs du roi qui allaient jusqu'à exiger la suppression de sa maison de Bruges, ordonna à Portinari de cesser toute avance aux Bourguignons.

Les Médicis ne s'entendaient pas bien avec le pape Sixte IV qu'ils accusaient de favoriser les Génois, en particulier pour l'exploitation des riches mines d'alun de Tolfa. Lorsqu'il sollicita un secours, ils se dérobèrent et ce fut Franceschino de Pazzi, facteur de la puissante compagnie rivale, qui, à Rome, lui fit l'avance de trente mille ducats. Dès ce moment, les Pazzi songèrent à s'emparer du pouvoir dans Florence même. Avec Francesco Salviati, archevêque de Pise, et Giovanni Riario, neveu du pape, ils prirent la tête d'un complot pour assassiner les deux frères Médicis, Laurent et Julien, maîtres de Florence. Laurent échappa de peu mais Julien fut tué le dimanche 26 avril 1478, à la sortie de la messe, devant la chapelle de la Croix, dans la cathédrale Santa Maria del Fiore.

Pourtant, la grande conspiration de 1478 échoua lamentablement. L'archevêque Salviati qui, avec une petite troupe de fidèles, devait s'emparer du palais de la Signoria, se heurta à de trop vives résistances ; tous furent capturés et pendus aux croisées du

palais [13]. La Commune, la Signoria et la foule dans les rues prirent
violemment parti pour les Médicis. Jacopo Pazzi, le banquier chef
du clan, fut exécuté et son corps, d'abord enseveli à Santa Croce
dans la chapelle familiale, fut exhumé un mois après, traîné sur la
voie publique, insulté et déchiqueté par des bandes d'enfants, puis
enterré dans un terrain vague hors des murs de la cité.

Le pape, aussitôt connues ces exécutions, excommunia Laurent
et jeta l'interdit sur Florence, tout en renforçant son alliance avec
le roi de Naples, Ferrand. Aussi Louis XI s'engagea-t-il aux côtés
des maîtres de Florence. Résolument hostile au pape et au roi
Ferrand qui menaçaient d'envahir la Toscane, il lança contre eux,
sans répit, auprès de tous les princes et des communes d'Italie,
nombre d'offensives diplomatiques d'une rare violence. Il pouvait,
roi très chrétien, parler haut et fort, menaçant Sixte IV et, comme
autrefois Philippe le Bel pour Boniface VIII, parlait de le faire
juger par un concile réuni à sa demande. Il ne manquait pas d'alliés et pouvait s'appuyer sur une « ligue », patiemment mise en
place et maintenue malgré des réticences ou dissensions, où
entraient, avec Florence, la Savoie, Milan et Venise. Commynes,
mandé en ambassade, offrit aux Florentins l'envoi de plusieurs
compagnies d'hommes d'armes. En août 1478, Louis écrivit à ses
alliés pour les encourager à demeurer fermes dans sa ligue. A
Bonne de Savoie, veuve du duc de Milan Galeazzo Sforza assassiné en 1476, qui avait réussi à exercer la tutelle de son fils Giovanni Galeazzo et évincer Ludovic le More, frère du défunt, il
disait sa volonté de déjouer par tous les moyens les manœuvres
romaines ; il lui annonçait l'envoi d'une sévère mise en demeure
au pape pour qu'il abandonne l'offensive armée contre Florence
et la « ligue d'Italie ». Surtout, il affirmait que, déjà, le bâtard de
Calabre (fils de Jean de Calabre, lui-même fils du roi René) était
en route vers Rome, au commandement de cinq cents lances. Que
Bonne leur réserve bon accueil, les fournisse en vivres, fasse payer
les soldes et, en toutes choses, veille à ce que ces hommes soient
bien traités [14].

A vrai dire, le roi ne pouvait pas vraiment compter mettre ses
adversaires à raison sur la seule menace d'une intervention armée :
les cinq cents lances menées si loin dans l'aventure n'avaient
aucune chance de l'emporter, et, fort occupé alors par les guerres
de Bourgogne, il n'était pas prêt à s'engager dans une hasardeuse
entreprise italienne. Aussi se posait-il en médiateur, sage gardien
de la paix et défenseur désintéressé de la chrétienté. Comment ne
pas cesser nos querelles et unir nos forces, alors que les Turcs
s'apprêtaient à nous attaquer ? Face « aux grans assemblées et
grans dommaiges que fait le Turc », nous devons faire la paix : « il
me semble que je ne me acquiteroy pas, ne envers Dieu ne envers

le monde, si je ne mectoy en mon devoir de la trouver »[15]. Et
d'évoquer à nouveau ce grave péril lorsqu'il reçut les ambassadeurs du pape, Francesco di Siena et Giovanni Andreà de'Grimaldi[16].

Espérait-il vraiment convaincre de sa bonne foi et de son
dévouement ? Qui le pouvait croire ? Et ne pensait pas, tout uni-
ment, que ce n'étaient que manœuvres dilatoires et prétextes ?
Plus de dix ans auparavant, en 1456, il avait déjà prétendu que s'il
quittait le Dauphiné, de façon plutôt inopinée et subreptice, pour
aller chez le duc de Bourgogne, ce n'était ni trahison ni même par
précaution, mais parce que celui-ci rassemblait ses amis et fidèles
pour la croisade prêchée par le pape.

Toujours est-il qu'en 1478 il ne ménagea ni sa plume ni celles
de ses secrétaires et notaires : lettres aux membres du Sacré Collège, à Domenico della Rovere évêque de Tournon, à Gieronimo
Riario autre neveu de Sixte IV, seigneur d'Imola et de Forli[17]. Le
temps pressait, car les Florentins, soutenus pourtant et défendus
par plusieurs princes alliés, Hercule d'Este, Roberto Malatesta,
Constantino Sforza et Rodolfo Gonzague, se trouvaient directement menacés par l'armée napolitaine.

C'est alors que Louis, plus que jamais expert dans l'art de
dénouer des ententes ennemies, eut l'habileté de séduire le roi
Ferrand de Naples en lui proposant de marier son fils Frédéric à
Anne de Savoie, fille de sa sœur Yolande ; il lui promit pour dot
le comté de Villefranche et douze mille livres de rente. Frédéric
fut reçu à la cour et le mariage eut lieu en France, en juin 1479.
Aussitôt, Louis XI chargea son secrétaire, Pierre Palmier, de préparer et mener les négociations d'une paix entre Ferrand et les
Florentins. Elle fut signée le 5 décembre 1479. Le pape, qui perdait son seul véritable allié, dut se résigner. Douze « orateurs »
florentins conduits par l'évêque de Volterra, Francesco Soderini,
et par Luigi Guicciardini arrivèrent à Rome le 25 novembre 1480 ;
encore sous le coup des censures ecclésiastiques, ils furent entendus en consistoire secret. Mais une semaine de pourparlers suffit.
Le 3 décembre, Sixte IV assis sur la *sedia* les attendait ; ils se
présentèrent tête nue, s'agenouillèrent, lui baisèrent le pied et
confessèrent les crimes dont les leurs s'étaient rendus coupables.
Ils prêtèrent serment de désormais respecter les libertés de
l'Eglise, de ne plus porter les armes contre le Saint-Siège ni contre
ses vassaux et, pour pénitence, promirent d'armer, dans un mois
et demi, quinze galères pour combattre les Turcs. Cela dit, le pape
leur tint un long discours, leur reprochant l'horrible forfait d'avoir
mis à mort des hommes revêtus du caractère sacerdotal. On ouvrit
toutes grandes les portes de la basilique Saint-Pierre et tous enten-
dirent une messe solennelle[18]. L'excommunication et l'interdit

étaient levés. Contre le pape, Louis XI, grand maître du jeu, avait sauvé Laurent de Médicis, son principal allié.

Ces années-là, il s'était imposé de façon très habile dans Avignon et dans le Comtat, démêlant, comme toujours à son avantage, les fils fort embrouillés d'une situation qui, sans lui, n'aurait sans doute pas connu d'issue aussi heureuse. L'important était alors d'y maintenir la paix et de sauvegarder les biens et les trafics, face aux bandes d'hommes d'armes plus ou moins dévoyés, conduits par des capitaines qui se recommandaient ou du roi ou de la ligue d'Italie mais n'agissaient, en fait, que pour leur propre compte et prétendaient, à tout le moins, vivre sur le pays. Le protonotaire apostolique Jean Rosa était incapable de mobiliser des forces contre eux et d'assurer la sécurité des habitants. En janvier 1479, Bernard de Garlans envahit le Venaissin à la tête de quinze cents hommes de guerre, cavaliers et fantassins, s'empara de plusieurs bourgs fortifiés (Bollène, Cairanne...) et mit les campagnes en coupe réglée, affirmant sans vergogne être envoyé par Louis XI et ne traverser le Comtat que pour porter secours aux Florentins, menacés encore par le pape. Le roi, pressé par les ambassadeurs avignonnais, le désavoua et confia à ses commissaires (le bâtard de Comminges, Bernard de Béarn, maître des ponts et visiteur des gabelles du Languedoc...) le soin de rétablir l'ordre. En vain : Garlans s'obstinait et restait. Les gens d'Avignon clamaient leur indignation et mandaient, pour faire savoir leurs malheurs, émissaire sur émissaire. Ils accusaient Comminges de laisser faire, disant qu'il les a « menés par paroles et dillations jusque au présent jour, criant que ceux de la comté de Venice [le Venaissin] sont trop gras et qu'il n'est que bien de les esplucher un petit ». Ce qui, en somme, tendait à justifier toutes les exactions. Le roi acheta le départ du maître bandit qui, le 16 mars 1479, quitta le pays, le laissant pillé, saccagé, plus qu'à demi ruiné. Les Avignonnais avaient payé cher l'absence d'une véritable protection et en furent conscients, rendant grâce au roi d'avoir pesé de son autorité et de ses deniers pour les libérer.

Principal initiateur d'une ligue italienne non du tout négligeable et grand artisan de la paix, Louis XI s'était affirmé présent outre-Alpes, comme autrefois l'empereur. Mais sans courir de risques à aucun moment. Sagesse que ses successeurs, de Charles VIII à François Ier, n'ont pas su garder.

2. L'Eglise de France à la botte

Face à l'Eglise de France, sa position fut toujours ambiguë. Comment soutenir le pape, conclure des accords avec lui et, dans le même temps, se vouloir le maître du clergé dans le royaume ? Revendiquer toutes sortes de droits, maîtriser les désignations des évêques, contrôler les visites des prélats français et les transferts de fonds à Rome ? Comment interdire les thèses conciliaires hostiles au pouvoir pontifical, et ne pas trop mécontenter les évêques, abbés et maîtres de l'Université partisans du gallicanisme, militants souvent très actifs ? Et céder, ne serait-ce que de peu, à leurs prétentions tout en les pliant à ses volontés ?

Charles VII avait fait préparer par une assemblée de représentants du clergé et de conseillers royaux, membres du Parlement pour la plupart, la Pragmatique Sanction (1438), déclaration solennelle de vingt-trois articles qui, hautement proclamée quelque temps après, définissait, de façon unilatérale, les relations entre l'Eglise de France, le roi et la papauté. Ces articles suivaient d'assez près, sur nombre de points, les thèses défendues par le concile qui, réuni à Bâle depuis 1431, affirmait la suprématie du concile sur le pape et, par ailleurs, soutenait que chaque Eglise nationale devait bénéficier d'une large part d'indépendance. Un grand nombre de hauts officiers du roi et de dignitaires de l'Eglise proches du pouvoir royal s'engageaient alors en faveur de ces théories « conciliaires », claires manifestations d'un gallicanisme déjà latent en nombre de cercles ecclésiastiques. Aussi la Pragmatique fut-elle bien accueillie, affirmant notamment le droit du prince d'intervenir directement dans la nomination des évêques et des grands abbés. Certains conseillers du roi allèrent jusqu'à fabriquer de toutes pièces un faux, attribué à Saint Louis et daté de 1269, qui déjà soutenait que les élections épiscopales devaient se faire sans l'intervention du pape, et interdisait, sur le clergé de France, la levée de taxes extraordinaires par les agents pontificaux. Cette *Pragmatique Sanction de Saint Louis*, vraie forgerie, connut, contre toute vraisemblance, un grand succès, présentée, pour justifier celle de 1438, à Chartres en 1439 puis à Bourges en 1452.

Subsistait pourtant un malaise, dont Louis dauphin avait sans nul doute, associé à son père, mesuré la gravité. Le concile de Bâle, placé sous la protection très remarquée de l'empereur, comptait un grand nombre de « théologiens » plus ou moins reconnus, de « religieux » de différents ordres choisis on ne savait trop comment, de chanoines venus à des titres divers, tous ces gens souvent autoproclamés accrédités et experts, mais peu de cardinaux, d'évêques et d'abbés. Il s'était déconsidéré aux yeux de nombreux chrétiens, surtout en Italie, en proclamant, par une assemblée plutôt réduite et, en tout cas, pas du tout représentative ni institutionnelle, la déchéance du pape Eugène IV, vénitien, élu régulièrement en 1431 par un conclave romain ; puis il avait proclamé pape Amédée VIII duc de Savoie, alors retiré dans un monastère, qui prit le nom de Félix V. Un quart de siècle seulement après la fin tant désirée du Grand Schisme d'Occident (concile de Constance, 1415), à un moment où la papauté revenue dans Rome s'efforçait de s'établir de façon convenable dans la cité de tous les troubles et de toutes les intrigues, et de maintenir une certaine unité dans l'Eglise, ces attaques des hommes de Bâle furent mal reçues, jusque dans les rangs de certains « gallicans ».

Charles VII manda une solennelle ambassade (1447) à Lausanne auprès de partisans de Félix V pour les convaincre d'abandonner. L'année suivante, une autre ambassade, magnifique celle-ci, menée par l'archevêque de Reims Jean Juvénal des Ursins et par Jean Dauvet, procureur général au Parlement de Paris, alla à Rome, sur onze beaux navires chargés de tapisseries et de teintures, de présents et d'une invraisemblable quantité de vivres, féliciter et conforter le nouveau pape, Nicolas V, tout juste élu. Félix V abdiqua en 1449 et tout le peuple, à Rome et en Italie, vit dans le roi Charles de France un vrai héros de la foi.

Louis XI alla plus loin. Peu après son avènement, en novembre 1461 et mars 1462, il supprima la Pragmatique Sanction, sans doute pour marquer sur ce point, comme en plusieurs autres, sa volonté d'aller contre les décisions de son père, mais aussi pour ôter aux princes du royaume, apanagés ou non, les pouvoirs de nomination qu'ils s'étaient attribués. Bien reçue par le pape, sa décision fut évidemment vivement critiquée par de nombreux archevêques et évêques de France, et plus encore par l'université de Paris et par les chambres du Parlement ; tous, à l'unisson ou presque, firent entendre de lourds concerts de récriminations. Le roi céda quelque peu et fit promulguer coup sur coup, en 1463 et 1464, des ordonnances d'application d'inspiration gallicane. Mais il se refusa à rétablir purement et simplement la *Pragmatique* de 1438 et resta sourd aux remontrances du Parlement de Paris, présentées en 1465 en un long et pesant mémoire de quatre-vingt-neuf articles. Tout au contraire, il abolit, en 1467, ce qu'il avait accordé jusque-là et l'Eglise de France y perdit une bonne part de ses libertés d'action.

Mettant à bas ce gallicanisme militant, et s'affichant ennemi des théories « conciliaires », il n'entendait pourtant pas soumettre l'Eglise de France à Rome. Il soutenait le pape face aux conciles et aux évêques, mais de l'Eglise du royaume il se voulait le maître et n'a pas manqué une seule occasion de le clamer et le montrer. Plus que tous ses prédécesseurs, il a pesé sur les nominations, faisant connaître ses choix, les dictant sans ambages, les imposant sans aucune retenue et luttant par tous les moyens pour avoir gain de cause. Il y allait, disait-il, de la sauvegarde du pays et de l'ordre public, car il serait dangereux de nommer évêque un homme manifestement lié à l'ennemi ou par ses parents ou par ses allégeances. En ce sens, toute conquête de nouveaux territoires devait provoquer de nombreuses démissions de titulaires. C'est au nom de cette politique de « francisation » et de rattachement plus étroit à la Couronne qu'il écrivit au pape, dès le printemps de 1477, pour rétablir abbé de Tournus François de Savoie, frère de la reine Charlotte, naguère dépossédé par le duc de Bourgogne qui mit à sa place Jean IV de Toulongeon. Mais il n'eut pas gain de cause et Sixte IV confirma Toulongeon [19].

Le 7 janvier 1478, le chapitre cathédral de Cambrai se voyait signifier l'ordre exprès d'accepter pour évêque Jacques Minutoli, lucquois, évêque d'Agde (en 1476), en place de Jean de Bourgogne. Maintenir à Cambrai un homme établi en son temps par les Bourguignons était bien sûr hors de question : « Pour ce que pour rien nous ne vouldrions souffrir que celui qui le tient, hastast, continuast, ne fréquentast en ladicte ville de Cambrai, et aimerions mieulx que le feu y feust, que jour de sa vie il en joys [20] ». Dans le Roussillon, le roi avait donné l'abbaye d'Arles-sur-Tech au neveu de Boffile de Juge, mais le pape, avant de recevoir avis de ce choix, avait, lui, nommé un autre abbé. Et Boffile, pour décider son maître à intervenir et convaincre le pape de révoquer cette nomination, rappelait que les moines avaient bien élu son neveu et, surtout, que cette abbaye « est en frontière d'ennemys » et qu'il est bon d'y avoir un homme sûr [21].

Ce pouvait être aussi, comme en tant d'autres occasions, dans l'intention de récompenser un serviteur fidèle et, en cela, Louis n'innovait en rien. Qui plus est, il ne faisait ordinairement nul mystère de ses raisons et de ses préoccupations. S'il invoquait à tout coup « les honorables vertuz et mérites » de son protégé, il s'attardait plus longuement sur les services que cet homme « et ses parents et amys nous ont par cy devant faiz, font et continuent faire chascun jour en noz grans affaires ». Il disait aussi que « d'aucuns des seigneurs de nostre sang » l'avaient supplié d'établir tel ou tel [22].

Les hommes déjà chargés de responsabilités, ceux qui avaient bien servi, eurent, l'on s'en doute, souvent la préférence. En 1479, le chapitre d'Angers recevait recommandation formelle d'élire pour évêque Auger de Brie, noble angevin, maître des requêtes de l'Hôtel, « et non autre [23] ». Cependant, les ralliés de la deuxième ou de la dernière heure pouvaient se faire payer cher et espérer être mieux pourvus que d'autres, fidèles depuis longtemps. L'archevêché de Vienne étant vacant, le roi fit écrire, le 8 juillet 1482, au chapitre cathédral pour faire élire Angelo Cato. Celui-ci, né à Supino près de Bénévent, d'abord très lié aux Angevins et aux Bourguignons, était demeuré au service du Téméraire, le secondant en tout, jusqu'à Grandson et Morat ; alors, ne voyant plus de bel avenir de ce côté, il avait rejoint le roi qui le prit comme médecin et aumônier. Il fut, effectivement, installé archevêque de Vienne le 27 juillet 1483[24].

Dans tout le royaume, ces vacances et nominations suscitaient, comme en tout temps certainement, convoitises et rivalités, plus particulièrement pour les abbayes, où la noblesse des environs se trouvait directement intéressée et pesait souvent d'un grand poids. Au temps du roi Louis, ses interventions et celles de ses officiers firent que ces affrontements, les querelles juridiques longtemps sans issue, les haines entretenues par les familles, tournèrent parfois en véritables conflits armés entre bandes de vassaux, de clients ou d'hommes soldés, batailles rangées et monastères pris d'assaut. Charles VII, quelques semaines avant sa mort, puis Louis XI eurent ainsi à connaître d'une affaire fort embrouillée, quasi inextricable. La discorde, aux multiples et surprenants rebondissements, remontait à l'an 1450, alors que la commanderie des hospitaliers de Saint-Jean-de-Jérusalem, située à Celles, en Auvergne, près de Murat, se trouvait vacante. Guillaume Pons, chevalier de cet ordre de Saint-Jean, en fut « justement et canoniquement » pourvu, mais aussitôt contesté (« appelé ») par un autre compétiteur nommé Pierre de Bressons. Celui-ci n'eut pas gain de cause et fut, par le pape Nicolas V, condamné à payer quatre cents florins de dépens. Pons jouit donc de l'abbaye de Celles jusqu'à ce que Bressons, à la tête d'une petite troupe, y donne assaut de nuit, jette dehors les occupants et intente un procès, cette fois devant le parlement de Toulouse. Pour lui, nouvel échec : Guillaume Pons rentra dans les murs et y demeura à nouveau « longtemps sans empeschement », confirmé dans ses droits par une sentence du bailli de Montferrand et des Montagnes d'Auvergne. Ce dont « ne fut content ledit Bressons » qui engagea d'autres procédures à Rome et à Paris, échoua encore mais par fourberie, taisant les arrêts prononcés, obtint des lettres du maître des hospitaliers de Saint-Jean en sa faveur. Il rassembla cent ou cent vingt compagnons « embastonnez et armez de cuirasses, brigandines, voulges [pieux garnis d'un fer tranchant], épées, dagues, arbalètes, viretons et autres habillements de guerres invasibles [offensifs] et desfendues ». Il mit le siège devant la commanderie, poussa l'audace jusqu'à faire sonner des trompettes et jouer des ménestrels, ce que seul le roi pouvait faire, usa de graves menaces contre le lieutenant du bailli, l'arrêta, lui et son cheval, pour, en fin de compte, tenir prisonnier à Murat l'huissier de justice qui devait lui signifier les arrêts du parlement.

Le siège durait depuis plus de six semaines lorsqu'il amena canons et couleuvrines ; les assiégés qui criaient famine firent appel à Antoine de Villebœuf, beau-frère de Guillaume Pons qui « de tous temps a esté homme de guerre ». Cet ancien capitaine, fort démuni, trouva moyen de reprendre son « harnais » (équipement) engagé chez un prêteur de Murat ; cela lui coûta deux pièces de tissus brodées d'or. Sous son commandement, les gens de Celles tentèrent une sortie et, lors de l'engagement, Pierre de Bressons fut tué de trois coups d'épieu. L'aventure fut longuement évoquée par Guillaume Pons, lorsqu'il demanda au roi rémission, qui lui fut accordée [25].

Cette guerre n'était certainement pas le destin ordinaire des abbayes à la mort de l'abbé. Mais cette suite de conflits entre gens de robe, en justice, et gens de guerre, dans l'engagement armé, ne paraît pas non plus exceptionnelle. Louis XI, si appliqué à décider de tout, fut souvent contraint de choisir entre deux partis, de trancher lui-même ou donner ordre à ses officiers, au Parlement même de le faire. Les querelles s'éternisaient, les baillis et sénéchaux ne savaient comment en finir, conscients souvent du fait que toute décision, aussi raisonnable et solennelle fût-elle, serait remise en question et susciterait d'autres démarches devant d'autres instances. C'est ainsi qu'en mai 1482, le Parlement de Paris fut expressément sommé de mettre enfin un terme, de la manière la moins suspecte de partialité, au différend qui, pour l'abbaye cistercienne de femmes de Leyne, non loin de Figeac, opposait depuis près de vingt-trois ans Hélène de Beaufort à Jeanne Barras. Une bonne vingtaine d'arrêts, de plusieurs cours de justice, étaient demeurés sans effet. Hélène de Beaufort, reçue abbesse et confirmée par l'abbé de Cîteaux en 1459, fut, quelques six mois plus tard, en butte aux attaques des Barras : de Jeanne, de sa sœur, de son frère abbé de Villeloin et même du sénéchal d'Agenois, Robert de Balsac. L'abbaye fut à plusieurs reprises occupée et pillée par des bandes armées à la solde de l'une ou de l'autre partie, les femmes violentées, un chapelain, « revestu pour chanter », frappé de javelines, dépouillé de ses vêtements, traîné pieds nus dans l'église, les sergents du roi mis à rançon et menacés de mort. Alors, le roi parle haut et fort. Que le scandale cesse. Que le Parlement condamne enfin ces Barras et leurs alliés, « lesquelz ne voulons demourer impugniz ». Qu'ils soient sévèrement corrigés, « selon ce que vous trouverez la matière disposée », et surtout « faictes aux parties si bonne et si briefve expédition de justice que nous n'ayons plus cause de vous en escripre »[26].

Rétablir la paix n'était pas chose aisée. Mais, pour le roi, prendre parti ou contre le chapitre ou contre Rome, ou contre telle ou telle famille, fut toujours occasion de s'affirmer et d'empiéter sur d'autres pouvoirs. Les affaires de l'Eglise de France ne lui échappaient pas.

Il ne l'emportait pas forcément, pas à tout coup, mais n'abandonnait pas les siens et savait, au lendemain d'un échec, dédommager son protégé par d'autres bénéfices ou privilèges. Pour l'abbaye de Sainte-Croix de Talmont, en Vendée, il avait certes pris ses précautions. L'abbé, François du Puy du Fou, étant très âgé et gravement malade, il pria les religieux d'élire « son cher et bien aimé Jehan de Balodes aiguier de l'abbaye » dès que la vacance serait prononcée. Ils choisirent pourtant un autre homme, Guillaume Meschin, et Jean de Balodes n'obtint, par nomination directe du roi, que l'abbaye de Saint-Jean d'Orbestier, toute proche mais notablement moins riche[27]. Le doyen et le chapitre cathédral d'Angers ne se sont pas résignés, ni de bonne grâce ni vite, à suivre les ordres reçus et désigner pour évêque Auger de Brie. Louis XI leur écrit pour qu'ils sachent à quoi ils s'exposent, « par deux ou trois fois ». Il les menace, veut connaître qui s'y oppose et les mène en désobéissance : « car si je connois homme qui y voise le contraire, je luy feray vuyder le royaume de France, et n'y aura point faute ». Auger, enfin élu, Louis apprend que Charles de Bourbon, archevêque de Lyon, longtemps son protégé pourtant et qui lui doit tant, a refusé de confirmer cette élection, « combien qu'il nous ait promis de le faire ». Alors le roi s'adresse, pressant, menaçant, au président et aux conseillers du Parlement de Paris : qu'ils expédient les lettres de nomination, sans faute et sans délai, « sans porter ni donner aucune faveur audit cardinal (Bourbon) ». Sinon, l'on saura vous montrer « par effet » que l'on n'est pas content de vous[28].

En 1482 enfin, à la mort de Jean Cœur, archevêque de Bourges, qui avait la garde de Saint-Sulpice-lès-Bourges, Louis XI avait, en plein accord avec le pape, désigné pour abbé Adrien de Henecourt, conseiller et maître des requêtes de l'Hôtel. Mais les moines élirent et installèrent Guillaume Alabat qui intenta une action en justice devant le Parlement de Paris... lequel fut aussitôt sommé de ne pas la recevoir. On ne sait trop ce que fit ou ne fit pas le Parlement, toujours est-il qu'Alabat demeura abbé[29].

Comme souvent par le passé, les agents royaux manifestaient un zèle intempestif, allant au-delà des instructions reçues, empiétant, année après année et sans jamais renoncer, sur les droits et les juridictions ecclésiastiques. Il est clair que ces hommes, conseillers, baillis et sénéchaux — un bon nombre d'entre eux au moins — travaillèrent avec une rare persévérance à réduire les libertés de l'Eglise, à les ramener à presque rien.

Le 11 août 1482, l'archevêque de Tours, Elie de Bourdeilles, remit au roi une longue suite de remontrances, « articles touchant les prélaz qui font plainte d'aucunes choses qui leur ont été faictes par les officiers du Roy ». En ce long et pesant mémoire, il disait le malaise de cette Eglise qui s'accommodait mal d'une mise en tutelle si sourcilleuse, et se faisait l'avocat de Balue, de Guillaume de Haraucourt, évêque de Verdun, des évêques de Pamiers, de Castres, de Saint-Flour, Coutances, Laon et Sées, des archevêques de Toulouse et d'Embrun, et même du légat pontifical dans le Comtat, Giuliano della Rovere. Louis XI ne s'y attarda pas longtemps : dix-sept jours plus tard, le 28, il fit savoir à Bourdeilles qu'il n'avait pas à se préoccuper des affaires du royaume, et encore moins à s'en mêler ; on n'avait que faire de ses conseils ; qu'il se contente de prier pour la santé du roi [30].

Refuser de soutenir les thèses conciliaires n'interdisait pas de surveiller de près les relations des prélats avec Rome, leurs visites, leurs recours et leurs transferts d'argent. Louis fit obligation aux évêques de résider dans leurs diocèses et soumit, avant publication, les bulles pontificales à l'examen de ses commissaires. Le sire de Gaucourt fut chargé de vérifier si ces bulles n'étaient pas « contraires au droit du roi et aux libertés gallicanes [31] ». D'autre part, dès septembre 1464, il avait interdit à tous les membres du clergé dans le royaume de solliciter du pape des bénéfices d'aucune sorte. Il ne le voulait supporter car, disait-il, en résultaient trop d'inconvénients et de dommages, « tant en évacuation de pécunes [argent] portées en cour de Rome, qu'en dépenses extraordinaires pour les familles » ; nombre de sujets du roi avaient ainsi « vendu leurs héritaiges et baillé les deniers de leurs enffans, parents et amis » ; certains étaient « morts en chemin à la poursuite d'iceulx [les bénéfices] et les autres distraicts de leurs études » [32].

Plus tard, il chargea Guillaume de Varye de fonder une société bancaire qui aurait seule pouvoir d'effectuer ces transferts de fonds [33]. Il convoqua à Orléans, pour le 15 septembre 1478, « tous les prélats et aultres notables gens d'Eglise, des Universités et chapitres... pour aviser et donner ordre aux diversités et inconvénients qui viennent de court de Rome et de l'argent qui s'y tire et vuide de nostre royaume ». Les chapitres cathédraux en furent avertis et il confia le soin à son chancelier Pierre de Beaujeu de rechercher les noms de ceux qui n'étaient pas allés à cette assemblée, de les menacer de saisir leur temporel, « car il ne faut pas qu'il y ait nul qui recule en ceste matière [34] ».

N'allait pas à Rome qui voulait, en tout cas pas sans en avertir le roi. Beaujeu fut commis d'interroger le prieur de Monclar (dans la Drôme) et le curé de Lézignan, arrêtés alors qu'ils se rendaient auprès du pape « oultre les deffenses dernièrement faictes [35] ».

II

L'homme en prière

i. Aumônes et offrandes

Roi très chrétien ? Louis XI n'a cessé de manifester sa foi par d'innombrables pratiques pieuses, dévotions, dons aux églises et offrandes aux pauvres. Si près de ses derniers, disaient ses détracteurs, si strict comptable de ceux de l'Etat, il a, non seulement dans les dernières années de sa vie, torturé par l'idée de la mort, mais tout au long de son règne, beaucoup dépensé en secours aux démunis et aux déshérités, en fondations de messes, en cire pour des cierges monumentaux, plus encore en or et en argent pour reliquaires et châsses.

Les trésoriers et clercs de son Hôtel et de sa Chambre réservaient chaque année aux aumônes et charités un rôle des « offrandes et messes ordinaires ». Il suivait la messe chaque matin et laissait régulièrement, où qu'il soit, deux écus d'or à l'autel. Un autre rôle faisait mémoire, jusqu'aux moindres détails, des « deniers donnés comptant pour le roi faire offrandes à son plaisir ». Ces dons, de quelques sous le plus souvent, faits « après sa messe » ou même « à son retour de la chasse », allaient communément à des personnes rencontrées sur sa route : « pauvres gens estans sur le chemin », « plusieurs pèlerins enfants [en route vers le Mont-Saint-Michel] », « pauvres femmes grosses chargées de petits enfants » ; aussi à un homme « qui le guida en chemin », aux bateliers qui lui faisaient passer le fleuve, à un pauvre laboureur pour faire dire des messes pour les âmes de ses morts et même « à un pauvre homme qui lui présenta un chien ». Une pauvre femme « de qui il a fait tenir un enfant sur fonds en son nom » reçut un jour cinq écus. Les clercs trésoriers en déboursèrent cinq autres pour les ladres d'Amboise et autant « pour donner pour Dieu à une pauvre fille à marier » ; et, le jeudi saint de l'an 1471, huit écus à chacun des huit pauvres « ausquels ledit seigneur a lavé les pieds pour la misaire du monde audit Jeudi absolu »[36].

Ce n'étaient là que dons communs qui se répétaient jour après jour, rappelés simplement, sans autres précisions, sur les registres des comptes par seule obligation de les tenir en règle. D'autres offrandes, bien plus importantes, qui, elles, ne devaient rien au hasard, répondaient ou à un vœu ou à une dévotion particulière ; elles étaient destinées à des églises ou à des monastères, pour faire dire des messes, pour aider les communautés religieuses à entretenir ou embellir leurs sanctuaires, à mieux assurer tant leur subsistance que le service divin. En février-mars 1470, furent dites onze messes basses chaque jour en l'honneur de Notre-Dame, du Saint-Esprit et de neuf saintes du paradis[37].

Dauphin puis roi, en tous moments ou circonstances, les dons, legs et offrandes l'occupaient tout autant que le gouvernement du royaume et que la guerre contre les princes voisins. Il y apporta toujours beaucoup de soin et d'application et montrait autant d'autorité qu'en toute chose. Il en décidait la nature, monnaies ou métaux précieux, vases sacrés ou reliquaires ; en fixait lui-même le montant ou donnait ordre de s'informer de ce que pourrait coûter tel ou tel travail d'orfèvrerie. L'un de ses proches conseillers, souvent le grand maître de l'Hôtel, prenait en charge et rendait compte. Servir en ces missions si particulières n'était certainement pas de tout repos tant le maître, exigeant, méticuleux, harcelait ses gens, les accablait de conseils ou de reproches. Il surveillait l'exécution, veillant à ce que le poids d'or ou d'argent soit bien livré à temps, ne cessait d'écrire, de prévoir, de contrôler : instructions pour de nouvelles messes, pour verser telle somme en écus et où la prendre, pour commander une châsse ou une image sainte, un ex-voto insigne à tel orfèvre, pour évaluer de point en point les dépenses, plus encore peut-être pour se plaindre des retards, rappeler l'urgence et menacer les responsables.

Rien ne fut jamais laissé au hasard. Juillet 1472 : le roi a fait solennelle promesse de ne pas manger de viande jusqu'à ce que soit accompli son vœu de donner à Saint-Martin de Tours douze cents écus à convertir en deux cents marcs d'argent, « pour faire une ville d'argent en remembrance de ce que Dieu m'a donné ceste ville ». Ordre est donné à Jean Briçonnet, marchand et financier, de délivrer au plus tôt ces écus au seigneur du Plessis, chargé de l'affaire, qui, lui aussi, reçoit de strictes instructions : « et en faites faire une ville au plus près que vous pourrez de ceste ville et y envoiez ung homme, et bien seur pour la faire faire[38] ». L'an suivant, au mois de mars, les chanoines de Saint-Martin furent priés de pourvoir à une fondation perpétuelle en faveur d'un pauvre de la ville « qui sera nourri, vestu, chaussé, bien pourvu de tout le nécessaire et logé près de la porte de l'église où est l'image sculptée de monseigneur saint Martin donnant la moitié de son manteau ». L'habit de cet homme sera mi-parti blanc et rouge, « en manière de demy manteau », et ce pauvre se tiendra, les jours de fête, près du bénitier, « assis sur une selle et devant luy aura une petite tablette, affins que les passans cognoissent que c'est le pouvre de mondict sieur Saint Martin, fondé à nostre dévocion ». Si ce pauvre, désigné par le chapitre, venait à mener une mauvaise vie et dissolue, on le remplacerait aussitôt par un autre [39]. Cinq ans plus tard, toujours pour Saint-Martin de Tours, trois commissaires, nommés exprès, furent chargés, le 11 juillet 1478, d'aller acheter, pour faire une grille, de l'argent blanc à Orléans, Bourges et Limoges, jusqu'au poids de mille marcs (244 kg). Ils pouvaient l'acquérir « de toutes manières de gens de quelque état ou condition qu'ils soient » au prix de dix livres et cinq sous le marc, soit cinq sous au-dessus du prix alors « taxé et ordonné ». Il leur en manqua tout de même quatre cent vingt-six marcs qu'ils se procurèrent de toute urgence à Tours même. Le 20 juillet 1479, le doyen, le trésorier et les chanoines de Saint-Martin dressèrent procès-verbal de la livraison des pièces de cette grille, travail de Jean Galart orfèvre du roi, apportées par Jean Basire, marchand et maître de la Monnaie de Tours [40].

Les comptes montrent, à longueur d'année, le soin que le maître ou ses agents prenaient à ne passer commande aux hommes de métiers et aux artistes que si tout était parfaitement connu et notifié : sujets, dimensions des figures, matériaux, couleurs et dorures. Ainsi, pour encore des images de saint Martin, non cette fois pour l'autel d'un sanctuaire au vu des foules de pénitents et de pèlerins, mais dans les logis du roi : « à Jehan Villain pour une grant ymage de Saint Martin dorée de fin d'or et d'azur que le dit seigneur a fait faire pour mectre en la chapelle dudit lieu de Bonne Adventure [41] ». Et « à Jacques François faiseur d'imaiges pour une ymaige de boys de Monseigneur Saint Martin à cheval et le pauvre, qu'il a fait et livré par l'ordonnance dudit seigneur... pour mectre en la chapelle du Plessis du Parc » et enfin « à Jehan Bourdichon pour avoir estoffé et paint ledit Saint Martin, le cheval et le pouvre de fin or moulu et de fin azur et autres couleurs riches » [42]. Jacotin Blot, menuisier, et ce Jean Bourdichon, tous deux demeurant à Tours, ont travaillé à « un tabernacle de boys ouvré », peint de fin or et d'azur, pour cette même chapelle du Plessis, « pour asseoir et mectre en icelluy ung ymaige de Nostre Dame » [43].

Même souci de décider de tout et de tout vérifier pour les six belles lampes d'argent données, l'an 1480, à l'abbaye bénédictine de Charroux (près de Civray, dans la Vienne). Ces lampes, dit le roi, devaient être mises devant le Saint Vœu, relique insigne que l'on pensait être le prépuce du Christ, et ne devaient en aucun cas être déplacées ; deux échevins de Poitiers furent commis d'accompagner le porteur de la lettre royale pour examiner leur emplacement et vérifier qu'elles étaient là où il fallait[44]. La même année, la chapelle dédiée à Notre-Dame, fondée dans l'église de Compiègne, fait l'objet, par avance, d'un véritable descriptif dont les responsables ne pourront s'écarter : cinq toises de long et trois de large. Placée sur la porte de la ville, dite porte de Pierrefonds, près de l'église Saint-Jacques, une messe y sera dite chaque jour « pour la postérité de nous et de nostre royaume et le salut des asmes de feu notre chier seigneur et père... et de nos autres prédécesseurs ». Le roi la dotait d'une rente de soixante livres tournois, assurée par une somme de douze cents écus d'or versés à un bourgeois de la cité pour qu'il achète des terres[45].

2. DÉVOTIONS ET CHOIX POLITIQUES

Louis XI ne s'est jamais montré parcimonieux et chaque abbaye qui lui offrait un gîte pour la nuit, chaque église ou chapelle rencontrée au cours de ses longs et fréquents voyages, pouvait compter sur sa générosité. Pourtant, l'on ne peut s'interdire de penser que les grandes offrandes, celles qui exigeaient de forts investissements en or ou en argent, celles dont l'exécution fut, plus que d'autres, l'objet d'une surveillance attentive, n'étaient pas le fait du hasard ni seulement suscitées par une dévotion personnelle, affirmée sans aucune intention. Il n'est en rien irrespectueux, et ce n'est pas mettre en doute leur sincérité et les accuser de tartufferie, que de prêter aux princes de ce temps (et d'autres temps aussi !) une politique religieuse consciente et délibérée, poursuivie avec une solide constance et généralement couronnée de succès[46]. Louis y a mis certainement plus d'application et même d'audace que ses voisins, prenant souvent ses choix et ses manifestations comme moyen de se montrer présent dans des pays alors séparés de la Couronne, de s'y faire accepter par ses libéralités ou ses prières, d'affaiblir par là même la dynastie en place et, en somme, de préparer le rattachement de ces pays.

En Anjou-Provence, les dons, pour une large part, répondaient certainement à cette intention de se faire reconnaître le protecteur des sanctuaires et des œuvres pieuses au même titre que le roi René, duc d'Anjou et comte de Provence. Avant que ne se dessinent les possibilités et les projets d'annexion, le roi s'était déjà illustré par de belles offrandes. De Neuville-en-Beauce (Neuville-aux-Bois), près d'Orléans, il écrivit à Jean Bourré : « incontinent ces lettres vues, envoyez offrir pour moy au Puy-Notre-Dame (près de Montreuil-Bellay) trois offrandes et deux autres à Saint-Florent-le-Vieil en Anjou près de Saumur », et qu'il prenne garde de lui faire parvenir les « certifications ». L'église du Puy-Notre-Dame fut à nouveau, en juin 1477, largement dotée : quatre mille écus « pour employer en rentes pour une messe », étant ordonné que le responsable, Jean Bourré encore, devait se hâter, ne rien laisser au hasard, ne tolérer aucune faute, aucun atermoiement (« car je ne seray à mon aises jusque ce que ladicte messe soit fondée [47] »). La châsse de sainte Marthe, le visage peint sur or, la tête couronnée de fleurs de lys, fut mise en place à Tarascon en 1470. Louis chargea ensuite le maître orfèvre d'adapter au buste de la sainte un socle en or d'un poids de soixante marcs, entouré d'une galerie à colonnettes de forme ovale ; des petits tableaux d'émail noir sur or occupaient les espaces entre ces colonnettes [48].

Dès 1475, peu avant de prononcer la saisie de l'Anjou, le roi avait accordé (imposé ?) une charte municipale à la ville d'Angers, qui limitait les pouvoirs de René et de ses officiers. Mais, plus tôt, à partir de 1469 au moins, la croix de Saint-Laud d'Angers, naguère propriété des Angevins et dont les rois de France jusqu'alors ne semblaient pas s'être beaucoup préoccupés, fut, par ses soins, considérée comme une relique insigne, éminemment « royale » déjà, et ses vertus tellement incontestées que nombre de personnes devaient, sur elle et non sur la Bible ou sur d'autres corps saints, prêter serment.

Cette croix, faite d'or et ornée de pierres précieuses, valait disait-on plus de mille pièces d'or et contenait un fragment de la Vraie Croix. On n'en connaissait pas vraiment l'origine mais l'on savait que la collégiale de Saint-Laud, près d'Angers, l'avait cédée à Louis Iᵉʳ d'Anjou contre la vicomté de Blaison. En 1455, René reprit Blaison et rendit la Croix [49]. Sur cette croix, Louis XI fit souvent jurer fidélité aux princes et aux grands seigneurs, un temps rebelles, lorsqu'il exigeait leur soumission, et même à de simples notables, à des bourgeois, des marchands qui promettaient de ne jamais rien tenter contre lui et de dénoncer ceux qu'ils apprendraient être coupables de complots et de conciliabules.

De tels serments, certes, n'avaient alors rien d'extraordinaire et depuis fort longtemps la plupart des traités de paix et de réconciliation n'étaient négociés et conclus qu'en faisant appel au pape ou à un prélat. On s'engageait solennellement en un lieu consacré, en une église, une chapelle, dans la grande salle d'une abbaye ou du palais épiscopal. En 1435, dans Saint-Vaast d'Arras, pour jurer la paix entre Charles VII et le duc de Bourgogne Philippe le Bon, les princes et les ambassadeurs ou conseillers avaient prêté serment devant les représentants du pape et du concile de Bâle, devant onze évêques, deux abbés, et le doyen de l'université de

Liège, religieux de l'ordre des Chartreux[50]. En son temps, Louis XI exigea que tous les repentants et même les suspects dont il avait quelque raison de se méfier se plient à un lourd cérémonial, tel que personne ne puisse l'ignorer ou l'oublier. Il fit jurer, non en présence d'un cardinal ou d'un évêque, mais de plusieurs grands officiers tenus de dresser procès-verbal, et le plus souvent ce fut sur la célèbre croix de Saint-Laud. Ainsi, en avril 1476, le seigneur de Montaigu-le-Blanc avec son fils Joachim, et le seigneur de Luzerte ; l'année suivante, Guillaume de Montmorency prêta, sur cette croix, hommage au roi alors que ses deux frères voyaient leurs biens confisqués pour avoir suivi le duc de Bourgogne[51].

Pour Pierre de Morvillier, le 14 octobre 1474 à Angers, le serment donna lieu à une grande cérémonie, soigneusement mise en scène, où l'on vit paraître le garde des sceaux du roi de Sicile, deux licenciés en lois, deux notaires jurés, plus le grand panetier du roi de France et Antoine de Chources, capitaine du château d'Angers[52]. L'épouse de Morvillier prêta serment le même jour[53]. Colas le Renu, bourgeois et échevin d'Amiens, vint jusqu'à Angers, jurer qu'il ferait tout ce qui serait en son pouvoir pour que sa ville ne tombe jamais aux mains des Bourguignons[54].

En plusieurs occasions, le roi fit même porter la croix hors d'Angers. L'an 1469, elle fut menée à Saintes, pour que Charles de Guyenne jure de renoncer à son mariage avec la fille du duc de Bourgogne[55]. En juillet 1477, il manda auprès du chapitre de Saint-Laud son grand maître de l'Hôtel, accompagné de deux docteurs en théologie, pour qu'ils se chargent de la croix et la portent à Nantes, où le duc de Bretagne devait prêter serment. Il prenait toujours soin de désigner les responsables et dictait lui-même la façon dont devaient se dérouler ces grands actes politiques, actes d'allégeance et engagements solennels. En février 1482, l'Anjou étant directement rattaché à la Couronne, il donna ordre au chapitre de Saint-Laud de recevoir lui-même le serment de Pierre Briçonnet, contrôleur de son Argenterie, en présence « du maire, du soubzmaire, des échevins et conseillers d'Angers[56] ».

Se parjurer ne pouvait être que crime de félonie et le coupable méritait les pires châtiments. Louis s'était informé sur les vertus de ce serment et avait expressément commandé une enquête sur les miracles opérés par la croix[57]. Il rédigeait, cas par cas, le texte que les hommes conviés à jurer devaient dire, et mettait tout en œuvre pour confondre et faire rudement condamner les parjures. L'an 1472, au mois de mars, il donna procuration à l'évêque de Valence pour qu'il aille déposer, à Saint-Laud d'Angers, les lettres et mémoires de son frère Charles de Guyenne, lequel, rompant son propre serment, avait fait jurer aux nobles de son gouvernement « de le servir envers tous et contre tous et nommément contre nous (le roi) » ; et Charles avait aussi écrit en cour de Rome pour que soit annulé son serment naguère prêté au roi. Celui-ci ne le voulait à aucun prix : les actes de ce serment et les pièces annexes devaient être gardés précieusement dans le trésor de Saint-Laud et les chanoines tenus de prier Dieu « qu'il luy plaise par sa grâce nous en faire la raison en l'honneur et révérence de sa dicte vraye Croix sur laquelle a esté fait le diz serment de nostre diz frère ». Ce qui revenait à implorer la vengeance divine. Une croyance, largement partagée alors, affirmait que ceux qui rompaient délibérément leurs serments faits sur cette croix mouraient peu après, et les fidèles conseillers du roi n'ont pas manqué de faire observer que Charles, décédé le 24 mai, avait lui-même couru à sa perte [58].

Vers 1280, près de Cléry dans le duché d'Orléans, un paysan défrichant une terre abandonnée depuis longtemps découvrit dans les broussailles une statue de la Vierge à l'Enfant taillée dans un bloc de bois. On lui éleva une chapelle et de nombreux pèlerins venaient prier pour que la Vierge les prenne en pitié et les guérisse de leurs maladies. Le seigneur de la Salle-lès-Cléry, Simon de Melun, maréchal de France, fonda, en 1302, une collégiale d'abord desservie par cinq chanoines, nombre porté ensuite à dix par Philippe le Bel qui, en place de cette chapelle devenue trop exiguë, fit construire une église [59].

Les marins de l'un des navires de la flotte qui, en 1436, amenait en France Marguerite d'Ecosse, miraculeusement rescapés d'un naufrage qui les avait jetés sur les côtes de Flandre, près de l'Ecluse, allèrent en pèlerinage à Notre-Dame de Cléry. En août 1443, Dunois, le bâtard d'Orléans, et le dauphin Louis firent vœu de s'y rendre, en remerciement de leur victoire remportée contre les Anglais sous les murs de Dieppe. L'église, détruite en 1428 par les troupes anglaises de Salisbury lors de la campagne d'Orléans, avait été reconstruite grâce aux dons de Dunois, de sa femme Marie d'Harcourt et à plusieurs legs pieux, dont celui de la veuve de Jean Boucher, trésorier général du duc d'Orléans. Charles VII y contribua généreusement de ses deniers. Pendant des années, Louis dauphin ne s'y intéressa pas beaucoup : son premier don ne date que de 1456. Mais, devenu roi, il fit, dès 1462, nommer doyen de la collégiale Guillaume d'Auge, médecin qui fut le gouverneur et le physicien de son frère Charles de France, et, dès lors, alla souvent à Cléry. Le 11 juillet 1465, cinq jours avant d'affronter les Bourguignons sur le champ de bataille de Montlhéry, il y entendit la messe. La charte de 1467 concéda de grands privilèges aux chanoines de la collégiale. Pour qu'ils puissent mieux se consacrer au service divin et « que nous et nosdits successeurs y soyons toujours participants », le roi les exempta, eux-mêmes et les pèlerins qui les visiteraient, de tous impôts et taxes ; il déclara solennellement les tenir sous sa protection et sauvegarde avec leurs familles et leurs familiers, leurs possessions et leurs biens mobiliers ; il leur concéda la justice haute, moyenne et basse, « au cloître de l'église », avec le droit d'y appointer un bailli, des sergents et autres officiers, et aussi de nommer deux notables, hommes de bon conseil, pour les représenter à Orléans et à Paris devant les cours de justice [60].

Alors qu'il contraignait le jeune duc Louis d'Orléans à épouser une femme qui ne lui donnerait pas d'enfant, et mariait François d'Orléans, fils de Dunois, à Agnès de Savoie, sœur de la reine Charlotte, Louis XI se voulait de plus en plus présent dans le duché. Il y multipliait les séjours, soit en des hôtels de ville, à Orléans, Vendôme, Meung ou Châteaudun, soit en des bourgs ou des villages, en des maisons de la forêt pour l'étape d'un soir ou pour ses parties de chasse. A Orléans, il fit aménager les quais du bord de Loire (1466) et élever, au sud de l'église Saint-Aignan, une grande esplanade dominant le fleuve. Notre-Dame-du-Chemin fut restaurée par ses soins et les chanoines de Saint-Aignan lui devaient, outre un grand nombre d'offrandes, la reconstruction de leur sanctuaire et l'agrandissement de leur cloître, où fut bâtie, pour lui, la « Maison royale », véritable palais aux murs de brique. A Meung, il fit construire, sur la rive droite et face au pont, une grande écurie pour ses chevaux ; de là, il allait à pied en pèlerinage à Cléry [61]. En décembre 1477, enfin, il se rendit acquéreur de la maison de l'« Ecu de France » sise devant la façade de l'église de Cléry, fit agrandir le cloître et les maisons des chanoines, aménager le cimetière [62].

De Notre-Dame de Cléry que les Orléans, avec Dunois surtout, avaient longtemps protégée mais qu'ils semblaient maintenant délaisser, il fit un sanctuaire royal, comblant les chanoines de dons de toutes sortes. De grosses sommes leur furent régulièrement comptées à partir de 1461 (plus de quinze mille livres dans les deux premières années). En octobre 1471, il leur assura quatre mille livres de rentes annuelles, assignées sur des domaines, péages et droits divers, en Normandie et en Touraine. Ceci « pour la conduicte et preservacion de tous nos faictz et affaires » et aussi « en consideracion à ce que nous avons eslu et eslisons par ces présentes nostre sepulture en ladicte église collégiale de Cléry [63] ». Il leur accorda alors deux foires franches par an, de chacune trois jours. L'an 1465, en mars, il interrogeait Jean Bourré, son trésorier, pour savoir combien il lui faudrait débourser pour fonder une messe perpétuelle à Orléans et une autre à Notre-Dame de Cléry. Au mois de septembre suivant, Jean Galard, marchand de Tours,

et Jean de Lus, orfèvre à Blois, recevaient trois mille trois cent
vingt-huit livres tournois pour deux « villes d'argent » représentant
Arques et Dieppe, et ces ex-voto rejoignaient une autre « ville »
déjà en place, celle de Noyon donnée quelque temps auparavant,
en remerciement de ce que Dieu et Notre-Dame avaient permis à
cette cité d'échapper aux Anglais et aux Bourguignons. Enfin,
pour couronner ces libéralités et s'affirmer davantage, il fit, en
1477, l'acquisition du fief de la Salle-lès-Cléry, acheté à Jean de
Husson, seigneur du lieu [64].

Les « villes d'argent », celle de Dieppe surtout, rappelaient les
victoires du temps où, dauphin, Louis menait au combat les
armées de son père. Ce choix, pour des ex-voto insignes, tendait
bien sûr à hausser ces faits d'armes au même degré de célébrité
que la délivrance d'Orléans, miraculeuse certes grâce à l'intervention de Jeanne d'Arc, mais à laquelle les habitants de la ville et
les parents ou vassaux du duc d'Orléans, Dunois le premier,
avaient eu leur part et s'étaient couverts de gloire. Lors de l'entrée
solennelle à Paris, en 1461, l'un des spectacles mimés, placés sur
des échafauds aux carrefours des rues, représentait précisément
l'attaque contre la bastide anglaise du Pollet, devant Dieppe, le
dauphin Louis conduisant l'assaut. Etablir un parallèle entre la
délivrance de Dieppe, le 14 août 1443, veille de la fête de Notre-
Dame patronne de Cléry, et celle d'Orléans pouvait faire quelque
peu oublier cette dernière, succès et triomphe trop « orléanais ».

Le roi y songeait sans doute. Ni lui ni ses proches, pas même
une bonne part de ses officiers, n'oubliaient que cette victoire
d'Orléans, en 1429, qui avait suscité de grands enthousiasmes et
amorcé la reconquête du royaume, n'avait pas été ressentie en
son temps comme un fait d'armes « français » ni même vraiment
« royal » mais comme une victoire du parti des Orléans et des
Armagnacs. Bourguignons et Parisiens n'y étaient pour rien et
s'étaient même résolument opposés à Jeanne d'Arc, jusqu'à la
livrer aux ennemis et se réjouir publiquement de sa condamnation.
Charles VII, alors sous la directe influence du parti probourgui-
gnon, de Georges de La Trémoille en particulier, ne l'avait pas
soutenue. Par la suite, il fit certes procéder, en 1450, à une enquête
sur le procès de Rouen et la réhabilitation de 1458 se fit avec son
accord. Mais tous ses conseillers ne l'ont pas suivi avec beaucoup
d'enthousiasme ; plus d'un marquèrent des hésitations et ne s'incli-
nèrent que contraints et forcés. Que Louis XI n'ait pas, sur ce
point, suivi son père ne peut surprendre. Armagnacs et Orléans
n'étaient pas de ses amis mais plutôt des princes à abattre ; leur
gloire passée jetait de l'ombre. Opposer ses propres victoires aux
leurs permettait de faire écrire d'autres pages d'histoire, celles-ci
à son honneur.

Elever Notre-Dame de Cléry au rang de basilique funéraire royale participait de la même politique. Charles VII, qui n'avait jamais manifesté de particulière affection pour Paris et l'Ile-de-France, n'y résidant pas volontiers, s'était pourtant conformé à la tradition qui voulait que les rois de France soient enterrés à Saint-Denis. Louis XI n'avait pas assisté aux services funèbres de son père et n'avait pas non plus témoigné, ni par ses offrandes ni par ses visites, un intérêt pour Saint-Denis. Il rompit délibérément, par un coup d'éclat qui ne pouvait manquer de faire parler, et décida donc, dès 1475-1477, que sa sépulture serait à Cléry. Volonté, une fois de plus, de s'opposer au père ? De marquer par un signe très fort son recul par rapport à Paris où il n'avait pas voulu vivre souvent et son désir d'ancrer son souvenir au cœur du royaume ? De fonder de neuf une nouvelle église funéraire princière, à l'instar des ducs de Bourgogne à Champmol, des Bourbons à Souvigny et du duc de Berry à la Sainte-Chapelle de Bourges ? C'était, en tout cas, affirmer sa présence et s'imposer, roi, maître et suzerain, face au duc d'Orléans.

Si Dunois, qui avait, à Dieppe en 1443, prononcé le même vœu que le dauphin, fut enterré en 1468 à Notre-Dame de Cléry, les ducs avaient, eux, marqué peu d'empressement à se gagner de grands mérites auprès des chanoines. Le corps de Charles d'Orléans, mort le 4 janvier 1464, à l'âge de soixante et onze ans, fut inhumé au château de Blois dans la collégiale Saint-Sauveur, et son fils Louis ne fit pas de grandes offrandes à celle de Cléry. Le roi, en quelque sorte, se l'appropriait. Le 21 décembre 1467, il proclama la reconnaître comme chapelle royale, à l'égal de la Sainte-Chapelle de Paris. Son fils François, né en 1472, mort en bas âge l'année suivante, y fut enterré. Puis ce fut, en 1477, Tanneguy du Châtel, d'abord conseiller dévoué de Charles VII, réfugié ensuite auprès du duc de Bretagne, mais qui avait, pour finir, rallié le roi et l'avait servi fidèlement, chambellan et chevalier de l'ordre de Saint-Michel. Le roi voulut que sa sépulture soit toute proche, jointe à celle préparée pour lui-même et ses enfants.

Dans les années 1472-1473, Louis se préoccupait déjà de son propre tombeau. Son trésorier de la Chambre, Pierre Jobert, versa quinze livres et quinze sous à Michel Colombe, tailleur d'images, « pour avoir taillé en pierre un petit patron en forme de toute que le Roy ordonnera estre faicte pour sa sépulture » ; et huit livres et cinq sous à Jean Fouquet, peintre à Tours, « pour avoir tiré et peint sur parchemin un autre patron pour semblable cause » [65]. En 1481, Jean Bourré demandait à Cola (ou Colin ou Nicolas) d'Amiens, qui avait moulé le visage de Charles VII sur son lit de mort, de faire le portrait du roi. Louis l'accabla de directives, disant très clairement comme il voulait paraître : à genoux, le collier de Saint-Michel à son cou, son chapeau entre les mains jointes, la longue épée à son côté, chaussé de gros brodequins à longs éperons. Que le peintre lui fasse « le nez aquilon, longuet et un petit peu hault » et surtout les cheveux longs ; chauve en aucun cas [66]. Pour la fonte, Hervé de la Couste, canonnier du roi à Orléans, présenta deux marchés, l'un de trois mille cinq cents écus d'or, l'autre, pour un ensemble aussi de cuivre doré mais plus complexe, de cinq mille écus. C'était beaucoup trop ! Finalement, le 24 janvier 1482, l'on passa accord, au château d'Amboise, avec Conrad de Cologne, orfèvre à Tours, et Laurent Wine, canonnier, pour une statue qui représenterait le roi en pied et en grandeur naturelle, statue faite « de cuivre et fonte dorée de fin or », à placer sur sa sépulture, « au bout de la tombe de pierre » [67].

Le choix de cette sépulture devait, bien sûr, étonner et nous voyons mal comment sa décision de ne plus honorer Saint-Denis fut, ses proches et ses conseillers mis à part, ressentie dans le royaume. Les auteurs de ce temps n'en parlent que rarement. S'ils le font, c'est en restant très discrets et pour dire qu'ils ne savent que penser : « et ne voulut estre mis avecques les deffuncts très-nobles rois de France ses prédécesseurs, en l'église et abbaye de Saint-Denis en France. Et ne voulut jamais dire le raison qui le avoit meu à ce. Mais aucuns pensoient que ce feust pour la cause de l'église où il fist moult de biens, et aussi pour la grande dévotion qu'il avoit à la benoiste vierge Marie, priée audit lieu de Cléry ». Ces mêmes chroniqueurs ne s'attardaient pas beaucoup à décrire ses funérailles. Comme d'un commun accord, ils n'y consacrèrent que quelques lignes, sans commentaires, sans insister ni sur le cérémonial, ni sur la présence des grands seigneurs et des officiers royaux, ni même sur la manière dont fut conduit le cortège funèbre à Cléry. Nous retenons seulement que, mort le 30 août 1483 au Plessis, le roi était à Tours le 2 septembre et le 6 dans la collégiale de Cléry. Les registres comptables de 1483 où les responsables devaient noter les dépenses, registres qui auraient permis de tout connaître sur les obsèques, jour par jour, ont disparu. Il ne reste rien : ni engagements, ni commandes, ni quittances ou attestations de paiement.

En l'absence donc d'une documentation directe, toute évocation des cérémonies funèbres relèverait d'un travail d'imagination. Pourtant, rien ne permet de penser que Louis XI ait voulu, sur ce point aussi, rompre avec la tradition et les habitudes du temps. Rien ne dit que ses obsèques aient été réglées et conduites d'autre façon que celles de son père Charles VII qui, dans Paris puis à Saint-Denis, donnèrent lieu à un extraordinaire cérémonial [68]. Les chanoines de Cléry, certes peu nombreux, établis dans un pays bien moins peuplé que l'Ile-de-France, n'ont certainement pas privé le roi mort des honneurs qui lui étaient dus. Leur église avait déjà, en 1468, accueilli, pour des funérailles que tous les témoins ont dites très dignes, solennelles et même somptueuses, le corps de Dunois, bâtard d'Orléans, qui, du château de l'Haye, leur fut amené, par Montlhéry, Etampes, Orléans et Beaugency, sur un char tiré par six chevaux couverts de grandes housses de toile noire[69]. Louis XI avait lui-même, en 1477, veillé à l'ordonnance des obsèques de Tanneguy du Châtel. Enfin, les comptes des funérailles de Charlotte de Savoie, morte trois mois seulement après le roi et inhumée elle aussi à Cléry, nous sont, eux, parvenus en bon état, très précis et circonstanciés. D'Amboise, le 1er décembre 1483, le jour même du décès de la reine, l'on manda un sergent « pour aller quérir Regné le Clerc escuyer d'escurie du feu roy Loys pour avoir de lui les ordonnances qui avoient esté faictes aux obsèques dudit seigneur[70] ». Le roi Charles VIII et les princes du sang, réunis à Cléry, décidèrent alors de l'« ordonnance » des funérailles de Charlotte : les vêtements de deuil, la cire pour les cierges, le chariot pour transporter le corps, les haltes et les messes dans les églises, sur le chemin ; toutes dépenses chiffrées à l'avance[71]. Tout porte à croire que ces dispositions, prises d'après ce qu'avaient été celles du roi, devaient s'en inspirer de près. Evoquer le cérémonial suivi pour la reine permet ainsi de se faire une idée des obsèques du roi, trois mois seulement auparavant.

Jean Bourdichon, qui avait travaillé à plusieurs reprises pour elle et pour le roi de leur vivant, fit « trois ou quatre patrons au plus près de la semblance de ladicte feue dame et selon le devis à lui ordonnez en divers habits pour ce que bonnement on ne savoit en quel estat seroit faicte la stature ». Il est allé d'Amboise à Blois voir la duchesse d'Orléans (Marie de Clèves) « pour avoir son advis desdictes choses... et fit faire de bois la stature représentation et figure... et le visage de ladicte figure peint selon sa semblance et de la grandeur de ladicte dame au mieulx que possible »[72]. Les gens des comptes payèrent deux barbiers et deux apothicaires chargés de l'embaumement ; ils firent acheter les draps de soie et le velours pour les habits, pour les deux chariots (chariot d'honneur et chariot de garnison), pour les selles et les housses des quatre chevaux de deuil et six harnais de velours noir pour les six hacquenées « qui ont porté les six dames qui ont fait le deuil ». Jean Poguet, peintre demeurant à Tours, livra trois cent sept écussons « en papier lombart », aux armes de Charlotte, pour attacher aux torches et aux cierges, et cinq cent-dix-huit écussons plus petits[73].

Le corps de la reine fut placé dans l'église Saint-Florentin d'Amboise et gardé là jusqu'au 10 décembre. On fit dire quarante-

quatre messes basses le 2 décembre puis, chaque jour, de trente-
deux à cinquante messes, soit trois cent quatre-vingt-treize au
total ; plus trois « grandes messes à diacres et sous diacres » et
vingt messes basses dans l'église Saint-Denis, dans le faubourg de
la ville. A Saint-Saturnin de Vienne, au faubourg de Blois, le
11 décembre, à Saint-Laurent de Cans, les prêtres dirent aussi des
messes et à Notre-Dame de Cléry, le dimanche 14 décembre cent
soixante et une messes basses [74]. Cent pauvres reçurent chacun une
aumône de trois sous et huit deniers [75].

Ces funérailles royales, celles de Louis puis celles de Charlotte,
ont certainement valu à Cléry un plus grand rayonnement et prestige dans le royaume. La collégiale, où, depuis longtemps déjà, des
foules de pèlerins venaient prier la Vierge miraculeuse et protectrice, devint ainsi, de par la volonté explicite du prince, sanctuaire
royal à l'instar de la grande abbaye de Saint-Denis. Cette brutale
rupture avec la tradition avait évidemment son sens et les contemporains ne pouvaient s'y tromper : vivant ou mort, le roi Louis
avait effectivement élu demeure dans le duché d'Orléans.

Démarche vraiment insolite ? Trop contraire à l'usage et à ce
que les sujets attendaient ? En tout cas, sans lendemain. Le cœur
de Charles VIII, mort à Amboise le 7 avril 1497, fut bien porté
et gardé à Cléry près des tombes de ses parents, mais son corps
fut, vingt et un jours plus tard, amené par Fargeau, Etampes et
Montlhéry jusqu'à Paris et enterré à Saint-Denis [76]. Et des tombes
de Louis et de Charlotte, de la statue du roi, il ne reste rien. Tout
fut détruit en 1562, lors des guerres de Religion, lorsque des van-
dales fanatiques s'en prirent, dans la collégiale, aux monuments
funéraires, tandis que la municipalité d'Orléans donnait ordre de
fondre les grilles et les statues de métal pour en faire des canons.

III

Les affres de la mort ?

I. Reliques et saints ermites

De son vivant déjà, les chroniqueurs malveillants et, bien plus tard, forçant délibérément le ton, les romanciers ou les dramaturges du XIXe siècle et les « historiens » faiseurs de manuels pour l'école de Jules Ferry, se sont gaussés du roi vieillissant, pris d'une peur panique à l'approche de la mort. Tous l'ont montré en proie à d'affreuses terreurs, cherchant un peu d'espoir et de réconfort en des dévotions que les esprits forts disent ridicules. Nous avons appris à nous souvenir de ses gestes inconsidérés, de la brochette de médailles pieuses agrafées à son chapeau, des remèdes miracles réclamés à grands cris et ramenés de fort loin (des îles du Cap-Vert disait-on !), de la haute palissade dressée autour du logis du Plessis : images lamentables d'un homme effrayé de tout, qui ne supportait plus d'autre compagnie que celle de rares familiers, gens de petit crédit, aventuriers, charlatans même ; d'un pauvre homme qui faisait partout prier pour lui et chercher partout de saints hommes réputés guérisseurs.

Tous ces auteurs devaient ou doivent toujours beaucoup à Philippe de Commynes qui, des derniers mois de la vie du roi, a tracé un tableau qu'aucun compilateur, aucun historien s'en tenant à ce genre de sources, ne pouvait oublier : « Tout à environ de la place dudit Plessis, il fit faire un treillis de gros barreaux de fer, et planter dedans la muraille des broches de fer, ayant plusieurs pointes... et à la fin y mit quarante arbalétriers qui jour et nuit estoient en ces fossez avec commission de tirer à tout homme qui en approcheroit de nuict jusques à ce que la porte fût ouverte le matin[77]. » Nombre d'écrivains, ceux surtout appointés pour apprendre aux enfants et aux citoyens la peur et la haine des temps obscurs (« moyenâgeux » bien sûr...), ont conscienceusement copié Commynes et, le plus souvent, renchéri sur lui, ajoutant ici et là quelques anecdotes et traits édifiants : « En vain avait-il multiplié les grilles, les fossés, les remparts, les chausses-trapes hérissées de clous, les archers et les sentinelles, tout mouvement, tout bruit inaccoutumé jetait l'alarme dans son âme » ; et, bien entendu : « tout passant suspect était saisi, amené au prévôt Tristan qui le faisait pendre à l'un des arbres du voisinage ». Ceux qui s'en approchaient, assez heureux pour ne pas se faire prendre, n'en sortaient pas indemnes : « jour et nuit ils entendaient les cris des malheureux que l'on mettait à la torture ; sur le moindre indice, on envoyait l'accusé à la potence, ou on le faisait jeter dans la Loire, enfermé dans un sac »[78]. Présenter un florilège de ces âneries demanderait tout un volume.

Le roi malade, c'est certain, se gardait des importuns. Il fit entourer son manoir de murs, de palissades et de fossés. Quel seigneur, quel bon bourgeois nouveau maître d'un domaine noble, ne le faisait pas ? Il fit monter la garde. Qu'en était-il ailleurs, chez les princes voisins, en Bourgogne et en Flandre, à Dijon et à Gand, en Angleterre à la tour de Londres ? Et en des lieux moins prestigieux même ?

Tout ce que nous pouvons lire sur les dévotions et les prières, sur la quête des reliques aussi, n'est pas toujours de pure invention, mais vraiment trop exagéré et, en tout cas, mal interprété car présenté comme des démarches extravagantes, voire grotesques, comme le fruit d'un déséquilibre. Ce n'est pas le cas.

Il est exact que, dans les années 1481-1483, ne se comptent plus les ordres du roi malade, souvent souffrant, à tel ou tel bailli ou sénéchal et, plus souvent, à François de Genas, général des finances du Languedoc, à Jean Bourré, trésorier de France, aux maîtres de l'Hôtel et encore aux gens de la Cour des comptes ou aux évêques pour qu'ils assurent le transfert des fonds, le paiement et la bonne exécution de nombreuses offrandes, toutes en remerciements de prières pour sa guérison. Certains pensaient qu'il ne savait plus à quels saints se vouer tant il les sollicitait tous. Le 19 décembre 1481, il écrivit au prieur de Notre-Dame-de-Salles, à Bourges, pour qu'il prie Dieu et Notre Dame « à ce que leur plaisir soit de m'envoyer la fièvre quarte, car j'ay une maladie dont les physiciens disent que je ne puis estre guéry sans l'avoir, et quand je l'auray je vous le feray savoir incontinent[79] ». Un mois plus tard, satisfait d'apprendre que les religieux avaient bien prié, il les en remerciait puis insistait : « on me dit que vous avez ung compaignon devot homme, demandez-luy de prier pour moy[80] ».

Remerciements aussi, en février 1482, au prieur de Saint-Rémy de Reims et aux moines de son abbaye qui ont demandé à Dieu de lui accorder la guérison, mais peuvent, eux aussi, faire plus :

« nous vouldrions bien, s'il se povoit faire, une petiite goutte de la Saincte-Ampoule ; essayez d'en tirer un peu de la fiole où elle est, sans péché ne danger [81] ». Il obtint également du baume miraculeux que la Vierge avait remis à saint Martin, et se fit oindre des deux chrêmes [82]. Jean de Vaux, trésorier du Dauphiné, fut commis en juin de la même année de donner, chaque mercredi, toujours pour prix des prières, deux offrandes, l'une à Notre-Dame d'Embrun, l'autre à la chapelle de Notre-Dame de Grasse [83]. Fin juillet, le Parlement de Paris devait enregistrer la fondation d'un « collège et corps de chanoines », doté de quinze cents livres de rentes, à Saint-Gilles-de-Cotentin [84]. Enfin, le roi fit don à Saint-Jean-de-Latran d'un collier d'or, en septembre, puis d'un autre encore, celui-ci spécifié de cinquante et un marcs (douze kilos environ) en février de 1483 [85].

Louis XI, cela ne fait pas de doute, croyait aux pouvoirs de quelques ermites et « hommes de sainte vie ». Il confia à Guy de Lozières, sénéchal de Quercy et maître de son Hôtel, le soin d'aller chercher à Naples François de Paule. On fit à l'ermite de Calabre, réputé pour ses interventions miraculeuses, une litière pour qu'il puisse voyager plus à son aise et les bourgeois de Lyon, dûment avertis de son passage, furent tenus de bien l'accueillir, de lui montrer révérence et de le festoyer comme le pape lui-même, « car nous le voulons ainsi pour l'onneur de sa personne et de la saincte vie qu'il mène ». Manants et habitants n'eurent garde d'y manquer. Les consuls de la ville allèrent à la rencontre du saint homme, qui voyageait alors par bateau sur le Rhône, accompagné de deux maîtres de l'Hôtel du roi, du capitaine de la grosse tour de Bourges et de l'ambassadeur du roi de Naples Ferrand. Ils lui offrirent des pommes, du raisin, et le logèrent dignement à l'hôtel du Griffon [86]. Louis l'accueillit à Tours et le garda près de lui jusque dans ses derniers moments, veillant à ce qu'il soit bien traité et ne manque de rien, notamment des herbes et du panais, des navets, des oranges et des citrons, des « poires muscadelles », car il ne mangeait ni chair ni poisson [87].

François de Paule avait quitté son ordre des Franciscains en 1452 et créé celui des Minimes à qui il imposait une totale pauvreté et de grandes abstinences. Le roi l'aida à fonder les couvents d'Amboise et du Plessis-lès-Tours, et fit beaucoup pour favoriser l'implantation de ces Minimes dans plusieurs autres villes ; en mai 1483, il écrivit aux échevins d'Abbeville pour les remercier d'avoir si bien reçu les chapelains et les « orateurs » de ces frères Minimes, « hommes de si régulière observance... duquel sommes fondateur, patron et protecteur de leurs privilèges » ; il les priait de leur distribuer autant d'aumônes qu'aux autres ordres mendiants de la cité, tout particulièrement des « aumônes de bière » [88].

Au printemps de 1482, affaibli et malade, il était allé, malgré une grande fatigue, à Saint-Claude, dans le Jura, prier au tombeau de Jean de Gand, saint homme réputé lui aussi pour ses miracles, auquel il avait « à diverses foiz donné aulmone et offert plusieurs sommes de deniers... et une châsse d'argent dorée et belle et honnorable[89] ». Il en garda un vif souvenir et, quelques mois après, à l'automne, il écrivit à son sujet aux jacobins de Troyes qui prétendaient, eux, que Jean de Gand, mort en 1419, était enterré dans leur ville, de s'enquérir très exactement du lieu de sa sépulture. Il leur rappelait que, quelques semaines avant sa mort, ce « saint homme ermite » avait prédit au dauphin Charles (Charles VII) la victoire contre les Anglais et la naissance de son fils (donc de Louis XI). On disait aussi qu'il était allé trouver le roi d'Angleterre Henry V pour lui commander de faire la paix, autrement dit d'abandonner ses prétentions au trône de France. Au pape Sixte IV, le roi envoya Pierre Forget, dominicain, inquisiteur de la foi au diocèse de Troyes, pour faire hâter la canonisation de l'ermite Jean qui fit « plusieurs belles choses à l'augmentation de nostre foy... et aussi de beaulx miracles » comme d'avoir chassé les Anglais[90].

Aux religieux de Saint-Claude, il céda, « pour la prospérité et la santé de sa personne et du dauphin », plusieurs châtellenies dans le Dauphiné, les gabelles du Briançonnais, la « notairerie » et l'« écriture » du Valentinois et du Diois ainsi que le péage de Montélimar[91]. Il voulait tout savoir : « et dites-nous si la châsse de monseigneur Saint Claude est parfaite [terminée] et si son glorieux corps est dedans, et auquel jour il y a esté mis pour ce que en voulons faire solempnité » ; prière de nous en avertir par le chevaucheur de notre écurie envoyé expressément et faites-nous savoir aussi la longueur et la largeur « du guichet par où l'on baise la châsse de monseigneur Saint Claude »[92].

2. LE ROI HORS DU SENS : UNE AUTRE LÉGENDE

Que le roi ait, ces années-là, porté ses dévotions vers de saintes reliques est chose patente. Plus d'une démarche et de très nombreuses lettres en témoignent. Cependant, seuls des auteurs mal intentionnés, persifleurs à bon compte ou mal informés, peuvent s'en étonner et le présenter comme un bigot affligé d'une sorte d'effroi, un homme hors du sens, atteint d'une manière de gâtisme. Bien avant lui et très tôt dans l'histoire du christianisme (et d'autres religions ou croyances ?) les hommes ont communément attribué de grandes vertus aux corps saints et les ont recherchés, parfois à grands risques, souvent au prix de beaucoup d'efforts, de sacrifices et d'argent. Lorsque les Vénitiens et les Génois allèrent prêter renfort aux « pèlerins » francs de la première croisade, leurs premiers succès, qui les firent rentrer chez eux triomphants, furent de rapporter des saintes reliques d'Orient. En un second temps seulement, ils se préoccupèrent des comptoirs marchands. Saint Louis, roi de France dont aucun auteur de son temps ni aucun historien par la suite ne s'est jamais moqué, fit, à prix d'or, l'acquisition de la Couronne d'épines du Christ et d'un morceau de la Croix. Leur arrivée à Paris, en 1239 et 1241, fut l'occasion de grandes processions et actions de grâces auxquelles participèrent tous les corps constitués de la cité et du gouvernement : l'Eglise, l'Université, le Parlement, les échevins, les maîtres des métiers et des fraternités. Pour abriter ces reliques, ainsi que les instruments de la Passion, apportés en 1242, le roi fit construire un magnifique reliquaire, la Sainte-Chapelle, consacrée en 1248 par le légat du pape et l'archevêque de Bourges, juste avant le départ pour la croisade en Orient. Bien plus tard, Jean de Berry, prince fastueux et grand mécène, ne nous est pas montré s'attardant souvent en dévotions, ni en prières ou méditations. La figure ordinairement présentée dans nos livres est celle d'un homme protecteur des artistes, collectionneur d'objets rares, précieux, exotiques, hétéroclites même. Pourquoi ne pas dire son application, vraiment extraordinaire, à rassembler un nombre invraisemblable de reliques, des plus insignes aux plus médiocres certainement ?

Sous Louis XI, les temps n'avaient pas changé et l'on chercherait en vain un prince ou un grand seigneur, affranchi de cet « obscurantisme » ridicule dont parlent si volontiers nos faiseurs de manuels, qui agisse autrement et se désintéresse des corps saints et n'y consacre ni son temps ni ses prières. Le roi René, duc d'Anjou et comte de Provence, le « bon roi René », était certes un mécène éclairé, ami des peintres et des poètes, ami des jeux et des fêtes aussi ; il profitait, nous dit-on, bien de la vie, et fit cultiver des raisins muscats en Provence... Cela est vrai, mais il écrivit de sa plume des œuvres pies, tel le *Mortifiement de Vaine Plaisance*, « inventa » les reliques des Saintes-Maries et leur consacra un sanctuaire.

Aux temps modernes ? Pour les esprits forts et libres qui avaient laissé derrière eux la « nuit du Moyen Age » ? Se fier à quelques clichés serait encore tomber dans l'erreur. Montaigne fit, lui le sceptique, le réaliste entre tous, en Italie, de grandes dévotions en plus d'un sanctuaire devant des corps saints. A Notre-Dame de Lorette, il prit grand soin de vérifier que ses ex-voto étaient bien placés, suffisamment en vue. Et chacun devrait savoir, depuis l'étude magistrale de Lucien Febvre, que l'« incroyance » de Rabelais n'est qu'un mythe forgé par des commentateurs de son œuvre, mauvais lecteurs mais inspirés comme il convenait[93]. Pendant tous les temps dits « modernes », les artistes, commandités par toutes sortes de personnes ou de collectivités, n'ont cessé de produire des reliquaires, des montrances et des châsses, dont aujourd'hui, après les terreurs révolutionnaires de 1791-1794, les trésors des églises ne gardent qu'une petite partie.

De nos jours ? Tourner en ridicule, comme vraiment d'un autre âge, voire d'une autre culture, ces dévotions est, bien sûr, de bon ton mais marque d'ignorance ou de sottise ; des deux généralement. C'est, de plus, mal connaître son époque. Alors que nous voyons que les « pèlerinages » politiques ou littéraires aux maisons et aux tombes des « grands hommes » (sic) n'ont jamais suscité de telles ferveurs, rassemblé tant de dévots, bigots jacobins ou autres ? Alors que les robes, les fourrures, les bijoux ou les moindres objets domestiques d'une princesse, d'une duchesse, d'une étoile (sic !) de l'écran, s'arrachent aux enchères publiques, vraies messes profanes, pour des prix qui défient le bon sens ?

Les prières et les dévotions de Louis XI ne furent, à l'approche de la mort même, ni particulières, ni extravagantes, hors de raison. C'était pour lui, comme pour ses contemporains, de toute qualité, refuge très commun que de se nourrir d'espoir et prier pour voir ses souffrances s'apaiser et la maladie le quitter. Il ne perdait pas la raison, en aucune façon, et n'a pas, au cours de ses années dernières, tellement changé. Tout au long de sa vie, ses offrandes aux églises s'accompagnaient très souvent de demandes de prières pour sa santé ou celle de ses proches. Dans l'hiver 1469-1470, ses fidèles sujets disaient des neuvaines et allaient en pèlerinage pour que la reine Charlotte accouche d'un fils. Elle s'était vouée à sainte Pétronille, vierge romaine, et le roi, pour sa part, promit à Notre-Dame du Puy un présent d'argent qui ferait le poids du dauphin ; il fit effectivement, sitôt la naissance d'un fils, un versement de vingt mille écus d'or[94]. Un an plus tard, le jeune Charles tomba malade et ses parents firent vœu à Pétronille, s'il guérissait, de restaurer sa chapelle dans la basilique Saint-Pierre du Vatican. L'enfant hors de danger, Louis envoya douze cents écus pour ces travaux et déposa, chez les banquiers de Rome, les sommes nécessaires à l'entretien de deux chapelains[95]. Dans le même temps, atteint de maladie et inquiet pour lui-même, il fit acheter cent soixante-quatre livres de cire pour confectionner « un vœu fait à sa pourtraicture et semblance, lequel vœu il a fait mectre et asseoir à sa dévocion devant le maistre autel de Saint-Martin de Candes[96] ». En avril 1475, souffrant à nouveau d'un mal qui ne lui causait pas encore de graves alarmes mais le rendait moins actif, moins présent, il demanda aux religieux de Notre-Dame-de-Salles,

à Bourges, de prier pour lui ; requête assortie d'une belle promesse : « dites-moi combien il faut d'argent pour faire un beau
treillis [grille] devant Notre Dame » [97].

Plus tard, le dauphin Charles étant encore malade, il fit vœu
d'offrir de nouveau à Dieu, si son fils recouvrait la santé, son
pesant d'argent [98]. Peu de temps après, Jean Bourré faisait savoir
que le jeune Charles était « en très bon point ». Pour le vœu, il
fallait compter cent trente-deux marcs d'argent (environ trente-
deux kilos), ce qui, à raison de dix livres et cinq sous par marc,
faisait huit cent quarante-quatre écus. Le roi en fit vite porter huit
cents, sans demander d'autres « certifications ». C'est à ce
moment-là qu'il fit don d'une cloche pour Saint-Jacques-de-
Compostelle et combla de présents les chanoines de Cologne pour
que, de retour dans leur ville, ils prient les Bienheureux Rois
Mages, protecteurs des nouveau-nés et des jeunes enfants [99].

Cette quête n'était pas celle d'un naïf, capable de tout croire et
de tout accepter. Bon chrétien, il ne mettait pas en doute la vertu
des vraies reliques mais, clairvoyant, soupçonneux et parfois sceptique, aussi prudent là qu'en politique, il ne s'en laissait pas aisément conter. Ces peurs paniques, dont parlent si volontiers
Commynes et quelques autres, ne semblent pas l'avoir conduit à
des démarches irréfléchies ou ridicules.

Il remercia longuement Laurent de Médicis de lui avoir fait don,
sans doute pour prix de son alliance, de l'anneau de saint Zénobe,
évêque de Florence au IVe siècle, ami de saint Ambroise ; mais il
s'inquiétait pourtant : dites-nous si cet anneau est bien, sans
conteste possible, celui que le saint portait communément de son
vivant « et quels miracles il a faicts, s'il a nul guéry, et quy, et
comment il le faut porter [100] ». En août 1479, il avait, dans Avallon,
prié devant le chef de saint Lazare et, en octobre, mandé deux
orfèvres pour qu'ils prennent des mesures et se préparent à fabriquer une châsse d'or fin. Mais il apprit peu après que les chanoines
d'Autun prétendaient, de leur côté, posséder le corps entier. Plus
que déconcerté et indécis, il ne passa pas commande sur le
moment et renonça. Il ne reprit le projet qu'en juin 1482, exigeant
alors que l'on mène une enquête : « je ne sçay bonnement à quoy
m'en arrester... [du fait] de la diversité et différences qui sont à
cause du chef ». Renseignez-vous sur la façon dont ces reliques
ont été apportées, envoyez vos vicaires, allez-y vous-mêmes et
« faictes que la sentence soit donnée et que l'on n'en abuse point...
qu'il n'y ait point de faulte car j'ay grant désir de le sçavoir à la
vérité » [101].

Ni les aumônes distribuées jour après jour ou les offrandes aux
églises et monastères, ni le soin pris à honorer d'insignes reliques

ou de saints ermites n'autorisent à croire le roi différent des
hommes de son temps. Comme tout bon chrétien, il croyait
d'abord et fermement à la miséricorde de Dieu et n'a cessé de
l'implorer. Il fit commande à Jean Bourdichon, peintre et enlumineur, de cinquante grands rouleaux placés « en divers lieux dedans
le Plessis du Parc » sur lesquels il avait fait écrire « Misericordias
Domini in aeternum cantabo »[102]. Les princes et leurs sujets,
disait-il, devaient aux heures sombres se tourner vers Dieu et sa
cour céleste. Son destin, celui de la Couronne et du pays, le sort
des batailles, la confusion des ennemis, des félons et des rebelles
surtout, ne dépendaient pas seulement de la vertu et du courage
des hommes, mais de la providence divine. Du Plessis, le 3 janvier
1478, il écrivit à l'évêque de Mende pour lui rappeler que le pape
avait promis trois cents jours d'indulgences à ceux qui, à l'heure
de midi, diraient trois Ave Maria « pour la paix et l'union du
royaume ». Faites connaître, aux habitants de votre ville, cet Ave
Maria de la Paix par cris aux carrefours et sur les places publiques,
par prédications dans les églises et par processions générales ; « et
faites le entretenir, observer et garder de point en point selon la
forme et la teneur des bulles du pape »[103]. Cette lettre, la seule
conservée aujourd'hui, n'était sans doute qu'une parmi d'autres,
envoyées aux évêques de France. A Paris, « fut fait une moult et
belle et notable procession » pour honorer la Vierge. Un docteur
théologien, natif de Tours, vint prêcher et dire que le roi « avoit
singulière confidence en Notre Dame » et exhortait « son bon
populaire, manans et habitants de sa cité de Paris, que dores en
avant de l'eure à midy, que sonneroit à l'église dudit Paris la
grosse cloche, chascun feust fleschuy ung genoüil à terre, disant
Ave Maria pour donner bonne paix et union au royaume de
France[104] ». Certains voient là l'origine des prières de l'Angelus
que le roi aurait ainsi instituées, de façon quasi officielle, dans tout
le pays.

Il n'a jamais manqué de prier et de rendre grâces, par de belles
offrandes et de solennelles processions, pour la victoire de ses
armées et la déconfiture de ses ennemis, du duc de Bourgogne
tout particulièrement. A Beauvais, le 19 mars 1470, il alla dans la
cathédrale prier la Vierge pour le succès de ses armes et « une
paix glorieuse ». Il fit dresser, contre l'un des piliers du chœur, un
autel consacré à Notre-Dame de la Paix, portant une statue de la
Vierge à l'Enfant et, dès lors, prit soin de toujours désigner le
chapitre de cette cathédrale sous le nom de « Chapitre de Notre-
Dame de la Paix ». Il y revint six ans plus tard, fit don de trois
mille livres tournois et fit ajouter une statue de sainte Anne. Celle
de la Vierge, longtemps préservée, fut, en 1793, reconnue comme
celle de la déesse de la Raison, et l'Enfant, affublé d'un bonnet

rouge, était censé représenter « le peuple français écrasant le monstre de la tyrannie [105] ».

En 1476, au lendemain des rencontres de Lyon où il avait mis à raison René d'Anjou, et sitôt connue la défaite du Téméraire à Morat contre les Suisses, « si envoya argent en plusieurs divers lieux où est vénérée la benoiste et glorieuse Vierge Marie », notamment à Notre-Dame-des-Ardennes [106].

Un jour par semaine, il recevait et touchait les malades atteints des écrouelles, après qu'un médecin eut procédé à un examen sommaire et écarté ceux qui souffraient d'autres maux. En cela, il se conformait en tout point à la tradition et savait répondre aux attentes : « Quant les roys de France veulent toucher les malades des escrouelles, ils se confessent et nostre roy n'y faillit jamais. Si les autres ne le font, ilz font très mal, car toujours y a largement de malades [107]. »

Ce n'était pas seulement devoir d'Etat et respecter la tradition : il croyait fermement aux pouvoirs de quelques-uns et aux guérisons miraculeuses. Très lié, dans les tout premiers temps de son règne, à Carlos de Viane, infant d'Aragon et de Navarre, il soutenait que celui-ci bénéficiait, de par la grâce de Dieu, du don de soulager les possédés et les scrofuleux. Peu après sa mort, dans une lettre adressée aux Catalans, il faisait clairement allusion aux prodiges déjà accomplis sur la tombe et ne les mettait pas en doute. Le roi de France acceptait alors d'authentifier ce culte de don Carlos, qui ne fut approuvé ni par Rome ni par les évêques catalans, mais connut, pendant plus de deux siècles, une grande ferveur, notamment au sanctuaire de Poblet.

3. NON DES CHARLATANS, DES MÉDECINS

Cependant, pour lui-même, ses entreprises hasardeuses et la lutte contre la maladie, il ne s'est jamais livré à une pratique que l'Eglise aurait condamnée et n'invoquait pas d'autres secours que ceux de Dieu, de la Vierge et des saints. Il n'était certainement pas enclin à solliciter l'intervention de puissances démoniaques [108] ni à croire en des remèdes plus ou moins gardés secrets, concoctés en d'obscures officines [109].

Simon de Phares, auteur d'un *Recueil* de tous les maîtres astrologues du temps, disait qu'il s'était toujours montré, face à leurs travaux et à leurs prédictions, bien plus méfiant, plus indépendant d'esprit que ses prédécesseurs, Charles V et Charles VII. Il ne leur accordait que de faibles pensions et ne les suivait pas dans leurs recherches [110]. En fait, les « astrologiens » du roi (maître Arnould, Manassès de Valence, Pierre de Saint-Valerian) ne furent jamais en vedette. Leur « almanach médical », travail tant d'astrologie que d'astronomie, se limitait à une sorte de calendrier indiquant, d'après la course de la lune, les jours favorables aux saignées et aux purges [111].

A la cour du roi Louis, les médecins n'étaient pas, comme alors en d'autres pays et plus tard en France, aux temps « modernes » de la « Renaissance », des médecins-astrologues qui interrogeaient les astres, mais tous des praticiens. Le roi faisait confiance aux sciences enseignées dans les facultés. Il s'informait des remèdes, consultait, se fiait à ce que les hommes de l'art lui prescrivaient et, sur ce chapitre, ne lésinait pas. Dans l'hiver 1480-1481, alors qu'il n'était pas encore gravement atteint, les mises d'apothicaires s'élevèrent, pour moins de trois mois, à neuf cent trente-cinq livres tournois, tant pour les drogues, médecines et « épices de chambre » pour le roi, que « pour médiciner et habeller les chiens et lévriers » et aussi « pour médiciner plusieurs seigneurs et gens malades que le roy a fait guérir » [112].

L'an 1471, Louis écrivait à Jean de la Driesche, président à la Chambre des comptes, pour qu'il lui prête, afin d'en faire copie, un des traités de médecine de Muhammad Rhazès, savant de Perse qui vivait aux alentours de l'an mille ; ce pouvait être ou le *Traité de la petite vérole et de la rougeole*, traduit déjà une bonne dizaine de fois en latin, ou son manuel de médecine traduit par Gérard de Crémone au XIIᵉ siècle, ou encore ses carnets de notes traduits, eux, en 1279 à la demande de Charles d'Anjou. Driesche, qui ne possédait aucun « Rassis », s'adressa aux maîtres de la faculté de médecine de Paris qui consentirent à se priver quelque temps de leur manuscrit. Mais, disaient-ils, « c'est le plus beau et le plus singulier thrésor de nostre Faculté », et ils ne voulurent s'en séparer que contre dépôt de « certains gaiges de vaisselle d'argent et autres cautions » [113]. Dix ans plus tard, les gens du roi versaient une dizaine de livres tournois à Regnault Fullole, écrivain et enlumineur demeurant à Tours, pour avoir, en lettres bâtardes et sur neuf cahiers de parchemin, recopié plusieurs chapitres du *Livre de Rasse* ainsi qu'un petit traité, le *De Regimine* ; et pour avoir fait peindre plusieurs lettres d'or fin et d'azur, puis relié et cousu le tout en un livre couvert de velours cramoisi [114]. Ce *De Regimine Sanitatis Salernitatum*, œuvre d'un maître de l'université de Salerne, traduit pour la première fois en langue française à Lyon, était alors très recherché des princes qui tenaient à l'avoir dans leur bibliothèque pour qu'il serve à leurs médecins [115]. L'année suivante, Louis faisait copier la *Pratica* de Jean Pacis, doyen de l'université de Montpellier [116].

A la différence de ceux du temps de Charles V, ses médecins ne venaient ni d'Italie ni de Catalogne, mais avaient étudié et pratiqué à Montpellier. Le plus célèbre d'entre eux, Adam Fumée, originaire du diocèse de Bayeux, étudiant puis professeur dans cette université de médecine de Montpellier, fut longtemps premier médecin de Charles VII ; soupçonné, à tort sûrement, d'avoir voulu l'empoisonner en lui administrant de mauvaises drogues, on l'enferma dans la grosse tour de Bourges. Sitôt roi, Louis l'en délivra et le garda médecin ordinaire, ainsi que Déodat Bassole qui, lui aussi, avait servi son père. Robert Poitevin, diplômé de Montpellier, soigna Marie d'Anjou et les deux épouses de Louis, Marguerite d'Ecosse puis Charlotte de Savoie, avec Robert de Lyon, montpelliérain de formation également, appelé à la cour avec deux de ses condisciples [117].

Louis XI n'a jamais manqué de veiller attentivement à la bonne marche de cette université. Il s'en proclamait le protecteur et, régulièrement, intervenait pour imposer ses fidèles. En 1470, il donna mission à quatre commissaires, dont l'évêque du Puy, d'enquêter sur la façon dont s'étaient déroulées, l'année précédente, les élections du chancelier ; elles furent en fin de compte annulées et Déodat, son protégé, nommé. Il ne voulait s'entourer que d'hommes connus pour leur savoir et leur succès, les choisissant lui-même, les faisant appeler. Il fit, l'an 1480, venir Jean Martin, homme du Gévaudan, qui avait, à Montpellier, étudié au « Collège des douze médecins » fondé au XIVe siècle par le pape Urbain V, et s'impatientait, s'inquiétait de ne pas le voir arriver alors qu'il l'attendait depuis longtemps [118].

A la fin de sa vie même, très affaibli, terriblement vieilli au point de ne vouloir se montrer en grand public, accablé de douleurs, de crises de goutte de plus en plus violentes et d'une maladie de peau que certains auteurs d'aujourd'hui disent proche du zona, on ne le voit pas rechercher de rémission hors de la religion et des soins ordinaires de ses médecins, non pas charlatans venus de loin, auréolés d'une merveilleuse et douteuse renommée, mais hommes de science formés dans le royaume.

Conclusion

Pendant longtemps, en nombre d'ouvrages, l'histoire privilégia les jugements de valeur et tendit à enfermer la personnalité des rois ou des princes en une seule formule. Ces étiquettes demeurent en mémoire : « le Débonnaire » et « le Pieux », « le Gros », « le Bel » et « le Hutin », ou encore « le Sage » pour les rois de France ; et, pour les ducs de Bourgogne des XIVe et XVe siècles, « le Hardi », « le sans Peur », « le Bon » puis enfin « le Téméraire ». Pour Louis XI, nos livres ne retiennent communément aucun surnom. L'homme paraissait-il aux contemporains et nous semble-t-il tellement incolore ? A vrai dire, il s'affirme d'une façon très particulière dans le discours, lui aussi fort ordinaire, qui oppose les rois des anciens temps, du « Moyen Age », à ceux de l'époque « moderne ». Il serait, en France, l'un des premiers héros de cette « modernité » et cela lui valut de retenir, plus que d'autres, l'attention des auteurs soucieux de souligner la rupture entre les princes attachés à un idéal « chevaleresque » mais mauvais politiques, et ceux, plus réalistes, pour qui, au service de leur propre destin et de l'Etat (l'un et l'autre souvent confondus), tout était possible, souhaitable et, par avance, justifié. En somme, un précurseur, capable de régner autrement, de secouer les traditions et de renouveler les modes du jeu.

Précurseur sans doute mais à grand-peine, car il n'était, c'est l'évidence, pas tout à fait sorti de la nuit du Moyen Age et pas vraiment illuminé des soleils radieux de la Renaissance. L'image de ce roi à cheval entre deux époques ne nous quitte pas. Les grands traits en étaient déjà tracés par Ernest Lavisse qui, lui reconnaissait un sens politique avisé et un art de dissimuler vraiment exemplaire mais, en contrepartie, rappelait « qu'il fut bien de son temps [le Moyen Age] par la violence de ses passions » ; ce qui, curieusement, laissait entendre que l'homme « médiéval » était, par nature, toujours habité de forts sentiments, hors de toute raison. Et Lavisse d'ajouter que Louis « tenait profondément au Moyen Age par les idées que lui avait imprimées son éducation et notamment par ses idées religieuses »[1]. Non la foi, non les convictions, mais les « idées religieuses »... Le choix des mots n'était pas gratuit. En tout cas, tout était dit et rares furent ceux qui n'ont pas suivi. Bien plus tard, en 1975, le livre de Gaussin, remarquable quant à l'étude du gouvernement de la France sous ce règne, portait en sous-titre, avec certainement l'intention d'expliciter l'idée directrice : « Un roi entre deux mondes ». Il faut dire qu'à recenser les livres d'aujourd'hui les hommes « entre deux mondes » semblent avoir été légion.

Mais ces deux mondes, le « médiéval » et le « moderne », ne sont que créations de l'esprit, parfaitement artificielles, nées du désir de classer, surtout d'opposer un temps à l'autre, de marquer ou des cassures ou des seuils. Elles ne correspondent à rien qui se puisse exactement définir et la chronologie ne peut, en aucune façon, s'établir, même à beaucoup près. Le « xve siècle » (qui commence et finit en quelles années ?) ne se distingue, plus que d'autres temps, ni par des changements considérables ni même par une transition vraiment identifiable. Jacques Bainville écrivait à juste titre, en une formule qui porte leçon, que « toutes les époques sont des époques de transition ».

Homme d'Etat ?

« En somme, c'était un roi qui ne voulait que régner ». Nicole Gilles, humaniste distingué, notaire et secrétaire du roi, trouvait là certainement les mots justes. Ce n'était pas médire, bien au contraire ; la vertu, en politique comme en toutes choses, étant de répondre aux attentes et de bien exercer son métier. Louis y aurait souscrit volontiers, travailleur infatigable, appliqué à la tâche et à faire tout plier devant lui. Non pas homme de cabinet et de conseil, mais de terrain et d'autorité. Il n'a, en plus de vingt ans, réuni qu'une seule fois les états généraux, et seulement pour faire approuver ses décisions, pour mieux accabler l'adversaire du moment. Le Parlement ne lui inspirait qu'un respect fort léger et il ne se privait pas de lui signifier ses désirs immédiats. Toute résistance l'insupportait et n'étaient assurés de survivre que ceux qui le servaient sans oser remontrer. Peu de souverains, avant lui ou en son temps, ont ainsi brandi, à chaque retard ou mauvais vouloir, de si terribles menaces : disgrâces, humiliations, procès conduits, en dehors de toute cour de justice, par des commissaires nommés sur le coup, choisis parmi les fidèles du moment, les ennemis déclarés du suspect, ses débiteurs même.

Il voulait tout connaître et tout saisir, capable de trancher sans retard ni atermoiements. Que le moindre problème lui soit soumis directement, sans ambages ni artifice, surtout sans rien laisser dans l'ombre. Qui s'embarrassait de formules et de précautions lui paraissait ou médiocre ou trompeur : « je suis de la nature des femmes : quand on me dit quelque chose en termes obscurs, je veulx sçavoir incontinent que c'est[2] ». Nombre d'hommes de loi, experts en longs discours et dans l'art de celer l'essentiel, l'irritaient. Il ne cessait d'exiger des rapports précis, des chiffres, des « certifications » ; il voulait des assurances, ou des résultats concrets. Le faire attendre et lui exposer une affaire tout au long était le lanterner.

Le roi parlait net et ne mâchait pas ses mots, réprimandait vertement, morigénait en vrai tyran et n'avait aucun mal à trouver la formule qui faisait mal ou réveillait les tièdes. D'où, très souvent, cette couleur de rudesse, de vulgarité même. On pouvait le croire brutal, cruel, et y prenant plaisir. L'an 1480, le sénéchal du Poitou lui demanda comment punir un certain Husson qui, à tort, prétendait avoir commission royale et « faisait plusieurs maux ». Louis ne le connaît pas (« Qui est ce Husson ? ») mais sait ce qu'il veut en faire : « Envoyez-le moi, si bien lié et garrotté et si seurement accompaigné qu'il n'eschappe point » ; faites-moi parvenir aussi les « instructions contre lui pour faire les préparatifs des nopces du galant avecq'une potence »[3].

Régner et vaincre ! D'abord se vaincre soi-même : « C'est plus grande chose de savoir seigneurer sa volonté que seigneurer le monde de Orient en Occident. » Et tenir ses gens pour les garder fidèles à tout prix : « Il doit faire tant qu'il ait bons juges et capitaines, discrets et sages, forts et droicts et justes ». Sans trop d'illusions bien sûr : « Si on les peust trouver si accompliz de telles vertus, pour ce que tout blanc oysel n'est pas cygne, qu'ils soient au moins loyaulx, francs et estables, qu'ils ne puissent estre corrompus »[4].

Louis, roi de France, était-il, de nature, si différent des autres princes de son temps ? Se hasarder en une étude « anthropologique » du personnage serait sans doute possible et peut-être divertissant. Du moins pour qui se sentirait capable d'en définir la méthode et porterait quelque crédit à des démarches qui, proclamées d'avant-garde depuis déjà un bon temps, risquent fort de passer de mode. Il y faudrait aussi un talent particulier. Cependant, évoquer ne serait-ce qu'un seul faisceau de circonstances dans la formation politique de Louis, dauphin puis roi, ne paraît pas sans intérêt. Il a vécu plusieurs années dans le Dauphiné et n'a cessé de nouer des alliances ou des intrigues en Italie, de s'informer des rivalités et des complots, d'y envoyer ambassades et missions. Il est resté très proche de sa mère Marie d'Anjou, fille de Louis II et sœur du roi René qui, tous deux l'un après l'autre, n'ont songé qu'à reconquérir le royaume de Naples, ont conduit des campagnes à la tête de leurs troupes et cherché des complicités, notamment à Florence. Depuis Louis VI, marié en 1115 à Adélaïde de Savoie, il est le premier des rois de France qui ait épousé une fille d'une maison d'Italie. Si les ducs de Savoie n'ont pas tenu, dans la péninsule, ni dans les ligues et les conflits, ni dans le mécénat, une place aussi insigne (ou aussi bien connue...) que les autres princes ou les « républiques » dites marchandes, leur rôle ne peut pourtant pas être tenu pour négligeable. Bonne de Savoie, sœur de Charlotte reine de France, épousa Galeazzo Sforza en 1468 ; tutrice, en 1476, de son jeune fils Gian Galeazzo, elle s'engagea en une lutte sévère et sanglante contre Ludovic le More, lutte dans laquelle Louis XI se voulait arbitre, soucieux en fait d'imposer ses choix.

Que Charlotte n'ait exercé aucune influence auprès du roi reste à démontrer car, négligée régulièrement des chroniqueurs et des historiens, nous ignorons à peu près tout de son action. Mais l'intérêt porté par le roi à la famille ne fait, en tout cas, aucun doute et il se donna bien du mal pour établir les filles à sa convenance. Agnès, sœur de Charlotte, fut, en 1466, mariée à François d'Orléans, fils de Dunois et de Marie d'Harcourt, et l'autre sœur, Marie, épousa Louis de Luxembourg, comte de Saint-Pol. Leur frère, Amédée IX, duc de Savoie en 1465, avait épousé Yolande sœur du roi Louis, et la paix entre Naples et le pape d'une part, les Médicis de l'autre, ne s'est conclue que par l'union, négociée par le roi, d'Anne, fille d'Amédée et de Yolande, avec Frédéric, fils du roi Ferrand de Naples[5].

Peut-on comprendre la politique de Louis XI, sa façon de conduire ses affaires et ses armées, sans faire référence à ses liens avec l'Italie ? A en croire l'un des ambassadeurs milanais, « il semble qu'il ait toujours vécu en Italie et y ait été élevé[6] ». S'il n'y a jamais séjourné ni mené une armée, il a certainement beaucoup appris des cours princières d'outre-Alpes, à les fréquenter par lettres et missions de ses conseillers. L'art de conduire les négociations, de dissimuler et de séduire, que ses contemporains lui reconnaissent tous, émerveillés ou acerbes et méprisants, n'était pas, disent-ils, tellement familier aux princes du royaume. De même une forte propension à ne pas tenir grand compte de la parole donnée, à n'accepter aucune règle d'honneur mais jouer le jeu, toute honte bue.

Machiavélique ? Sans aucun doute... Que le petit livre de Nicolas Machiavel, le *De principatibus*, achevé en 1513, ait connu, assez tard il est vrai, une telle fortune devrait surprendre tant il semble que l'auteur n'ait rien dit que de très ordinaire. On en a surtout retenu, car le reste est embrouillamini, les leçons de cynisme : Faut-il vraiment tenir sa parole ? Les princes qui ont fait de grandes choses ne sont-ils pas ceux qui ont su le mieux tromper leurs voisins, et, par leur ruse, circonvenir l'esprit des hommes ? Ceux qui veulent seulement « faire le lion et ne comprennent rien à rien » n'ont aucune chance de l'emporter. Il faut toujours dissimuler sa pensée, « colorer » ses paroles et compter sur l'incommensurable naïveté des hommes : « celui qui trompe trouvera toujours quelqu'un pour se laisser conter ». Certes... mais on ne voit pas comment Machiavel peut faire mine de découvrir tout cela et prendre pour modèle des hommes de son temps, César Borgia et le pape Alexandre VI (« qui ne fit jamais rien d'autre que de piper son monde »), alors que tant d'autres avaient, en Italie et bien plus tôt, pratiqué ce métier, avec autant de savoir-faire, sans qu'aucun moraliste ne s'avise d'en parler. Dans une telle galerie d'hommes d'Etat, calculateurs, justifiant toutes les vilaines manœuvres par le résultat, le roi Louis tenait parfaitement sa place, et aurait pu inspirer l'auteur d'un « Prince », traité de l'art politique, écrit près d'un demi-siècle avant celui de Machiavel.

D'Italie lui est sans doute venu un autre enseignement, celui de la guerre cruelle, inexpiable, tout à l'opposé de celle des seigneurs « féodaux » d'autrefois contraints, de bon ou de mauvais gré, de ménager les faibles et les pauvres. Cette guerre s'en prend maintenant, à peu de frais et sans honneur, à toute une population, femmes, enfants et hommes sans défense. L'exemple en remonte, cela paraît évident, aux conflits sanglants qui, en particulier au XIIIᵉ siècle dans l'Italie des « Communes », opposaient, dans chacune d'elles, les factions acharnées à la conquête du pouvoir et à l'extermination totale de l'adversaire. Engager des troupes d'hommes de métier (les « coutiliers », entre autres) pour brûler les récoltes et les maisons, scier les pieds de vigne et les arbres fruitiers, devenait chose résolue. Et aussi, au soir d'un assaut victorieux, massacrer les assiégés, traiter les ennemis vaincus comme des rebelles, félons et traîtres, chargés de toutes les fautes, qu'il convient d'excommunier, d'humilier et châtier sans frein. De ces excès, les chroniqueurs ne cachent rien et le roi en est dit le grand ordonnateur. L'Histoire, en revanche, ne les retient pas. De peur de devoir condamner cette « modernité » promise à de si beaux lendemains ?

Homme de lettres et mécène ?

Le roi Louis XI fut tout le contraire d'un béotien, homme inculte et obsédé par ses devoirs d'Etat et ses caprices plutôt vulgaires au point d'en oublier tout le reste.

Que les auteurs d'alors et les historiens un peu plus tard ne l'aient nulle part présenté comme un « sage », savant, érudit curieux des belles-lettres comme Charles V, ni comme un mécène, protecteur des beaux-arts et grand bâtisseur comme le duc Jean de Berry ou le roi René comte de Provence, ne signifie pas qu'il ait négligé l'un et l'autre. Ces réputations, à vrai dire, tiennent à peu de chose : souvent à l'appréciation d'un seul contemporain, à une expression qui fit fortune, retenue de livre en livre ; ou encore aux hasards qui nous ont conservé tels manuscrits enluminés ou tels tableaux plutôt que d'autres. Certains princes ou seigneurs, mécènes eux aussi, qui n'avaient certainement pas démérité, sont forcément demeurés moins en relief, leurs curiosités et leurs commandes moins bien connues. De plus et d'une façon générale, les grands « politiques », maîtres du jeu, conquérants et rassembleurs de terres, ne sont pas volontiers dits vrais amateurs des belles-lettres et des beaux-arts. Une tradition s'est imposée : nous les voyons surtout habités d'ambitions, occupés à gouverner leur principauté, à en reculer les frontières par d'audacieuses et opiniâtres campagnes, et leur intérêt pour les choses de l'esprit n'est pas volontiers objet de véritables enquêtes.

Le premier et le plus important des recueils de nouvelles en langue française, les *Cent Nouvelles nouvelles*, fut composé dans les années 1458-1460, très vraisemblablement au château de Genappe où le dauphin Louis en exil se trouvait hôte des Bourguignons. Là s'était tenue, lors des séjours qu'y fit Charles, comte de Charolais, qui alors ne fréquentait pas volontiers le cercle des courtisans de son père le duc de Bourgogne Philippe le Bon, une sorte de cour littéraire. En somme, un cercle aristocratique d'amis qui, disaient-ils, trompaient l'ennui et les attentes par quelques jeux d'esprit. Chaque « nouvelle » était présentée à tour de rôle par un narrateur que le compilateur du recueil, demeuré inconnu, prend soin de citer. Le dauphin, désigné sous le nom de « monseigneur », en dit lui-même au moins huit (certaines éditions lui en attribuent trois autres). Parmi ses proches, fidèles dans l'exil et fort bien récompensés plus tard, auteurs également de nouvelles, étaient Antoine de Chateauneuf, Jean de Montepesdon, chargé de mission auprès du roi Charles en 1460, et Jean d'Estier, seigneur de la Barde, nommé sénéchal du Poitou en 1462[7].

Ces *Cent Nouvelles nouvelles* s'inspiraient évidemment du *Décaméron* de Boccace, traduit en 1414, à la demande de Jean de

Berry, de l'italien en latin par Antonio d'Arezzo et du latin en français par Laurent de Premierfait, ainsi que des *Facéties* du Pogge (écrites de 1438 à 1452), Florentin, secrétaire du pape Boniface IX. Elles connurent vite un grand succès et furent imprimées à Paris, par les soins d'Antoine Vérard, en 1486, un an seulement après le *Décaméron*. Dans cette édition, l'illustration de la première page représentait le dauphin Louis devisant avec son « bon oncle », le duc Philippe de Bourgogne[8]. Personne ne contestait qu'il ait joué, dans l'élaboration de l'ouvrage, un rôle non négligeable. Il fut ainsi l'un des seuls rois de France, sinon le seul, auteur pour une part, de l'une des œuvres littéraires parmi les plus appréciées en son temps et en son pays.

D'autres, plus tard, au temps de la « Renaissance », s'en inspirèrent. Tel Philippe de Vigneulles, maître artisan de Metz, qui, pour ses *Cent Nouvelles* (de 1505 à 1515), se recommandait tant de Boccace que du recueil bourguignon[9]. Telle surtout Marguerite de Navarre qui, dans sa présentation de l'*Heptaméron*, prétendait pourtant ne vouloir rivaliser qu'avec le conteur de Florence et ne disait rien du livre de Genappe. Son travail, demeuré incomplet, interrompu par sa mort en 1559, limité à soixante-douze nouvelles, fut, contre toute vérité, tenu en nombre de manuels comme l'une des toutes premières manifestations de l'intérêt porté en France aux poètes et aux humanistes italiens. Les historiens de notre littérature « renaissante » oubliaient donc que Marguerite ne pouvait ignorer les *Cent Nouvelles nouvelles* qui dataient de près d'un siècle. Elle avait même repris à son compte l'une de celles présentées par le dauphin. Mais, à considérer la façon dont se sont imposés certains schémas, cette fortune ne peut étonner puisque Marguerite s'inscrivait dans le mouvement intellectuel de la « Renaissance » tandis que les *Cent Nouvelles nouvelles* appartenaient au « Moyen Age ». Et que nombreux étaient les auteurs à affirmer que personne, en France, ne s'était montré vraiment curieux de l'Italie avant les fameuses guerres de Charles VIII, Louis XII et François Ier.

Les conteurs de Genappe se voulaient inventifs et ne reprirent aucune des histoires de Boccace. Ils ont puisé dans un fonds franco-bourguignon d'anecdotes et d'historiettes qui ne faisaient jamais référence à l'Italie. Du *Décaméron*, cependant, ils ont gardé la fiction des personnages appliqués à se distraire par des contes, et le ton volontiers licencieux. Tout à l'opposé des romans courtois, ils ne parlent que de tromperies, d'adultères, d'infidélités de toutes sortes. Louis, sans nul doute, s'y trouvait à l'aise : ses nouvelles s'intitulent *Le mari maquereau de sa femme*, *L'encens du diable*, *La corne du diable*, *La vache et le veau*, *L'honnête femme à deux maris*, *Le cornard débonnaire* et *Madame tondue*[10]. Evo-

quer de telles infortunes et de si vilaines rouerie était pour lui
jeu tout ordinaire. Commynes disait que « la plupart du temps, il
mangeoit en pleine salle avec force gentilshommes de ses plus
privés. Et celui qui lui faisoit le meilleur et le plus lascif conte de
dames de joie, il estoit le mieulx venu et festoyé. Et lui ne s'épar-
gnoit à en faire [11] ».

A lire d'autres témoins du temps, s'impose effectivement
l'image d'un homme souvent trivial, en tout cas très commun dans
ses propos, et cette image nous est restée, communément présentée dans nos livres. Peut-on croire pourtant que cette vulgarité,
ces grossièretés même de langage lui étaient, de nature, particulières ? Ou inhérentes à son époque ? Certainement pas : les auteurs
de la « Renaissance » ne cherchaient pas toujours des registres
d'inspiration plus délicats et ne s'appliquaient pas forcément à une
expression plus noble. Boccace avait donné le ton et d'autres bien
plus tard, aux plus belles années du XVIe siècle et de l'humanisme,
ont inventé ou réécrit quantité de nouvelles, histoires ou fabliaux
de la même veine tout aussi grivoise et, pour beaucoup, tout aussi
misogyne, sinon plus. Ainsi Chaucer qui, après plusieurs autres,
se voulait élève de Boccace (*Contes de Canterbury*, 1526). Ainsi
Rabelais et Brantôme et Machiavel même (*Règlement pour une
société de plaisir*, 1513-1520) qui reprenait une fois de plus la situation d'un groupe d'hommes et de femmes condamnés à passer
plusieurs jours ensemble dans une villa près de Florence pour fuir
la peste et, conte après conte, évoquait la société des tripots et des
maisons de femmes de joie.

Rien, en fin de compte, ne permet de penser que le roi Louis,
tant attentif à tenir son royaume en de rudes mains et vaincre ses
ennemis, n'ait pas montré de goût pour les belles-lettres et les jeux
d'écriture. Avant Genappe, en demi-exil dans le Dauphiné, il avait
su s'entourer de secrétaires de qualité, de juristes et d'hommes de
plume qui n'étaient pas seulement occupés à défendre sa cause et
nourrir sa renommée. A sa demande, Mathieu Thomassin écrivit,
entre 1453 et 1456, une *Histoire du Dauphiné*. Devenu roi, il prit
soin de garder en de bons offices des hommes remarqués pour
leurs travaux. Les notaires et secrétaires du roi, les maîtres de
l'Hôtel ou du Parlement, n'étaient certainement pas de simples
rédacteurs d'actes administratifs, voués à de petites besognes.
Mathieu d'Escouchy, auteur d'une *Chronique du règne de
Charles VII*, prévôt de Péronne pour le duc de Bourgogne, rejoignit Louis et combattit à ses côtés à Montlhéry ; nommé procureur
à Senlis deux ans plus tard, en 1467, il devint ensuite garde des
sceaux de ce même bailliage de Senlis [12]. Notaire et secrétaire en
1473 puis clerc à la Chambre des comptes, chargé de mission dans

le Poitou et à Florence, Nicole Gilles composa pour le roi les *Annales et Chroniques de France* qui remontent jusqu'aux origines troyennes du royaume de France. Il fut le collaborateur d'Antoine Vérard pour l'édition des *Cent Nouvelles nouvelles* et possédait dans son hôtel parisien une riche bibliothèque [13].

Le roi n'oubliait pas les lectures de son temps d'exil. Quelques mois après son avènement, en octobre 1461, de passage à Meung-sur-Loire, il fit libérer François Villon, alors prisonnier sur ordre de l'évêque et du duc d'Orléans. Commynes, pas toujours complaisant, n'exagère sûrement pas lorsqu'il dit qu'il « eut beaucoup d'affection pour les belles lettres [14] ». Outre des centaines, ou plutôt des milliers de lettres, recommandations et instructions d'une remarquable facture, on le sait auteur d'au moins trois textes importants : les *Instructions* données pour l'Eglise de France sur la Pragmatique Sanction (tenues pour exemplaires et insérées par François Duaren, jurisconsulte et maître incontesté [1509-1559], dans son livre *De sacrus Ecclesie ministeriis et beneficiis*) ; le Recueil d'allégations sur les droits des rois de France à revendiquer le royaume de Naples et de Sicile (qui, par avance, justifiait donc les interventions armées que nous appelons les « guerres d'Italie ») ; et surtout le *Rosier des guerres*. Ce *Rosier*, dont il nous reste aujourd'hui dix-huit manuscrits dont six sont l'exacte copie du magnifique livre enluminé destiné au dauphin Charles, composé en 1482, comporte un calendrier, des prières, le *Rosier* proprement dit, une *Chronique de l'Histoire de France* depuis la guerre de Troie et le roi Priam, et d'autres prières [15].

Recueil de « maximes », testament politique pour engager le dauphin à bien gouverner (« Choses que le prince doit faire et considérer en sa seigneurie »), le *Rosier* fut, par certains qui décidément ne voulaient pas voir le roi écrivain, attribué à son médecin Pierre Coisnet, auteur par ailleurs d'un poème moralisateur fort remarqué, le *Livre des trois eages*. Mais nul doute ne subsiste aujourd'hui : Coisnet, compilateur peut-être ou simple copiste, a écrit sous la dictée de Louis XI qui s'adresse directement à son fils (« ... tu viendras à régner... »). Il y reprend, sous une autre forme, plus concise et plus directe, une bonne part des *Instructions à son fils sur l'administration du royaume*, lues par lui solennellement le 21 septembre 1482, enregistrées par la Chambre des comptes le 7 novembre et par le Parlement le 12 de ce mois [16].

Les témoignages ne manquent pas qui donnent de lui non l'image d'un bigot passionné seulement de breloques et de reliques, mais d'un curieux, soucieux de connaître et d'accueillir les poètes, grammairiens et « orateurs », en un mot les humanistes célèbres de son temps. François Filelfe, qui vécut sept années à Constantinople et y épousa la fille de son maître Jean Chrysloras, enseigna le grec à Bologne, Florence, Pavie, Venise et Rome, le couvre d'éloges et lui dédie l'un de ses ouvrages, le *De recta puerorum educatione*. Le roi Louis fut de ceux qui firent bon accueil aux Grecs réfugiés en Occident : « Beaucoup d'hommes lettrez, bannis et expulsez de la mesme ville [Constantinople], par la tyrannie des Turcs, s'estoient retirez vers luy, et avoient esté receux avec un accueil favorable. » Tels Georges Clizin, Grégoire Typhernas qui enseigna à l'université de Paris, Hermonyme de Sparte, lui aussi professeur de grec, « avec quelques autres de mérite et de grande doctrine qui maintenus par sa libéralité ont beaucoup servi à faire florir les bonnes lettres en ceste Université (Paris) »[17].

Par Filelfe, par Jacques Ammanati (dit Piccolomini), cardinal de Pavie, et par Donato Acciaiuoli, helléniste distingué, vedette des « Conversations littéraires » du bois des Camaldules présidées par Laurent de Médicis, Louis fit acheter en Italie, notamment à Florence et à Rome, nombre de manuscrits latins et grecs (Josèphe, Plutarque, Sénèque...). Alors que son père, Charles VII, l'avait, semble-t-il, quelque peu négligée, il prit grand soin d'augmenter la Bibliothèque royale de Charles V et l'on y trouvait nombre d'ouvrages des humanistes italiens : de Bartolommeo de Pise (*Conformités de saint François avec Jésus Christ*, *Vie et louanges de la Vierge*, *Sermons sur le mépris du monde*), de Gasparino de Bergame qui enseigna le latin à Milan (*Traité de la composition*, *Traité de l'orthographe* imprimé à Paris à la fin du siècle), de Giovanni Antonio Campani fils d'une paysanne qui, dit-on, accoucha sous un laurier, fut d'abord berger, apprit le latin à Florence et le grec à Pérouse (mort en 1477) ; et aussi de Rodriguez, étudiant de Salamanque, évêque de Zamora, qui, arrivé à Rome avec le pape Calixte III en 1458, y demeura jusqu'à sa mort en 1470 (*Speculum Vitae humanae*, traité de morale imprimé à Rome en 1468, traduit à Lyon en 1477 et 1482).

Cette bibliothèque, il en confia un long temps la garde à Robert Gaguin, originaire d'Arras, religieux de l'ordre des Trinitaires qui étudia le latin et le grec à Paris, fut envoyé à Grenade pour y racheter des chrétiens captifs, et se mit au service du roi qui le chargea de plusieurs missions, en particulier en Allemagne en 1477. Humaniste, traducteur de Tite-Live et de César, appliqué à recopier Suétone et l'*Enéide*, auteur d'un *De arte metrificandi*, il recommandait à ses disciples l'étude de Lucrèce, d'Horace et de Juvénal. Le roi et lui donnèrent à cette bibliothèque royale un tel lustre qu'un ambassadeur italien la citait comme l'une « des quatre premières singularités qu'il ait veues en France[18] ». Nous n'en n'avons pas de catalogue ni de registre des prêts et nous ignorons où ces ouvrages étaient rassemblés. Mais il est clair que Louis en voulait un certain nombre avec lui, dans ses voyages même. L'an 1481, ses valets d'écurie firent acheter « de gros draps pour envelopper les livres du roi, les mettre en un coffre de bois et en un tonneau, et les faire porter de Mirebeau à Tours [19] ».

Qu'il ait appelé à Paris, les enlevant à leurs travaux et à leurs protecteurs, plusieurs doctes savants n'est pas souvent dit mais ne fait cependant pas de doute. Ainsi pour Galeatus Martins, natif de Narni en Italie mais établi en Hongrie, protégé du roi Mathias Corvin, qui arriva à Lyon en 1476 ; pour Jean Reuchlin, né à Pforheim, qui étudia à Paris en 1473, fut contraint de retourner en Allemagne, accompagnant le fils du margrave de Bade, mais revint aussitôt en France, se perfectionna dans la langue et la littérature grecques sous Hermonyme de Sparte, puis obtint une licence de droit à Orléans en 1481. De même pour les imprimeurs allemands recrutés à Strasbourg et même à Rome. Les frères Martin et Michel Ulrich, logés au « Soleil d'or » dans la rue Saint-Jacques, firent sortir de leurs presses la *Somme des cas de conscience* de Bartolomeo de Pise, les *Dialogues* de Guillaume Occam et les *Homélies* de saint Grégoire.

De telle sorte que l'on peut sans mal suivre Gabriel Naudé, homme expert, bibliothécaire de Mazarin, qui, en 1630, se demandait « quelles raisons ont eu les Historiens d'escrire que Louys XI estoit ignorant », alors que lui plaçait le roi de France au pinacle des princes humanistes au même titre que Laurent le Magnifique, Alphonse de Naples et Mathias Corvin de Hongrie. Les raisons ? Tout d'abord, le fait que les chroniqueurs le plus souvent sollicités, Commynes et Jean de Roye entre autres, ne s'étaient pas du tout intéressés à l'éducation du roi, à ses curiosités, à sa personne en un mot, et se sont surtout appliqués à parler de l'événement, guerres et complots. Le fait aussi que quelques auteurs se sont plu à rappeler que le roi, s'adressant au dauphin, lui aurait dit qu'il saurait toujours assez de latin s'il retenait la formule « qui nescit dissimulare nescit regnare » (« qui ne sait dissimuler ne sait régner »). Mais c'est, volontairement, sortir la phrase de son contexte : il ne s'agissait que de politique et de l'art de gouverner ; de plus, Louis pouvait, à juste titre semble-t-il, douter du désir de son fils d'en apprendre davantage. Mais cela suffit à montrer le roi « brutal, d'esprit grossier, ennemi des lettres [20] ». Par ailleurs, l'on ne peut négliger le tort fait à la renommée de Louis XI par les témoignages, forcément hostiles, recueillis lors du procès de divorce de Louis XII et, plus encore, par les écrivains qui, à la solde de François Ier, ont travaillé à lui bâtir une réputation de grand mécène et d'homme de goût, l'opposant de façon tout arbitraire au roi Louis XI, heureux, lui, en politique, triomphant de ses ennemis, mais rustre, ignare, indifférent pour le moins. Autant

« d'éléments utiles pour juger du complot contre la mémoire de
Louis XI et la création du mythe de Louis XII et de
François I[er][21] ».

Chronologie

1423	3 juillet : naissance de Louis à Bourges.
1429	Éducation à Loches (Jean Majoris, chanoine de Rouen).
1433	A Amboise, près de sa mère Marie d'Anjou et de ses sœurs.
1435	Septembre : paix d'Arras entre Charles VII et Philippe le Bon.
1436	25 juin : Louis épouse Marguerite d'Ecosse à Tours.
1436-1437	Expédition en Languedoc.
1437	12 novembre : entrée à Paris, avec le roi Charles VII.
1439	25 mai : entrée de Louis à Toulouse (lieutenant général du Languedoc)
1440	Février : complot avec Charles de Bourbon et Jean d'Alençon.
	Défaite de la Praguerie.
	15 juillet : soumission de Louis.
1441	5 au 19 septembre : siège et prise de Pontoise.
1443	14 août : délivrance de Dieppe assiégée par les Anglais.
1443-1444	Hiver : campagne en Comminges contre le comte d'Armagnac.
1444	Soumission du comte d'Armagnac, emprisonné à Carcassonne.
	Avril : Louis s'empare de Rodez.
	Juillet-septembre : avec les Ecorcheurs contre les Suisses.
	26 août : bataille de Saint-Jacques, défaite des Suisses.
1445	16 août : mort de la dauphine Marguerite d'Ecosse.
1446	28 décembre : naissance de Charles, fils du roi Charles VII.
1447	1er janvier : Louis prend la route du Dauphiné.

1449	Victoire de Formigny et prise de Rouen par les armées de Charles VII.
1450	2 avril : Louis épouse Charlotte de Savoie à Grenoble.
	31 juillet : arrestation de Jacques Cœur sur l'ordre de Charles VII.
1453	14 mai : prise de Constantinople par les Turcs.
	9 octobre : prise de Bordeaux par l'armée de Charles VII.
1456	Fin août : l'armée royale (Antoine de Chabannes) entre en Dauphiné.
	Fin août : fuite de Louis vers la Bourgogne.
	28 octobre : Louis au château de Grenappe.
1458	10 octobre : Jean II, duc d'Alençon, condamné à mort.
1459	27 juillet : naissance de Joachim, fils de Louis (il meurt à l'âge de quatre mois).
1461	22 juillet : mort de Charles VII à Mehun-sur-Yèvre.
	15 août : Louis sacré à Reims.
	31 août : entrée solennelle dans Paris.
	9 octobre : à Tours.
1462	9 mai : traité de Bayonne (Louis XI et le roi de Castille).
	Juillet : occupation du Roussillon et de la Cerdagne.
1463	Août : rachat des villes de la Somme.
	Novembre : campagne de Louis XI (Abbeville, Lille, Arras).
1465	Le Bien public ; mars-juin : campagne contre le duc de Bourbon.
	16 juillet : bataille de Montlhéry.
	18 juillet : entrée de Louis XI dans Paris. Siège de Paris par les princes.
	5 octobre : traité de Conflans (avec Charles, comte de Charolais).
	29 octobre : traité de Saint-Maur-les-Fossés (avec les autres conjurés).
	Décembre : campagne en Normandie.
	28 décembre : traité de Caen (avec François II de Bretagne).
1466	16 janvier : soumission de Rouen.
1467	Début juin : Warwick à Rouen ; entrevues.
	15 juin : mort de Philippe le Bon.
1468	Printemps : les états généraux à Tours.
	3 juillet : mariage de Charles le Téméraire et de Marguerite d'York.
	22 août : exécution de Charles de Melun.
	10 septembre : traité d'Ancenis (Louis XI-Charles de Normandie-François de Bretagne).
	9 au 14 octobre : entrevue de Péronne.

30 octobre : attaque contre Liège.

24 novembre : mort de Dunois.

1469   23 avril : arrestation de Balue.

7 et 8 septembre : réconciliation de Louis XI et de Charles de Guyenne.

1470   1ᵉʳ mars : Warwick à Honfleur.

8 juin : entretiens d'Amboise (Louis XI-Warwick).

30 juin : naissance de Charles, fils de Louis XI.

25 juillet : réconciliation à Angers de Marguerite d'Anjou et de Warwick.

Campagne de Warwick en Angleterre. Fuite d'Edouard IV en Hollande.

6 octobre : Henri VI proclamé roi à Londres.

1471   Janvier-février : campagne pour les villes de la Somme.

Avril : bataille de Barnet. Mort de Warwick.

5 mai : victoire d'Edouard IV à Tewkesbury. Marguerite prisonnière. Son fils Edouard tué.

21 mai : Henri VI mis à mort à Londres.

1472   24 mai : mort de Charles de Guyenne à Bordeaux.

22 juillet : Charles le Téméraire abandonne le siège de Beauvais.

7-8 août : fuite de Commynes du camp bourguignon ; rejoint le roi aux Ponts-de-Cé.

1473   6 mars : mort de Jean V d'Armagnac.

29 septembre : Charles le Téméraire et l'empereur Frédéric III à Trèves.

25 novembre : Frédéric III quitte Trèves.

1474   Janvier : Charles le Téméraire à Dijon ; assemblée des nobles.

25 juillet : traité de Londres (Edouard IV-Charles le Téméraire).

Menaces de débarquement des Anglais.

30 juillet : Charles le Téméraire met le siège devant Neuss.

26 octobre : alliance entre Louis XI et les cantons suisses.

Fin décembre : traité d'Andernach (entre Louis XI et l'empereur).

1475   10 mars : l'armée royale reprend Perpignan.

Mai : campagne en Picardie puis en Normandie.

13 juin : Charles le Téméraire lève le siège de Neuss.

29 août : entrevue de Picquigny (Louis XI-Edouard IV).

13 septembre : traité de Soleuvre ; accord avec le Téméraire.

29 septembre : soumission de François II de Bretagne.

	19 décembre : exécution de Saint-Pol.
1476	Campagne de Charles le Téméraire contre les Suisses.
	2 mars : défaite de Grandson. 20 juin : défaite de Morat.
	22 octobre : Charles le Téméraire devant Nancy.
1477	Victoire de René II de Lorraine devant Nancy. Mort du Téméraire (5 janvier).
	Campagne de Louis XI en Flandre.
	4 mai : prise de la ville d'Arras.
	26 juin : « mutemaque » à Dijon.
	18 août : mariage de Marie de Bourgogne et de Maximilien.
	Campagne de Maximilien en Flandre et en Artois.
1478	26 avril : Florence : conjuration des Pazzi.
	22 juin : naissance de Philippe le Beau, fils de Maximilien.
	29 août : mort de Yolande, sœur de Louis XI.
1479	Mai : expulsion des habitants d'Arras.
	30 juillet : Louis XI à Dijon.
	7 août : Victoire de Maximilien à Guinegatte.
1480	10 juillet : mort de René d'Anjou.
1481	11 décembre : mort de Charles, comte du Maine.
1482	27 mars : mort de Marie de Bourgogne.
	21 septembre : *Instructions* de Louis XI à son fils sur l'administration du royaume.
	23 décembre : traité d'Arras (Louis XI et Maximilien).
1483	30 août : mort du roi Louis XI.
	1er décembre : mort de Charlotte de Savoie.

Généalogies

Les Valois

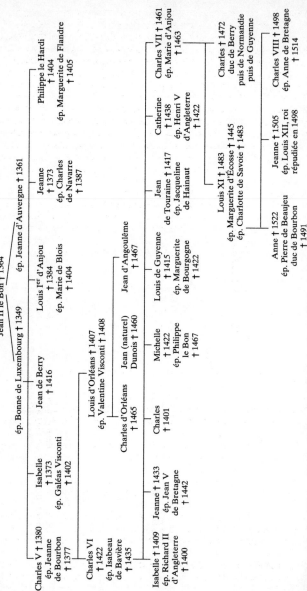

Charles VII et Louis XI

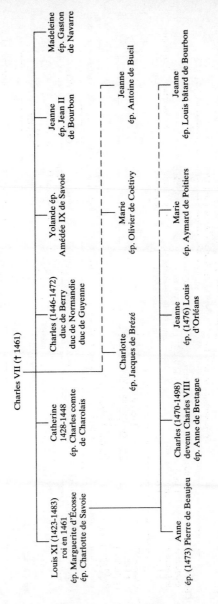

Charles VII († 1461)

Louis XI (1423-1483)
roi en 1461
ép. Marguerite d'Écosse en 1461
ép. Charlotte de Savoie

Catherine 1428-1448
ép. Charles comte de Charolais

Charles (1446-1472)
duc de Berry
duc de Normandie
duc de Guyenne

Yolande ép. Amédée IX de Savoie

Jeanne ép. Jean II de Bourbon

Madeleine ép. Gaston de Navarre

Charlotte ép. Jacques de Brézé

Marie ép. Olivier de Coëtivy

Jeanne ép. Antoine de Bueil

Anne ép. (1473) Pierre de Beaujeu

Charles (1470-1498)
devenu Charles VIII
ép. Anne de Bretagne

Jeanne ép. (1476) Louis d'Orléans

Marie ép. Aymard de Poitiers

Jeanne ép. Louis bâtard de Bourbon

Albret

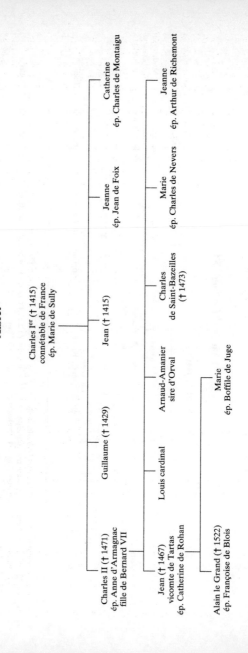

Charles Iᵉʳ († 1415)
connétable de France
ép. Marie de Sully

Charles II († 1471)
ép. Anne d'Armagnac
fille de Bernard VII

Guillaume († 1429)

Jean († 1415)

Catherine
ép. Charles de Montaigu

Jeanne
ép. Jean de Foix

Louis cardinal

Arnaud-Amanier
sire d'Orval

Charles
de Saint-Bazeilles
(† 1473)

Marie
ép. Charles de Nevers

Jeanne
ép. Arthur de Richemont

Jean († 1467)
vicomte de Tartas
ép. Catherine de Rohan

Marie
ép. Boffile de Juge

Alain le Grand († 1522)
ép. Françoise de Blois

Les Angevins

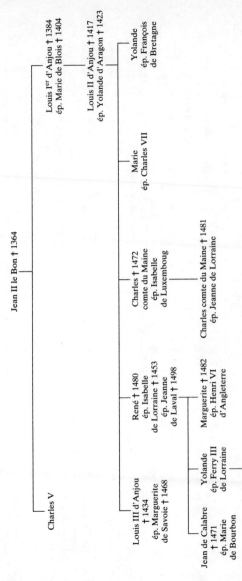

Jean II le Bon † 1364

Charles V

Louis I⁰ᵉ d'Anjou † 1384
ép. Marie de Blois † 1404

Louis II d'Anjou † 1417
ép. Yolande d'Aragon † 1423

Yolande
ép. François
de Bretagne

Marie
ép. Charles VII

Charles † 1472
comte du Maine
ép. Isabelle
de Luxembourg

Charles comte du Maine † 1481
ép. Jeanne de Lorraine

Louis III d'Anjou
† 1434
ép. Marguerite
de Savoie † 1468

René † 1480
ép. Isabelle
de Lorraine † 1453
ép. Jeanne
de Laval † 1498

Marguerite † 1482
ép. Henri VI
d'Angleterre

Jean de Calabre
† 1471
ép. Marie
de Bourbon

Yolande
ép. Ferry III
de Lorraine

René II de Lorraine

Armagnac

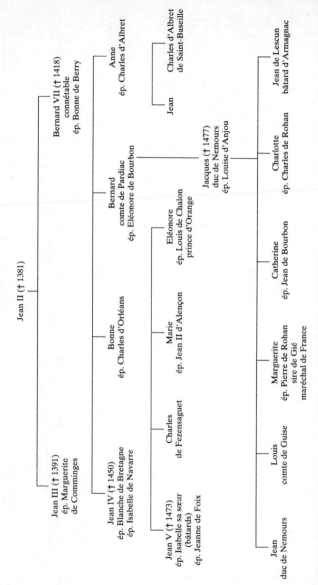

Jean II († 1381)

Jean III († 1391)
ép. Marguerite de Comminges

Bernard VII († 1418)
connétable
ép. Bonne de Berry

Bonne
ép. Charles d'Orléans

Bernard
comte de Pardiac
ép. Eléonore de Bourbon

Anne
ép. Charles d'Albret

Charles d'Albret
de Saint-Baseille

Jean IV († 1450)
ép. Blanche de Bretagne
ép. Isabelle de Navarre

Charles
de Fezensaguet

Marie
ép. Jean II d'Alençon

Eléonore
ép. Louis de Chalon
prince d'Orange

Jean

Jacques († 1477)
duc de Nemours
ép. Louise d'Anjou

Jean V († 1473)
ép. Isabelle sa sœur
(bâtards)
ép. Jeanne de Foix

Louis
comte de Guise

Marguerite
ép. Pierre de Rohan
sire de Gié
maréchal de France

Catherine
ép. Jean de Bourbon

Charlotte
ép. Charles de Rohan

Jean de Lescun
bâtard d'Armagnac

Jean
duc de Nemours

Bourbon

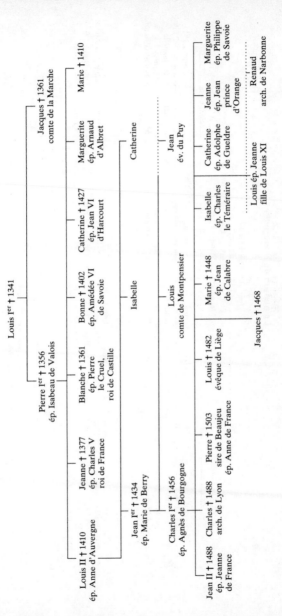

Louis Ier † 1341

Pierre Ier † 1356
ép. Isabeau de Valois

Jacques † 1361
comte de la Marche

Louis II † 1410
ép. Anne d'Auvergne

Jeanne † 1377
ép. Charles V
roi de France

Blanche † 1361
ép. Pierre
le Cruel,
roi de Castille

Bonne † 1402
ép. Amédée VI
de Savoie

Catherine † 1427
ép. Jean VI
d'Harcourt

Marguerite
ép. Arnaud
d'Albret

Marie † 1410

Jean Ier † 1434
ép. Marie de Berry

Isabelle

Catherine

Charles Ier † 1456
ép. Agnès de Bourgogne

Louis
comte de Montpensier

Jean
év. du Puy

Jean II † 1488
ép. Jeanne
de France

Charles Ier † 1488
arch. de Lyon

Pierre † 1503
sire de Beaujeu
ép. Anne de France

Louis † 1482
évêque de Liège

Marie † 1448
ép. Jean
de Calabre

Isabelle
ép. Charles
le Téméraire

Catherine
ép. Adolphe
de Gueldre

Jeanne
ép. Jean
prince
d'Orange

Marguerite
ép. Philippe
de Savoie

Jacques † 1468

Louis ép. Jeanne
fille de Louis XI

Renaud
arch. de Narbonne

La maison de Bourgogne

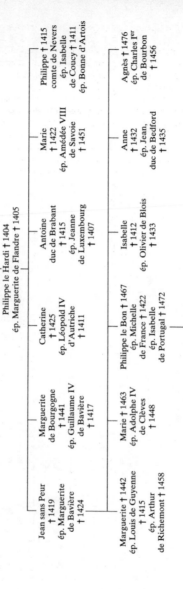

Orléans

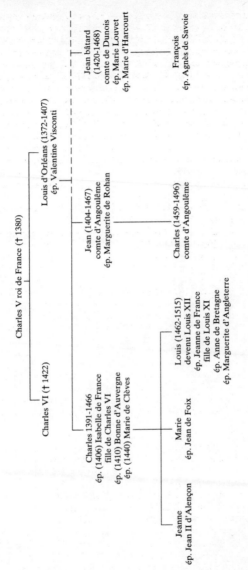

Charles V roi de France († 1380)

Charles VI († 1422)

Louis d'Orléans (1372-1407)
ép. Valentine Visconti

Charles 1391-1466
ép. (1406) Isabelle de France
fille de Charles VI
ép. (1410) Bonne d'Auvergne
ép. (1440) Marie de Clèves

Jean (1404-1467)
comte d'Angoulême
ép. Marguerite de Rohan

Jean bâtard
(1420-1468)
comte de Dunois
ép. Marie Louvet
ép. Marie d'Harcourt

Jeanne
ép. Jean II d'Alençon

Marie
ép. Jean de Foix

Louis (1462-1515)
devenu Louis XII
ép. Jeanne de France
fille de Louis XI
ép. Anne de Bretagne
ép. Marguerite d'Angleterre

Charles (1459-1496)
comte d'Angoulême

François
ép. Agnès de Savoie

Savoie

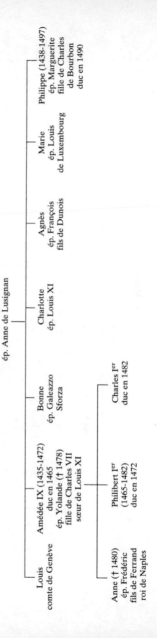

Amédée VIII (1383-1451)
duc en 1416
ép. Marie de Bourgogne († 1422)
antipape Félix V en 1439

Louis Ier (1403-1465)
duc en 1440
ép. Anne de Lusignan

Louis
comte de Genève

Amédée IX (1435-1472)
duc en 1465
ép. Yolande († 1478)
fille de Charles VII
sœur de Louis XI

Bonne
ép. Galeazzo
Sforza

Charlotte
ép. Louis XI

Agnès
ép. François
fils de Dunois

Marie
ép. Louis
de Luxembourg

Philippe (1438-1497)
ép. Marguerite
fille de Charles
de Bourbon
duc en 1490

Philibert Ier
(1465-1482)
duc en 1472

Charles Ier
duc en 1482

Anne († 1480)
ép. Frédéric
fils de Ferrand
roi de Naples

Cartes

n° 1 : *Les itinéraires du roi*
(juin-juillet 1464)

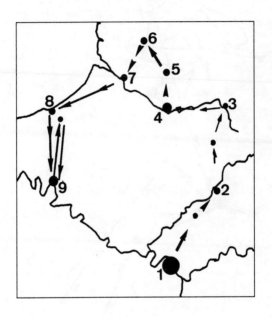

1. Paris
2. Compiègne
3. Péronne
4. Amiens
5. Doullens
6. Hesdin
7. Abbeville
8. Dieppe
9. Rouen

n° 2 : Les itinéraires du roi
(avril 1475 - août 1476)

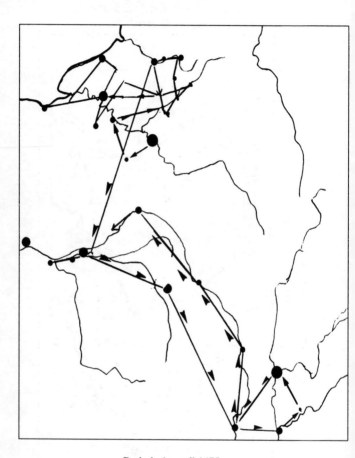

Paris, le 1ᵉʳ avril 1475
Lyon, le 6 mai 1475
Orléans, le 29 juillet 1476
Le Plessis, le 3 août 1476

n° 3 : Résidences et logis du roi dans le Val de Loire

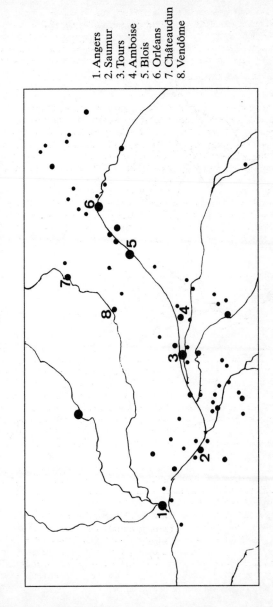

1. Angers
2. Saumur
3. Tours
4. Amboise
5. Blois
6. Orléans
7. Châteaudun
8. Vendôme

NOTES *

ABREVIATIONS

A.N. : Archives nationales, Paris.
B.N. : Bibliothèque nationale, Paris (Manuscrits).
Lettres... : J. VAESEN et E. CHARAVAY : *Lettres de Louis XI*, Société de l'histoire de France, 11 vol., Paris, 1883-1909.

INTRODUCTION

1. Ch. FELLENS, *Les droits du seigneur sous la féodalité*, Paris, 1851, p. 334.
2. *Ibid.*, pp. 330-333.
3. *Les Joyeulsetez du Roy Louys le unziesme* (1832-1833). Balzac évoque aussi le personnage de Louis XI dans *Maître Cornelius* et dans *Berthe la Repentie* (ou *La belle-fille de Portillon*) où il parle longuement du favori du roi Ymbert de Batarnay et de son mariage.

PREMIERE PARTIE

1. P. CHAMPION, *Louis XI, Le dauphin...*, p. 92. — M. THIBAULT, *La jeunesse de Louis XI*, Paris, 1908. — A. COVILLE, « La jeunesse et la vie privée de Louis XI ». *Journal des savants*, mai-juin 1908.
2. G. PEYRONNET, « Les complots de Louis d'Amboise contre Charles VII. Un aspect des rivalités des lignages féodaux en France au temps de Jeanne d'Arc », *Bibliothèque de l'Ecole des chartes*, t. 142, 1984.
3. P. CHAMPION, *Le dauphin...*, p. 100.
4. A. VALET de VIRIVILLE, *Charles VII roi de France et son époque...*, t. III, pp. 16-17.

* Les titres abrégés figurent dans la Bibliographie.

5. P. CHAMPION, *Le dauphin*..., pp. 132-133.
6. Jean CHARTIER, *Histoire du roy Charles VII*, éd. A. VALET de VIRI-
   VILLE..., t. II, p. 144.
7. Ch. SAMARAN, *La maison d'Armagnac au XVe siècle*... F. PASQUIER,
   Louis dauphin et les routiers en Languedoc, Paris, 1895.
8. A. TUETEY, *Les écorcheurs*..., t. I, p. 20.
9. *Ibid.*, pp. 121 sq.
10. *Ibid.*, pp. 55-56.
11. *Lettres*..., t. I, p. 364.
12. A. TUETEY, *Les écorcheurs*..., pp. 102-104.
13. *Ibid.*, passim. — B. de MANDROT, « Relations de Charles VII roi de
    France avec les cantons suisses. 1444-1461 », *Jahrbuch für Schweizer-
    Geschichte*, t. V et VI. — J. de FREMINVILLE, *Les écorcheurs en Bour-
    gogne*, Dijon, 1887.
14. *Lettres*..., t. I, pièce jointe n° II, p. 163.
15. *Ibid.*, p. 164.
16. *Ibid.*, p. 2, p. j. n° XXIII, p. 185, pj. n° XXVIII, p. 190.
17. *Ibid.*, p.j. n° XXIX, p. 195.
18. *Ibid.*, p.j. n° XIV, p. 21, le 17 juillet 1445.
19. *Ibid.*, p.j. n° XXVII, p. 190, et p.j. n° XXXVII, p. 202.
20. *Ibid.*, lettre n° 15, pp. 22-23.
21. *Ibid.*, lettre n° 19, p. 28.
22. A. de VIRIVILLE, *Charles VII*..., t. III, p. 17.
23. *Lettres*..., t. I, p.j. n° XXXV, p. 201.
24. Sur tout cela : P. CHAMPION, *Le dauphin*..., p. 190 sq.
25. *Lettres*..., t. I, n° 9 et 10, pp. 13-14.
26. *Ibid.*, p.j. n° XXXIX, p. 204.
27. *Ibid.*, note p. 118.
28. Th. BASIN, *Histoire de Louis XI*... pp. 225 sq.
29. *Lettres*... t. I, p.j. n° XLIII, p. 216.
30. *Ibid.*, p.j. n° 45, p. 219. — PILOT de THOREY, *Catalogue des actes du
    dauphin Louis II devenu roi de France Louis XI relatifs à l'administra-
    tion du Dauphiné*, Grenoble, 1889, supplément 1911. — A. LACROIX,
    « Matehleine Botonier ou un épisode de la vie de Louis XI (dau-
    phin) », *Bulletin de la Société départementale d'archéologie et de statis-
    tique de la Drôme*, t. 36, 37, 38, 1876. — A. DUSSERT, *Les états du
    Dauphiné aux XIVe et XVe siècles*, Grenoble, 1915.
31. *Lettres*... t. I, p.j. n° XLIV et XLV, pp. 218-219.
32. P. CHAMPION, *Le dauphin*... pp. 200 sq.
33. *Lettres*... t. I, p.j. n° LI, p. 230, le 13 juillet 1451.
34. G. PEYRONNET, « La politica italiana di Luigi Delphino di Francia
    (1444-1461) », *Rivista Storica Italiana*, 1952.
35. *Lettres*... t. I, p.j. XLIV, p. 218.
36. *Ibid.*, lettres n° 24, 28 et sq., pp. 36 et sq.
37. *Ibid.*, lettres n° 40, p. 57 (offres de services de Louis pour la
    Guyenne).
38. *Ibid.*, p.j. n° LXVIII, p. 261, le 7 septembre 1456.
39. P. CHAMPION, *Le dauphin*... p. 207.
40. *Lettres*..., t. I, n° 40 et 42, pp. 57 et 60.

41. *Ibid.*, p.j. n° LXII, p. 266, le 7 décembre 1456.
42. *Ibid.*, p.j. n° LXXI, p. 275, le 22 octobre 1456.
43. A. Valet de Viriville, *Charles VII...* t. III, p. 32.
44. *Lettres...* t. I, p.j. n° LXX, p. 263.
45. *Ibid.*, lettre n° 60, pp. 80-82. — Reiffenberg, *Mémoire sur le séjour...*
46. *Lettres...* t. I, n° 63, p. 84.
47. *Ibid.*, n° 64, p. 87.
48. L. Hommel, *Marie de Bourgogne...*, p. 71. — Y. Cazaux, *Marie de Bourgogne...*
49. *Lettres...* t. I, n° 78, p. 104.
50. *Ibid.*, n° 87, p. 116.
51. *Ibid.*, pp. 105 sq.
52. *Ibid.*, p.j. n° LXXVII, p. 281.
53. A. Valet de Viriville, *Charles VII...*, p. 42.
54. *Lettres...* t. I, note p. 100.
55. *Ibid.*, n° 70, p. 93.
56. *Ibid.*, p.j. LXXIX, pp. 284 sq.
57. *Ibid.*, n° 68, p. 91.
58. *Ibid.*, p. 140.
59. *Ibid.*, p.j. LXXIX, p. 288.
60. *Ibid.*, n° 86, p. 114.
61. *Ibid.*, n° 107, p. 141.
62. *Ibid.*, n° 118, p. 152.
63. *Ibid.*, n° 119 et 120, pp. 153-155.
64. M. Harsgor, « *L'essor des bâtards...* »
65. *Lettres*, p.j. n⁰ˢ LXXXI, LXXXIII, LXXXVI, pp. 323, 324, 331.
66. P. Champion, *Le dauphin...* p. 233.
67. *Lettres...*, t. I, p.j. n° C, p. 354, lettre du 20 juillet 1461.
68. Th. Basin, *Histoire de Charles VII...*, t. II, pp. 255 sq. — L. Hommel, *Marie de Bourgogne...*
69. *Lettres...*, t. I, n° 94, p. 109.
70. *Ibid.*, n° 109, p. 143.
71. Th. Basin, *Histoire de Charles VII...*, t. II, p. 280.
72. Jean de Roye, *Journal...*, année 1461.
73. Jean Maupoint, *Journal...* p. 40.
74. C. Couderc, « *L'entrée solennelle...* » p. 126.
75. *Ibid.*, pp. 174 sq.
76. B. Guenee, *Les entrées royales...* pp. 86 sq. — C. Couderc, « *L'entrée solennelle...* » — L.G. Pelissier, « Une relazione dell'entrata de Luigi XI a Parigi »... — M. Milane ; « *Viaggio a Parigi...* »
77. B. Guenee, *Les entrées royales...* p. 87.
78. A. de Reilhac, *Jean de Reilhac...* t. III, pp. 121-124.
79. Cité par C. Couderc, « *L'entrée solennelle...* » p. 127.
80. Jean de Roye, *Journal...*, année 1461.
81. *Lettres...* t. V, n° 866, p. 359, le 23 mai 1475. — H. Courteault, *Gaston IV comte de Foix...*
82. P. Vidal, *Histoire de la ville de Perpignan depuis les origines jusqu'au traité des Pyrénées, Paris, 1897.* — J. Vaesen, « Du droit d'occupation d'une terre sous Louis XI », *Revue d'histoire diplomatique*, 1887.

— J. Calmette, *Louis XI, Jean II et la révolution catalane* (1461-1473), Paris, 1902, pp. 33, 79-88, 165-166. — A. Leguai, *Troubles et révoltes...*

83. F. Gabotto, *Lo Stato...*

84. H. Stein, *Charles de France...*

85. Th. Basin, *Histoire de Charles VII...* t. I, pp. 113 sq.

86. E. Cosneau, *Les grands traités...*

87. *Lettres...* t. XI, Itinéraires, pp. 28 sq.

88. W.R. Thielmans, « Les Croy, conseillers des ducs de Bourgogne », *Bulletin de la commission d'histoire de l'Académie royale de Belgique*, 1954, pp. 183-206.

89. L. Hommel, *Marie de Bourgogne...*, pp. 160 sq.

90. Th. Basin, *Histoire de Louis XI...* t. I, pp. 75 sq.

91. *Ibid.* pp. 161 sq. — B. Pocquet du Haut-Jusse, *François II, duc de Bretagne et d'Angleterre (1458-1488)*, Paris, 1928. — J. Choffel, *Le dernier duc de Bretagne*, Paris, 1977.

92. Th. Basin, *Histoire de Louis XI...* p. 117.

93. *Ordonnances*, t. XVI, p. 45. — Sur les origines du Bien public : M. - Th. Caron, *Noblesse et Pouvoir royal...* pp. 217. sq.

94. Jean Maupoint, *Journal...*, p. 50. Sur la Pragmatique, cf. *infra*, p.

95. A.M. Chazaud, « *La campagne...* »

96. Commynes, *Mémoires*, éd. Michaud, pp. 253-254.

97. Olivier de la Marche, *Mémoires...* éd. Michaud, pp. 503-504.

98. *Ordonnances*, t. XVII, pp. 394-397.

99. Commynes, *Mémoires...* éd. Michaud, pp. 26-27.

100. *Lettres...* t. III, n° 306, pp. 146-148, le 13 juin 1467.

101. N. Bulst, « *Louis XI et les états...* »

102. *Lettres...* t. IV, n° 456 et 457, pp. 31-35.

103. *Ibid.*, t. IV, n° 502, pp. 110-113.

104. Th. Basin, *Histoire de Louis XI...*, t. II, pp. 9 sq.

105. Commynes, *Mémoires...* éd. Michaud, pp. 61-65.

106. J. Calmette, G. Perinelle, *Louis XI et l'Angleterre...*

107. A. Leguai, *Dijon et Louis XI...*

108. H. Stein, *Charles de France...*

109. Th. Basin, *Histoire de Louis XI...*, t. II, pp. 32 sq. — J. Robert de Chevanne, *Les guerres de Bourgogne de 1470 à 1475. Etude sur les interventions armées des Français au duché sous Charles le Téméraire*, Paris, 1934.

110. P.M. Perret, « Boffile de Juge, comte de Castres... ». — F. Pasquier, « La domination française en Cerdagne sous Louis XI », *Bulletin historique et philologique du comité des travaux historiques et scientifiques*, 1895, *Un favori de Louis XI. Boffile de Juge...*

111. Cf. *supra*, note n° 109.

112. H. Stein, *Olivier de la Marche...*, pp. 72 sq.

113. *Ibid.* p. 76.

114. Sur tout ce qui suit, projets de mariages et tractations, cf. surtout : L. Hommel, *Marie de Bourgogne...*, p. 164 sq. — C. Armstrong, « *La politique matrimoniale...* »

115. *Marie de Bourgogne...*, p. 172.

116. A. de Hericourt, *Les sièges d'Arras*, Paris, 1844. — A.G. Paris, *Louis XI et la ville d'Arras*, Paris, 1848.

117. A. Voisin, « La "mutemaque" du 26 juin 1477... », pp. 337-356, — A. Leguai, *Louis XI et Dijon...* — J. Richard, « Claude de Toulongeon, seigneur de la Bastie, et la résistance bourguignonne à Louis XI », *De Orde von het Gulden Vlies te Mechelen 1491*, éd. Raphael de Smedt, 1992.

118. Commynes, *Mémoires...* éd. Michaud, p. 145.

119. E. Clerc, « Besançon pendant la guerre de Louis XI », in M. Rey, R. Fetier, *Histoire de Besançon*, Paris, 1964, t. III.

120. Cependant, cette université fut, dès l'année suivante, en 1482, installée à Poligny, puis ramenée à Dole en 1484.

121. *Lettres...* t. X, n° 1 895, pp. 115-116, le 2 juin 1483.

122. L'échec du projet de mariage entre Charles et Marguerite remit tout en question. Charles VIII épousa Anne de Bretagne en 1491 et, en 1493, l'Artois et la Franche-Comté firent retour à la Maison d'Autriche.

123. A. Lecoy de la Marche, *Le roi René...* pp. 389 sq.

124. *Ibid.*, pp. 407-409.

125. G. Arnaud d'Agnel, *Politique des rois de France en Provence. Louis XI et Charles VIII*, 2 vol., Paris-Marseille, 1914. — A. Lecoy de la Marche, « Louis XI et la succession de Provence », *Revue des questions historiques*, 1888.

DEUXIEME PARTIE

1. Jacques du Clercq, *Mémoires...* — Olivier de la Marche, *Mémoires..., Parement et Triomphe des Dames (1493-1494) ; Traité des noces de Charles le Téméraire (1468) ; Etat de la maison du duc Charles (1474).* — H. Stein, *Olivier de la Marche historien*, Bruxelles, 1888.

2. Jean Juvenal des Ursins, *Ecrits politiques*, éd. P.S. Lewis, Paris, 1985, t. II ; p. 151.

3. *Lettres...* t. VII, n° 1258, p. 227.

4. J. Heers, « La mode et les marchés des draps de laine : Gênes et la montagne à la fin du Moyen Age », *Annales. Economies. Sociétés. Civilisations*, 1971.

5. Fr. Piponnier, *Costume et vie sociale : là cour d'Anjou. XIVᵉ-XVᵉ siècles*, Paris, 1970.

6. *Lettres...* t. I, p.j. XI, p. 173.

7. *Ibid.*, t. I, p.j. XLVI, pp. 222-224.

8. *Ibid.*, t. I, p.j. LII, p. 231.

9. A.N., K.K. 65, compte de Guillaume de Varye.

10. A.N., K.K. 62, compte d'André Briçonnet. — K.K. 63, Compte de l'Hôtel du roi, fᵒˢ 15-16 et fᵒˢ 63 sq.

11. A.N., K.K. 65.

12. A.N., K.K. 61 A, Argenterie, compte spécial « Coutellerie », fᵒ 17.

13. *Ibid.*, fᵒ 41 vᵒ.

14. *Ibid.*, fᵒ 42 vᵒ.

15. *Ibid.* f⁰ˢ 7 v° à 10 v°.
16. A.N., K.K. 61 bis, Argenterie, partie II.
17. *Ibid.*, partie III, f° 35 v°.
18. A.N., K.K. 61 A, f° 59 v°.
19. *Ibid.*, f⁰ˢ 2 v° à 5 v°.
20. A.N., K.K. 61 bis, partie III.
21. A.N., K.K. 64, f° 58.
22. *Ibid.*, fol. 11.
23. A.N., K.K. 61 A, f° 44 v°.
24. Fr. ROBIN, *La cour d'Anjou-Provence. La vie artistique sous le règne de René*, Paris, 1985. — A. SARRAZIN, *Manoirs et gentilshommes d'Anjou*, Angers, 1965. — G. de BOUETIEZ, *La cour des ducs de Bretagne à la fin du Moyen Age (1404-1488)*, Mémoire dactylographié, université de Paris IV, 1982.
25. LOUYRETTE, de CROY, *Louis XI et Plessis-lès-Tours*, Tours, 1845.
26. G. PAZZI, *Le delizie estensi*, Pescara, 1933.
27. A.N., K.K. 64, f⁰ˢ 149 et 121.
28. *Ibid.*, f° 78, année 1480.
29. Archives départementales des Bouches-du-Rhône, B. 2483, f° 14, le 14 septembre 1478.
30. A.N., K.K. 64, f° 62 v°.
31. *Ibid., f⁰ˢ 25 v° et 35.*
32. A.N., K.K. 65, compte de Guillaume de Varye, Ecurie, du 1ᵉʳ octobre 1463 au 30 septembre 1464.
33. *Lettres...* t. I, n° 73, p. 97, le 13 décembre 1457 (de Bruxelles) ; n° 138, p. 104, le 14 mai 1461 (de Genappe) ; p.j. 79 (dépenses des années 1459-1461). — Très nombreuses mises pour la chasse dans : B.N., Fr. 6758 et 6759.
34. LETTENHOVE, *Lettres et négociations...* p. 283 (lettre adressée à Charles Visconti, à Milan).
35. *Lettres...* t. IX, n° 1638, p. 89, le 4 novembre 1481 (au seigneur de Bressuire).
36. A.N., K.K. 64, f° 16 v°.
37. *Ibid.*, f⁰ˢ 68, 71, 159 v°.
38. *Ibid.*, f° 89.
39. B.N., Fr. 6758, f° 11.
40. *Ibid.*, f° 81 v°.
41. *Lettres...* t. IX, n° 1680, p. 153, le 8 décembre 1481.
42. *Ibid.*, n° 1776, p. 276, le 12 août 1482.
43. B.N., Fr. 6758, f⁰ˢ 74 v° et 82. — Très nombreux exemples dans : DOUET d'ARCQ, *Comptes de l'Hôtel...* pp. 348 sq.
44. A.N., K.K. 64, f° 19. — COMMYNES, année 1482.
45. L. JARRY, *Histoire de Cléry...* p. 133.
46. B.N., Fr. 6758, f° 104.
47. B.N., Fr. 6759, f° 33 v°.
48. P.R. GAUSSIN, *Louis XI...*, p. 179.
49. Th. BASIN, *Histoire de Louis XI...* t. I, p. 119.
50. R. GANDILHON ; *La politique économique...* p. 147.
51. *Ordonnances*, XVII, p. 207, le 12 avril 1469.

52. A.N., K.K. 64, f° 51 v°.

53. *Ibid.*, fol° 101 v°.

54. B.N., Fr. 6759, f° 89.

55. *Ibid.*, f°s 85 et 90.

56. *Ibid.*, f° 54 v°.

57. LETTENHOVE ; *Lettres et négociations...* p. 154.

58. Jacques de BREZE (éd. G. TILANDER), *La chasse. Les dits du bon chien Souillard et les louanges de Madame Anne de France*, Lund, 1959.

59. E. LAVISSE, *Histoire de France illustrée*, t. IV, 2, Paris, 1938, pp. 325-326.

60. Jean de ROYE, *Journal...* années 1465 et 1467.

61. L.G. PELISSIER (éd.), « Intrada in Parigi ».

62. *Recueil de Documents...* n° XXXI, p. 494 sq.

63. *Ordonnances...*, t. XVII, p. 37.

64. E. CARTIER, « Une réception princière en 1466 », *Bulletin du Comité de la Langue...* t. II, 1856, pp. 363-368.

65. Jean de ROYE, année 1470.

66. Ph. CONTAMINE, « Sur l'ordre de Saint-Michel au temps de Louis XI et de Charles VIII », *Bulletin de la Société nationale des antiquaires de France*, 1976, pp. 212-236.

67. Alain BOUCHART, auteur des *Grandes Chroniques de Bretagne*, publiées à Paris en 1514, cité par B. GUENEE, *Histoire et Culture historique...* p. 342.

68. *Ordonnances*, XIX, novembre 1482.

69. B. GUENEE, *Histoire et Culture...*, p. 341.

70. *Ibid.*, p. 345.

71. *Ibid.*, p. 344. — J. LESELLIER ; « Un historiographe de Louis XI demeuré inconnu », *Mélanges d'Histoire et d'Archéologie de l'Ecole française de Rome*, t. 43, 1926, pp. 1-29. — Ch. SAMARAN, « Un ouvrage de Guillaume Danicot, historiographe de Louis XI », *ibid.*, t. 45, 1928, pp. 8-20. — M. SCHMIDT-CHAZAN, « Histoire et sentiment national chez Robert Gaguin », in *Le travail de l'historien au Moyen Age, Etudes sur l'historiographie médiévale*, Paris, 1978, pp. 233-300. — *Dictionnaire des lettres françaises, Le Moyen Age*, p. 1343.

72. Jean MAUPOINT, *Journal...*

73. Jean de MONTREUIL, *A toute la Chevalerie de France*, dans Opera, t. 2. éd. N. GREVY, E. ORNATO, G. OUY, Turin, 1975 ; cité par P.L. LEWIS, *War...* p. 2. — Cf. également : N. GREVY-PONS, « Propagande et sentiment national pendant le règne de Charles VI. L'exemple de Jean de Montreuil », *Francia*, t. 8, 1980, pp. 127-145.

74. Jean JUVENAL des URSINS, *Audite deli que loquor*, in *Ecrits politiques*, Paris, 1978-1985.

75. Traité intitulé *Cest chose profitable*, cité par P.L. LEWIS, *War...* p. 4.

76. Jean de MONTREUIL, cité par P.L. LEWIS, *ibid.*

77. Traité signalé et étudié par P.L. LEWIS, *ibid.*, p. 5.

78. Publié par R. ANSTRUTHER in *Prétensions des Anglois à la couronne de France*, 1847.

79. P.L. LEWIS, *War...* pp. 12-13.

80. J. CALMETTE, G. PERINELLE, *Louis XI et l'Angleterre...* p. 303.

— C. Plummer, *The Governance of England de sir John Fortescue*, Oxford, 1855, p. 354.

81. Simeon Luce, *Chronique du mont Saint-Michel*...

82. P.L. Lewis, *War*..., p. 20, note 2.

83. A. Lapeyre, R. Scheurer, *Les notaires et secrétaires du roi sous les règnes de Louis XI, Charles VIII et Louis XII (1461-1515)*, Paris, 1978. — *Dictionnaire des lettres françaises*, *Le Moyen Age*, p. 1078.

84. A. Valet de Viriville, « Notice sur Robert Blondel, poète, historien et moraliste du temps de Charles VII », *Mémoires de la société des antiquaires de Normandie*, t. 19, 1851, pp. 161-226. — *Dictionnaire des lettres françaises, Le Moyen Age*, p. 1280.

85. P. Durieu ; « Une peinture historique de Jean Fouquet. Le roi Louis XI tenant un chapitre de l'ordre de Saint-Michel », *Gazette archéologique*, 1890, pp. 61-83. — *Les Antiquités judaïques et la peinture de Jean Fouquet*, Paris, 1908, pl. XIX.

86. Fr. Robin, *La cour de Provence. La vie artistique sous le règne de René*, Paris, 1985, pp. 254-262. — B.N., Cabinet des médailles, Col. V, 144, 146.

87. Exemplaire illustré par Jean Fouquet : B.N., Mss. Fr. 6465, n° 42 à 49, f°s 440 v° à 444 v°. La dernière scène est celle du banquet donné dans la grande salle du palais. — Les deux exemplaires de cahiers à part : B.N., Mss. Fr. 2609 et 2610. — Voir : Fr. Avril, M.T. Gousset, B. Guenee, *Les Grandes Chroniques de France*, Paris, 1987, et Ch. Schaeffer, *Recherches sur l'iconographie et la stylistique de l'art de Jean Fouquet*, Lille (reproduction des thèses), 1972, t. II, pp. 210-215.

88. J. Calmette, « Iconographie toulousaine de Louis XI », *Annales du Midi*, t. XV, 1953, pp. 275-281.

89. Sur tout cela, voir surtout : B. Guenee, *Les entrées royales*...

90. *Ibid.*, pp. 168-169.

91. *Ibid.*, p. 189 (à Tournai en 1464).

92. Jean Maupoint, *Journal*..., p. 46.

93. B. Guenee, *Les entrées*..., p. 172.

94. *Ibid.*, pp. 182-183.

95. *Ibid.*, p. 174.

96. *Ibid.*, pp. 184-185.

97. La Grange, « Les entrées des souverains à Tournai », *Mémoires de la Société historique de Tournai*, t. 19, 1885, pp. 42-51.

98. B. Guenee, *Les entrées*... p. 181.

99. *Ibid.*, p. 182.

100. C. Couderc, *L'entrée solennelle*...

101. Jacques Leclercq, *Mémoires*..., p. 157.

102. Jean de Roye, année 1465.

103. A.-M. Chazaud, *La campagne*...

104. *Lettres*... t. V, n° 745, p. 165, le 9 août 1473.

105. Jean de Roye, année 1477.

106. Arnaud d'Agnel, *Le roi René*... doc. n° 3035.

107. *Lettres*... t. VII, n° 1129, p. 44, le 1er mai 1478.

108. *Ibid.*, t. VI, n° 951, p. 107, le 12 janvier 1477.

109. Jean de RoyE, année 1465.

110. A. Leroux de Lincy, *Chants historiques...* n°s 13 à 17.

111. *Ibid.*, n° 18.

112. *Ibid.*, n° 21.

113. *Ibid.*, n° 27.

114. Fr. Muller, *Recueil de pièces historiques...* n° III.

115. A. Leroux de Lincy, *Chants historiques...* p. 120.

116. Ch. Samaran, « Chanteurs ambulants et propagande politique sous Louis XI », *Bibliothèque de l'Ecole des chartes*, 1939, p. 233.

117. Jean de Roye, année 1471.

118. *Dictionnaire des lettres françaises...*, pp. 1248-1249.

119. *Ibid.*, pp. 1288-1289.

120. G. Perouse, *Georges Chastellain ; étude sur l'histoire politique et littéraire du XVe siècle*, Paris, 1910. — L. Hommel, *Chastellain, 1415-1474*, Bruxelles, 1945. — J.C. Desclos, *Le témoignage de Georges Chastellain...*

121. A. de la Borderie, « Jean Meshinod. Sa vie et ses œuvres. Ses satires contre Louis XI », *Bibliothèque de l'Ecole des chartes*, t. LVI, 1895, pp. 99-140, 274-317, 601-638. — Chr. Martineau-Genieys (éd.), *Lunette des princes de Jean Meschinot...* — J.C. Desclos, — « Le Prince ou les Princes de Georges Chastellain... ».

122. Cité par P. Champion, *Histoire poétique...* p. 325.

123. *Ibid.*, pp. 309 sq. — N. Dupire, *Jean Molinet. Sa vie, ses œuvres. Etude critique des manuscrits et des éditions des poésies*, Paris, 1933, 2 vol. — *Dictionnaire des lettres françaises...*, pp. 821-822.

124. Georges Chastellain. — *Œuvres...* t. V, pp. 432-434 ; cité par J.P. Boudet, « Les astrologues... »

125. *Ibid.*, p. 25.

126. A. Abel, M. Martens, « Le rôle de Jean de Vésale, médecin de la ville de Bruxelles, dans la propagande de Charles le Téméraire », *Cahiers bruxellois*, n° 1, 1956, pp. 41-86.

127. P. Champion, *Histoire poétique...* p. 240 sq.

128. A. Maurice, *Un grand patriote. Thomas Bazin évêque de Lisieux. Sa vie et ses écrits. Sa famille. Sa maison natale*, Caudebec, 1953.

129. Fr. Muller, *Recueil de pièces historiques...* — M. Chaume, « Le sentiment national bourguignon de Gondebaud à Charles le Téméraire », *Mémoires de l'Académie de Dijon*, 1922.

130. A. Leroux de Lincy, *Chants historiques...* n° 8.

131. *Ibid.*, n° 13.

132. *Ibid.*, n° 9, strophe XXII.

133. Brantôme, *Vie des hommes illustres...* p. 334.

134. *Ibid.*, p. 331.

135. Jean de Roye, année 1472.

TROISIEME PARTIE

1. Sur tout cela : *Lettres...* t. I, p. 372. — A. Valet de Viriville, *Histoire de l'Instruction publique*, Paris, 1849, p. 200.

2. *Lettres...* t. I, n° 86, août 1459.
3. *Dictionnaire des lettres françaises...* pp. 280-287.
4. G. Petit, *Les séjours de Charles V*, Paris, 1888.
5. *Lettres...* t. XI, aux années indiquées.
6. A.N., K.K.65, f° 155.
7. *Ibid.*, mai 1464.
8. K.K.67 A, f° 21.
9. K.K.64, f° 107 v°.
10. *Ibid.*, f° 157 v°.
11. K.K.65, f° 157 v°.
12 à 19. K.K.65, f° 116 v°, 127, 138, 11 v° et 12, 20 et 28, 32, 32 et 69, 145 v°, 147, 149.
20. K.K.65, mai-juin 1464.
21. B.N., Fr. 6758, f° 69 v°. — Douet d'Arcq, — *Comptes de l'Hôtel...*, p. 380.
22. *Lettres...* t. XI, pp. 94-95.
23 à 36, A.N. K.K.64, f° 56 v°, 58, 54, 59 v°, 91 v°, 100 (61 livres payées à un maçon de Chinon), 106, 107 et 120 v°, 110, 102, 156 v°, 108 v°, 105, 107 v°, 106 v°.
37. Y. Renouard, « Information et transmission des nouvelles », in *Histoire et Méthodes*, éd. Ch. Samaran, Paris, 1961, pp. 95-142.
38. *Actes et Lettres de Charles Ier, roi de Sicile, concernant la France (1257-1284)*, éd. A. de Bouard, Paris, 1926.
39. Y. Renouard, « Comment les papes d'Avignon expédiaient leur courrier », *Revue historique*, t. 180, 1937, pp. 1-29.
40. T. Kanao, *Le messager à la cour de Bourgogne à la fin du Moyen Age*, thèse de doctorat, université de Paris IV, mars 1992, « Les messagers du duc de Bourgogne au début du xve siècle », *Journal of Medieval History*, t. 21, 1995, pp. 195-226. — Cf. également : J.-M. Cauchies, « Messageries et messagers en Hainaut au xve siècle », *Le Moyen Age*, t. 82, 1976, pp. 89-123 et 301-341.
41. G. Zeller, « Un faux du xviie siècle. L'édit de Louis XI sur la poste », *Revue historique*, t. 180, 1937, pp. 286-292.
42. A.N., K.K.62, compte d'André Briçonnet. Gages des officiers de l'Hôtel, Voyages et Messageries.
43. B.N., Fr. 6758, f°s 1 à 69 (recto et verso). — Fr. 6759, f°s 75 à 140.
44. R. Gandilhon, *La politique économique...* p. 213.
45. *Lettres...*
46. E. Charavay, « Rapport sur les lettres de Louis XI et sur les documents concernant ce prince conservés dans les Archives de l'Italie », *Archives des Missions scientifiques et littéraires*, 3e s., t. VII, 1881, pp. 437-474. — C. Casati, *Lettres royaux et lettres missives inédites, notamment de Louis XI... relatives aux affaires de France et d'Italie tirées des Archives de Gênes*, Paris, 1877. — J. Calmette, « Lettres de Charles VII et de Louis XI aux Archives municipales de Barcelone ». *Annales du Midi*, t. XIX, 1901.
47. V. Carriere, « Nicole Tilhart... »
48. Brantôme, *Vie des hommes illustres...* p. 330.
49. *Lettres...* t. VI, n° 1002, p. 191.

50. P. Gaussin, *Les Conseillers...* — M. Harsgor, *Recherches sur le personnel du Conseil du roi sous Charles VII et sous Louis XI*, Lille-Paris, 1980, 4 vol.
51. B. Guenee, « *La géographie administrative...* » — G. Dupont-Ferrier, *Les officiers royaux des bailliages et des sénéchaussées*, Paris, 1902, réimpression Genève, 1974. A. Bardoux, « Les grands baillis du xve siècle », *Revue historique de droit français et étranger*, t. IX, 1863.
52. *Lettres...* t. IX, n° 1579, p. 10, le 4 mars 1481.
53. *Ibid.*, t. I, p.j. n° IX, p. 171.
54. *Ibid.*, p.j., n° XXIII, p. 185.
55. Sur ceci, cf. *infra* p.
56. *Lettres...* t. I, n° 42, p. 60.
57. E. Lavisse, *Histoire de France...* p. 332.
58. Jean Maupoint, *Journal...*, p. 40.
59. *Ibid.*, pp. 46-47.
60. Jean de Roye, année 1464.
61. E. Lavisse, *Histoire de France...* p. 333.
62. B. de Mandrot, *Ymbert de Batarnay...*
63. L. de la Tremoille, *Prégent de Coëtivy, amiral et bibliophile*, Paris, 1906. — P. Marchegay, *Lettres de Marie de Valois...* Appendices A.B.C.D.
64. *Ibid.*, Appendice F, p. 96.
65. *Ibid.*, Appendice H.
66. Jean Maupoint, *Journal...*, p. 40.
67. *Ibid.*, pp. 47-48.
68. Jean de Roye, année 1464.
69. P. Gaussin, *Le Conseil...*
70. G. Picot, « Le procès criminel d'Olivier le Daim »... — J.P. Boudet, « Faveurs, pouvoirs et solidarités sous le règne de Louis XI : Olivier le Daim et son entourage », *Journal des savants*, 1987, pp. 219-257.
71. Jean de Roye, années 1463, 1464.
72. K. de Lettenhove, *Lettres et négociations...* p. 86.
73. *Ibid.*, p. 94.
74. *Ibid.*, p. 85.
75. *Ibid.*, p. 84.
76. *Lettres...* t. IV, n° 447, p. 13.
77. K. de Lettenhove, *Lettres et négociations...* p. 153.
78. *Ibid.*, p. 58.
79. F. Pasquier, *Un favori de Louis XI...* — *Lettres...* t. V, note p. 225.
80. *Ibid.*, p. 103. — B. Croce, « Un condottiere italiano del Quattrocento, Cola di Monforte, conte di Campobasso, e la fida storica di Commynes », *Critica*, t. 31-32, 1933-1934.
81. Sur tout cela : M. Jones, « Bons Bretons et bons Françoys », The Language and Meaning of treason in later medieval France », *The Transactions of the Royal Historical Society*, 1987, pp. 91-112.
82. Cité *ibid.*, p. 106.
83. *Ibid.*, p. 108.
84. Brantôme, *Vie des hommes illustres...* lettre n° II.
85. *Lettres...* t. I, note p. 67.

86. *Ibid.*
87. M. Harsgor, « L'essor des bâtards... »
88. Sur tout cela : J. Dufournet, *La Destruction*...
89. K. de Lettenhove, *Lettres et négociations*... p. 93.
90. Th. Basin, *Histoire de Louis XI*, t. II, pp. 33 sq. — *Lettres*... t. V, p. 223 (refus du Parlement).
91. H. Stein, *Olivier de la Marche*... p. 75.
92. K. de Lettenhove, *Lettres et négociations*... année 1477.
93. J. Dufournet, *La Destruction*...
94. K. de Lettenhove, *Lettres et négociations*...
95. *Lettres*... t. VII, n° 1121, p. 27.
96. *Ibid.*, n° 1108, p. 10.
97. *Ibid.*, p. 123, le 5 février 1477.
98. *Ibid.*, n° 1232, p. 190.
99. P.S. Lewis, « Les pensionnaires... » (en conclusion).
100. *Lettres*... t. I, p.j. XXIX, XXVII et sq.
101. *Ibid.*, t. IV, n° 446, pp. 13-15, et lettre à la Chambre des comptes n° 444, p. 10.
102. *Ibid.*, t. IX, note p. 10. — M. de Diesbach, *Louis de Diesbach, page de Louis XI*, Paris, 1901 (traduction).
103. B. de Mandrot, *Ymbert de Batarnay*...
104. G. Bricard, *Un serviteur et compère de Louis XI : Jean Bourré*... — Autres exemples de belles fortunes : E. de Balincourt, « Un général sous Louis XI : François de Genas. 1430-1504 », *Revue du Midi*, 1887. — A. Lapeyre, « Recherches sur Thomas Tribole, secrétaire de Charles VII et de Louis XI », *Bulletin de la Société nationale des antiquaires, 1967, pp. 203-227.* — Y. M. Berce, « Artus Gouffier, grand maître de la maison du roi (vers 1472-1519) », in *Le Conseil du roi de Louis XII à la Révolution*, éd. R. Mousnier, Paris, 1970, pp. 207-230.
105. R. de Maulde, *Jeanne de France*... pp. 54 sq.
106. *Ibid.*, p. 60.
107. *Ibid.*, pp. 52-53.
108. B. de Mandrot, *Ymbert de Batarnay*... p. 12.
109. *Lettres*... t. III, n° 427, p. 332.
110. *Ibid.*, note n° 2 de la p. 54.
111. *Ibid.*, note 3 de la p. 54.
112. M.-T. Caron, *La noblesse*...
113. Isambert, *Anciennes lois*... n° 17, p. 420.
114. *Ordonnances*, XVII, p. 317.
115. *Ibid.*, p. 531.
116. Sur tout cela : Jean Maupoint, *Journal*... pp. 64-69.
117. Jean de Roye, année 1465.
118. *Lettres*... t. XI, itinéraires du roi.
119. P. Gaussin, « Les conseillers de Louis XI... » — Voir aussi : P. Gaussin, « Les conseillers de Charles VII », *Francia*, 1982.
120. Jean de Roye, année 1468.
121. N. Bulst, « Louis XI et les Etats... »
122. *Lettres*... t. III, n° 227, p. 15.
123. *Ibid.*, t. VI, n° 1003, p. 192.

124. N. Bulst, « Louis XI et les Etats... » — J. J. Champollion-Figeac, *Documents historiques inédits*, t. I, Paris, 1843, doc. n° XXXI : *Récit des Etats Généraux tenus à Tours en l'année 1468*. — Ch. J. Meyer, *Des Etats généraux et autres assemblées nationales*, t. 9, Paris, 1789, pp. 204-226 (registre de Jean le Prévost. Etats généraux de Tours, 1468).

125. B. Chevalier, « La politique de Louis XI... » — H. See, *Louis XI et les villes*, Paris, 1891.

126. Isambert, *Anciennes lois...* n° 23, février 1462.

127. *Ordonnances*, XVII, p. 426, mai 1471.

128. *Ibid.*, p. 529, juillet 1472.

129. Archives municipales d'Angers, A.A.1, février 1475, cité par Lebrun, *Histoire vue de l'Anjou, 987-1789*, Angers. 1963, p. 63.

130. *Ibid.*, p. 65.

131. Lettre patente aux habitants de Tours, du 3 octobre 1469 (B. Chevalier, *La politique*...).

132. *Lettres...* t. V., notes aux pp. 253-254, le 12 mai 1474.

133. B. Chevalier, « La politique... »

134. *Lettres...* t. V, n° 727, p. 134, le 11 avril 1473, et note p. 135.

135. *Ibid.*, t. IX, n° 1595, p. 36, le 20 mai 1481.

136. *Ibid.*, t. III, n° 309, p. 152, le 18 juin 1457.

137. *Ibid.*, t. IV, n° 576, p. 234, le 19 mai 1471.

138. *Ibid.*, t. IX, n° 1610, p. 57, le 18 juillet 1481.

139. *Ibid.*, t. IX, n° 1625, p. 76, le 15 septembre 1481.

140. *Ibid.*, t. III, n° 246, p. 50, le 16 avril 1466.

141. B. Chevalier, « La politique... »

142. Sur tout ce qui précède : Isambert, *Anciennes lois...* n° 37, p. 451, 226, p. 749. — Ordonnances... XVII, pp. 99, 170, 403, 404, 417, 464.

143. Ordonnances... XVII, p. 169, novembre 1468 (des cordonniers de Tours, à la demande des 36 « maîtres cordonniers et ouvriers du métier de cordonnerie des villes, fauxbourgs et banlieue de Tours »).

144 à 147. R. Gandilhon, *La politique économique...* pp. 166-168.

148. P. Boissonnade, *Le socialisme d'Etat...*

149. Isambert, *Anciennes lois...* n° 55, pp. 469-471, août 1465.

150. R. Gandilhon, *La politique économique...* pp. 90 sq.

151. *Ibid.*, p. 345.

152. Y. Renouard, *Recherches sur les compagnies commerciales et bancaires utilisées par les papes d'Avignon...* Paris, 1942.

153. Cité par R. Gandilhon, *La politique économique...* p. 348.

154. B.N., Fr. 20485, f° 46-46v°, le 22 mars 1462 (lettre de Guillaume de Varye au roi).

155. *Lettres...* t. V. n° 644, p. 8, juin 1472.

156. *Ibid.*, n° 728, p. 136, le 17 avril 1473.

157. R. Gandilhon, *La politique économique...* p. 252.

158. *Lettres...* t. IX, note aux pp. 124-125.

159. R. Gandilhon, *La politique économique...* p. 150.

160. *Lettres...* t. IX, n° 1663, pp. 122-124, le 26 décembre 1481.

161. R. Gandilhon, *La politique économique...* p. 257.

162. *Ibid.*, pp. 258-259.

163. *Lettres...* t. III, n° 428, p. 334, le 29 mars 1469. — VITALE de VALOUS, *Etienne Turquet et les origines de la fabrique lyonnaise ; recherches et documents sur l'installation de la manufacture des étoffes de soie*, Lyon, 1866. — J. GODART, *L'ouvrier de soie. Monographie du tisseur lyonnais (1466-1791)*, Paris-Lyon, 1899.

164. P. BOISSONNADE, *Le socialisme d'Etat...* pp. 26-27.

165. R. GANDILHON, *La politique économique...* pp. 175 sq.

166. P. BOISSONNADE, *Le socialisme d'Etat...* pp. 35-36.

167. *Ordonnances*, XVII, p. 161.

168 à 173. *Ibid.*, pp. 206 et 207, 190 et 325, 477, 109 sq. 419, 385.

174. R. GANDILHON, *La politique économique...* pp. 138-141 et p. 145.

175. *Ibid.*, doc. n° 27, pp. 450-452, lettre de 1483.

QUATRIEME PARTIE

1. V. CARRIERE, « Nicole Tilhart... »

2. *Lettres...* t. I, p.j. n° 6, p. 317.

3. *Journal d'un bourgeois de Paris...* année 1431.

4. *Lettres...*, t. I, p.j. LXXIX, pp. 284 sq.

5. A.M. CHAZAUD, « La campagne », p.j. n°s III, IV, IX, et VII (le 23 mars 1465 ; lettre de Pierre Mandonier, receveur en Auvergne, au roi).

6. Jean de ROYE, année 1465.

7. *Ibid.*

8. Jean MAUPOINT, *Journal...*, septembre 1465 ; p. 79.

9. Jean de ROYE, année 1466.

10. *Ibid.*, année 1478.

11. *Ibid.*, année 1465.

12. *Lettres...* t. VI, n° 1008, p. 200 (aux habitants de Rouen).

13. *Ibid.*, p.j. n° III, p. 343, le 26 octobre 1477.

14. *Ibid.*, t. VII ; n° 1156, p. 79, le 29 août 1478.

15. *Ibid.*, n° 1127 ; p. 35 ; le 28 avril 1478.

16. C. ANCHIER, « Charles Iᵉʳ de Melun, grand maître de France et lieutenant général du roi à Paris et dans l'Ile-de-France », *Le Moyen Age*, 1892.

17. *Lettres...*, t. II, p. 311, et t. III, pp. 281-282. — H. STEIN, *Olivier de la Marche...* pp. 153-158, 160-162, 164-165, 198, 225-226.

18. Th. BASIN, *Apologie...* pp. 46 et 131.

19. *Ibid.*, pp. 62 et 79.

20. *Ibid.*, pp. 86-87 et 97.

21. H. FORGEOT, *Jean Dalue, cardinal d'Angers (1421 ?-1491)*, Paris, 1895.

22. Sur tout ce qui suit, article très documenté de W. PARAVICINI, « Peurs, pratiques, intelligences... »

23. B. de MANDROT, « Louis XI, Jean d'Armagnac... »

24. Cité par W. PARAVICINI ainsi que toutes les citations qui suivent.

25. *Ibid.*, p. 194.

26. *Ibid.*, p. 189.

27. *Ibid.*, p. 194.

28. S.H. CUTTLER, *The Law of Treason and Treason Trials...*

29. Isambert, *Anciennes lois...* p.j. 225, p. 747, août 1476.
30. L.H. Labande, *Avignon...* p.j. n° VII, le 26 juin 1474.
31. Jean de Roye, année 1475.
32. B. de Mandrot, « Jacques d'Armagnac, duc de Nemours... »
33. Ch. Samaran, *La maison d'Armagnac...* p. 170.
34. P.M. Perret, « Boffile de Juge... »
35. A. Valet de Viriville, *Histoire de Charles VII...*
36. A. Luchaire, *Alain le Grand...*
37. M. Harsgor, « L'essor des bâtards nobles... » — C.A.J. Armstrong, « La politique matrimoniale... » — H. Surirez de Saint-Remy, *Jean II de Bourbon, duc de Bourbonnais et d'Auvergne (1426-1488)*, Paris, 1944.
38. *Lettres...* t. VII, n° 1123, p. 29.
39. *Ibid.*, t. IX, n° 1649 (lettre au chancelier de France).
40. V. Carriere, « *Nicole Tilhart...* »
41. R. de Maulde, *Jeanne de France...*
42. *Lettres...* t. VII, n° 1237, p. 196, le 10 nov. 1478.
43. *Ibid.*, n° 1251, p. 218, le 15 décembre 1478.
44. M. Harsgor, « L'essor des bâtards nobles... »
45. L. H. Labande, *Avignon...*, pp. 100 sq., 219 sq.
46. Ch. Samaran, *La maison d'Armagnac...*
47. B. de Mandrot, *Louis XI...*
48. A. Luchaire, *Alain le Grand...*, p. 165.
49. *Ibid.*, p. 114.
50. *Ibid.*, p. 52.
51. *Ibid.*, pp. 55 sq.
52. *Ibid.*, p. 163.
53. *Ibid.*, p. 138.
54. B. de Mandrot, « Jacques d'Armagnac, duc de Nemours... »
55. *Ordonnances*, XVII, pp. 143 sq., le 18 mars 1469.
56. B. de Mandrot, « Louis XI, Jean d'Armagnac... »
57. C.H. Samaran, *La maison d'Armagnac...*, p.j. n° 26, p. 398.
58. *Ibid.*, passim.
59. J. de Jaurgain, *Deux comtes de Comminges béarnais au XVe siècle : Jean de Lescun bâtard d'Armagnac et Odet d'Aydie, seigneur de Lescun*, Paris, 1919.
60. B. de Mandrot, *Louis XI...*
61. J.-P. Boudet, « Les astrologues... »
62. Th. Basin ; *Histoire de Charles VII...* t. II ; pp. 301 sq.
63. W. Paravicini, « Peurs, pratiques, intelligences... »
64. *Ibid.*, p. 189.
65. *Ibid.*, p. 177.
66. Th. Basin, *Histoire de Louis XI...* t. II, pp. 253 sq. — Isambert, *Anciennes lois françaises...* n° 212, pp. 727-730, le 26 décembre 1475.
67. J. Calmette, G. Perinelle, *Louis XI et l'Angleterre...* pp. 110, 190, 200.
68. *Grandes Chroniques de France*, B.N., Mss. Fr. 6465.
69. A. Valet de Viriville, *Histoire de Charles VII...*
70. Ordonnances XVII, p. 53, le 31 décembre 1467.

71. *Lettres...* t. V, n° 709, le 9 février 1473.
72. W. PARAVICINI, « Peurs, pratiques, intelligences... »
73. M. HARSGOR, « L'essor des bâtards nobles... »
74. P.M. PERRET, « Boffile de Juge... »
75. *Lettres...* t. III, n° 314, p. 164, le 7 juillet 1467.
76. *Ibid.*, n° 315, p. 166, le 12 août 1476.
77. *Ibid.*, t. VII, n° 1109, p. 12, le 27 mars 1478.
78. *Ibid.*, n° 1187 p. 122, le 24 juillet 1478.
79. Sur tout cela : B. de MANDROT, « Jacques d'Armagnac... »
80. Jean de ROYE, année 1477.
81. *Lettres...*, t. IX, n° 1621, p. 70, le 4 septembre 1481, n° 1631, p. 82, le 14 octobre 1481 ; n° 1220, p. 69, le 29 août 1481.
82. *Ibid.*, t. III, n° 313, p. 162, le 6 juillet 1467.
83. *Ibid.*, t. VI, n° 927, p. 81, le 31 juillet 1476.
84. *Ibid.*, t. V, pp. 253 à 272, notes pp. 253-254 ; et n°s 793, 794, 795, 797, 800, 801, 804.
85. Lettre d'Arras du 25 avril 1477, publiée par H. DUBOIS, *Lettres...* n° 348, p. 346.
86. *Lettres...* t. VI, n° 954, p. 120, le 30 janvier 1477.
87. Ch. SAMARAN, « Le compte du procès de Jacques de Nemours... »
88. *Lettres...* t. IX, n° 1774, p. 273, le 8 août 1482.
89. A. VALET de VIRIVILLE, *Histoire de Charles VII...* t. III, pp. 110 à 115.
90. A. THOMAS, « L'évasion et la mort de Jacques Cœur », *Revue historique*, t. XCVIII, 1901. A. MAUBERNARD, « La captivité de Jacques Cœur. Son évasion chez les cordeliers de Baucaire », *Nouvelle Revue du Midi*, t. 2, 1925.
91. D'après J. QUICHERAT, in *Bibliothèque de l'Ecole des chartes*, t. XVI, pp. 266, 275, publié par A. M. CHAZAUD, « La campagne de Louis XI... »
92. *Lettres...* t. VI, n° 933, p. 88, le 1er octobre 1476.
93. Jean de ROYE, année 1468.
94. Sur les fers et les chaînes : Philippe de COMMYNES, année 1483. — Sur les prisonniers, les charrettes et les transports : A.N., K.K.64, f°s 35v°, 66, 73, 69v°, 70v°, 162v°.
95. Lettre du roi publiée par M. QUENTIN, in *Bulletin du Comité de la langue...* t. V, 1857, pp. 304-305.
96. Th. BASIN, *Histoire de Louis XI...*, t. II, p. 271 (exécution de Saint-Pol).
97. *Lettres...* t. V, n° 794, p. 256, le 12 mai 1474.
98. A. VOISIN, « La mutemaque... »
99. *Lettres...*, t. VI, n° 982, p. 157, le 20 avril 1477.
100. Jean de ROYE, année 1478.
101. *Ibid.*, année 1474.
102. Ch. SAMARAN, « Le compte du procès... »
103. Jean de ROYE, année 1472.
104. *Ibid.*, juin 1477. — *Lettres...* t. VII, n° 1164, p. 90, le 6 juin 1478. — F. BARBEY, « Louis de Chalon, prince d'Orange, seigneur d'Orbe, Echallens et Grandson (1390-1463) », *Mémoires et documents publiés par la Société d'histoire de la Suisse romande*, 1962.

105. J. HEERS, *Les partis et la vie politique dans l'Occident médiéval.* Paris, 1981.

106. *Journal... d'un bourgeois de Paris...*, p. 634.

107. J. HEERS, *Espaces publics. Espaces privés dans la ville. Le « Liber terminorum » de Bologne (1294)*, Paris, 1984.

108. J. HEERS, *L'esilio, la vita politica e la società nel Medioevo*, Naples, 1997.

109. G. MASI, « La pittura infamante nella legislazione e nella vita del comune fiorentino (secoli XIII-XIV) », *Studi di diritto commerciali inonore di Cesare Viavante*, Rome, 1931, vol. II, pp. 625-657.

110. *Lettres...* t. V, n° 806, p. 273, le 11 juin 1474 (au seigneur du Bouchage).

111. K. de LETTENHOVE, *Lettres et négociations...* p. 95.

112. REILHAC, *Jean de Reilhac...*, n° 169, pp. 193-195.

113. *Lettres...* t. VI, n° 1057, p. 274, le 23 décembre 1477.

114. V. CARRIERE, « Nicole Tilhart... »

115. B. de MANDROT, *Ymbert de Batarnay...*

116. K. de LETTENHOVE, *Lettres et négociations...* pp. 94-95.

117. *Ibid.*, p. 106.

118. *Lettres...* t. V, n° 784, p. 238, le 25 avril 1474.

119. Sur tout cela : K. de LETTENHOVE, *Lettres et négociations...* en particulier pp. 277 sq.

120. F. PASQUIER, *Un favori...* — P.M. PERRET, « Boffile de Juge... » Sur ces lettres, voir en particulier : *Lettres...* t. VII. — Très nombreuses lettres pour entériner les dons de seigneuries, pour expédier les procès entre les familles, pour abandonner tel procès et le porter devant le Grand Conseil ; ex. : n° 1105, p. 6, le 23 mars 1478 (ordre d'entériner le don à Jean d'Avaignon des terres et des seigneuries de Pons, Nogent-sur-Seine et Coulommiers, confisquées à Nemours).

CINQUIEME PARTIE

1. A. DEGERT, « Louis XI et ses ambassadeurs... »

2. Philippe de COMMYNES, VI, cap. I.

3. *Ibid.*, III, cap. VIII.

4. K. de LETTENHOVE, *Lettres et négociations...*, p. 227 (lettre de la duchesse de Milan du 14 décembre 1477).

5. Sur tout cela : A. DEGERT, « Louis XI et ses ambassadeurs... »

6. Philippe de COMMYNES cité par A. DEGERT.

7. LEONARD, *Recueil de traités de paix*, Paris, 1963, t. I, p. 263.

8. *Lettres...* VII, n° 1233, p. 191, le 12 octobre 1478.

9. *Ibid.*, n° 1209, p. 150, le 26 août 1478.

10. *Ibid.*, VI, n° 968, p. 138, le 6 mars 1477.

11. Philippe de COMMYNES, I, cap. IX.

12. *Lettres...* VIII, note p. 301.

13. A. DEGERT, « Louis XI et ses ambassadeurs... » *passim.*

14. K. de LETTENHOVE, *Lettres et négociations...* pp. 256-260.

15. Sur ces deux carrières : *Lettres...* notes des pp. 33 et 34.

16. *Ibid.*, pp. 227-228.
17. B.N., Mss. Fr. 6759, f° 85.
18. *Lettres...* IX, pp. 156-157.
19. *Ibid.*, XI, Itinéraires, année 1477.
20. *Ibid.*, VII, n° 1127, p. 35, le 28 avril 1478.
21. *Ibid.*, n° 1129, p. 44, le 1er mai 1478.
22. B. N., Mss. Fr. 6759, f°s 65 et 65v°.
23. F. PASQUIER, *Boffile de Juge...*
24. *Lettres...* V, n° 774, p. 218, le 16 mars 1474.
25. *Ibid.*, n° 812, p. 280, le 17 août 1474.
26. *Ibid.*, n° 844, p. 325, le 17 février 1475.
27. F. PASQUIER, *Boffile de Juge...* doc. n° 71 bis, le 24 avril 1481.
28. *Ibid.*, doc. n° 86, le 13 octobre 1481.
29. A. M. CHAZAUD, « La campagne de Louis XI... » p.j. 21, pp. 118-119, le 25 mai 1465.
30. ISAMBERT, *Anciennes lois...* n° 113, pp. 544 sq.
31. *Ordonnances...* XVII, p. 73, février 1468.
32. R. GANDILHON, *Politique économique...* pp. 196-197.
33. ISAMBERT, *Anciennes lois...* n° 199, pp. 705-708, le 30 mars 1475. — A. SPOUT « La milice des francs-archers », *Revue des questions historiques*, 1897.
34. *Lettres...* VII, n° 1176, p. 109, le 6 juillet 1478.
35. Jean de ROYE, année 1468.
36. B.N., Mss. Fr. 6158, f° 18.
37. *Lettres...* IX, p. 157.
38. F. PASQUIER, *Boffile de Juge...* doc. n° 48, le 5 avril 1480.
39. *Ibid.*, doc. n° 6, le 4 avril 1473.
40. R. GANDILHON, *Politique économique...* pp. 198-199.
41. Jean MAUPOINT, *Journal...* p. 98, siège de Rouen, le 9 janvier 1466.
42. J. HEERS, « Boucicaut et la rébellion à Gênes (1409-1410) : armée royale, armée privée ou partisane ? », in *Storia dei Genovesi*, vol. XI, 1991, pp. 43-63.
43. *Journal d'un bourgeois...* pp. 272-273.
44. A.N., KK65, comptes de l'Ecurie, 1464-1465.
45. R. GANDILHON, *Politique économique...* pp. 200 sq.
46. *Ibid.*, pp. 205 sq.
47. *Lettres...* VI, n°s 959 à 963 et 967, pp. 127-136.
48. Jean de ROYE, année 1477.
49. *Lettres...* VII, n° 1118, p. 24, le 11 avril 1478.
50. *Ibid.*, n° 1143, p. 62, le 18 mai 1478.
51. F. PASQUIER, *Boffile de Juge...* doc. n° 86, le 13 octobre 1481.
52. *Lettres...* n°s 653 et 654, pp. 26-27.
53. *Ordonnances*, XVII, p. 51, le 22 décembre 1467.
54. *Ibid.*, p. 219.
55. A.N. 1344, f° 23, publié par F. LEBRUN, *L'Histoire vue de l'Anjou...*, pp. 69-70.
56. G. FAGNIEZ, *Documents relatifs...* t. II, n° 148, pp. 266 sq., juin 1467.
57. B. CHEVALIER, « La politique de Louis XI... »
58. *Lettres...*, V, n° 746, p. 167, le 10 août 1473.

59. *Ibid.*, n° 749, p. 173, le 21 septembre 1473.
60. *Ibid.*, n° 866, p. 357, le 16 mai 1475.
61. *Ibid.*, n° 772, p. 216, le 27 février 1474, et t. VI, n° 877, pp. 6-8, le 4 août 1475.
62. *Ibid.*, VII, n° 1182, p. 118, le 9 mai 1478 (lettre écrite de Cambrai, adressée au grand maître de l'Hôtel).
63. *Ibid.*, VI, n° 977, p. 150, le 7 avril 1478.
64. *Ibid.*, n° 961, p. 128, le 16 février 1478.
65. Jean de ROYE, année 1475.
66. Ch. SAMARAN, *La maison d'Armagnac...*, p.j. n° 48, pp. 436-437, le 3 février 1473 (lettre de Jean Jouffroy, cardinal d'Albi, à Louis XI).
67. *Lettres...* V, n° 688, p. 76, le 4 avril 1472.
68. *Ibid.*, n° 690, pp. 80-81 (aux habitants d'Amiens).
69. *Ibid.*, n° 706, p. 100, le 22 janvier 1473.
70. A. VOISIN, « *La mutemaque...* »
71. F. PASQUIER, *Boffile de Juge...*, doc. n° 64, pp. 99-101, le 16 janvier 1480 (commission donnée de Plessis-lès-Tours).
72. *Lettres...* V, n° 831, p. 301, le 2 janvier 1475.
73. R. GANDILHON, *Politique économique...*, pp. 220 sq.
74. L.H. LABANDE, *Avignon...*, pp. 219 sq.
75. *Ordonnances*, XVII, p. 522.
76. *Ibid.*, p. 617.
77. Dans le Brabant, à l'ouest de Breda, sur la mer face à la Zélande.
78. *Ordonnances*, XVII, p. 344, novembre 1470.
79. R. GANDILHON, *Politique économique...*, p. 230.
80. Sur tout ce qui suit : M. BRESARD, *Les foires de Lyon...*, et J.-F. BERGIER, *Genève...*
81. Cité par M. BRESARD, *Les foires...* p. 39.
82. P. TOUSSAINT, *Les foires de Chalon-sur-Saône, des origines au* XVIe *siècle*. Dijon, 1910. — H. DUBOIS, *Les foires de Chalon et le commerce dans la vallée de la Saône à la fin du Moyen Age*, Paris, 1976.
83. J.-F. BERGIER, *Genève... passim.* — R. GANDILHON, *Politique économique...*, p. 230. — M. BRESARD, *Les foires de Lyon...*, pp. 20 sq.
84. *Ordonnances*, XVII, pp. 14-16 (lettres relatives aux dépenses des commissaires).
85. *Ibid.*, p. 619.
86. *Ibid.*, t. XVI, p. 171, t. XVII, pp. 14, 362, 534, 619, 621.
87. *Lettres...* VII, n° 1307, p. 283, le 30 mars 1479.
88. R. GANDILHON, *Politique économique...* pp. 151, 380. — L. HOMMEL, *Marie de Bourgogne...* pp. 198-199.
89. Jean MAUPOINT, *Journal...*, p. 81.
90. Th. BASIN, *Histoire de Louis XI...*, t. I, p. 265.
91. *Ibid.*, t. II, pp. 135 sq.
92. A. LEGUAI, *Dijon et Louis XI...*, p. 24.
93. Th. BASIN, *Histoire de Louis XI...*, pp. 215 sq.
94. *Lettres...*, V, n° 869, p. 363, le 30 juin 1475 (lettre au grand maître de l'Hôtel ; le roi lui fait d'abord le récit de la bataille contre les Bourguignons devant Arras).

95. *Ibid.*, VI, n° 1004 et 1005, pp. 194-195, le 25 juin 1477.
96. *Ibid.*, V, n° 780, p. 224, le 9 avril 1474.
97. *Ibid.*, n° 790, p. 244, mai 1474.
98. *Ibid.*, n° 812, p. 285, le 17 août 1474.
99. Jean de ROYE, année 1480.
100. *Journal d'un bourgeois...* p. 291.
101. Jean CHARTIER, *Histoire du roy Charles VII*, éd. A. VALET de VIRI-
     VILLE, t. III, p. 144.
102. Philippe de COMMYNES, année 1472.
103. *Lettres...*, VI, n° 982, p. 157, le 20 avril 1477.
104. Jean de ROYE, année 1480.
105. B. de MANDROT, *Ymbert de Batarnay...* — *Lettres...* V, pp. 59 à 63.
106. P.M. PERRET, « Boffile de Juge... »
107. *Lettres...* V, n° 852, p. 339, le 20 avril 1475.
108. *Ibid.*, n° 844, p. 325, le 17 février 1475, et note p. 335.
109. *Ibid.*, n° 853, p. 342, le 20 avril 1475.
110. *Ibid.*, n° 840, p. 332, le 7 avril 1475.
111. A. VOISIN, « La mutemaque... »
112. A. LEGUAI, *Dijon et Louis XI...*
113. Sur tout ce qui suit : R. GANDILHON, *Politique économique...* pp. 122
     sq. — Cl. BILLOT, A. HIGOUNET-NADAL. *Bannissement et repeuple-
     ment...* — A. LAROCHE, « Une vengeance de Louis XI », *Mémoires de
     l'Académie d'Arras*, t. XXXVII, 1865, pp. 237-356. — PARIS, Louis XI
     et la ville d'Arras en 1479, *ibid.*, 1867/1, pp. 133-234. — H. STEIN, *Les
     habitants d'Evreux et le repeuplement d'Arras en 1479*, BEC, t. 84,
     1923, p. 284 et p. 297 et « *La participation du Languedoc...* » — N.
     P. MOLIN, « Comptes de voyage des habitants de Montferrand à Arras
     en 1479 », *Bibliothèque de l'Ecole des chartes*, 1906, pp. 13-59.
114. N.P. MOLIN, *Comptes de voyage...*
115. H. STEIN, *Les habitants d'Evreux...* pp. 290-292.
116. H. STEIN, *La participation du Languedoc...*
117. R. GANDILHON, *Politique économique...*, p.j. n° 25, pp. 447-448.
118. *Ibid.*, n° 26, p. 449.
119. Jean MOLINET, éd. BUCHON, t. II, p. 195, cité par H. STEIN, *Les habi-
     tants d'Evreux...*, note 7, p. 285.
120. Ordonnance de Charles VIII du 21 novembre 1485, publiée par
     H. STEIN, *Les habitants d'Evreux...* pp. 295-298 (le roi accorde à un
     habitant d'Evreux rentré chez lui l'autorisation de récupérer sa mai-
     son, vendue par décret en son absence).

SIXIEME PARTIE

1. *Heures du duc de Bedford*, f° 288v°, Londres, British Library, Add.
   Mss. 18850.
2. Cité par M. BLOCH, *Les rois thaumaturges...*, note n° 1, p. 337.
3. B.N., Mss. Fr. 6758, f°s 79v°, 81v°.
4. B. de MANDROT, *Ymbert de Batarnay...*
5. Jean de ROYE, année 1471. — J. MONFRIN, « La figure de Charlemagne

dans l'iconographie du XVᵉ siècle », *Annuaire Bulletin de la Société d'Histoire de France*, 1964-1965, pp. 67-78.

6. *Lettres...* VII, nº 1216, p. 211, le 24 novembre 1478. — R. de MAULDE, *La diplomatie au temps...* — J. COMBET, *Louis XI et le Saint-Siège...*

7. E. RODOCANACHI, *Histoire de Rome. Une cour princière du Vatican pendant la Renaissance (1471-1503)*, Paris, 1925.

8. P. OURLIAC, « *Le Concordat...* »

9. J. COMBET, *Louis XI et le Saint-Siège...*

10. P. PANSIER, « L'entrée à Avignon... »

11. L. H. LABANDE, *Avignon...* — R. REY, « Louis XI et les Etats pontificaux... »

12. R. GANDILHON, *Politique économique...*, pp. 348 sq., 363 sq.

13. H. ACTON, *The Pazzi conspiracy*, New York, 1980. — A. TENENTI, *Florence à l'époque des Médicis : de la cité à l'Etat*, Paris, 1968. — L. CERIONI, « La politica italiana di Luigi XI ».

14. *Lettres...*, VII, nᵒˢ 1200 et 1201, pp. 138-140, le 10 août 1478 ; nº 1210, p. 152, le 7 septembre (à Bonne, duchesse de Milan).

15. *Ibid.*, nº 1221, p. 172, le 21 septembre 1478.

16. *Ibid.*, nº 1222, p. 174, le 24 septembre.

17. *Ibid.*, nᵒˢ 1223 à 1226, pp. 177-181, toutes de septembre 1478.

18. L. THUASSE, « Procès-verbal de l'amende honorable et de l'absolution des Florentins le 3 décembre 1480 », *Revue d'histoire diplomatique*, 1887, pp. 296-303.

19. *Lettres...* VI, nº 948, p. 109, date incertaine (1477).

20. *Ibid.*, nº 1065, p. 288, le 7 janvier 1478 (Jean de Bourgogne mourut à Bruxelles en 1479).

21. P. M. PERRET, « Boffile de Juge... », octobre 1480.

22. *Lettres...*, IV, nº 479, pp. 70-71, fin 1469.

23. *Ibid.*, VII, nº 1305, p. 293, le 25 avril 1479.

24. *Ibid.*, IX, nº 1761, p. 257, le 8 juillet 1482.

25. A. de REILHAC, *Jean de Reilhac...* t. III, doc. nº 144.

26. *Lettres...* IX, nº 1729, pp. 216-217, le 9 mai 1482, et note p. 217.

27. *Ibid.*, IV, nº 479, pp. 70-71.

28. *Ibid.*, VIII, pp. 183-185.

29. *Ibid.*, IX, note p. 294.

30. *Ibid.*, nº 1785, p. 286, le 28 août 1482.

31. ISAMBERT, *Anciennes lois...* nº 221, p. 747, le 15 juin 1476 ; nº 217, pp. 743-745, le 8 janvier 1476.

32. *Ibid.*, nº 73, pp. 494-496, le 10 septembre 1464.

33. Cf. *supra*.

34. *Lettres...* VII, nº 1231, p. 189, le 10 octobre 1478.

35. *Ibid.*, nº 1247, p. 213, le 28 novembre 1478.

36. A.N., KK.66, Aumônes, octobre 1478-septembre 1479. — B. N., Mss. Fr. 6759, fᵒˢ 11 vº, 16 vº, 22... (nombreux exemples d'offrandes dans ce compte de la Chambre).

37. *Ibid.*, fº 27.

38. *Lettres...*, V, nº 655, p. 31, le 20 juillet 1472.

39. *Ordonnances*, XVII, p. 571, mars 1473.

40. Ch. L. GRANDMAISON, « Grille d'argent de Saint-Martin de Tours

donnée par Louis XI », *Bulletin de la Société archéologique de Touraine*, t. XII, 1861, pp. 297-301.

41. Douet d'Arcq, *Comptes de l'Hôtel...* pp. 348 sq.

42. *Ibid.*, p. 363.

43. *Ibid.*, p. 357.

44. *Lettres...* VIII, n° 1399, p. 106, le 7 janvier 1480.

45. *Ibid.*, n° 1487, pp. 236-237, le 18 juillet 1480.

46. Fr. Robin, « La politique religieuse des princes d'Anjou-Provence et ses manifestations artistiques (1360-1480) », in *La littérature angevine médiévale*, université d'Angers, 1981.

47. *Lettres...* VII, n° 992, p. 180, le 7 juin 1477.

48. Chevalier, « Don de Louis XI d'une châsse d'or au tombeau de Sainte-Marthe », *Bulletin de la Société archéologique de Touraine*, III, 1874.

49. A. Lecoy de la Marche, *Le roi René...* doc. n° 574, p. 215, le 17 novembre 1455.

50. F. Funck-Brentano, « Le caractère religieux de la diplomatie au Moyen Age », *Revue d'histoire diplomatique*, 1887, pp. 113-135.

51. Godard-Faultier, in *Bulletin du Comité de la langue...* t. I, doc. n°s 8 et 9.

52. *Ibid.*, n° 6.

53. *Ibid.*, doc. n° 7.

54. *Ibid.*, doc. n° 5.

55. *Ibid.*, doc. n° 3.

56. *Lettres...*, IX, n° 1690, p. 168, le 5 février 1482.

57. Cf. *supra*, note n° 50, pp. 262 sq.

58. *Ibid.*, Introduction.

59. L. Jarry, *Histoire de Cléry...* — L. Millet, *Notre-Dame de Cléry*, 1954.

60. *Ordonnances*, XVII, pp. 48 sq., le 21 décembre 1467.

61. E. Bimbenet, *Histoire de la ville d'Orléans*, t. II, Orléans, 1885.

62. L. Jarry, *Histoire de Cléry...*, p. 154.

63. *Ordonnances*, XVII, p. 571, mars 1473.

64. L. Jarry, *Histoire de Cléry...*, p. 170.

65. B.N., Mss. Fr. 20685, compte de la Chambre de Pierre Jobert, cité par L. Jarry, pp. 117-118.

66. B.N., Mss. Fr. 20493, f°s 2, 4 et 5.

67. L. Jarry, *Histoire de Cléry...* pp. 171 sq.

68. B.N., Mss. Fr. 18534, 10372 (« Dépenses faictes par Tanguy du Chastel naguères premier écuyer de corps et maistre de cuisine de feu le roy Charles VII° de ce nom que Dieu absoulbe par le fait de l'obsèque et funérailles dudit feu seigneur »). — Cf. aussi : Jean de Roye, année 1461.

69. J. Santiago, *Les funérailles princières en France : Bourgogne et Orléans (1465-1468)*, université de Paris IV, thèse dactylographiée, 1981. — L. Jarry, « Découverte des tombes de Marie d'Harcourt femme du bâtard d'Orléans et de Jean leur fils », *Mémoires de la Société archéologique et historique de l'Orléanais*, t. XXII, 1889, pp. 203-296.

70. A.N., KK.69, comptes de l'Hôtel de Charlotte de Savoie, fol. 71 v°.
71 à 75. *Ibid.*, f°s 29 v°, 166 v°, 123, 134 à 147, 150.
76. B.N., Mss. Fr. 5284, f° 148 v°.
77. Philippe de Commynes, année 1483.
78. Ch. Fellens, *Les droits du seigneur sur la féodalité*, Paris, 1851, cap. VI, p. 333.
79. *Lettres*, IX, n° 1660, p. 120, le 19 décembre 1481.
80. *Ibid.*, n° 1678, p. 150, le 20 janvier 1482.
81. *Ibid.*, n° 1722, p. 207, le 17 avril 1482.
82. M. Bloch, *Les rois thaumaturges...* note n° 2, p. 78. — P. Tarbe, *Louis XI et la sainte ampoule*, Reims, 1842.
83. A. Fabre, *Récit historique sur le pèlerinage des rois de France à Notre-Dame d'Embrun*, Grenoble, 1860. — *Lettres...*, IX, n° 1747, p. 238, le 18 juin 1482.
84. *Ibid.*, n° 1771, p. 270, le 30 juillet 1482.
85. G. Perinelle, « Louis XI bienfaiteur... »
86. M. Navarre, *Louis XI en pèlerinage*, Paris, 1908. — *Lettres...* X, n° 1866, pp. 77-78, le 24 février 1483, et note de cette page, n° 1876, pp. 90-91, le 27 mars 1483.
87. *Ibid.*, n° 1901, pp. 124-125, le 29 avril 1483.
88. *Ibid.*, n° 2141, pp. 442-443, le 21 mai 1483.
89. D. Monnier, « Charte de Louis XI qui ordonne de faire une châsse d'argent pour y mettre le corps de saint Claude », *Bulletin du Comité de la langue...*, t. V, 1850.
90. *Lettres...* IX, n°s 1807 et 1809, pp. 316-317, le 13 octobre 1482. — N. Valois, « Conseils et prédictions adressées à Charles VII par un certain Jean du Bois », *Annuaire-Bulletin de la Société de l'histoire de France*, 1908-1909, pp. 201-238.
91. *Ordonnances*, XIX, p. 59.
92. Rousset, « Documents relatifs au pèlerinage de Louis XI à Saint-Claude » ; *Bulletin du Comité de la langue...* t. II, 1856, pp. 368-372.
93. L. Febvre, *Le problème de l'incroyance au XVe siècle. La religion de Rabelais*, Paris, 1946.
94. R. de Maulde, *Jeanne de France...*, p. 29.
95. G. Perinelle, « Louis XI bienfaiteur... »
96. B.N., Mss. Fr. 6759, f° 102.
97. *Lettres...*, V, n° 847, p. 381, le 1er avril 1475.
98. *Ibid.*, V, n° 671, pp. 52-53, le 23 septembre 1475.
99. *Ibid.*, IX, n° 1771, p. 270, le 30 juillet 1482.
100. *Ibid.*, n° 1763, p. 260, le 9 juillet 1482.
101. *Ibid.*, pp. 234-235.
102. A.N., KK. 64, f° 126.
103. *Lettres...* VI, n° 895, p. 34, le 3 janvier 1476.
104. Jean de Roye, le 1er mai 1472.
105. R. de Maulde, *Jeanne de France...* p. 33.
106. B. de Mandrot, *Ymbert de Batarnay...*
107. Philippe de Commynes, VI, cap. VI.
108. A. Cardoner, « Las fuerzas occultas : formas de la supersticiones

medievales », *Revista de dialectologia y traduciones populares*, t. XIX, 1963.

109. A. CARDONER, « La medecina astrologica durante el siglo XIV en la Corona de Aragon », in *IXe Congrès international d'histoire des sciences*, Barcelona-Madrid, 1959.

110. J.-P. BOUDET, *Simon de Phares et l'astrologie à Lyon à la fin du Moyen Age*, Paris, 1984.

111. J.-P. BOUDET, « Les astrologues... »

112. A.N., K.K. 64, f° 142.

113. G. NAUDE, *Additions au règne...* p. 78, — *Encyclopédie de l'Islam*, article Rhazès.

114. A.N., K.K. 64, f° 161 v°.

115. E. ROY, « Un régime de santé au xve siècle » in *Mélanges Picot*, t. I, 1913.

116. L. DULIEU, *La médecine à Montpellier. Le Moyen Age*, Montpellier ; 1975, pp. 103 et 58.

117. *Ibid.*, pp. 54, 56, 74, 76, 218, 221, 231, 237. — A. CHEREAU, *Jacques Coictier médecin de Louis XI*, Poligny, 1861.

118. P. CHAMPION, *Louis XI et ses physiciens*, Paris, 1935. — IPCAR, *Louis XI et ses médecins...* Paris, 1936. — *Lettres...* VIII, n° 1492, p. 242, le 27 juillet 1480.

CONCLUSION

1. E. LAVISSE, *Histoire de France...* pp. 330 et 338.

2. Lettre à Olivier de Coëtivy, citée par E. LAVISSE, *ibid.*, p. 327.

3. BRANTÔME, *Vie des hommes illustres...* lettre n° XII.

4. Le *Rosier des guerres...*

5. E. COLOMBO, « lolanda duchessa si Savoia, (1465-1475) », in *Miscellanea di Storia italiana*, t. XXXI, 1834. — L. MENALREA, *Chronique de Yolande de France, duchesse de Savoie, sœur de Louis XI ; documents inédits*, Chambéry, 1859. — G. PEYRONNET, « La politica italiana di Luigi Delphino di Francia (1444-1461) », in *Rivista Storica italiana*, 1952.

6. Ambassadeur milanais Maletta ; cité par E. LAVISSE, *Histoire de France...*, p. 329.

7. *Cent Nouvelles nouvelles*, éd. P. CHAMPION, Genève, 1977. — *Dictionnaire des lettres françaises*, pp. 228-230.

8. R. SCHEURER, « Nicolas Gilles et Antoine Vérard », in *Bibliothèque de l'Ecole des chartes*, t. CXXVIII, 1970, pp. 415-419.

9. Philippe de VIGNEULLES, *Les Cent Nouvelles*, éd. C.H. LIVINGTONE, Genève, 1982.

10. P. L. JACOB, *Les vieux conteurs français*, Paris, 1841.

11. Philippe de COMMYNES, cité par P. CHAMPION (préface à l'édition des *Cent Nouvelles nouvelles*).

12. *Dictionnaire des lettres françaises...* p. 1000.

13. A. LAPEYRE, R. SCHEURER, *Les notaires et secrétaires...*

14. Philippe de COMMYNES, cap. IV.

15. Le *Rosier des guerres*...
16. Ch. SAMARAN, « P. Choisnet, le *Rosier des guerres* et le livre des trois âges » in *Bibliothèque de l'Ecole des chartes*, 1926, pp. 142-163. — A. STEGMAN, « Le *Rosier des guerres*. Testament politique de Louis XI », in *La France de la fin du* XVe *siècle. Renouveau et apogée*, Paris, 1985, pp. 313-323.
17. G. NAUDE, *Additions au règne*..., cap. V : « Combien soigneusement il recherchoit et récompensoit les hommes doctes », pp. 106 sq.
18. *Ibid.*, p. 75.
19. A.N., K.K. 64, f° 107 v°.
20. G. NAUDE, cité *supra* note 17, cap. II, pp. 24 sq.
21. A. STEGMAN, cité *supra* note 16.

Sources et Bibliographie

SOURCES MANUSCRITES. ARCHIVES

Archives nationales, Paris
  KK 57 Journal du Trésor (1476)
  KK 58 Compotus thesauri (1477)
  KK 59 Argenterie (1463-1465)
  KK 60 et 61A Argenterie (1468-1469)
  KK 61B Argenterie (1466-1471)
  KK 62 Menus plaisirs (1469-1470)
  KK 63 Chambre aux deniers (1471-1483)
  KK 64 Menus plaisirs (1478-1481)
  KK 65 Ecurie (1463-1465)
  KK 66 Aumônes (1478-1479)
  KK 67 Garde écossaise (1474-1476)
Bibliothèque nationale, Paris
Département des manuscrits
  FR 6966 Compte de Nicolas Erlant, trésorier du dauphin
  FR 6758 6759 Comptes de l'Hôtel
  FR 20 685 Compte de Pierre Jobert, de la Chambre
  FR 20 486 20 487 Lettres

SOURCES IMPRIMEES

Thomas BASIN, *Histoire de Charles VII*, t. I (1407-1444), éd. Ch. SAMA-
  RAN, Paris, 1933 ; t. II (1444-1450), éd. Ch. SAMARAN, et H. SURIREY de
  SAINT-REMY, Paris, 1944.
—, *Histoire de Louis XI*, t. I (1461-1469), éd. Ch. SAMARAN, Paris, 1963,
  t. II (1470-1477) et t. III (1477-1483), éd. Ch. SAMARAN et M.-
  C. GARAUD, Paris, 1966 et 1972.
—, *Apologie ou plaidoyer pour moi-même*, éd. Ch. SAMARAN et G. de
  GROËR, Paris, 1974.
Robert BLONDEL, *Œuvres*, éd. A. HERON, Société de l'histoire de Nor-
  mandie, Caen, 1891.
Journal d'un bourgeois de Paris sous le règne de Charles VII (1424-1449),
  éd. MICHAUD-POUJOULAT in *Mémoires relatifs à l'histoire de France*,
  t. III, Paris, 1854, pp. 237-300.
Cent Nouvelles nouvelles, éd. P. CHAMPION, Paris, 1928 ; rééd. Genève,
  1977.
Jean CHARTIER, *Chronique de Charles VII roi de France*, éd. A. VALET
  de VIRIVILLE, 3 vol., Paris, 1858.
Georges CHASTELLAIN, *Œuvres*, éd. KERVYN de LETTENHOVE, 8 vol.,
  Bruxelles, 1863-1868, rééd. 1971.

Chronique du Mont-Saint-Michel (1343-1468), éd. S. LUCE, 2 vol., Société des anciens textes français, Paris, 1879-1883.

Jacques du CLERCQ, *Mémoires (1448-1467)*, éd. REIFFENBERG, 4 vol., Bruxelles, 1835-1836.

Philippe de COMMYNES, *Mémoires sur les règnes de Louis XI et de Charles VIII (1464-1483)*, éd. MICHAUD-POUJOULAT, in *Mémoires relatifs à l'histoire de France*, IV, Paris, 1854.

—, *Mémoires*, éd. B. de MANDROT, 2 vol, Collection de textes pour servir à l'étude et à l'enseignement de l'Histoire, Paris, 1901-1903.

—, *Mémoires*, éd. J. CALMETTE et G. DURVILLE, 3 vol. (Les Classiques de l'histoire de France au Moyen Age, t. 3, 5 et 6), Paris, 1924-1925.

—, *Mémoires sur Louis XI (1464-1483)*, éd. J. DUFOURNET, Collection « Folio », Paris, 1979.

—, *Mémoires* (livres 1 à 10), sous le titre *Louis XI et Charles le Téméraire*, Collection « Le monde en 10/18 », Paris, 1963.

—, E. BENOIST, *Les lettres de Commynes aux archives de Florence*, Lyon, 1863.

—, KERVYN de LETTENHOVE, *Lettres et négociations de Philippe de Commynes*, 3 vol, Bruxelles, 1867-1874.

E. COSNEAU, *Les grands traités de la guerre de Cent Ans*, Paris, 1889.

E. DEPREZ, « La trahison du cardinal Balue (1469). Chansons et ballades inédites », in *Mélanges d'Archéologie et d'Histoire de l'Ecole française de Rome*, t. XIX, 1899, pp. 259-296.

J.-Cl. DESCLOS, « Le Prince ou les Princes de Georges Chastellain. Un poème dirigé contre Louis XI », in *Romania*, t. 102, 1981, pp. 46-74.

DOUET d'ARCQ, *Comptes de l'Hôtel des rois de France aux* XIVe *et* XVe *siècles*, Société de l'Histoire de France, Paris, 1865.

Mathieu d'ESCOUCHY, *Chronique* ; éd. du FRESNE de BEAUCOURT, 3 vol., 863.

G. FAGNIEZ, *Mémoires et documents pour servir à l'Histoire de l'industrie et du commerce en France*, 2 vol., Paris, 1900.

Dom GERARD ROBERT, *Journal* in *Pièces inédites concernant l'histoire d'Artois et autres ouvrages inédits publiés par l'Académie d'Arras*, t. I, 1852.

B. GUENEE et Pr. LEHOUX, *Les entrées royales françaises de 1328 à 1515*, Paris, 1968.

Fr. de GINGINS-la-SARRAZ, *Dépêches des ambassadeurs milanais sur les campagnes de Charles le Hardi*, 2 vol., Paris-Genève, 1854.

ISAMBERT, *Anciennes lois françaises*, t. X, Paris, s.d.

P.M. KENDALL et V. ILARDI, *Milanese Ambassadors in France and Burgundy*, 2 vol., Atheus University Press (Ohio), 1970.

A. LEROUX de LINCY, *Recueil de chants historiques français*, Paris, 1841.

—, *Chants historiques et populaires du temps de Charles VII et de Louis XI*, Paris, 1857.

PILOT de THOREY, *Catalogue des actes du dauphin Louis II, devenu le roi de France Louis XI, relatifs à l'administration du Dauphiné*, Grenoble, 1899.

LOUIS XI : *Lettres de Louis XI*, J. VAESEN et E. CHARAVAY, Société de l'histoire de France, 11 vol., 1883-1909.

—, *Lettres choisies*, H. Dubois, « Le livre de poche », Paris, 1996.

—, F. Pasquier, *Lettres de Louis XI relatives à sa politique en Catalogne de 1461 à 1473*, Foix, 1895.

—, « Une curieuse correspondance inédite entre Louis XI et Sixte IV », T. Lesellier, in *Mélanges d'Archéologie et d'Histoire de l'Ecole française de Rome*, t. XLV, 1928, pp. 20-37.

B. de Mandrot et Ch. Samaran, *Dépêches des ambassadeurs milanais en France*, 4 vol., Paris, 1916-1923.

Olivier de La Marche, *Mémoires*, éd. Michaud-Poujoulat, in *Mémoires relatifs à l'Histoire de France*, t. III, Paris, 1854.

—, *Mémoires*, éd. H. Beaune et J. d'Arbaumont, 4 vol., Société de l'histoire de France, Paris, 1883-1888.

Marie de Valois, *Lettres de Marie de Valois, fille de Charles VII et d'Agnès Sorel, à Olivier de Coëtivy, seigneur de Taillebourg, son mari (1458-1472)*, Les Roches, 1875.

Jean Maupoint, *Journal parisien*, éd. G. Fagniez, in *Mémoires de la Société d'histoire de Paris et de l'Ile-de-France*, t. IV, Paris, 1877, pp. 1-144.

Jean Meschinot, *Lunette des Princes*, éd. Chr. Martine-Genieys, Genève, 1972.

Jean Molinet, *Chronique*, éd. Buchon, 4 vol., Paris, 1827-1828.

Fr. Muller, *Recueil de pièces historiques*, Amsterdam, 1852.

Ordonnances des rois de France de la troisième race, t. XVI, XVII, XVIII, XIX, Paris, 1820.

Antoine Pastor, *Le Libellus*, éd. J. Calmette, in *Revue d'Histoire et d'Archéologie du Roussillon*, t. II, 1901.

E. Picot et H. Stein, *Recueil de pièces historiques imprimées sous le règne de Louis XI*, Paris, 1925.

Procès du divorce de Louis XII, éd. R. de Maulde in *Procès politiques du règne de Louis XII*, Paris, 1882, pp. 789-1082.

Le Rosier des guerres, éd. M. Diamant-Berger, Paris, 1925.

Jean de Roye, *Chronique scandaleuse (1460-1483)*, éd. B. de Mandrot, 2 vol., Société de l'histoire de France, Paris, 1894-1896.

G. Perinelle, in « Dépêches de Nicolas de Roberti » in *Mélanges d'Archéologie et d'Histoire de l'Ecole française de Rome*, t. XXIII, 1923, pp. 139-203.

L. de La Tremoille, *Archives d'un serviteur de Louis XI, Georges de La Trémoille (1451-1481)*, Nantes, 1888.

Yolande de France, *Chronique*, éd. Menabrea, Paris, 1859.

TRAVAUX

Armstrong C.A.J., « La politique matrimoniale des ducs de Bourgogne de la Maison de Valois », in *Annales de Bourgogne*, t. XL, 1968, pp. 5-58, 89-139.

Arnaud d'Agnel G., *La politique des rois de France en Provence. Louis XI et Charles VIII*, 2 vol., Paris, 1914.

Barbe A., *Margaret of Scotland and the Dauphin Louis*, Londres, 1917.

BELL D.M., *L'idéal éthique de la royauté en France à la fin du Moyen Age d'après les moralistes de ce temps*, Genève, 1962.

BERGIER J.F., *Genève et l'économie européenne de la Renaissance*, Paris, 1963.

BILLOT Cl. et HIGOUNET-NADAL A., « Bannissement et Repeuplement dirigé à Arras (1479-1484) », in *107e Congrès national des Sociétés savantes*, Brest, 1982 (*Philologie et Histoire jusqu'en 1610*), pp. 107-123.

BLOCH M., *Les rois thaumaturges*, Paris, 1961.

BOISSONNADE P., *Le socialisme d'Etat. L'industrie et les classes industrielles en France pendant les deux premiers siècles de l'ère moderne (1453-1661)*, Paris, 1927.

BOUDET J.-P., « Les astrologues et le pouvoir sous le règne de Louis XI », in *Actes du colloque d'Orléans* (1989), Paris, 1991 (sous le titre : *Observer, lire, écrire le ciel au Moyen Age*), pp. 7-61.

BRANTÔME, *Vie des hommes illustres et des grands capitaines français* (1665), Paris, 1866.

BRESARD M., *Les foires de Lyon aux XIVe et XVe siècles*, Paris, 1914.

BRICARD G., *Un serviteur et compère de Louis XI : Jean Bourré seigneur du Plessis (1424-1506)*, Paris, 1893.

BULST N., « Louis XI et les états généraux de 1468 », in *La France de la fin du XVe siècle*, Paris, C.N.R.S., 1985, pp. 91-104.

CALMETTE J., *Louis XI, Jean II et la révolution catalane*, Toulouse, 1903.

CALMETTE J. et PERINELLE G., *Louis XI et l'Angleterre*, Paris, 1930.

CARON M.T., *La noblesse dans le duché de Bourgogne. 1315-1477*, Lille, 1987.

—, *Noblesse et pouvoir royal en France. XIIIe-XVIe siècle*, Paris, 1994.

CARRIERE V., « Nicole Tilhart, secrétaire et général des Finances de Louis XI », in *Le Moyen Age*, 1905.

CAZAUX Y., *Marie de Bourgogne*, Paris, 1967.

CERIONI L., « La politica italiana di Luigi XI e la missione di Filippo di Commynes (giugno-settembre 1478) », in *Archivio Lombardo*, t. VIII, 2, 1950.

CHAMPION P., *Histoire poétique du XVe siècle*, 2 vol., Paris, 1923.

—, *Louis XI*, t. I, *Le dauphin* ; t. II, *Le roi*, Paris, 1928-1929.

—, *Louis XI et ses physiciens*, Paris, 1935.

CHAZAUD A.M., « La campagne de Louis XI. La Ligue du Bien public en Bourbonnais (mars-juillet 1465) », in *Bulletin de la Société d'émulation du département de l'Allier*, t. XII, 1873, pp. 23-183.

CHEVALIER B., « La politique de Louis XI à l'égard des bonnes villes. Le cas de Tours », in *Le Moyen Age*, 1964, pp. 473-504.

COMBET J., *Louis XI et le Saint-Siège*, Paris, 1903.

CONTAMINE Ph., *Guerre, Etat et Société à la fin du Moyen Age. Etude sur les armées du roi de France. 1337-1494*, Paris, 1972.

—, « Un serviteur de Louis XI dans sa lutte contre Charles le Téméraire : Georges de la Trémoille, sire de Craon », in *Annuaire-Bulletin de la Société d'histoire de France*, 1976-1977, pp. 63-80.

COUDERC C., « L'entrée solennelle de Louis XI à Paris », in *Mémoires de la Société d'histoire de Paris et de l'Ile-de-France*, t. XXIII, 1896.

COURTEAULT H., *Gaston IV, comte de Foix, vicomte souverain de Béarn, prince de Navarre. 1423-1472. Etude historique sur le midi de la France et le nord de l'Espagne au* XVᵉ *siècle*, Toulouse, 1895 ; rééd. Genève, 1980.

CUTTLER S.H., *The Law of Treason and Treason Trial in Later Medieval France*, Cambridge, 1981.

DEGERT A., « Louis XI et ses ambassadeurs », in *Revue historique*, t. 154, 1927, pp. 1-19.

DESCLOS J.-Cl., *Le témoignage de Georges Chastellain, historiographe de Philippe le Bon et de Charles le Téméraire*, Genève, 1980.

DUFOURNET J., *La destruction des mythes dans les « Mémoires » de Philippe de Commynes*, Genève, 1966.

—, *Etudes sur Philippe de Commynes*, Paris, 1975.

GABOTTO F., *Lo stato sabaudo da Amedeo VIII ad Emanuele Filiberto*, 2 vol.

GANDILHON R., *La politique économique de Louis XI*, Paris, 1941.

GAUSSIN P.R., *Louis XI, un roi entre deux mondes*, Paris, 1976.

—, « Les conseillers du roi Louis XI (1461-1483) », in *La France de la fin du* XVᵉ *siècle*, Paris, C.N.R.S., 1985, pp. 105-134.

GUENEE B., « La géographie administrative de la France à la fin du Moyen Age ; élections et bailliages », in *Le Moyen Age*, 1961, pp. 293-323.

— *Le métier d'historien au Moyen Age*, Paris, 1977.

HARSGOR M., « L'essor des bâtards nobles au XVᵉ siècle » in *Revue historique*, t. CCLIII, 1975, pp. 319-353.

HOMMEL L., *Marie de Bourgogne et le grand héritage*, Bruxelles, 1951.

JARRY L., *Histoire de Cléry*, Orléans, 1899.

KENDALL P.M., *Louis XI*, Paris, 1974.

KRYNER J., *L'empire du roi. Idées et croyances politiques en France.* XIIIᵉ-XVᵉ *siècle*, Paris, 1993.

KURTH G., *La cité de Liège au Moyen Age*, 3 vol., Bruxelles, Liège, 1909-1910.

LABANDE L.H., *Avignon au* XVᵉ *siècle. Légation de Charles de Bourbon et du cardinal Julien de la Rovere*, Paris Monaco, 1920.

LAVISSE E., *Histoire de France illustrée*, t. IV, Paris, 1938.

LECOY de la MARCHE A., *Le roi René, sa vie, son administration, ses travaux artistiques et littéraires*, t. I, Paris, 1875.

—, *Le roi René*, 2 vol., Paris, 1879.

LEGUAI A., *Dijon et Louis XI*, Dijon, 1947.

—, « Les Etats princiers à la fin du Moyen Age », in *Annali della Fondazione italiana per la Storia administrativa*, t. IV, 1967, pp. 133-157.

—, « Troubles et révoltes sous le règne de Louis XI : les résistances du particularisme », in *Revue historique*, 1973, pp. 285-324.

LEWIS P.S., « War-Proganda and Historiography in the Fifteenth-Century France », in *Transactions of the Royal Historical Society*, 5ᵉ s., t. 15, 1965, pp. 1-21.

—, *La France à la fin du Moyen Age. La Société politique*, Paris, 1977.

—, « Les pensionnaires de Louis XI », in *La France de la fin du* XVᵉ *siècle*, Paris, C.N.R.S. 1985, pp. 167-181.

LOUYRETTE W.H. et de CROY R., *Louis XI et le Plessis-lès-Tours*, Tours, 1845.

LUCHAIRE A., *Alain le Grand, sire d'Albret. L'administration royale et la féodalité du Midi (1440-1522)*, Paris, 1877 ; rééd. Genève, 1976.

MANDROT B. de, *Ymbert de Batarnay*, Paris, 1886.

—, « Louis XI, Jean d'Armagnac et le drame de Lectoure », in *Revue historique*, t. XXXVIII, 1888-1890, pp. 242-304.

—, « Jacques d'Armagnac, duc de Nemours », *ibid.*, t. XLIII, 1889, pp. 274-316 ; *ibid.*, t. XLIV, 1890, pp. 241-312.

MAULDE R. de, *La diplomatie au temps de Machiavel*, Paris, 1892-1893.

—, *Jeanne de France, duchesse d'Orléans et de Berry (1464-1505)*, Paris, s.d.

MILANE M., « Viaggio a Parigi degli ambasciatori fiorentini nel 1461 », in *Archivio Storico Italiano*, 3e s., 1865.

NAUDE G., *Additions à l'Histoire de Louis XI contenant plusieurs recherches curieuses sur diverses matières*, Paris, 1630.

OURLIAC P., « Le Concordat de 1472. Etude sur les rapports de Louis XI et de Sixte IV », in *Etudes d'histoire du droit méridional*, 1934, pp. 440-442.

PANSIER P., « L'entrée à Avignon du gouverneur légat Charles de Bourbon, le 23 novembre 1473 », in *Annales d'Avignon et du comtat Venaissin*, 1913, pp. 191-216.

PARAVICINI W., *Karl der Kühne. Das Ende des Hauses Burgund*, Zurich, 1976.

—, « Peurs, pratiques, intelligences. Formes de l'opposition aristocratique à Louis XI d'après les interrogatoires du connétable de Saint-Pol », in *La France de la fin du XVe siècle*, Paris, C.N.R.S., 1985, pp. 183-196.

—, *Sterben und Tod Ludwigs XI*, Constance, 1993.

PASQUIER F., *Un favori de Louis XI, Boffile de Juge. Documents inédits du Chartier de Léran*, Archives historiques de l'Albigeois ; Paris, 1956.

PELISSIER L.G., « Una relazione dell'entrata di Luigi XI a Parigi », in *Archivio Storico Italiano*, 5e s., 1898, pp. 123-131.

PERINELLE G., « Louis XI bienfaiteur des églises de Rome », in *Mélanges d'Archéologie et d'Histoire de l'Ecole française de Rome*, t. 23, 1903, pp. 131-159.

PERRET P.M., « Boffile de Juge, comte de Castres, et la République de Venise », in *Annales du Midi*, 1891, pp. 159-231.

PICOT G., « Procès d'Olivier le Daim » in *Comptes rendus de l'Académie des sciences morales et politiques*, 1877, pp. 485-537.

REIFFENBERG, *Mémoire sur le séjour que Louis, dauphin de Viennois, depuis roi sous le nom de Louis XI, fit aux Pays-Bas de l'an 1456 à l'an 1461*, Bruxelles, 1829.

REILHAC A. de, *Jean de Reilhac, secrétaire, maître des comptes, général des finances et ambassadeur des rois Charles VII, Louis XI et Charles VIII*, 3 vol., Paris, 1886-1889.

REY R., « Louis XI et les Etats pontificaux de France au XVe siècle », in *Mémoires de l'Académie delphinale*, 4e s., t. XII, Grenoble, 1899, pp. 187-452.

Robin Fr., « La politique religieuse des princes d'Anjou-Provence et ses manifestations littéraires et artistiques (1360-1480) », in *La littérature angevine médiévale* (Actes du colloque d'Angers), Angers, 1981.

Samaran Ch., « Les frais du procès et de l'exécution de Jacques d'Armagnac, duc de Nemours », in *Mémoires de la Société d'histoire de Paris et de l'Ile-de-France*, t. XLIX, 1927, pp. 142-154.

—, *La maison d'Armagnac au xve siècle*, Paris, 1908.

Stein H., *Charles de France, frère de Louis XI*, Paris, 1921.

—, « La participation du Languedoc au repeuplement d'Arras », in *Bibliothèque de l'Ecole des chartes*, 1931.

Thibault M., *La jeunesse de Louis XI*, Paris, 1907.

Tuetey A., *Les écorcheurs sous Charles VII. Episodes de l'histoire militaire de France d'après les documents inédits*, 2 vol., Montbéliard, 1874.

Vaesen J., « Du droit d'occupation d'une terre sous Louis XI », in *Revue d'histoire diplomatique*, 1887.

Valet de Viriville A., *Charles VII roi de France et son époque. 1403-1461*, Paris, 1862-1865.

Vaugham R., *Philip the Good. The Apogee of Burgundy*, Londres, 1970.

—, *Charles the Bold. The Last Valois Duke of Burgundy*, Londres, 1973.

Voisin A., « La mutemaque du 26 juin 1477. Notes sur l'opinion à Dijon au lendemain de la réunion », in *Annales de Bourgogne*, t. VII, 1935.

Wolff H., « Histoire et pédagogie princière au xve siècle : Georges Chastellain », in *Culture et Pouvoir au temps de l'humanisme et de la Renaissance. Georges Chastellain*, Genève, 1978, pp. 37-49.

INDEX

Table

collection tempus
Perrin

Déjà paru

A PARAÎTRE

Imprimé en France sur Presse Offset par

BRODARD & TAUPIN

GROUPE CPI

La Flèche (Sarthe), le 10-07-2003
N° d'imprimeur : 19475
Dépôt légal : août 2003
N° d'édition : 1818